国家社科基金重大项目研究成果　　　"十三五"国家重点图书出版规划项目
教育部哲学社会科学研究重大课题攻关项目研究成果　工商管理理论与中国道路研究书系

# 中国特色社会主义国家审计理论研究

(第五卷)
## 国家治理审计论

蔡 春　李江涛　唐凯桃　等 著

图书在版编目(CIP)数据

中国特色社会主义国家审计理论研究. 第五卷, 国家治理审计论 / 蔡春等著. ——上海：立信会计出版社，2022.12
工商管理理论与中国道路研究书系
ISBN 978-7-5429-7281-1

Ⅰ. ①中… Ⅱ. ①蔡… Ⅲ. ①政府审计—研究—中国 Ⅳ. ①F239.44

中国版本图书馆 CIP 数据核字(2022)第 257378 号

策划编辑　　孙　勇
责任编辑　　孙　勇
封面设计　　北京任燕飞工作室

## 中国特色社会主义国家审计理论研究(第五卷)：国家治理审计论
ZHONGGUO TESE SHEHUIZHUYI GUOJIA SHENJI LILUN YANJIU DI-WU JUAN GUOJIA ZHILI SHENJILUN

| 出版发行 | 立信会计出版社 | | |
|---|---|---|---|
| 地　　址 | 上海市中山西路 2230 号 | 邮政编码 | 200235 |
| 电　　话 | (021)64411389 | 传　真 | (021)64411325 |
| 网　　址 | www.lixinph.com | 电子邮箱 | lixinph2019@126.com |
| 网上书店 | http://lixin.jd.com | | http://lxkjcbs.tmall.com |
| 经　　销 | 各地新华书店 | | |
| 印　　刷 | 上海盛通时代印刷有限公司 | | |
| 开　　本 | 710 毫米×1000 毫米 | 1/16 | |
| 印　　张 | 19.5 | 插　页 | 6 |
| 字　　数 | 376 千字 | | |
| 版　　次 | 2022 年 12 月第 1 版 | | |
| 印　　次 | 2022 年 12 月第 1 次 | | |
| 书　　号 | ISBN 978-7-5429-7281-1/F | | |
| 定　　价 | 65.00 元 | | |

如有印订差错，请与本社联系调换

# 蔡 春

西南财经大学教授（1994）、二级教授（2008）、经济学（审计学）博士（1991）、博士生导师。中国审计学会副会长、中国政府审计研究中心主任、全国先进会计工作者、财政部会计名家（2018）、中国内部审计协会学术委员、中国成本研究会常务理事。美国伊利诺大学国际会计教育与研究中心高级访问学者（1996-1997）。中国CFO好导师（2016）。被学术界誉为我国"审计领域系统研究审计理论结构第一人"。世界银行贷款资助项目、教育部哲学社会科学研究重大课题攻关项目和国家社科基金重大项目首席专家，享受国务院政府特殊津贴专家。中央军委审计署咨询专家、中央军委装备发展部财务与价格专家、审计署国家审计准则咨询专家、国务院学位委员会全国审计专业学位研究生教指委委员、中国会计学会审计专业委员会副主任委员、四川省学术和技术带头人、四川省有突出贡献的优秀专家、四川省审计学会副会长、四川省科研管理专家。教育部霍英东青年教师奖励基金经济学最高资助获得者（1996）、教育部会计学国家级教学团队负责人。担任《审计研究》《会计研究》《中国会计与财务研究》等期刊编委和《中国会计评论》理事会理事等学术职务。在《经济研究》《会计研究》《审计研究》《经济学家》和 Accounting Horizons，Managerial Auditing Journal 等期刊发表学术论文多篇。曾任西南财经大学会计学院院长和西南财经大学科研处处长等行政职务。长期致力于推动审计理论创新发展，传播审计文化。

**李江涛**

西南财经大学管理学博士（会计学专业）、教授。曾就职于国有制造企业、高等院校，现就职于国家自然科学基金委员会。研究方向为政府审计、注册会计师审计理论与实务，先后在《会计研究》《审计研究》等学术期刊发表学术论文30余篇。主持国家级课题2项、省部级课题2项，参与国家社科基金重大项目2项。

重庆理工大学副教授、硕士生导师。西南财经大学管理学博士（审计学专业）、四川大学理论经济学博士后。研究方向为政府审计与经济发展、签字审计师行为特征、公司治理。在《中国软科学》《管理科学》《审计研究》《财经科学》等学术期刊发表学术论文10余篇。主持省部级课题3项，参与国家社科基金重大项目1项、国家社科基金项目2项、国家自然科学基金项目2项、国家出版基金项目1项。担任中国政府审计研究中心特约研究员，《重庆理工大学学报》青年编委，《上海财经大学学报》《审计研究》《统计与信息论坛》等多家期刊匿名审稿专家。

**唐凯桃**

# 编写委员会

## 主　任

蔡　春　西南财经大学
　　　　中国政府审计研究中心

## 成　员
（以姓氏汉语拼音为序）

鲍瑞雪（西南财经大学）　　　　孙　勇（立信会计出版社）
蔡　利（西南财经大学）　　　　唐嘉尉（重庆工商大学）
陈　晔（西南财经大学）　　　　唐凯桃（重庆理工大学）
崔　云（贵州财经大学）　　　　王　朋（西南财经大学）
方涵若（中国建设银行乐山分行）　谢柳芳（西南政法大学）
韩梅芳（重庆理工大学）　　　　徐　藩（西南财经大学）
何　雨（西南石油大学）　　　　杨惠雁（西南财经大学）
黄　昊（西南财经大学）　　　　张　筱（云南民族大学）
李江涛（中国政府审计研究中心）　张翼凌（西南财经大学）
李　明（中国政府审计研究中心）　郑开放（四川农业大学）
刘　静（四川师范大学）　　　　郑倩雯（四川大学）
刘　雷（重庆理工大学）　　　　郑伟宏（四川师范大学）
刘玉玉（山东财经大学）　　　　朱　磊（西南财经大学）
马　睛（西南财经大学）　　　　朱　荣（贵州大学）
马荔丽（西南财经大学）　　　　周　微（成都大学）

# 序

蔡春同志于1988—1991年在天津财经学院攻读博士学位，师从我国著名会计审计大师李宝震教授，他是我国本土院校培养的最早毕业的审计方向的博士之一。我有幸成为蔡春同志博士学位论文的评审人之一，也见证了他从博士到著名学者的蜕变。他的博士学位论文《审计理论结构研究》于1994年和2001年由西南财经大学出版社和东北财经大学出版社分别出版，影响重大且深远，他也因此获得我国"审计领域系统研究审计理论结构第一人"的赞誉。从1988年至今的30多年时间里，蔡春同志持之以恒地坚守在推进审计理论创新发展的学术探索领域，成果丰硕卓著，堪称审计理论创新研究的大胆追求者和卓越探索者。因其在审计理论创新研究领域的突出重要贡献，蔡春同志于2014年入选财政部会计名家培养工程，2018年荣获财政部颁发的"会计名家"证书。蔡春同志已经成长为我国具有重要影响的会计审计学家。

即将呈现在读者们面前的"中国特色社会主义国家审计理论研究"是一套六卷本著作，包括《中国特色社会主义国家审计理论研究（第一卷）：国家审计理论框架论》《中国特色社会主义国家审计理论研究（第二卷）：公共经济权力审计论》《中国特色社会主义国家审计理论研究（第三卷）：经济安全审计论》《中国特色社会主义国家审计理论研究（第四卷）：民主政治审计论》《中国特色社会主义国家审计理论研究（第五卷）：国家治理审计论》和《中国特色社会主义国家审计理论研究（第六卷）：经济责任审计论》，共计200余万字，可谓鸿篇巨制，是系统探讨国家审计理论的创新之作和扛鼎之作。

该六卷本理论著作是蔡春同志作为首席专家承担的两个国家级重大课题——国家社科基金重大项目（13&ZD146）和教育部哲学社会科学研究重大课题攻关项目（07JZD0018）的系统化研究成果，集中展示了蔡春同志及其团队于2005—

2021年围绕推进审计理论创新研究所做的重要工作。本套著作以公共受托经济责任观和服务国家治理为研究视角,理念新颖,特色鲜明。

第一卷是对其《审计理论结构研究》的拓展,构建了包含"一个原点、四个圈层"的圈层结构式国家审计理论框架。"一个原点"是指公共受托经济责任。蔡春同志开展的国家审计理论研究是以公共受托经济责任为原点的,他认为国家审计理论研究应以公共受托经济责任为内在依据,促进和保障公共受托经济责任的全面有效履行。"四个圈层"包含"十大要素",是指:第一圈层,国家审计本质理论、国家审计假设理论、国家审计目标理论;第二圈层,国家审计行为理论、国家审计功能理论、国家审计组织理论;第三圈层,国家审计规范理论、国家审计信息理论、国家审计方法理论;第四圈层,国家审计环境理论。这种构思新颖奇妙,把国家审计理论框架的各个部分有机地联系起来。本卷的出版无疑是对国家审计基础研究的重大贡献。

第二卷深入系统地讨论分析了公共经济权力审计的内在机理与实现路径,构建了权力监督导向的审计监控体系。本卷深入地讨论了国家审计与腐败治理、权力清单审计、公共经济权力特殊领域(包括预算执行、政府采购、税收制度与政策执行、指标审批)审计问题。蔡春同志认为,经济责任的履行和经济权力的行使是一个问题的两个方面,经济责任履行与经济权力行使直接关联。自2005年以来,蔡春同志带领其团队开展"公共经济权力审计"这一新领域问题的研究,先后有多位他指导的博士生围绕"公共经济权力审计"选择研究方向并完成了博士学位论文,其本人也通过申请国家基金项目来推进这方面的研究。本卷的出版标志着蔡春同志提出并推动的"公共经济权力审计"这一审计理论创新研究的新领域正式确立,同时也为党的十六大以来党中央特别强调审计对权力制约和监督发挥重要作用,提供了重要的审计学理论解释和理论支撑。

第三卷深入系统地讨论分析了关于审计维护经济安全的一系列重要理论与实践问题,包括国家审计维护经济安全的作用机理与内在逻辑问题,金融安全审计、财政安全审计和产业安全审计问题,重大风险防控中的关键审计问题,经济安全审计监测与预警机制构建问题等。蔡春同志从2009年开始带领其团队推进"审计维护经济安全与服务风险防控问题"的研究,先后申请到多项国家级基金项目和省部级重大、重点项目支撑该项研究。他指导的几位博士生分别重点研究了审计维护金融安全、审计维护财政安全和审计维护资本市场安全的问题。本卷是对蔡春同志及其团队10余年创新研究成果的进一步系统化和升华,对学者们在新时代按照习近平总书记提出的总体国家安全观要求,研究国家审计如何服务重大风险防控、构建完善的重大风险防控机制和体系,具有特别重要的理论创新意义和实践指导价值。

第四卷深入系统地讨论分析了民主政治审计的系列理论与实践问题。"国家审计是民主政治的重要内容和推动民主政治发展的重要方式"几乎是审计学术界的共识性观点。但从理论上对审计服务民主政治的内在机理与实现方式进行探讨的研究在国内外都是缺乏的。蔡春同志带领其团队从2009年开始对这一问题的研究进行了大胆创新与深入探讨,第四卷便是研究成果之一。本卷基于中国情境,探讨国家审计如何服务中国特色社会主义民主政治的发展与完善这一重大课题。本卷基于马克思主义民主政治理论和公共受托经济责任观,系统深入地研究和探讨了国家审计服务社会主义民主政治的作用机理、内在逻辑与实现方式等重大理论与实践问题。聚焦于"维护与保障公民权利"与"制约和监督公共权力"两个维度,本卷提出并探讨了审计参与听证制度、制度合理性审计、民生审计和构建以审计为核心的问责机制等问题。我认为,本卷的出版具有特别重大的理论创新价值和实践指导作用,具有填补这一领域审计学术研究空白的意义。

第五卷全面分析了国家审计如何服务国家治理。党的十八届三中全会提出推进国家治理体系与能力现代化的总体改革目标,推动了审计学术界对国家审计服务国家治理的理论与实践问题的全面系统研究。党的十九大以来,国家治理的要求进一步提高,国家审计跃升到了国家治理体系的更高层次。新时代赋予了国家审计在国家治理中的新使命。审计学术界围绕国家审计服务国家治理的机理、机制和实现路径等重大问题的研究,推陈出新、成果丰硕。蔡春同志从2011年开始带领其团队对这一重大问题开展了大量的研究,提出了很多极具特色的思想和观点。第五卷是蔡春同志及其团队10余年研究成果的集成和深化。本卷基于公共受托经济责任观,深入系统地分析和探讨国家审计服务国家治理的机理、机制、内在逻辑和实现方式,形成了"无审计,不治理"这一核心思想和观点。区别于现有的研究,本卷主要从国家审计与依法治国、国家审计与政策措施执行、国家审计与环境治理、国家审计与责任政府建设、国家审计与经济高质量发展、国家审计与国企治理等方面探讨国家审计服务国家治理、提高治理效率的实现方式和路径等。本卷的出版有利于丰富和拓展国家审计服务国家治理这一重大研究领域的研究,具有重要的理论与实践意义。

第六卷深入讨论分析了经济责任审计的相关理论与实践问题。经济责任审计是一项极具中国特色的经济监督制度,是现代审计理论、方法、制度与中国实际相结合的重大创新,现已成为国家审计服务国家治理、领导干部考核评价、权力制约和监督、追责问责机制假设的一种必不可少的审计类型与方式。从 20 世纪 80 年代中后期算起，我国经济责任审计的实践探索、制度建设已有 30 多年。围绕经济责任审计理论与方法的研究成果可谓汗牛充栋。但其中一些重要的基本理论问题，包括经济责任审计的基本理论依据、领导干部经济责任履行与特定组织管理层治理层的责任履行的关系、领导干部经济责任的内涵和外延、经济责任审计运行机制、经济责任审计与其他类型审计的关系、经济责任审计评价体系的构建等一直是没有解决好的问题。蔡春同志带领其团队从 2005 年开始关注和推动经济责任审计问题的探索与研究，发表了多篇有影响力的论文，承担了与之相关的教育部哲学社会科学研究重大课题攻关项目和多项国家级、省部级项目。他指导的多位博士生围绕经济责任审计进行了博士学位论文选题和写作。第六卷是蔡春同志及其团队近 16 年的研究成果的集成与升华，主要研究了经济责任审计的功能与目标、经济责任审计的运行机制、目标经济责任确定与经济责任履行报告构建、经济责任审计评价方法与指标体系、经济责任审计报告模式与公告制度、经济责任审计与组织治理和经济责任导向审计模式等重大理论与实践问题。本卷的出版是对该研究领域的重大贡献。

据悉，本套著作还获得了国家出版基金的资助，也是"十三五"国家重点图书出版规划项目，同时还是西南财经大学"工商管理理论与中国道路研究书系"的重要成果，实在是可喜可贺！

党的二十大明确了新时代新征程中国共产党的使命任务：中国共产党的中心任务就是团结带领全国各族人民全面建成社会主义现代化强国、实现第二个百年奋斗目标，以中国式现代化全面推进中华民族伟大复兴。会计审计研究应更加聚焦于构建服务中国式现代化建设的会计审计理论与方法体系。国家审计已经成为国家治理结构中独具特色、不可或缺的重要机制，在服务中国式现代化的建设中无疑具有独特的优势。蔡春同志领衔撰写的这套著作的成功出版，必将对推动构建服务中国式现代化建设的审计理论与方法体系的研究产生重大积极的影响。在我看来，这套著作的出版本身，就代表着蔡春同志及其团队对构建服务中国式现代化建设的国家审计理论创新研究作出的重要贡献。我期待着蔡春同志为审计理论创新发展不断作出更大的贡献！

是为序！

中南财经政法大学

2022 年 12 月于武汉

# 丛书自序

我们正处于一个需要创新理论、能够创新理论的新时代,国家审计领域的理论创新研究尤其重要、独具魅力!

## 一、国内外审计研究现状

我们团队以 *The Accounting Review*(TAR)、*Journal of Accounting Research*(JAR)、*Journal of Accounting and Economics*(JAE)、*Contemporary Accounting Research*(CAR)、*Review of Accounting Studies*(RAST)、*Journal of Accounting,Auditing & Finance*(JAAF)、*Journal of Accounting and Public Policy*(JAPP)、*Journal of Business Finance & Accounting*(JBFA)、*Accounting Horizons*(AH)、*Auditing:A Journal of Practice & Theory*(AJPT)等国际十大代表性会计、审计期刊为考察对象,统计发现,2016—2020年国际十大期刊发表论文2 896篇,其中,审计领域的论文有303篇,占比为10.46%,相较以前呈现增长趋势。但以国家审计或者政府审计为主题的论文只有49篇,按发表年度算,历年发表量分别为2016年12篇、2017年7篇、2018年15篇、2019年6篇、2020年9篇。总体来看,与国家审计相关的论文数量较小,说明国家审计领域的研究在国际上仍不被重视。

我们团队对国内审计研究现状的调研分析发现,国内学术界对审计的研究也存在不少问题,主要表现在三个方面。

(1) 学术研究水平不够高,有待大力提升。我们基于中国知网对"十三五"时期审计领域的论文发表情况做了统计,统计发现,发文总量为42 931篇,其中,中文核心期刊和CSSCI期刊两类核心期刊共发表审计论文3 744篇,占比只有8.72%[①]。这一结果说明高质量审计研究确实有待进一步提升。

---

① 中文核心期刊与CSSCI期刊有交叉,对同一篇论文,我们只统计一次。

从我们以往调研收集的意见来看,论文质量上存在的问题主要有:研究具体细节性问题的偏多,研究我国重大现实需求问题的偏少;跟随性研究偏多,实质性创新研究偏少。在国家审计方面,部分论文理论深度不够,存在偏重政策解读、描述经验做法的现象。

(2) 从以审计为主题的基金立项分布看,明显存在"名校"与"非名校"严重不均衡的现象。"十三五"时期,以审计为主题的国家社科基金年度项目和青年项目共53项。其中,属于"名校"科研人员的只有6项,占比为11.32%;属于"非名校"科研人员的有41项,占比为77.36%;属于其他机构科研人员的有6项,占比为11.32%。77.36%这个数据说明"非名校"具有不甘示弱、勇于争先,不断提高自身审计科研水平和研究能力的精神品质。11.32%表明一些"名校"的审计学科对国家社科基金年度项目和青年项目的投入不够,重视程度不够高。"名校"相对集聚更多优质师资,如果能有更多的教师和学者参与国家社科基金审计主题类项目的申报并获得立项,必将更有利于带动整个国家社科基金项目中审计研究水平的提高。

(3) 在国家级基金的重大项目中,审计学科的项目严重偏少。"十三五"时期,国家社科基金重大项目招标公告中没有审计立项。教育部哲学社会科学研究重大课题攻关项目中,以审计为主题的项目只有2项。这说明关于审计问题的研究确实严重偏少,与国家重大现实需求不相适应。

国内外国家审计研究现状表明,在国家审计领域,尤其是中国特色国家审计领域的创新研究存在巨大空间和机会。

即将由立信会计出版社出版的"中国特色社会主义国家审计理论研究"(六卷本)是我作为首席专家承担的两个国家级重大课题——国家社科基金重大项目(13&ZD146)和教育部哲学社会科学研究重大课题攻关项目(07JZD0018)的研究成果的总结和升华,集中展现了我带领团队在2005—2021年的16年间围绕国家审计理论创新研究所做的思考和探索。

## 二、本套著作的研究视角

本套著作是基于公共受托经济责任观和服务国家治理的视角展开研究的。

(1) 基于公共受托经济责任观的视角。公共受托经济责任观是贯穿本套著作的主线。公共受托经济责任观是本套著作依托的重要审计动因学说。国家审计理论框架的构建以公共受托经济责任为理论原点,公共经济权力审计研究、经济安全审计研究、民主政治审计研究、国家治理审计研究和经济责任审计研究的基本理论逻辑都基于公共受托经济责任观。

（2）基于服务国家治理的视角。从广义的视角来看，服务国家治理是公共受托经济责任内涵拓展的要求。国家治理基于公共受托经济责任关系而开展，其核心是监控公共权力的阳光运行，促进公共资源合理有效配置，妥善处理或均衡各方的利益诉求，保证公共受托经济责任的全面有效履行。以保障和促进公共受托经济责任的全面有效履行为本质目标的国家审计是国家治理的主要机制之一。

从狭义的视角来看，服务国家治理是国家审计功能拓展后的最终目标。公共经济权力审计监控体系的重心在于关注公共经济权力的运行，公共经济权力运行所涉及的国家治理的各个领域是国家审计发挥功能的主要阵地。经济责任审计是公共经济权力审计监控体系的有效手段或方法；维护经济安全和推进社会主义民主政治发展是国家治理的两项重要内容，也是国家审计服务国家治理的两条重要实现路径。

## 三、本套著作的总体研究目标

本套著作的总体研究目标是：基于我国的基本国情，结合中国特色社会主义的基本特征，以国家审计功能拓展为逻辑主线，为实现国家审计服务国家治理的目标，深入研究国家审计领域的若干重要问题，以推动国家审计理论创新，同时为国家审计促进社会主义善治国家的建设提供政策参考。

《中国特色社会主义国家审计理论研究（第一卷）：国家审计理论框架论》以公共受托经济责任为理论原点，国家审计功能拓展为基础，探讨构建中国特色社会主义国家审计理论框架。

《中国特色社会主义国家审计理论研究（第二卷）：公共经济权力审计论》探讨公共经济权力审计监控机理、机制与实现方式，尝试构建公共经济权力审计监控体系。

《中国特色社会主义国家审计理论研究（第三卷）：经济安全审计论》以风险监控为基本出发点，以金融安全、财政安全和产业安全为切入点，探讨国家审计维护经济安全的内在机理、作用路径与实现方式。

《中国特色社会主义国家审计理论研究（第四卷）：民主政治审计论》基于社会主义民主政治的内涵，探讨国家审计推进社会主义民主政治发展的内在机理、作用路径及实现方式。

《中国特色社会主义国家审计理论研究(第五卷):国家治理审计论》讨论国家审计服务国家治理的内在机理与作用路径,探讨国家审计促进社会主义善治国家建设的实现方式。

《中国特色社会主义国家审计理论研究(第六卷):经济责任审计论》探讨经济责任审计的功能与目标、经济责任审计的运行机制、目标经济责任确定与经济责任履行报告构建、经济责任审计评价方法与指标体系、经济责任审计报告模式与公告制度、经济责任审计与组织治理和经济责任导向审计模式等重大理论与实践问题。

## 四、本套著作的研究思路

本套著作围绕公共受托经济责任内涵的拓展,按照"从国家审计功能拓展的基础(中国特色社会主义国家审计理论框架)到国家审计功能拓展的内容(经济责任审计体系、公共经济权力审计监控体系、国家审计维护经济安全、国家审计推进社会主义民主政治发展、国家审计服务国家治理)"的逻辑主线,以服务国家治理为国家审计目标,结合中国特色社会主义的基本特征,研究有关国家审计功能发挥的若干重要问题。

本套著作按如下研究思路逐层展开:

第一,探讨国家审计功能拓展的基础,构建中国特色社会主义国家审计理论框架。以公共受托经济责任观为理论基础,从国家审计理论框架的内涵及特点、构建模式、理论原点、构成要素等方面探讨并构建中国特色社会主义国家审计理论框架。

第二,围绕国家审计功能拓展的内容,分别探讨和研究公共经济权力审计监控问题、国家审计维护经济安全问题、国家审计推进社会主义民主政治发展问题、国家审计服务国家治理问题和经济责任审计问题。

## 五、本套著作的核心观点和主要创新贡献

在世界范围内,公认的审计基础理论及其体系尚未形成。国家审计理论研究更是非常缺乏,甚至有很多空白无人探索。现有审计教科书上的审计理论根本无法解释丰富多彩的中国特色的审计实践与制度创新。因此,推进和创新具有中国特色的审计理论特别是国家审计理论研究,构建中国特色社会主义国家审计理论体系,具有特别重大的理论和现实意义。

本套著作形成如下核心观点和原创性成果。

第一卷提出了"以公共受托经济责任为理论原点构建圈层结构式国家审计理

论框架"的原创性观点。国家审计理论框架的理论原点是公共受托经济责任。四个圈层分别是：第一圈层，国家审计本质理论、国家审计假设理论、国家审计目标理论；第二圈层，国家审计行为理论、国家审计功能理论、国家审计组织理论；第三圈层，国家审计规范理论、国家审计信息理论、国家审计方法理论；第四圈层，国家审计环境理论。本卷的研究对推进中国特色社会主义国家审计理论体系的构建具有重大意义。

第二卷原创性地提出了"公共经济权力审计"的概念并对公共经济权力审计的内在机理进行了深入讨论，重点研究了公共经济权力审计的实现路径与体系构建，包括国家审计与腐败治理、权力清单审计、公共经济权力特殊领域审计和权力导向审计监控体系的构建等。本卷的研究对党的十六大以来党中央特别强调审计对权力制约和监督发挥重要作用，提供了重要的审计学理论解释和理论支撑。

第三卷在创新性地讨论国家审计维护国家经济安全的机理和内在逻辑的基础上，重点探讨了金融安全审计、财政安全审计和产业安全审计中的关键审计问题，进一步提出了构建经济安全审计监测与预警机制的设想。本卷的研究对国家审计助力"三大攻坚战"中的"重大风险防控"，探索构建完善的重大风险防控机制具有重大理论创新意义和实践指导价值。

第四卷提出了"审计特别是国家审计是民主政治的重要内容和推动民主政治发展的重要方式""健全完善的民主政治体制机制必然要求完善的国家审计体制机制与之协调配合"的鲜明观点，讨论了国家审计服务和推动民主政治发展的内在机理与内在逻辑，提出并重点讨论了国家审计服务和推动民主政治发展的实现路径，包括审计参与听证制度、制度合理性审计、民生审计和构建以审计为核心的问责机制等问题。本卷的研究对推进中国特色社会主义民主政治制度的完善具有重大的理论意义和实践价值，具有理论上的原创性。

第五卷提出了"国家审计是国家治理结构和体系中内生的必不可少的组成部分，是国家治理机制中不可或缺的一种治理机制"，即"无审计，不治理"的核心观点，探讨了国家审计服务国家治理的内在机理和内在逻辑，重点讨论了国家审计服务国家治理的实现路径问题，包括国家审计与责任政府建设、政策执行效果审计、国家审计服务环境治理、国家审计服务经济高质量发展以及国家审计服务国家治理的其他特别问题。本卷的研究对从国家审计的视角推进国家治理体系和治理能力现代化，具有重大的理论意义和实践参考价值。

第六卷提出了"经济责任审计是一项具有中国特色的经济监督制度，是现代审计制度在中国的一种创新",探讨了经济责任审计的基本理论依据、目标经济责任与责任履行报告、领导干部经济责任履行与特定组织管理层治理层的责任履行的关系、领导干部经济责任的内涵和外延、经济责任审计运行机制、经济责任审计与其他类型审计的关系、经济责任审计评价体系的构建等问题。本卷总结了经济责任审计推动的十大审计理论创新,较为全面、系统地研究了经济责任审计推动审计理论创新的若干问题,对丰富和发展中国特色社会主义国家审计理论体系,指导经济责任审计实践,推进国家治理体系和治理能力现代化,均具有极其重要的理论价值与现实意义。

本套著作在立信会计出版社的大力支持下,获得了国家出版基金资助,也被新闻出版署列为"十三五"国家重点图书出版规划项目,在此,对立信会计出版社致以特别感谢。同时也要感谢西南财经大学将本套著作纳入其"工商管理理论与中国道路研究书系"中。

本套著作是以我所主持的两个国家级重大课题的研究为基础的,没有两个重大课题的支撑,就不会有本套著作的成功出版。

我要诚挚地感谢在 2007 年教育部哲学社会科学研究重大课题攻关项目申报和研究中给予过我大力支持的教授和专家,他们是:审计署原党组成员、副审计长孙宝厚研究员,北京大学王立彦教授,清华大学郝振平教授,审计署审计科研所原所长崔振龙研究员,审计署法规司原司长王秀明,中南财经政法大学张龙平教授,四川大学干胜道教授,西南财经大学党委书记赵德武教授,西南财经大学会计学院原院长彭韶兵教授,西南财经大学统计学院原院长(现西南财经大学党委常委、副校长)史代敏教授,西南交通大学经管学院原副院长黄登仕教授,英国赖皮尔大学高善生教授,纽约城市大学巴鲁学院叶建民教授,香港城市大学邹宏教授。在项目的申报和研究工作中作出过卓越贡献的团队成员包括:张勇博士、李江涛博士、徐荣华博士、刘更新博士、陈晓媛博士、赵莎博士、杨晓磊博士、谢赞春博士、朱荣博士、李明博士、刘雷博士、朱磊博士和博士研究生杨惠雁。在此表示衷心感谢!

特别感谢在我申报 2013 年国家社科基金重大项目过程中,武汉大学王永海教授、南开大学张继勋教授、西南财经大学会计学院院长马永强教授、西南财经大学会计学院副院长唐雪松教授和西南财经大学公共管理学院原院长唐兴霖教授的大力支持!该项目的研究工作历时 8 年之久,先后有多名团队成员参与其中并作出了卓越的贡献,他们是:蔡利博士、谢柳芳博士、张筱博士、刘静博士、唐凯桃博士、李江涛博士、李明博士、刘雷博士、田秋蓉博士、陈孝博士、董延安博士、车宣呈博士、饶翠华博士、苗连琦博士、毕铭悦博士、马可哪呐博士、郑伟宏博士、韩梅芳博士、刘玉玉博士、崔云博士、黄昊博士、郑开放博士、何雨博士、唐嘉尉博士、郑倩雯博士、周微博士、张翼凌博士、博士研究生鲍瑞雪、博士研究生陈晔、博士研究生王朋、博士研究生徐藩、博士研究生马睛、硕士研究生方涵若、硕士研究生马荔丽。他们的接续奋斗，保障了国家社科基金重大项目得以顺利完成！在此一并致以特别的敬意和万分感谢！

我还要特别感谢国际著名会计史学大师、著名会计审计学家、中南财经政法大学郭道扬教授，他欣然接受邀请为本套著作作序并给予本套著作极高的评价！

党的二十大吹响了以中国式现代化推进中华民族伟大复兴新征程的新号角！审计领域的创新研究应聚焦推动服务中国式现代化建设的审计理论与方法体系研究。中国的国家审计在全世界范围内都独具特色，在国家治理的最高层次和全过程都发挥着不可或缺、不可替代的重要作用。探讨和研究服务中国式现代化建设的国家审计理论，进一步推动国家审计理论创新研究，应当成为新时代审计学者的重大使命。本套著作的出版，既代表着我们团队对服务中国式现代化建设作出的部分审计学术贡献，也为我们继续大力推动服务中国式现代化建设的审计理论创新研究奠定了雄厚的基础。我们唯有踔厉奋发，勇毅前行，方能不负伟大时代！

西南财经大学/中国政府审计研究中心

2022年12月于成都

# 本 卷 前 言

党的十八届三中全会提出推进国家治理体系与能力现代化的总体改革目标,推动了审计学术界对国家审计服务国家治理的理论与实践问题的全面系统研究。党的十九大以来,随着国家治理的要求进一步提高,国家审计跃升到了国家治理体系的更高层次。新时代赋予了国家审计在国家治理中的新使命。审计学术界围绕国家审计服务国家治理的机理、机制和实现路径等重大问题的研究,推陈出新、成果丰硕。

我们团队从2011年开始对这一重大问题开展了大量的研究,提出了很多极具特色的思想和观点。《中国特色社会主义国家审计理论研究(第五卷):国家治理审计论》是我们团队10余年来研究成果的集成和深化。提出了"国家审计是国家治理结构和体系中内生的必不可少的组成部分,是国家治理机制中不可或缺的一种治理机制",即"无审计,不治理"的核心观点,探讨了国家审计服务国家治理的内在机理和内在逻辑,重点讨论了国家审计服务国家治理的实现路径问题,包括国家审计与责任政府建设、政策执行效果审计、国家审计服务环境治理、国家审计服务经济高质量发展,以及国家审计服务国家治理的其他特别问题。本卷的研究对从国家审计的视角推进国家治理体系和治理能力现代化,具有重大的理论意义和实践参考价值。

本卷由10章和相关附录构成。

第1章是导论,介绍了本卷的研究背景、研究内容、研究思路,并提炼了本卷的主要贡献。

第2章是国家治理审计文献回顾,从国家审计基本理论、国家审计与依法治国、国家审计与环境治理、国家审计与责任政府建设、国家审计与政策措施执行、国家审计与经济发展质量发展以及国家审计与国企治理等方面回顾了国家审计服务国家治理的相关研究文献,并做了研究评述。

第 3 章是国家审计服务国家治理的内在机理与路径分析,基于受托经济责任观,一方面分析了受托经济责任与组织治理、公共受托经济责任与国家治理、审计与国家治理之间的关系;另一方面分析了受托经济责任与审计、公共受托经济责任与国家审计、公共受托经济责任与国家治理结构的建立之间的关系。在此基础上,对国家审计服务国家治理的理论做了分析并提出基于服务国家治理的国家审计理论创新研究框架。

第 4 章是国家审计与政府社会责任履行,采用案例研究法和实证研究法研究了国家审计与政府有效履行社会责任的关系,分析了政策执行效果审计的理论基础。在介绍并对比分析了美国、加拿大、英国三国政府社会责任审计经验的基础上,从行为责任、报告责任两个维度,提出了以责任政府建设为中心的政府社会责任审计监控机制,以推动政府全面有效履行社会责任。

第 5 章是国家审计与政策措施执行,在界定政策执行效果审计含义的基础上,分析了政策执行效果审计的基础理论。本章还介绍了政策执行效果审计的目标与内容、政策执行效果审计评价和政策执行效果审计的审计流程。同时,本章以汶川地震和九寨沟地震灾后重建、新冠疫情危机管理为例进行了政策执行效果审计的案例分析。最后,本章通过实证研究分析了政策跟踪审计的效果。

第 6 章是国家审计与环境治理,介绍了我国环境治理现状和国家审计参与环境治理的现状,分析了国家审计服务环境治理的理论基础、现实依据、作用机制与路径,并从企业、地区维度尝试探索检验国家审计促进环境治理的实证研究设计。

第 7 章是国家审计与经济高质量发展,在界定经济高质量发展的内涵要义基础上,分析了国家审计促进经济高质量发展的理论依据和路径,并尝试探索检验国家审计促进经济高质量发展和产业高质量发展的实证研究设计。

第 8 章是国家审计与国企高质量发展,在明确国企高质量发展的内涵要义、国企发展质量测量的基础上,分析国家审计促进国企高质量发展的机理与路径,并从促进效果、路径机制以及溢出效应三个方面,设计研究国家审计促进国企高质量发展的实证研究模型。

第 9 章是国家审计服务国家治理的其他相关问题探索,分析舞弊防控审计机制重塑问题、审计机制嵌入风险防控体系问题、审计管理体制优化问题、关于国家审计对政府财务报告审计权的思考以及双碳目标与双碳审计问题等。

第 10 章是国外国家审计机关服务国家治理的经验分享,以英国审计署和美国审计署服务国家治理的做法为例,分享了国外国家审计机关服务国家治理的经验。

附录1至附录3是相关政策文件及资料。

本卷整体内容框架由蔡春、李江涛和唐凯桃设计。各章责任分工是:第1章、第2章、第3章和第4章由唐凯桃负责;第5、第7章、第8章和第9章由鲍瑞雪负责;第6章由郑开放负责;第10章由郑倩雯负责;附录由唐凯桃负责。全书由蔡春负责统稿和审定。

理论研究的复杂性和挑战性决定了本卷研究可能存在一定瑕疵和问题。敬请读者们不吝赐教、批评指正!

作者

2022年12月

# 目 录

1 导 论 ·············································································· 1
   1.1 国家治理审计研究背景 ················································ 1
   1.2 国家治理审计研究内容 ················································ 4
   1.3 国家治理审计研究思路 ················································ 7
   1.4 国家治理审计论的主要贡献 ·········································· 10
   1.5 本章小结 ·································································· 11

2 国家治理审计文献回顾 ························································ 12
   2.1 国家审计基本理论回顾 ················································ 12
   2.2 国家审计与依法治国 ··················································· 16
   2.3 国家审计与环境治理 ··················································· 17
   2.4 国家审计与责任政府建设 ············································· 20
   2.5 国家审计与政策措施执行 ············································· 21
   2.6 国家审计与经济发展质量 ············································· 23
   2.7 国家审计与国企治理 ··················································· 26
   2.8 研究评述 ·································································· 31
   2.9 本章小结 ·································································· 32

3 国家审计服务国家治理的内在机理与路径分析 ·························· 33
   3.1 受托经济责任与治理 ··················································· 33
   3.2 基于服务国家治理的国家审计理论研究 ·························· 47
   3.3 本章小结 ·································································· 51

## 4 国家审计与政府社会责任履行 · · · · · · · · · · · · · · · · · · · · 52
### 4.1 政府社会责任的内涵 · · · · · · · · · · · · · · · · · · · · 52
### 4.2 政府社会责任的主要内容 · · · · · · · · · · · · · · · · · · · · 53
### 4.3 政府社会责任审计探析 · · · · · · · · · · · · · · · · · · · · 54
### 4.4 政府社会责任审计的国际经验 · · · · · · · · · · · · · · · · · · · · 55
### 4.5 政府社会责任审计监控机制构建 · · · · · · · · · · · · · · · · · · · · 57
### 4.6 案例分析 · · · · · · · · · · · · · · · · · · · · 61
### 4.7 实证研究设计 · · · · · · · · · · · · · · · · · · · · 63
### 4.8 本章小结 · · · · · · · · · · · · · · · · · · · · 68

## 5 国家审计与政策措施执行 · · · · · · · · · · · · · · · · · · · · 69
### 5.1 政策执行效果审计的含义 · · · · · · · · · · · · · · · · · · · · 69
### 5.2 政策执行效果审计理论基础分析 · · · · · · · · · · · · · · · · · · · · 70
### 5.3 政策执行效果审计的目标、内容与重点 · · · · · · · · · · · · · · · · · · · · 72
### 5.4 政策执行效果审计评价 · · · · · · · · · · · · · · · · · · · · 77
### 5.5 政策执行效果审计的审计流程 · · · · · · · · · · · · · · · · · · · · 79
### 5.6 国家审计促进政策措施有效执行的案例分析 · · · · · · · · · · · · · · · · · · · · 82
### 5.7 实证研究设计 · · · · · · · · · · · · · · · · · · · · 93
### 5.8 政策执行效果审计文本分析方法探索 · · · · · · · · · · · · · · · · · · · · 100
### 5.9 本章小结 · · · · · · · · · · · · · · · · · · · · 109

## 6 国家审计与环境治理 · · · · · · · · · · · · · · · · · · · · 110
### 6.1 我国的环境治理 · · · · · · · · · · · · · · · · · · · · 110
### 6.2 国家审计服务环境治理的理论基础 · · · · · · · · · · · · · · · · · · · · 112
### 6.3 国家审计服务环境治理的现实依据 · · · · · · · · · · · · · · · · · · · · 114
### 6.4 国家审计服务环境治理的作用机制与路径 · · · · · · · · · · · · · · · · · · · · 121
### 6.5 实证研究 · · · · · · · · · · · · · · · · · · · · 122
### 6.6 本章小结 · · · · · · · · · · · · · · · · · · · · 148

## 7 国家审计与经济高质量发展 · · · · · · · · · · · · · · · · · · · · 149
### 7.1 经济高质量发展的内涵要义 · · · · · · · · · · · · · · · · · · · · 149

7.2 国家审计促进经济高质量发展的理论依据 ………………… 152
  7.3 国家审计促进经济高质量发展的路径分析 ………………… 155
  7.4 实证研究设计 …………………………………………………… 159
  7.5 本章小结 ………………………………………………………… 169

8 **国家审计与国企高质量发展** ………………………………………… 170
  8.1 国企高质量发展的内涵要义 …………………………………… 171
  8.2 国企发展质量的测量 …………………………………………… 173
  8.3 国家审计促进国企高质量发展的机理与路径分析 ………… 177
  8.4 实证研究设计 …………………………………………………… 181
  8.5 本章小节 ………………………………………………………… 189

9 **国家审计服务国家治理的其他相关问题探索** ……………………… 190
  9.1 舞弊防控审计机制重塑问题 …………………………………… 190
  9.2 审计机制嵌入风险防控体系问题 ……………………………… 195
  9.3 审计管理体制优化问题 ………………………………………… 196
  9.4 关于国家审计对政府财务报告审计权的思考 ……………… 200
  9.5 双碳目标与双碳审计问题 ……………………………………… 212
  9.6 本章小结 ………………………………………………………… 214

10 **国外国家审计机关服务国家治理的经验分享** ……………………… 216
  10.1 英国审计署服务国家治理的经验分享 ……………………… 216
  10.2 美国审计署服务国家治理的经验分享 ……………………… 224

**附录** …………………………………………………………………………… 232
  附录1 2015—2021年政策措施落实情况跟踪审计结果公告概况表 …… 232
  附录2 2012—2021年全国各省(自治区、直辖市)发布的审计政策
         法规制度及召开的重要审计工作会议汇总 ………………… 256
  附录3 《"十四五"国家审计工作发展规划》 ……………………… 264

**参考文献** …………………………………………………………………… 278

# 1 导 论

本章主要介绍本卷的研究背景、研究内容、研究思路以及主要贡献。

## 1.1 国家治理审计研究背景

党的十八大以来,党中央非常重视国家治理水平的提升,出台的系列政策文件均体现了国家治理目标、治理思路以及治理路径等。党的十八届三中全会通过了《中共中央关于全面深化改革若干重大问题的决定》,并提出,全面深化改革的总目标是完善和发展中国特色社会主义制度,推进国家治理体系和治理能力现代化。根据党的十八届四中全会通过的《中共中央关于全面推进依法治国若干重大问题的决定》,"全面推进依法治国,总目标是建设中国特色社会主义法治体系,建设社会主义法治国家。这就是,在中国共产党领导下,坚持中国特色社会主义制度,贯彻中国特色社会主义法治理论,形成完备的法律规范体系、高效的法治实施体系、严密的法治监督体系、有力的法治保障体系,形成完善的党内法规体系,坚持依法治国、依法执政、依法行政共同推进,坚持法治国家、法治政府、法治社会一体建设,实现科学立法、严格执法、公正司法、全民守法,促进国家治理体系和治理能力现代化"。党的十八届五中全会要求牢固树立并切实贯彻"创新、协调、绿色、开放、共享"五大发展理念,坚持创新发展,坚持协调发展,坚持绿色发展,坚持开放发展,坚持共享发展。党的十九大立足于新时代国家发展新的历史方位,指出我国社会主要矛盾已经转化为人民日益增长的美好生活需要和不平衡不充分的发展之间的矛盾,需继续推进治理能力和治理体系现代化进程,并列出具体时间表,旨在稳步推进国家治理现代化进程。其中,第一阶段为2020年至2035年,法治国家、法治政府、法治社会基本建成,各方面制度更加完善,基本实现治理能力和治理体系现代化;第二阶段为2035年至21世纪中叶,我国物质文明、政治文明、精神文明、社会文明、生态文明将全面提升,实现国家治理体系和治理能力现代化。2020年10月,党的十九届五中全会发布的《中共中央关于制定国民经济和社会发展第十四个五年规划和二〇三五年远景目标的建议》提出,"十四五"时期经济社会发展的主要目标依然是加强国家治理体系和治理能力现代化建设,推进国家治理体系和治理能力现代化。从表1-1列示的党的十八大以来党中央重要会议文件涉及的"治理"频数统计情况可以看出,"治理"一词出现的次数逐步增多,这凸显了国家对治理能力和治理体系现代化的重视。

表1-1　党的十八大以来党中央重要会议文件涉及的"治理"频数统计

| 时间 | 重要会议文件 | "治理"出现频数 |
| --- | --- | --- |
| 2012年11月 | 《坚定不移沿着中国特色社会主义道路前进 为全面建成小康社会而奋斗》(十八大) | 13 |
| 2013年11月 | 《中共中央关于全面深化改革若干重大问题的决定》(十八届三中全会) | 24 |
| 2014年10月 | 《中共中央关于全面推进依法治国若干重大问题的决定》(十八届四中全会) | 30 |
| 2015年10月 | 《中共中央关于制定国民经济和社会发展第十三个五年规划的建议》(十八届五中全会) | 31 |
| 2017年10月 | 《决胜全面建成小康社会 夺取新时代中国特色社会主义伟大胜利》(十九大) | 44 |
| 2018年2月 | 十九届三中全会公报(十九届三中全会) | 29 |
| 2019年10月 | 《中共中央关于坚持和完善中国特色社会主义制度 推进国家治理体系和治理能力现代化若干重大问题的决定》(十九届四中全会) | 83 |
| 2020年10月 | 《中共中央关于制定国民经济和社会发展第十四个五年规划和二〇三五年远景目标的建议》(十九届五中全会) | 51 |

近年来,国家审计在经济社会中的监督保障角色愈发重要。为充分发挥国家审计的治理作用,2014年,国务院发布《关于加强审计工作的意见》(国发〔2014〕48号),旨在实现审计全覆盖,推动重大政策措施的有效执行。党的十八届三中全会通过的决定、十八届四中全会通过的决定、十九大报告以及十九届三中全会公报,均提到完善审计制度、健全审计监督体系、促进经济社会平稳健康发展的相关内容。其中,2018年,十九届三中全会通过的《中共中央关于深化党和国家机构改革的决定》和《深化党和国家机构改革方案》,明确提出组建中央审计委员会,构建集中统一、全面覆盖、权威高效的审计监督体系,以更好发挥审计监督的作用。2018年5月,习近平总书记在中央审计委员会第一次会议中强调,审计是党和国

家监督体系的重要组成部分,加强党对审计工作的领导,要更好发挥审计在党和国家监督体系中的重要作用,审计机关应坚持新发展理念,紧扣我国社会主要矛盾变化,依法全面履行审计监督职责,促进经济高质量发展……这意味着国家审计将作为一种常态性的监督机制,在国家治理中将扮演越来越重要的角色(王家新等,2015;戚振东和曹小春,2018)。从表1-2列示的国家出台的关于审计管理体制改革、规范审计工作的相关政策文件来看,审计机关已深度参与经济社会发展的各个领域,国家审计的治理作用日益凸显。

表1-2 关于审计体制改革、规范审计工作的相关政策文件

| 年份 | 发文主体 | 文件 |
| --- | --- | --- |
| 2011 | 审计署 | 《关于进一步加强审计理论研究工作的意见》 |
| 2014 | 国务院 | 《关于加强审计工作的意见》 |
| 2014 | 审计署 | 《关于2014年地方审计机关开展审计业务工作的指导意见》 |
| 2014 | 审计署 | 《关于加强公务支出和公款消费审计的若干意见》 |
| 2014 | 审计署 | 《关于加强审计监督促进"十二五"规划顺利实施的意见》 |
| 2015 | 审计署 | 《关于2015年地方审计机关开展审计业务工作的指导意见》 |
| 2015 | 审计署 | 《关于加强审计监督进一步推动财政资金统筹使用的意见》 |
| 2015 | 中共中央、国务院 | 《关于完善审计制度若干重大问题的框架意见》及《关于实行审计全覆盖的实施意见》等相关配套文件 |
| 2016 | 审计署 | 《关于审计工作更好地服务于创新型国家和世界科技强国建设的意见》 |
| 2016 | 审计署 | 《关于适应新常态践行新理念更好地履行审计监督职责的意见》 |
| 2018 | 审计署 | 《关于进一步加强减税降费政策措施落实情况审计监督的意见》 |
| 2018 | 审计署 | 《关于在乡村振兴战略实施中加强审计监督的意见》 |
| 2018 | 中共中央 | 《深化党和国家机构改革方案》 |
| 2019 | 审计署 | 《关于印发政府财务报告审计办法(试行)的通知》 |
| 2019 | 审计署 | 《中华人民共和国国家审计准则(修订版)》 |
| 2019 | 中央审计委员会 | 《党政主要领导干部和国有企事业单位主要领导人员经济责任审计规定》 |
| 2020 | 审计署 | 《关于印发企业审计指南的通知》 |
| 2020 | 审计署 | 《关于印发修订后商业银行审计指南的通知》 |

国家审计是国家治理体系中的一项基础性制度安排,是国家治理的基石,是推动国家治理现代化的重要保障(刘家义,2015)。当前,学术界关注国家审计的学者

相对较少,国家审计理论研究相对滞后于国家审计实务工作,在国家审计实务工作深入国家治理的多个领域,且其发挥的治理作用越来越明显的现实背景下,我们系统、全面、深入地探析国家审计在国家治理中的职责定位、功能作用和具体作用路径,不仅有助于深化人们对国家审计治理功能的理解,而且还有助于国家审计充分发挥治理功能,使其服务于国家治理,推动国家治理现代化。

## 1.2 国家治理审计研究内容

本卷结合我国经济社会发展重大现实需要,在党中央推动国家治理体系和治理能力现代化的背景下,以国家审计为研究对象,以国家治理为切入点,借鉴国内外国家审计实践,围绕环境治理、政府社会责任履行、政策执行效果、经济高质量发展、国企高质量发展等几个重要方向,通过理论分析和实证检验,系统全面地考察国家审计推动国家治理体系和治理能力现代化的作用机理和实现路径。从理论研究的角度来看,本卷的研究不仅有助于深化、拓展与国家审计功能、经济后果相关的研究,丰富和完善中国特色社会主义国家审计理论体系,还丰富了关于国家治理理论的研究成果。从实践层面来看,本卷的研究可为国家审计机关推动国家治理体系和治理能力现代化的实务工作提供指导,从而为我国完善国家治理提供一条新的实践路线。因此,本卷的研究具有重要的理论价值和现实意义。

在梳理现有研究成果的基础上,本卷基于经典的审计理论、组织理论以及国家治理理论,通过理论分析,构建国家审计促进国家治理能力和治理体系现代化的理论分析框架;从政府社会责任履行、政策执行效果、环境治理、经济高质量发展以及国企高质量发展维度,论证国家审计促进国家治理能力和治理体系现代化的具体渠道,并通过案例分析、实证检验考察国家审计在不同领域的具体作用;讨论分析国家审计服务国家治理的其他几个问题,以期充分发挥国家审计的治理作用。本卷各章节的具体安排如下。

第1章,导论。本章简要阐述本卷的研究背景、研究内容、研究思路和主要贡献。

第2章,国家治理审计文献回顾。本章在回顾国家审计基本理论的基础上,围绕国家审计与依法治国、国家审计与环境治理、国家审计与责任政府建设、国家审计与政策措施执行、国家审计与经济发展质量,以及国家审计与国企治理的现有文献展开回顾。其中,对国家审计与依法治国的相关文献,重点从历史视角、法律视角、国内外实践视角出发进行回顾。对国家审计与环境治理的相关文献,从环境审计的内涵、外延,环境审计的目的、内容、方式方法等,以及环境审计和自然资源资产离任审计的经济后果等方面展开回顾。对国家审计与责任政府建设的相关文献,以公共受托经济责任为逻辑起点,从行为责任、报告责任和国家审计类型出发,回顾不同审计活动对责任政府建设的影响。对国家审计与经济发展质量的相关文献,从经济增长质量的内涵与外延、经济增长质量的评价体系构建以及国家审计与经济高质量发展之间关系等方面进行回顾。对国家审计与国企治理的相关文献,主要从经营管理如经营效率、投资效率、创新行为、治理水平以及社会责任履行等方面进行梳理。本章在回顾文献的基础上,对现有研究成果进行简单评述,提出本卷的研究方向。

第3章,国家审计服务国家治理的内在机理与路径分析。本章基于普遍适用的经典审计理论,以公共受托经济责任为理论原点,分析论证受托经济责任与组织治理、公共受托经济责任与国家治理以及审计与国家治理之间的关系。在此基础上,本章构建基于服务国家治理的国家审计理论创新研究框架,一是论证"受托经济责任—审计—公共受托经济责任—国家审计—国家治理"间的关系;二是以国家审计与国家治理之间关系为依托,具体探索国家审计与国家治理结构中各组成部分之间的逻辑关系,进而构建基于服务国家治理的国家审计理论创新研究框架,以为后续的研究奠定理论基础。

第4章,国家审计与政府社会责任履行。本章从政府社会责任出发,分析论证政府社会责任的内涵和主要内容;讨论政府社会责任审计的内涵、内容、审计类型及其与其他审计类型的差异;梳理和比较国外审计机关的政府社会责任审计实务工作开展情况。本章以上述研究为基础,提出构建促进政府有效履行社会责任的审计监控机制,以期为国家审计机关开展政府社会责任审计工作提供新的思路。

第5章,国家审计与政策措施执行。当前,政策执行效果审计已成为国家审计机关常态化开展的一项审计工作,审计署按季发布重大政策措施落实情况跟踪审计结果公告[①],在重大政策措施有效执行中起到重要的监督保障作用。本章内容围绕政策执行效果审计的内涵、目标、内容、评价、流程等进行了详细论证与阐述,梳理了政策执行效果审计的业务流程,提出政策执行效果审计评价体系的构建思路。在此基础上,本章尝试通过案例分析和实证研究等方式验证政策执行效果审计的经济后果。其中,案例分析部分以汶川地震、九寨沟地震、新冠疫情等重大

---

① 国家审计开展的各类政策措施落实(情况)跟踪审计一般称为政策跟踪审计或政策落实跟踪审计,学术界也称其为政策执行效果审计。审计署的相关审计公告一般叫"××政策措施贯彻落实情况跟踪审计结果"。

突发事件的相关政策措施落实情况跟踪审计为例,探讨当前政策执行效果审计的成效、存在的不足,并有针对性地提出改进意见,以推动国家政策措施有效执行。在实证检验中,通过选取指标、构建模型,验证政策执行效果审计的经济后果,如政策有效性、制度性交易成本等。文本分析部分则尝试从审计结果公告涉及的关键词语识别、判断各地区政策执行所处的不同阶段和不同地区的政策执行效果。

第6章,国家审计与环境治理。本章梳理我国环境治理现状、国家审计参与环境治理的现状,论证国家审计参与环境治理的理论基础,介绍国家审计服务环境治理的现实依据,探讨国家审计服务环境治理的作用机制和作用路径,并试图通过实证检验的方式,检验国家审计服务环境治理的效果,包括促进企业环境治理、促进地区环境治理投资以及促进地区绿色发展等,以为国家审计参与环境治理,更好地促进绿色发展,服务国家治理提供决策参考依据。

第7章,国家审计与经济高质量发展。本章在论述经济高质量发展的内涵要义基础上,分析国家审计促进经济高质量发展的理论依据,包括公共受托经济责任观、国家审计功能拓展论、国家审计"免疫系统论"以及国家审计"权力监控论"等。国家审计服务国家治理的具体路径包括促进市场经济体制的完善、推进产业结构转型升级、服务科技创新、防范化解经济运行风险、促进绿色发展等。本章通过选取指标、构建模型,试图通过实证研究的方式验证国家审计在促进经济高质量发展中的监督保障作用,其中,实证研究的内容主要包括国家审计促进经济高质量发展、国家审计促进产业高质量发展两部分内容。

第8章,国家审计与国企高质量发展。本章重点探讨国企高质量的内涵要义,国企发展质量的测量,包括测量方法的选择、指标选取与体系构建;论证国家审计促进国企高质量发展的机理与路径,包括促进国企混改、促进僵尸企业出清,以及通过财务收支审计规范国企经营管理等;通过实证研究方法,检验国家审计促进国企高质量发展的效果、路径机制以及溢出效应等。

第9章,国家审计服务国家治理的其他相关问题探索。本章从舞弊防控、审计机制嵌入风险防控体系、审计管理体制优化、政府综合财务报告审计以及双碳目标与双碳审计等五个方面,探讨如何充分发挥国家审计的治理作用,使其更好地服务国家治理,推动国家治理体系和治理能力现代化。

第10章,国外国家审计机关服务国家治理的经验分享。本章以英国和美国为例,介绍两国审计机关服务国家治理的经验。

本卷附录收录部分国家审计政策文件及相关资料。其中,国家审计政策文件包括党中央、国务院、审计署以及地方审计机关相关政策文件,涉及国家审计机关实务工作开展情况,包括审计署、地方审计机关工作内容、资源投入以及审计成效等,旨在较为全面地揭示国家审计机关服务国家治理的具体情况。

本卷结构安排如图1-1所示。

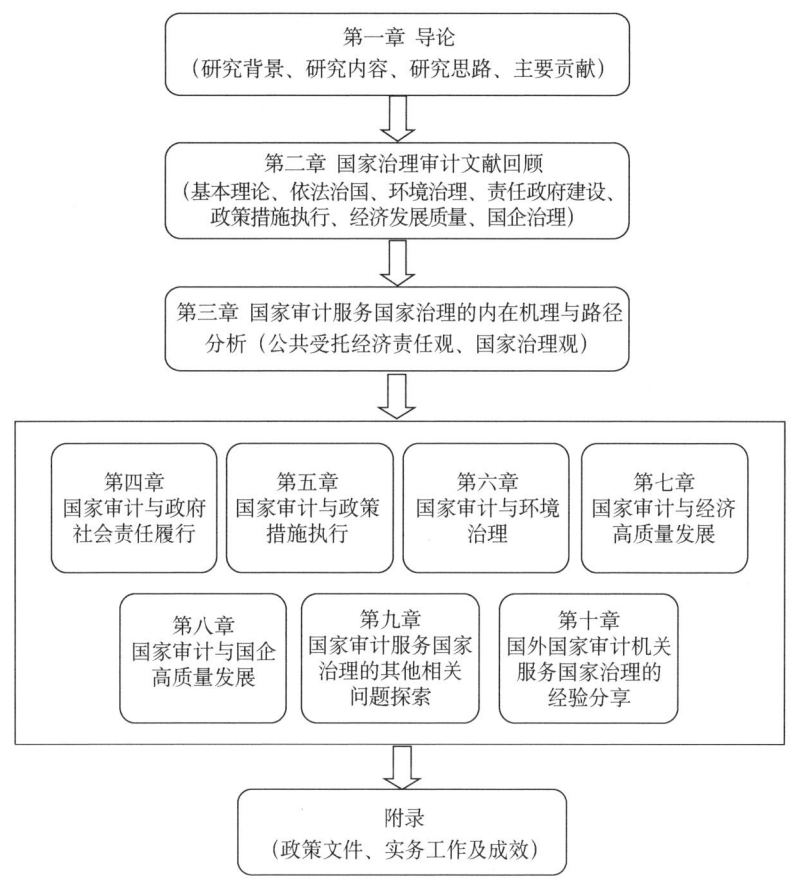

**图1-1 本卷结构安排图**

## 1.3 国家治理审计研究思路

### 1.3.1 研究目标

本卷的研究目标主要包括:构建基于服务国家治理的国家审计理论创新研究框架,厘清国家审计促进国家治理能力和治理体系现代化的作用机制和路径;通过实证检验的方法验证国家审计促进国家治理能力和治理体系现代化的具体效果,以及在不同区域特征或场景下的效果差异,并提出有针对性的对策建议。

一是在理论层面和实践层面,为国家审计促进国家治理能力和治理体系现代化提供依据,分析国家审计服务国家治理的作用机制和实现路径等,以期构建基于服务国家治理的国家审计理论创新研究框架。

二是围绕国家审计服务国家治理的具体领域,结合实务工作中不同审计类型,探讨不同类型审计的内涵界定、目标、内容以及方式方法等,分析国家审计作用于国家治理中某一具体对象的机制和路径,探索相应的审计监控机制,并选取适当数据进行实证分析,检验国家审计促进国家治理能力和治理体系现代化的具体效果。

三是基于国家审计促进国家治理能力和治理体系现代化的理论基础,实证检验国家审计的作用路径和作用效果,并探讨国家审计服务国家治理的其他几个重要问题,为进一步深化国家审计服务国家治理的理论研究提供借鉴。

### 1.3.2 研究路线

根据国务院印发的《关于加强审计工作的意见》(国发〔2014〕48号)以及习近平总书记在中央审计委员会第一次会议上讲话(2018年),我国逐步加大审计监督的深度和广度,充分发挥国家审计的监控作用,这有助于党中央和国务院的重大政策措施得到有效执行,有助于实现国家治理能力和治理体系现代化。新修订的审计法(2021)从坚持党的领导、拓展审计范围、加强审计队伍建设、赋予审计机关履行职责所必需的权限、严格规范审计行为、明确审计整改和监督责任等方面对原审计法进行了调整,为我国强化审计监督、发挥国家审计的治理作用,提供了法治保障。国家审计是国家治理的一项重要制度安排,是保障国家治理现代化的重要工具(刘家义,2015),其功能随公共受托经济责任内容的拓展而不断延伸(蔡春等,2012;蔡利,2014)。在世界经济格局深刻变化、我国社会主要矛盾转变的时代背景下,社会治理、经济治理已然成为政府履行经济领域受托责任的重要内容,国家审计的功能自然而然地延伸到了该领域。本卷从公共受托经济责任观、审计控制论、国家治理观以及国家审计功能拓展论等四个方面为国家审计服务国家治理、促进国家治理现代化提供理论依据;介绍世界各国审计机关的审计实务工作开展情况,梳理法律法规的相关规定,为国家审计服务国家治理现代化寻求现实依据,分析国家审计在促进国家治理现代化进程中的作用和实现路径,构建基于服务国家治理的国家审计理论创新研究框架;通过选取指标、构建模型,实证检验国家审计服务国家治理的实际效果和具体路径,提出促进国家审计服务国家治理的建议。

本卷的研究路线如图1-2所示。

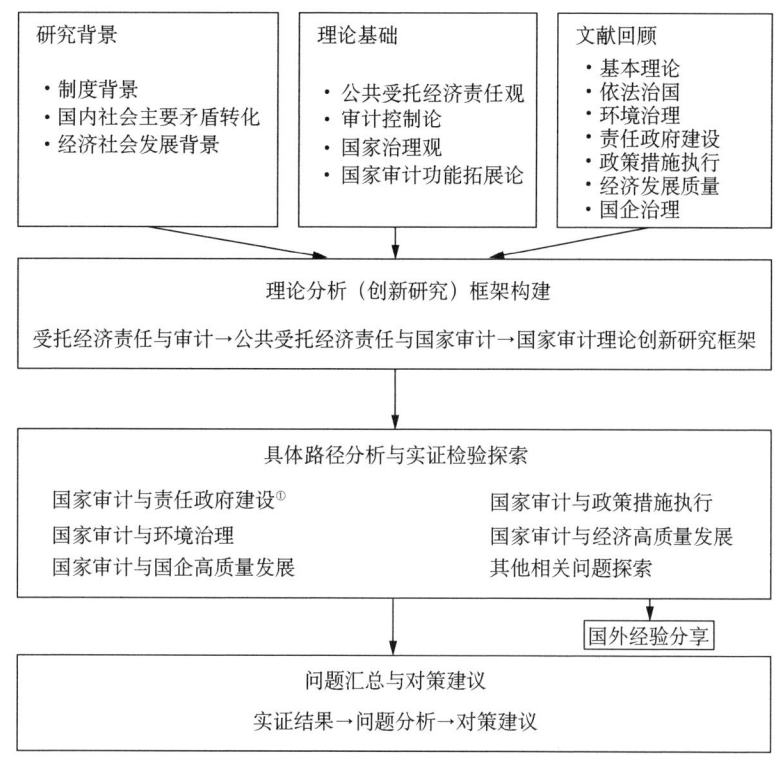

图 1-2 本卷研究路线

## 1.3.3 研究方法

（1）在理论分析中，本卷将采用归纳、演绎分析等方法对受托经济责任与审计、公共受托经济责任与国家审计、公共受托经济责任与国家治理结构、国家审计与国家治理的相关文献进行梳理、归纳和分析，并结合组织行为学、公共管理学、国家审计学和金融学等领域的理论对本卷要考察的关系进行定性分析。

（2）本卷在有关国家审计服务国家治理，促进国家治理能力和治理体系现代化的实证检验中，包括国家审计促进政策措施有效执行、国家审计服务环境治理、国家审计促进经济高质量发展、国家审计推动国企高质量发展等方面，将通过选取变量、构建模型，利用 Stata、SAS、EXCEL 等软件进行数据整理、描述性统计、OLS 回归、固定效应回归等分析。

（3）本卷将使用规范分析方法对研究结果进行归纳、形成结论，并结合案例研究方法，分析国家审计在服务国家治理的过程中面临的风险与问题，进而基于归

---

① 本卷第 4 章将从政府社会责任履行角度研究国家审计与责任政府建设。

纳、总结和提炼的规范分析方法提出政策建议。

## 1.4 国家治理审计论的主要贡献

在国家健全监督体系、完善管理制度的背景下，本卷的研究成果拓展了国家审计相关理论研究，为国家审计研究作出了一定的增量贡献，对审计机关、政策制定部门、国企等也具有较大的实践参考价值。

### 1.4.1 理论价值

一是拓展了国家审计理论研究框架。国家治理是一种极其复杂的组织治理，涉及经济发展、法治建设、体制管理等多个方面，将国家审计与国家治理置于同一场景开展研究，为深化国家审计基本理论研究，推动国家审计理论创新提供了恰当的研究对象和现实基础。国家治理能力和治理体系现代化的重要方面有政府依法行政、建立责任政府、实现经济绿色发展、促进经济高质量发展等，为了实现国家治理现代化，我国除了要提高人民素质，完善管理制度，推动各参与主体各司其职，发挥最大功效，还需考虑国家审计的作用。因此，本卷将国家审计和国家治理纳入同一场景开展研究，论证国家审计在服务国家治理中的监控作用（包括揭示、预防、预警、纠偏等），有助于深化国家审计基本理论研究。

二是为学术界开展国家审计相关实证研究提供借鉴思路。本卷在研究中，主要采用文献梳理、逻辑演绎、归纳总结等方法论证国家审计在促进国家治理现代化过程中的重要作用。同时，本卷通过案例，分析国家审计在推动重大政策措施落实中的具体作用，挖掘重大政策措施落实过程中存在的问题，关注政策措施的科学合理性、配套措施的可行性、资源利用的有效性等，并总结国家审计工作中存在的问题，在此基础上有针对性地提出改进建议。随着审计工作的持续开展，以及相关经济数据可得性的增强，开展国家审计相关实证研究的便利性增强，本卷还尝试探索论证国家审计与政府社会责任履行、政策措施执行、环境治理、经济高质量发展以及国企高质量发展之间的关系，通过实证研究的方式验证国家审计在国家治理现代化进程中的作用，为国家审计实践提供经验证据。

三是为其他国家的国家审计理论研究提供中国证据。本卷探析在中国制度背景下国家审计对国家治理的影响，可为国家审计如何促进国家治理现代化提供具有中国特色的经验证据，为世界各国全面提升国家审计的治理作用贡献中国力量。世界各国制度背景不同，国家审计职责定位各异。在中国，服务国家治理，是国家审计的重要职责。本卷从政府社会责任履行、政策措施执行、环境治理、经济高质量发展,以及国企高质量发展等方面,较系统地考察国家审计对国家治理的影响及作用路径,并提供相应的经验证据,可为发展中国家完善国家治理,进而推进国家治理能力和治理体系现代化提供中国经验。

**1.4.2　实践价值**

一是为审计机关充分发挥国家审计的治理作用提供决策参考。本卷基于世界经济格局深刻变化、国内社会主要矛盾转化,党中央、国务院提出完善管理制度,建立健全监督体系,推进国家治理能力和治理体系现代化等现实背景,从国家审计的功能出发,围绕国家治理的几个重要维度,构建国家审计服务国家治理的理论分析框架,考察国家审计促进国家治理体系和治理能力现代化的作用路径、影响因素和改善机制,全面揭示国家审计在服务国家治理中的具体作用及可能存在的问题,为我国完善国家审计监督机制,审计机关充分发挥国家审计治理功能,促进国家治理能力和治理体系现代化提供决策参考。

二是为政府完善政策制度、推动政策措施落地实施提供强有力的理论支撑。本卷阐述了国家审计的内涵、外延,分析国家审计促进国家治理能力和治理体系现代化的具体路径,包括促进政府履行社会责任、政策措施执行、环境治理、经济高质量发展,以及国企高质量发展等,并在此基础上选取指标变量、构建数理模型,尝试通过多元回归分析的方法,验证国家审计在国家治理中的作用。同时,本卷根据实证检验结果,提出建议,促进政府完善政策制度,推动政策措施(包括责任政府建设、环境治理、宏观经济调控政策等)的有效落地,促进国家治理现代化。

三是为审计机关监督金融机构、国有企业高效落实政府宏观经济调控政策提供学理解释。宏观经济调控政策的落地主要依赖资本市场中的微观主体。金融机构、国有企业承担着部分政策性负担,具有落实政府宏观经济调控政策的责任。审计机关对金融机构、国有企业开展政策执行效果审计,能够提高政策措施执行刚性,促进金融机构、国有企业高效落实宏观经济调控政策,助力国家治理现代化。

## 1.5　本章小结

本章立足于国内经济社会形势变化,在国家提出完善现有管理制度,全面建立健全监督体系,推进国家治理能力和治理体系现代化的现实背景下,提出推动国家审计服务国家治理这一重要课题的重要性、紧迫性。在此基础上,规划本卷的研究内容和研究目标,提炼本卷的研究贡献。

# 2 国家治理审计文献回顾

本章旨在梳理国家审计相关研究文献,在回顾国家审计基本理论的基础上,分别从国家审计与依法治国、国家审计与环境治理、国家审计与责任政府建设、国家审计与政策措施执行、国家审计与经济发展质量、国家审计与国企治理6个方面进行回顾。

## 2.1 国家审计基本理论回顾

### 2.1.1 国家审计的功能

国家审计的产生源于经济社会发展的需要,但从本质上看,其产生于组织关系的确立、衍生与分化过程之中,基于不同利益关联方的需要而产生,公共受托责任论(蔡春,2001)、委托代理理论、民主政治论、"免疫系统论"、权力制约论等均可为国家审计的产生提供理论基础(董大胜,2020)。《中国特色社会主义审计理论研究》课题组(2013)基于"免疫系统论",系统阐述了国家审计的功能和职责定位。宋夏云和黄佳琦(2020)围绕两个核心问题(国家审计的对象边界和国家审计的职责范围)和三条主线(公共权力、公共责任和公共部门),提出国家审计的功能主要包括监督、评价公共权力的行使情况和监督、评价公共责任的履行情况。张曾莲(2010)基于政府审计实务工作开展情况,认为我国主要强调政府审计的鉴证功能,而忽视了其咨询功能;随着管理审计和绩效审计的逐步开展,政府审计的咨询功能也逐渐完善,并受到社会各界的重视,我国可考虑借鉴美国政府审计的发展经验,充分发挥政府审计咨询功能,使其服务于国家治理。胡南薇和陈汉文(2008)结合政府审计功能与公共治理的联系,基于公共治理理论视角,认为我国需要从四个方面重新审视、重新构建政府审计功能体系,具体表现为:应以建设有效政府为目标,充分发挥绩效审计的增值功能;以建设有限政府为目标,充分发挥公共财政审计对宏观调控的保证功能;以建设授权与分权政府为目标,充分发挥基层领导干部经济责任审计对权力的制约功能;以建设透明政府为目标,完善审计公告制度,充分发挥其对实现政府审计功能的保障作用。

党的十八大以来,中央审计委员会成立后,国家审计管理体制发生了深刻变化,其功能和职责拓展到"全覆盖"的新空间(汪德华等,2021),更有利于服务党和国家的大事业,推动国家治理实现现代化。王晓红(2020)以"政治统治、政治管理、政治参与、政治传播"为分析框架,认为国家审计的政治功能可以归纳为四个方面、十一项具体功能,在新时代我国应充分发挥国家审计的政治功能,使其服务于依法治国和责任政府建设,推动国家治理实现现代化。李明辉(2018)认为,在新的时代背景下,各级审计机关应在审计目标、审计内容、审计沟通方式等方面加以变革,适度发挥国家审计的建设功能,以更加高效地服务于国家治理。国家治理的外部环境变化必然带动国家审计职能的变化。王彪华(2020)在对我国国家审计职能发展历程的纵向比较和其他几个国家国家审计职能定位的横向比较基础上,从经济、政治、文化、社会以及生态环境五个方面探讨国家审计面临的新形势,指出国家审计的职能必须适应新环境、作出适应性调整,国家需要从进一步加强党对审计工作的领导、完善审计法律法规、与时俱进适应环境变化等方面推进各项事关审计事业发展大局的改革,为审计职能发挥提供保障。

部分学者实证检验了国家审计的功能。陈凌云等(2021)以反腐败为背景,基于"免疫系统论"考察了国家审计的功能,结果发现,反腐败政策的出台和反腐败力度的加强,提高了国家审计的揭示功能和预防功能,但并未显著提升国家审计的纠偏功能。

### 2.1.2　国家审计管理体制

自中国共产党成立以来,国家审计监督体系在立党执政、为公为民等方面被赋予重要使命(汪德华等,2021)。早期的国家审计监督以强化党内财务纪律为主,随着国家审计体制的不断改进,国家审计被赋予更多职责。1982年,"审计机关"被写进宪法;1994年,《中华人民共和国审计法》颁布并实施;2018年,中央审计委员会成立。党和政府的一系列举措,将国家审计摆在了监督体系中的突出位置,体现了国家审计的重要作用。

国家审计发挥功能受制于国家审计管理体制。制度变迁影响国家审计工作方向和重心。赵广礼(2019)基于制度变迁理论分析了我国国家审计管理体制改革的历程,总结出我国审计管理体制改革具有由行政力量主导、受工具理性驱使、以强制性变迁模式为主、基于路径依赖的渐进性等特点,并提出我国在深化审计管理体制改革中,需要立足于满足制度需求,促进制度供给和需求的平衡,强调工具理性与价值理性相统一,推进理论和实践的结合,有效促进审计工作的发展。从目前我国国家监督体系来看,国家审计是国家监督体系的重要组成部分,其可与人大监督产生耦合效应，各级人大可以以"受托责任"为出发点，在人大常委会预算工作委员会内部组建审计工作小组，聘任专职的高水平审计人才，并优化人大常委会对接审计机关的工作机制。优化国家审计管理体制有助于充分发挥国家审计的功能，在不突破宪法设定的行政型审计框架下，建立负责制与隶属关系相分离的国家审计体制，即审计机关依然隶属于政府，接受政府的行政管理，但与审计业务相关的工作直接对人大负责，以充分发挥国家审计的功能(陈征和刘馨宇，2020)。王晓红(2020)指出，要始终坚持党对审计工作的集中统一领导，严格落实习近平总书记对审计机关提出的"立身""立业""立信"要求，加强政治思想引领，完善国家审计法规制度以及加强国家审计队伍自身建设，保障国家审计的功能得以充分发挥(王会金和郑石桥，2019；胡智强，2020)。党的十八大提出，完善管理制度，推动国家治理体系和治理能力现代化。国家审计管理体制改革有助于国家完善相关制度，推动国家治理现代化。王彪华和谢莹莹(2020)运用生态分析方法研究了国家治理的现代化新环境与国家审计管理体制改革间的内在联系，诠释我国国家审计管理体制改革的逻辑与思路，并提出可以通过增强国家审计管理体制对国家治理的现代化新环境的适应性，推动国家治理现代化。

地方审计机关受上级审计机关和本级政府双重领导，如何改进地方审计机关管理体制成为学术界关注的重点。程莹(2015)以此为背景，构建了地方审计长收益模型，论证了审计人员的专业胜任能力、被审计单位对各项规章制度的遵从度、审计人员的相对工资待遇以及审计人员对其审计业绩考核的重视程度等四个方面对审计质量的影响，并运用省级层面的数据进行了实证检验。金太军和马薇(2019)结合现有管理体制，从组织设置、权力划分、制度建构、机制创新等四个维度，构建地方审计管理体制分析框架，发现现有管理体制(行政型)在组织、权力、制度、机制等四个方面与国家治理现代化发展要求存在不相适配之处，会导致审计体系运行中出现监督失灵、质量下降、目标偏失等问题。在此基础上，金太军和马薇(2019)提出改进建议，包括从"坚持党的领导，优化组织设置；科学划分权力，建立权责清单；坚持依法审计，夯实制度基础；推进机制创新，增强改革动力"等四个方面推进地方审计管理体制的改革。蔡春等(2020)从审计管理体制变革出发，以省级以下地方审计机关人财物统一管理改革试点为切入点，通过构建双重差分模型实证检验审计机关管理体制变化对审计结果的影响，结果发现该改革显著提升了地方审计机关的审计效果(质量)，同时，审计效果受地方法治化水平、财政压力等因素的影响较大。

### 2.1.3 国家审计结果公告

国家审计结果公告反映被审计单位受托经济责任履行情况。审计结果公开有助于增强审计工作和政府机关透明度、保障公众知情权、促进审计整改,推动国家治理现代化(靳思昌,2020)。从公共受托经济责任理论出发,可以将国家审计公告分为两种类型,分别是政府利益导向的审计公告和公众利益导向的审计公告,这一分类有助于国家审计更好地履行对政府与公众的公共受托责任,协同发挥国家审计公告的权力制约权力和权利制约权力的双重治理效应,提升国家治理能力,推进国家治理实现现代化(靳思昌,2020)。当前,国家审计结果公告制度存在不足,表现在是否公告、公告内容、公告频率、公告方式等方面。吴艳文(2020)在梳理国家审计结果公告制度变迁历程的基础上,整理、解读了2003—2018年审计署和省级审计机关发布的审计结果公告,发现我国国家审计结果公告存在公告频率不高、分析问题的深度和广度不够和时效性不强等问题,反映出国家审计的功能并未得到有效发挥。

国家审计结果公告影响相关部门、社会公众对政府和有关机构的监督,因此,有必要厘清国家审计结果公告的影响因素和经济后果。从国家审计结果公告的影响因素来看,郑小荣和何瑞铧(2014)发现,我国地方审计机关的审计结果公告力度明显偏低,他们运用logit回归模型分析影响地方政府公开审计结果意愿的因素,结果发现:审计环境和公告需求对政府公开审计结果的意愿具有显著的影响;权力腐败和社会稳定会提高政府公开审计结果的意愿;公告需求、法治水平和对外经济开放会降低政府公开审计结果的意愿。从审计结果公告的内容来看,郑小荣等(2018)利用熵权法,对2004—2014年全国138个地级行政单元审计结果公告的信息质量进行分析,发现审计结果公告的信息含量普遍偏低。在审计结果公告的经济后果方面,郑小荣和张璐(2019)结合认知心理学,从受众角度考察媒体对审计结果公开的行为反应以及审计结果公开对媒体反腐报道意愿的影响,结果发现审计结果公开力度越大,媒体的腐败治理效应越明显。在企业层面,潘俊等(2020)采用文本语调分析的方式发现,国家审计结果公告发布有助于促进国有企业履行社会责任,且负面语调较多的公告的促进作用更为显著。陈宋生等(2014)通过实证检验发现,市场能够感知针对国有企业的国家审计结果公告,且国家审计结果公告有助于提高国有企业公司治理水平。

随着政府审计在国家治理中发挥的作用越来越大,政府审计人员面临的压力也越来越大,表现在审计队伍稳定性、审计质量、审计效率等方面。有学者从国家审计人员的角度进行了研究,如李乾文和范晓央(2018)通过问卷调查发现,审计人员的压力主要来自工作本身的内在特性和职业发展、审计工作环境、工作和家庭生活冲突、工作中的人际关系、团队角色、组织支持六大方面,进一步看,职务、层次、年龄、工作年限等不同的人员的压力源存在差异,为优化国家审计人员管理提供了参考依据。

## 2.2 国家审计与依法治国

### 2.2.1 法治理念的产生与发展

法治是一种理念。马克思认为,法治是一个国家的上层建筑,是一国经济基础、社会文化、宗教习俗等各种经济社会因素相互交织、共同作用的结果。法治的本质要求国家机器在处理重要事务时,遵循客观、公平、民主等原则。法治是对一国经济社会发展的直接反映,它反映国家经济社会发展程度并随着社会的变化而发展。

中国法治思想由来已久,在先秦时期,法治理念即开始萌芽并得到一定发展,如《晏子春秋·谏上九》《淮南子·氾论训》《韩非子·心度》《商君书·君臣》等中均有关于法治思想和理念的记载。战国时期,管子首次准确提出依法治国理念:"威不两措,政不二门,以法治国,则举措而已。"他对法治理念进行了最直接的、最清晰的阐述。由此可见,法治理念在中国由来已久。但中国长期处于封建社会时期,人治强于法治,法治理念并未得到长足发展。新中国成立后,党和国家领导人认识到法制建设在意识形态和制度建设等方面的决定性作用,提出了一系列的法治施政方针、政策。党的十一届三中全会确立了"发展社会主义民主,健全社会主义法制"的基本方针。邓小平同志明确提出:"为了保障人民民主,必须加强法制。必须使民主制度化、法律化,使这种制度和法律不因领导人的改变而改变,不因领导人的看法和注意力的改变而改变。"此后党的历次全国代表大会均强调法治建设、法治保障等,凸显法治理念、法治精神在国家治理中的重要性。《中华人民共和国国民经济和社会发展第十四个五年规划和2035年远景目标纲要》提出的2035年远景目标提到"基本实现国家治理体系和治理能力现代化,人民平等参与、平等发展权利得到充分保障,基本建成法治国家、法治政府、法治社会"。

### 2.2.2 国家审计服务依法治国

法治社会充分体现主权在民、人民意志至上这一理念。为保障公众事务有序进行,人民将自有权利的一部分让渡给政府,形成公共权力,并选派特定人员或团队使用公共权力。公共权力所有权与领导权的分离,形成了委托受托关系,其中包括公共受托经济关系,为了使这种公共受托经济关系长期稳定,委托方需要有独立第三方对受托方进行监督,审计治理应运而生。国家审计是代表民众监督政府受托责任履行情况的活动、行为和机制,是一项以权力制约权力的宪法性制度安排,为国家审计推动一国法治水平的提升提供了法律依据。高晓霞(2020)基于民主政治的视角,认为国家审计因民主政治的呼声而生,依民主政治体制而立,随民主政治发展而兴。国家审计促进依法治国的路径主要是通过提高民主政治制度的实效性、协同性以及责任性,促进民主政治制度的发展和完善,维护和保障公民民主政治权利,推动民主政治责任的履行和落实。19世纪,法国建立了国家审计院、英国议会审议通过了《国库与审计法案》、美国通过了《预算与会计法案》,旨在利用审计治理机制,充分发挥审计职能,推动政府法治建设,提升国民法治意识。经过几十年的发展,中国国家审计体制不断完善,国家审计在国家治理中的参与度不断提高,在维护财政秩序、抑制违法腐败、促进民主法治等方面发挥了较大作用,并得到社会的广泛认同。从国家审计推动法治精神提升的方式方法来看,国家审计主要通过以下几个方式展开。一是拓展遵循性审计,除保障被审计单位及其活动与法规、规范、承诺、合同义务等的要求一致外,还通过广泛运用遵循性审计的思想、原理、技术和方法等,推动遵从规则的社会文化的培育和形成,在公民的意识和认知层面植入法治精神。二是加强构建以权力监控为重心的审计控制体系,通过"以权制权、以利制权、以德制权"的审计治理体系,提高公共经济权力运行的公开性、透明度。例如,在经济责任审计中监控权力运行情况。例如,监控预算执行、资质审批、资源调配以及政府采购等权力清单实施环节,多渠道保障公共经济权力在制度范围内运行。又如,开展制度合理性评估,发现并揭示制度制定和运行中存在的缺陷,为制度制定者提供意见建议,这是国家审计推动法治建设、推动法治精神提升的重要手段(蔡春和杨彦婷,2015)。三是以具体的审计项目为切入点,提出审计建议,促进相关主体完善现行的法律规范和法治实施体系等,推动中国特色社会主义的法治体系建设,进而在宏观层面上推进社会主义法治国家的实现(徐彰,2018)。

国家审计影响法治,法治也会影响国家审计行为和国家审计结果应用等。蒋明敏和胡泽文(2020)基于法治嵌入国家审计实务工作的视角,探讨了法治在国家审计领域的具体实现方式,其认为审计法治作为审计工作法制化、规范化的理想状态,是一个国家实现社会公正、维护经济社会秩序、确保政治环境纯净的有效手段。

## 2.3 国家审计与环境治理

### 2.3.1 资源环境审计与环境治理

环境治理是生态文明建设的重要内容,是当前我国经济社会发展五位一体总体布局中的重要一环,旨在加强对环境资源的有效利用和保护,是一项历时较长的工程。环境治理的关键在于合理有效利用自然资源和保护生态环境,建立和谐、可持续发展的新格局。国家审计在资源环境领域开展了大量的审计实务工作,旨在提高自然资源利用效率和效果、减少对生态环境的破坏,推动经济社会与环境和谐同步发展。

过去,我国经济增长的"三高"特征(我国经济发展的阶段性特征主要体现为高投入、高能耗、高污染),既不利于人与自然的和谐发展,也严重影响我国经济增长的可持续性、高效性等。审计机关是政府经济社会活动的重要业务管理部门,在国家经济增长进程中扮演着愈发重要的角色,其开展的资源环境审计,可有效抑制和淘汰高能耗产业、重污染企业,促进企业技术创新、扶持绿色产业发展,在加速转变经济发展方式进程中,持续提升环境治理水平。从已有研究来看,一部分研究主要立足资源环境审计本身,对资源环境审计定义的内涵和外延、职责定位(边界)、目标以及内容(Boivin 和 Gosselin,1991;Natu,1999;谢志华等,2016)进行研究,也有学者就资源环境审计的影响后果展开研究(闫奕帆,2021)。虽然已有研究的研究视角较为多样化,但研究对象较为集中,主要针对资源环境审计本身展开研究。随着研究的深入,不少学者开始探索资源环境审计的本质、资源环境审计与宏观经济发展的关系等。资源环境审计是在经济社会活动过程中,资源环境遭到不合理利用的背景下,国家审计为促进人们对资源环境的高效利用,实现人与自然环境和谐发展而拓展出的审计类型,它是国家审计机关根据实际经济活动需要开展的一项审计实务工作,体现了审计监督内容的进一步扩展(李璐和张龙平,2012)。从产权理论的角度来看,自然资源和生态环境的产权较难明晰,外部性较强(典型的公共物品特征)。谢志华等(2016)以此为考察视角,提出审计机关是为维护国民经济社会发展而成立的,资源环境审计理应以审计机关为主,以政府机关、企事业单位的内部审计机构以及社会审计机构为辅,充分发挥不同类型审计的协同效应,以达到提高自然资源利用效率,保护生态环境的目的。从经济寻租理论来看,霍晓星和王士红(2021)认为,环境审计制度中的寻租系统包括租金生产模式、外部作用因素和租金生产结果三部分,基于资源环境审计制度的寻租结果是审计加强环境管制,加大寻租者的寻租成本,影响有关环境产业的结构和企业对于经济行为的选择,导致有关环境产业的结构和企业行为的变化。因此,国家审计是国家实现良好治理的重要治理工具,其功能、职责定位均可以涉及环境治理领域,推动环境法治体系完善,提升环境资源利用率,提升环境治理水平。

不同国家或地区的资源环境各异,资源禀赋、经济发展水平、技术水平、产业发展情况等对地区环境影响较大,环境治理水平呈现出一定的区域性特征。审计机关在开展环境审计实务工作时,需因地制宜,充分考虑地区经济发展水平、资源禀赋、产业发展现状以及技术水平等因素。在理论研究方面,也有不少学者关注这一问题,指出在搭建资源环境审计理论框架、提出资源环境审计方式方法时,应结合区域经济发展、资源环境利用情况等。杨肃昌等(2013)认为,区域经济发展趋势、发展政策、区域环境资源承受力是环境治理的重要影响因素,审计机关在开展资源环境审计工作时,应充分结合区域经济、资源特征等,推动区域环境治理水平提升。随着环境治理的持续推进,环境保护投资规模不断扩大,环境保护支出已成为我国财政支出的一个重要领域。李琬珩等(2016)分析了环境保护投资规模变动趋势,认为资源环境审计可以将环保投资作为重要的考察对象,如环保投资的可行性、资金的利用情况等,以此为抓手,在促进政府高效利用环保投资资金的同时,保护资源环境。在实证研究方面,张龙平等(2019)研究发现,国家审计能够促进地区低碳发展水平的提高,且在制度环境和财政状况越好的地区,国家审计促进低碳发展的作用发挥得越好。

### 2.3.2 自然资源资产离任审计与环境治理

自然资源利用与经济发展的矛盾日渐突出,为高效利用自然资源,提升经济发展质量,近年来,我国开始探索编制自然资源资产负债表,并对其细化、明确,将其作为领导干部经济责任审计的重要内容。学术界开始重视并逐步开展与自然资源资产负债表相关的理论探索。蔡春与毕铭悦(2014)、李博英和尹海涛(2016)为自然资源资产负债表的审计工作提供理论支撑,认为对自然资源资产进行审计(包括离任审计、经济责任审计)既是我国经济发展的必然要求,也是环境治理的重要内容。薛芬和李欣(2016)从自然资源资产审计实务操作出发,认为自然资源资产离任审计作为新兴的一种审计类型,在制度、评价体系、专业技能、审计模式等方面均存在较大问题,可考虑先行先试,不断总结试点工作经验,在此基础上,创新自然资源资产离任审计理论框架,在实践中探索、总结,为相关理论创新奠定基础。王湛等(2021)对自然资源各大会计要素进行明确界定,提出面向自然资源资产离任审计的平行报告体系框架,并探讨了平行报告体系的数据共享问题、应计项目的确认问题。

随着研究的不断深化以及数据可得性的提高,部分学者开始尝试通过实证研究的方法考察国家审计对环境治理的影响。黄溶冰等(2019)直接考察了自然资源资产离任审计对空气污染防治的影响,发现将自然资源资产离任审计结果作为官员晋升考核的重要依据,有助于提高环境治理水平。张琦和谭志东(2019)以自然资源资产离任审计试点为准自然实验,考察自然资源资产离任审计对地方政府和国有企业环保投入的影响,结果表明,自然资源资产离任审计提高了试点地方政府和国有企业环保投入,有利于提高当地环境治理水平。蔡春等(2019)以环境污染为研究切入点,考察经济责任审计对政府治理水平的影响,结果表明,审计强度越大,政府治理水平越高。李秀珠和刘文军(2020)研究了自然资源资产离任审计对企业行为的影响,以资源型、重污染企业为研究对象,考察自然资源资产离任审计对上述企业融资成本的影响,结果发现领导干部自然资源资产离任审计制度促进了债权人对企业的风险评估,进而对企业债务融资造成负面影响,降低了企业融资规模,提高了企业融资成本。蒋秋菊和孙芳城(2019)以自然资源资产离任审计为切入点,考察官员晋升机制转变对企业税收行为的影响,发现自然资源资产离任审计工作的开展显著降低了污染型、资源型企业的税收规避强度,表明自然资源资产离任审计不仅有助于环境治理,还可规范企业的税收行为。

## 2.4 国家审计与责任政府建设

我国加强责任政府建设,旨在推动政府对公共受托责任的有效履行。国家审计通过健全相关体制机制,推动政府公共受托经济责任的全面有效履行。根据受托经济责任观[①],受托经济责任包括行为责任和报告责任两大方面。一方面,国家需要设计能反映地方政府行为责任内容的完整的报告体系,即受托经济责任报告体系;另一方面,地方政府需要按特定要求编报这些报告以说明行为责任之履行状况。国家审计可从健全绩效审计制度、深化经济责任审计、完善以治理和权力监控为导向的审计模式出发,推动责任政府建设,全面巩固公共受托经济责任关系。

建立健全绩效管理制度,全面推进政府绩效审计。蔡春等(2018)认为,健全绩效考核制度,可以促使政府充分高效利用公共经济资源。具体而言,一是坚持目标导向,以绩效审计项目为单元,明确审计目标,具体包括绩效目标的确定依据、确定方式、确定方法等,为绩效审计工作提供依据。二是评估各级政府绩效评价体系,考察其绩效评价体系设计的科学性。例如,评价体系是否能全面反映经济社会协调发展,指标设置是否兼顾了公平和效率,是否考虑了定性定量相结合;项目绩效评价是否综合短期、中期、长期发展等因素,是否具有可持续性。三是构建基于审计视角的绩效监控体系,基于审计视角构建的绩效监控体系是建立健全绩效管理

---

① 受托经济责任体现在政府与公民之间便是公共受托经济责任;受托责任体现在政府与公民之间便是公共受托责任。

体制的重要保障。具体而言,就是以审计关注的重要节点、环节为重点,以政府审计为主导,统筹协调社会审计和内部审计资源,以提高政府绩效为目标,构建绩效监控体系。四是建立绩效责任追究机制,以责任为主线,明确各主体单位、个人责任,做到权责匹配,建立健全全方位、全过程、多层次的责任监督机制,在丰富完善科学合理的绩效责任评价机制的基础上,为责任履行、责任考评、责任追究建立重要制度保障。

进一步深化经济责任审计,推进责任政府建设。作为极具中国特色,将理论与实践相结合的经济责任审计,在加强党风廉政建设、领导干部监督管理、民主政治体制完善等方面能够发挥重要作用,有助于增强政府社会责任意识、提高政府履行社会责任的效率和效果(蔡春等,2011)。

构建并实施治理导向的审计模式,以提升政府治理水平为目标,分析提升政府治理水平的关键环节和风险节点,以之作为审计工作重点,在此基础上制订审计计划、实施基本审计程序,得出审计结论、出具审计意见,并编制审计报告。

构建并实施权力监控导向的审计模式,注重权力和责任对等匹配(蔡春和李江涛,2009)。各级政府要履行受托经济责任,需要具备相应的权力。与此同时,国家需建立并实施权力监控导向的审计,以权力清单为重点考察对象,充分发挥审计监控作用,有效制约权力异化,使其在阳光下运行,促使各级政府高效履行受托经济责任。

部分学者考察了国家审计与责任政府建设之间的辩证关系。马志娟(2013)认为,经济责任审计是政府问责制有效落地的重要前期环节,经济责任审计有助于腐败治理,强化问责,推动责任政府建设。郑石桥(2014)基于嵌入视角,对政府审计如何促进责任政府建设进行了分析,认为政府审计通过嵌入政府行政责任制度、法律责任制度以及道德责任制度三个方面,推动责任政府建设。政府审计嵌入行政责任制度的具体方式包括行政机构内部的绩效审计、内部控制评估以及领导干部经济责任审计;政府审计嵌入法律责任制度的方式具体包括权力清单审计、行政执法考核审计等;政府审计嵌入道德责任制度的方式包括制度道德审计、道德责任制度执行审计。

## 2.5 国家审计与政策措施执行

### 2.5.1 政策执行效果审计的内涵界定

学术界关于政策执行效果审计的理论研究长期滞后于实务的发展变化,近年来,政策执行效果审计在保障重大政策措施有效执行中的作用日益凸显,学术界开始关注政策执行效果审计。从定义看,政策执行效果审计是围绕国家政策目标的实现而开展的审计监督工作(王平波,2013),即按照某一特定程序和标准,对经济政策的执行效果作出判断,发现问题,分析原因,提出改进建议(秦荣生,2011),促进政策执行达到预期目的与效果,并最终促进政策措施实现制度性完善与改进(蔡春等,2016)。从目标看,政策执行效果审计的本质目标是在政策执行层面保障和促进政府公共受托经济责任的全面有效履行(蔡春等,2016),其具体目标为完善政策制度、落实政策制度(王平波,2013;蔡春等,2016)。从内容看,政策执行效果审计重点围绕政策本身、执行效果、执行效率等开展。在应用方面,部分学者就政策执行效果审计的工具、方式方法以及审计流程等进行了论证(岳崴和张强,2020;樊士德,2016;史吉乾,2016;王彪华,2012)。

### 2.5.2 政策执行效果审计的审计评价

政策执行效果审计涉及范围广、内容繁杂,各界对政策执行效果审计尚无统一的评价标准。从整体来看,政策执行效果审计的评价应围绕政策的合法性、科学性、合理性、适用性、可操作性和绩效性等六个方面展开(秦荣生,2011)。现有研究主要从设计评价方法和依托案例构建评价体系两个维度开展。在设计评价方法方面,张龙平和熊雪梅(2020)基于过程观和目标观两种思路,利用层次分析法,通过选取四个层级指标,构建政策执行效果审计综合评价指标体系。魏明和席小欢(2017)基于形式、事实、价值三个维度,利用平衡计分卡理论,从五个方面构建政策执行效果审计的评价体系。在依托案例构建评价体系方面,已有文献主要从精准扶贫、养老保险、稳增长等政策出发,结合政策实施过程中的重难点,构建相应的审计评价体系。

### 2.5.3 政策执行效果审计的应用及后果

已有文献将政策执行效果审计置于具体政策场景开展研究。在公共政策方面,现有研究重点关注简政放权政策(后小仙等,2017)、精准扶贫政策(李晓冬等,2020;刘国城和黄崑,2019)、就业政策(杨柔坚等,2020)等,指出政策执行效果审计在促进公共政策有效实施的具体做法方面存在的问题,并提出了相应的优化路径。在环境政策方面,马志娟等(2017)以环境政策为考察对象,分析环境政策审计的作用机理,剖析现阶段环境政策审计的现实困境,提出完善环境政策审计的现实路径。在金融政策方面,学术界重点围绕普惠金融政策(岳崴和张强,2020)、货币政策(刘志红和李镕伊,2012)以及金融风险防范政策(王家华和周子威,2020)等,考察政策执行效果审计的具体应用。部分学者围绕政策执行效果审计的经济后果开展研究,发现政策执行效果审计有助于降低地区宏观税负(周敏李等,2021),降低企业寻租成本和环境不确定性,提高国企投资效率(王光远和郑晓宇,2021),提高企业创新能力(郑伟宏和涂国前,2019)等。王雷和刘斌(2016)采用事件研究法发现,政策执行效果审计不仅有助于推动政策执行,而且还具有信号传递功能,其通过及时披露信息,起到揭示问题、预警风险的作用。从关于产业政策的现有文献看,虽然直接探讨政策执行效果审计与产业政策的相关文献较少,但一些文献提供了部分间接证据。如开展环境绩效审计能够促进政府加大环保投入(张琦等,2019;刘和旺等,2019),推动环境政策落地,带动产业发展;开展产业政策执行情况审计能够促进产业政策落地,保障产业基金引导地方产业发展(许亚等,2018)。

## 2.6 国家审计与经济发展质量

### 2.6.1 经济发展质量

世界正在发生百年未有之大变局,但经济增长无论是在过去、当下,还是在未来一段时期内,始终是各个国家的重要发展目标。在经济增长进程中,理论研究者与实践工作者都比较注重探索经济增长的动力、所需资源要素以及与之匹配的机制等,旨在改善要素资源配置,提升投入的产出效率,不断提高经济增长额。在环境资源约束越来越强、贫富差距不断拉大的背景下,我国亟须改变经济发展方式,提高经济发展质量,缓解社会主要矛盾(唐凯桃,2017)。评价经济发展质量时,除考量经济发展规模外,还需从投入要素(如环境资源、稀缺资源、资本资源等)、产出水平(如投入产出效率)、经济增长结果的共享性(如收入分配情况)等视角去评判。从狭义的角度来看,经济发展质量主要是指经济增长过程对各要素资源利用的效率和效果,如商品生产过程中所消耗的各种资源要素的数量及其利用效率的变动情况(王积业,2000;洪银兴,2010;赵春雨等,2012)、技术创新促进经济发展的效率和水平情况(康梅,2006),以及金融发展对经济发展的支撑情况等(刘文革等,2014)。从广义的角度来看,经济发展质量已突破资源要素利用效率的范畴,有了更加丰富的内涵,经济发展结果对整个社会产生极其重要的影响,已广泛嵌入社会发展的各个领域,如机会分配、贫富差距、环境的可持续性、居民受教育水平、预期寿命和健康状况等(Joseph 等,2008)。

### 2.6.2 国家审计与经济发展质量的各个维度

国家审计与基本经济制度。基本经济制度是经济社会发展的基石。完善的基本经济制度(基本经济制度与经济社会发展相适应)在抑制市场参与主体的机会主义行为、促进资源要素有效配置、提供高效金融支持、引导经济快速发展、有效分配经济发展成果、促进社会共享收益、推动社会公平等方面至关重要。国家审计可通过促进基本经济制度的完善,监督各级地方政府和有关机构有效执行宏观经济制度,从而作用于市场资源要素的合理分配,进而提升经济发展质量(张金辉,2014)。

国家审计与宏观经济调控。市场具有资源配置功能,但其在配置资源时往往存在滞后效应,该滞后效应可通过国家宏观调控举措予以弥补,国家审计可在完善宏观经济调控体系、优化营商环境(王彦东等,2021)、保障和促进地方政府和有关机构有效执行宏观调控措施等方面发挥重要作用(尹平,2011)。从国家审计推动宏观经济发展的法理依据来看,宪法赋予了国家审计参与经济建设这一重要职责。但从早期的实务工作来看,国家审计直接参与经济发展的工作相对较少,其在宏观调控中的作用并未得到充分体现(张文祥,2006),我们应当梳理国家审计与宏观经济发展之间的逻辑关系,明确国家审计在经济发展中的职责定位、功能,发挥国家审计在宏观调控举措实施、宏观经济发展中的监控功能,推动国民经济的健康持续发展(张文祥等,2006)。从权力制约或制衡的视角来看,国家审计作为一种制约权力的制度安排(刘家义,2012),在权力应用,包括配置市场要素、维护经济运行秩序、出台调控举措等方面可发挥重要保障作用。张强(2015)发现,我国宏观经济调控举措不能充分适应经济发展的需求,主要体现在有些国务院职能部门和地方政府不能充分领会、贯彻中央调控政策,调控主体对所负责的领域发展变动情况的掌控度相对不够,无法及时获取调控相关信息,调控部门(政府)间和配合部门(政府)间的协调性、配合默契度还有待加强,宏观调整政策制定的前瞻性、实施的针对性、执行的连续性、应对变化的灵活性都尚显不足。国家审计要不断地适应新的形势,不断地提高自身监督检查作用以提高和改进国家审计在宏观调控中的作用。审计机关可开展与宏观调控措施相关的审计工作,如开展政策执行效果审计、绩效审计,保障资源要素的有效配置,揭示政策调控举措在执行中的堵点、痛点,并将审计结果反馈至政策制定、执行层面,为国家进一步完善宏观调控政策提供依据(周一虹等,2012;张强,2015)。

国家审计与金融风险监管。金融是经济发展的助推剂,金融安全是经济安全的核心内容,也是经济高质量发展的先决条件。降低金融风险不仅有助于金融行业的稳健运行(蔡利,2013),还有助于金融资本资源的有效配置,使融资渠道更加通畅,从而优化经济增长结构,提高经济增长质量。在系统性金融风险防范方面,蔡利(2013)以审计控制论为依托,从基本层面和衍生层面分析认为,国家审计可通过发挥监测、预防、预警、纠偏和修复等功能,多层次、全方位地防范金融系统性风险,维护金融安全。近年来,随着国家审计在经济发展中的作用越来越大,相关理论研究不断丰富,国家审计的"免疫系统论"应运而生,审计署金融审计司课题组和吕劲(2015)以该理论观点为基础,从宏观、中观、微观等层面,深入分析国家审计在金融风险防控中的作用,认为国家审计对我国金融体系的稳健运行发挥了重要的保障作用。刘志红和李镕伊(2012)围绕金融机构系统性风险源头、传导路径展开深入分析后,从监管主体、债务结构以及金融政策调控举措等方面剖析了金融机构所面临的系统性风险,并以此为基础,提出国家审计在风险防范中的着力点和具体实现方式。在实证研究方面,蔡利和周微(2016)以经政府审计的上市商业银行数据为对象,检验了国家审计在金融风险防范中的作用,研究发现,国家审计功能的发挥有助于防范金融系统风险。李斐和焦跃华(2021)基于地方银行样本数据检验发现,国家审计能够有效降低地方银行的不良贷款率、提升其资本充足率和资产收益率,起到防范金融风险、提升地方银行经营稳健性的作用。区域金融风险是非系统性风险的重要组成部分,其危害性相对较小、可控性更强。陈献东(2015)认为,可充分利用国家审计的"免疫系统"功能,构建国家审计在金融风险防范领域的事前预警、事中参与、事后整改机制,在金融领域形成系统完整的风险防控"免疫系统",进而服务经济发展,提升经济发展质量。在新常态下,我国部分产业的资源利用效率下降,产品出现过剩,去库存压力陡增,导致地方经济增长结构不合理,地方债务风险增加,区域金融风险加大。董维明和冯根福(2015)提出,国家审计应立足经济形势,大力开展金融审计,改变金融服务经济发展的模式,推动产业结构调整,转变经济发展方式,降低区域金融风险。审计署金融审计司课题组和吕劲(2015)认为,国家审计在实务工作中要拓宽审计视野,立足宏观经济发展大局,动态调整审计策略、审计方式方法等,力争在金融风险防范中发挥积极作用。张曾莲和岳菲菲(2021)基于2009—2017年的省级层面数据,实证检验国家审计对金融稳定的影响机制,发现国家审计的"免疫功能"有助于维护金融稳定,在2013年审计署审计的地区,国家审计对金融稳定的维护作用更强;国家审计在财政透明度、市场化程度、经济发展质量不同的地区,发挥的金融稳定作用不同。

前述研究重点从经济发展的某一方面出发,考察国家审计对经济制度、金融风险以及宏观经济政策调控的影响。部分学者直接考察了国家审计与经济高质量发展之间的关系。邢维全(2017)从国家审计优化官员激励机制的视角实证检验了国家审计促进地区经济增长绩效提升的作用,结果发现,国家审计明显抑制了官员晋升激励对全要素生产率的负面影响。李晓冬和张希望(2021)在回顾国家审计相关基础理论的基础上,从国家审计的功能出发,探析了国家审计促进经济高质量发展的机理机制。孙文远和孙媛媛(2020)以国家审计中的具体审计方式——自然资源资产离任审计为研究对象,运用熵权法及双重差分模型,考察国家审计与经济高质量发展的关系,结果表明,自然资源资产离任审计通过加强领导干部履责和强化环境治理促进经济高质量发展。韩峰等(2020)采用空间杜宾模型,以五大发展理念为基础,构建经济发展质量指标,考察国家审计对各地级市经济发展质量的影响,结果表明,国家审计显著提高了地区经济发展质量,但存在一定负向外溢效应,且在不同规模的城市,国家审计促进经济高质量发展的作用差异较为明显,它对中等城市经济发展质量的促进作用更明显,而在大型城市或较小规模城市中的作用相对较小。郑石桥和许玲玲(2020)基于宏观样本数据研究发现,国家审计通过揭示功能、处理处罚功能和建议功能等的不同组合所产生的抵御效应和综合效应,促进了经济高质量发展。任慧莉和陈希晖(2021)结合国家审计的功能定位与国家审计的揭示机制、处理机制等六大机制,从曝光效应、威慑效应和防御效应方面分析了国家审计服务经济高质量发展的主要机理,并通过案例验证国家审计在促进区域经济发展质量中的作用。

## 2.7 国家审计与国企治理

### 2.7.1 国家审计与国企经营业绩

提高经营绩效是企业经营管理的一项重要内容,国有企业所有权属于政府,其主要负责人由政府主管部门直接任免或通过竞聘上任,由国资委、财政部门、组织部门管理。因此,无论是国有企业还是国有企业领导人均属于国家审计的审计对象。从国家审计对国有企业的审计实务工作来看,国家审计主要对央企控股公司及其下属子公司进行审计。现有研究发现,国家审计作用于央企控股公司及其下属上市子公司,有助于提升央企控股公司及其下属上市子公司经营业绩,国家审计提升经营业绩的具体路径为腐败治理,即国家审计通过反腐败,改善国有企业经营业绩。张立民等(2015)从政治关联的角度出发,考察政府审计质量对国有企业经营业绩的影响,发现考虑政府审计因素后,政治关联不能显著影响国有企业经营业绩,即国家审计约束了国有企业通过政治关联获取资源的行为,有助于改善国有企业经营环境。

国家审计影响国有企业盈余管理行为。国家审计对央企开展财务收支审计,有助于抑制央企上市公司的盈余管理行为,如虚增收入行为(杨华领和宋常,2019)。国家审计公告行为同样能够抑制国有企业虚增收入行为,公告披露的问题越多,抑制作用越明显(杨华领和宋常,2019)。王海林和张丁(2019)以央企审计结果公告为考察对象,采用文本分析法将公告内容进行量化,分析其对企业真实盈余管理的作用,研究发现,国家审计公告的负面语调对企业真实盈余管理具有抑制效应,正面语调能够促进企业的真实盈余管理行为;从细分项来看,国家审计可以抑制企业异常经营活动现金流、异常生产成本和异常酌量性费用。郝素利和李梦琪(2019)运用行为经济学及演化博弈论的方法,对国家审计如何抑制国有企业盈余管理行为进行了研究,在构建国家审计部门与国有企业演化博弈模型,并以央企的相关数据为基础进行数值仿真分析后,他们基于演化博弈仿真的结果及国有企业盈余管理的行为动机提出优化国家审计监督策略的建议。张强(2020)考察经济责任审计和离任经济责任审计两种审计类型对国企经营业绩的影响,结果发现,经历过任中审计的央企控股上市公司的会计业绩显示出更强的上升趋势。郭檬楠等(2021)从国企资产保值增值的角度,实证检验了社会审计与国家审计影响国企资产保值增值的替代效应,研究发现,社会审计与国家审计在促进国企资产保值增值中发挥了替代效应。

### 2.7.2 国家审计与国企经营效率

现有文献主要围绕国有企业产能利用率、全要素生产率等考察国家审计对国企经营效率的影响。在产能利用率方面,唐嘉尉和蔡利(2021)基于"三去一降一补"政策背景,考察国家审计对国企产能利用率的影响,研究结果表明,国家审计能显著提升央企控股上市公司的产能利用率,且审计次数越多,效果越好。同时,国家审计的作用还具有溢出效应。张曾莲和赵用雯(2019)采用PSM-DID的方法,考察政府审计与企业产能利用率的关系,结果同样验证了政府审计对企业产能利用率的正向影响,但二次审计对企业产能利用率影响的边际效应不明显,这一结论与唐嘉尉和蔡利(2021)的研究结果不一致。在全要素生产率方面,陈茹等(2020)将经济学中的全要素生产率概念引入企业中,考察审计管理体制改革对地方国有企业全要素生产率的影响,发现审计管理体制改革通过降低政府干预程度和降低企业代理成本提高了企业全要素生产率。郭檬楠和郭金花(2021)以地方政府审计管理体制改革为准自然实验,基于城市全要素生产率的视角,发现审计管理体制改革有助于提高政府反腐力度,提高全要素生产率,从侧面验证了政府审计对企业全要素生产率的提升作用。

### 2.7.3 国家审计与国企投资效率

投资效率体现企业对资源要素的利用成效,是企业持续发展的核心动力。已有研究主要从审计管理体制改革、国家审计类型以及国家审计结果公告等方面,考察国家审计对企业投资效率的影响。在审计管理体制改革方面,叶陈刚等(2021)以省级以下地方审计机关人财物统一管理为准自然实验,以地方国有上市公司为考察对象,采用 DID 方法考察审计管理体制改革对企业投资效率的影响。研究发现,试点改革对地方国有企业投资效率具有促进效应,国家审计具有巩固公司内部控制与信息披露质量的微观治理机制,从而在优化国企治理层面提高国企投资效率。在国家审计类型方面,王光远和郑晓宇(2021)以行政审批改革政策执行效果审计为切入点,考察政策执行效果审计对国企行为的影响,研究发现,开展行政审批改革政策执行效果审计地区企业的投资效率提高程度显著大于其他地区的企业;行政审批改革政策执行效果审计主要是通过降低企业寻租成本、降低环境不确定性来缓解企业投资偏离问题;产权性质、发展环境对政策执行效果审计的治理效果具有调节效应。在国家审计结果公告方面,王兵等(2017)以央企财务收支和专项调查审计公告为研究对象,以被审计央企的控股上市公司为检验样本,通过倾向得分配对(PSM)方法确定其配对样本,考察被审样本公司在国家审计前后过度投资水平的变化,研究发现,国家审计能够抑制公司过度投资,但与一次审计相比,二次审计对过度投资没有显著影响。国家审计与社会审计的互补作用主要体现在由非"十大"会计师事务所的小会计师事务所审计的公司中。

### 2.7.4 国家审计与国企创新

创新活动是企业重要的经营管理活动,有助于保持企业活力,持续提高企业市场竞争力。现有研究普遍认为国有企业因所有者缺位,公司治理水平相对较低,创新效率不足。国有企业是政府审计的重要对象,当下,国家审计在经济社会发展中的监督保障作用愈发明显,其作用的发挥能否促进国企创新,值得深入探讨。国家审计开展多种类型的审计工作,从不同路径分别影响国有企业创新。现有的关于国家审计与国企创新的相关文献,主要从某一特定审计类型出发,考察国家审计对国有企业创新的影响。

经济责任审计影响国企创新。程军和刘玉玉(2018)以经济责任审计为出发点,考察国家审计对地方国有企业创新产生的影响,研究发现,国家审计促进了地方国有企业创新,其路径在于,国家审计通过缓解地方政府干预、降低地方国有企业代理成本两种机制影响地方国有企业创新投入;同时,国家审计有助于改善地方国有企业未来财务绩效,但其对企业创新绩效的影响有限。

政策执行效果审计影响国企创新。郑伟宏和涂国前(2019)以审计署审计结果公告对提升创新能力政策落实的点名整改这一自然实验为基础,构造双重差分模型,考察政策执行效果审计对国企创新的影响,结果发现,政策执行效果审计提高了国企创新投入和创新产出,原因在于,国家审计具有资源分配优化效应和资源使用治理效应,这两个效应能够强化国企创新。

财务收支审计影响国企创新。褚剑等(2018)基于2009—2015年审计署实施的央企审计事件,采用双重差分模型考察政府"有形之手"的重要手段——政府审计对国企创新的影响,研究发现,国家审计介入央企后,相关公司的创新投入和创新产出都显著提高,但该促进作用要集中于策略性创新方面。胡志颖和余丽(2019)考察了国家审计行为及审计结果公告揭示力度对企业创新投入的促进作用,发现国家审计能够提升被审计央企的创新投入强度,国家审计结果公告揭示的违规问题越严重,国家审计对被审计央企创新投入的促进作用越强,且促进作用在高管隐性腐败程度高的公司中更为显著;审计机关"回头看"工作(二次审计),对创新投入的促进作用有限;国家审计对创新投入的促进作用在同行业国企中有一定的传染效应。吴秋生和王婉婷(2020)围绕创新政策——加计扣除开展研究,发现加计扣除会促进企业增加创新投入,但主要集中在策略性创新领域,这会导致创新效率的下降,国家审计有助于抑制这种现象的发生,提高加计扣除创新政策实施的效率和效果。潘孝珍和燕洪国(2018)研究发现,政府审计能够提高税收优惠政策促进国企创新的激励效果。张兴亮和罗红雨(2021)研究发现,政府审计的威慑效应能够显著提升财政补贴对企业创新的促进作用。

### 2.7.5 国家审计与国企治理水平提升

围绕国家审计与国企治理的研究主要集中在企业腐败治理、内部控制水平提升以及整体治理水平提升等三个方面。在腐败治理方面,刘瑾等(2021)考察了国家审计、管理层权力与高管腐败三者之间的关系,以2011—2017年沪深A股国有上市公司为样本,实证检验管理层权力诱发腐败以及政府审计对管理层权力与腐败之间关系进行调节的作用机制,揭示了政府审计参与国有企业腐败治理的具体路径。其研究发现:管理层权力越大,国企高管腐败越严重;政府审计能够显著抑制由管理层权力诱发的腐败,即政府审计对管理层权力与国企高管腐败之间的关系有显著的负向调节作用。池国华等(2021)采用DID模型,探究政府审计的内部控制改善功能对国企高管显性腐败的治理作用,其研究发现:与未经审计的央企相比,经过政府审计的央企的高管发生显性腐败的概率明显较低;在考虑政府审计对内部控制的改善程度后,他们发现,政府审计对内部控制制度的改善效果越好,高管显性腐败发生概率越低,这表明政府审计的制度改善功能提高了反腐的效果。褚剑和方军雄(2016)检验了政府审计对央企控股上市公司高管超额在职消费行为的影响,研究发现:政府审计能够抑制央企控股上市公司高管的超额在职消费行为,并且政府审计的这种外部治理效应在上市公司的公司治理状况较好、审计署的监督力度较强时更为明显。

在内部控制水平提升方面,唐大鹏和从阈匀(2020)基于2010—2017年审计署公布的审计结果公告,从公告信息披露视角建立央企集团公司内部控制缺陷的揭示对其控股上市公司内部控制质量提升作用的理论分析框架,并通过实证检验验证了国家审计结果公告信息披露有效提升了央企控股上市公司内部控制质量,公告对"贯彻落实国家政策措施"方面内部控制缺陷的揭示力度越大,越有助于提升央企控股上市公司内部控制质量。池国华等(2019)发现,政府审计可以有效提高央企控股上市公司内部控制质量,降低企业出现内部控制缺陷的概率,减少企业内部控制缺陷数量;同时,政府审计对内部控制质量的提升具有一定的滞后性与连续性,主要集中表现在被审计年份之后连续两个期间,而在这之后政府审计对内部控制质量的提升作用开始逐渐减弱。褚剑和方军雄(2018)发现,政府审计能够改善被审计央企集团控股上市公司内部控制设计和运行的有效性,但这一效应具有短期性。具体地说,政府审计对央企内部控制制度的建立健全作用有限,仅在审计工作完成后的一年内能够改善其控制环境要素,对其他内部控制要素作用不明显;政府审计仅能够在审计工作完成后的一年内改善央企内部控制运行效果,并且主要通过短期提升央企内部控制运行效率实现。综合来看,国家审计对国有企业内部控制水平的提升作用存在时间上的短期性以及条件上的有限性。

在综合治理水平提升方面,刘玉玉等(2021)考察了地方审计机关不同维度的审计覆盖率对国有企业治理效率的影响及作用机制,研究结果表明,相较于审计单位覆盖率和审计内容覆盖率,经济责任审计覆盖率对国有企业治理效率有着显著的正向影响,且这一影响在国家审计机关信息透明度较高的地区更显著。除了直接纠偏外,国家审计覆盖率主要通过影响地方政府行为(减少不当干预)和政企关系(缓解信息不对称)影响国有企业治理效率。褚剑和陈骏(2021)以政府机构改革为研究背景(将国资委的经济责任审计和外派监事会职责划入审计机关),从审计官员的国资监管背景出发,考察国家审计的国企治理效果,研究发现,审计官员的国资监管背景能够提高国有企业的会计信息质量;从差异性分析来看,审计官员的国资监管经历越久、审计监督力度越强以及国企内部的公司治理机制越薄弱时,提高作用越显著,而地方主政官员干预会弱化国家审计的审计监督改善国企治理的作用。

### 2.7.6　国家审计与国企社会责任履行

国有企业由政府主导,具有政策性功能。因此,履行社会责任是国企的重要任务。现有研究发现,国家审计有助于促进国有企业有效履行社会责任。潘俊等(2020)对国家审计结果公告的文本语调进行了分析,发现国家审计结果公告及其语调对国有企业履行社会责任具有正向影响,即国家审计结果公告的发布有助于促进国有企业履行社会责任,其中公告中负面语调词语占比越大,国有企业的社会责任履行水平提升越显著;这种提升效应在信息透明度高的企业中更加明显,表明企业信息环境的改善有利于强化国家审计结果公告负面语调对国有企业履行社会责任的促进作用。潘孝珍和傅超(2020)同样发现,政府审计工作有效促进了国有上市公司履行社会责任,该促进作用在法制环境好、上市公司流通股比重高、企业所得税税负轻的条件下,更加明显。

部分学者还从其他视角考察了国家审计的功能。郭檬楠和郭金花(2020)实证检验了国家审计监督能否减少国企的过度负债行为。研究发现,国家审计监督有利于减少国企的过度负债行为;国家审计与社会审计在减少国企过度负债行为中发挥了协同效应。张强(2020)将经济责任审计划分为任中经济责任审计和离任经济责任审计,考察不同类型经济责任审计对国有企业的影响。从市场反应看,与任中经济责任审计相比,经历离任经济责任审计的央企控股上市公司股价的市场反应显著为负;从经营业绩看,与离任经济责任审计相比,经历任中经济责任审计的央企控股上市公司会计业绩显示出更强的上升趋势。

## 2.8　研究评述

随着党中央、国务院对国家审计工作的日益重视,以及国家审计工作在经济社会发展中的监督保障作用愈发明显,学术界对国家审计的理论探讨日益增多,学者们的研究从最初探讨不同审计类型的内涵要义、目标、内容以及方式方法,为国家审计工作开展提供理论依据,逐步拓展到探究国家审计工作的经济后果,如国家审计在环境治理领域对政府、企业环境投资的影响,国家审计对政府履行社会责任的影响、政策执行效果审计的经济后果以及国家审计对经济发展质量的影响等。从现有研究国家审计的文献来看,成果不断丰富,但几乎所有文献都仅围绕国家审计的某一点开展研究,系统性不足,且研究深度不够,研究方法也不够多样化,因此,国家审计相关研究显得较为零散,体系不够完整。鉴于此,在推进国家治理体系和治理能力现代化的背景下,本卷尝试围绕国家审计工作的几个重点方向,梳理国家审计在促进责任政府建设、支持环境治理、保障政策措施有效执行、推动经济高质量发展、促进国企高质量发展等几个核心领域的职责定位、功能和传导路径,并尝试通过构建模型实证检验国家审计在各个领域的治理效果,以为充分发挥国家审计的功能,推动国家治理现代化建言献策。

## 2.9 本章小结

本章在回顾国家审计基本理论的基础上,选取国家审计服务国家治理的几个重要着力点,具体包括国家审计促进依法治国、国家审计服务环境治理、国家审计促进政策措施有效执行、国家审计推动责任政府建设、国家审计服务经济高质量发展以及国家审计改善国企治理等,回顾国家审计服务国家治理的功能、机理和路径,以及国家审计促进国家治理现代化的效果检验,并围绕国家审计服务国家治理的理论研究和实务工作进行了文献述评。

# 3　国家审计服务国家治理的内在机理与路径分析

国家是组织的一种特定形式,国家的存在意味着各种关系的存在,随着各类关系的强化与发展,国家需要通过改革等方式对其进行治理,不断优化、完善不同个体或团体间的关系网络。国际著名政治学家B.盖伊·彼得斯教授对政府改革有较深入的理解,他曾说,政府治理是一个过程,只要社会不断发展,政府持续存在,其治理将永远持续。

2011年7月,时任审计署审计长刘家义提出"国家审计是国家治理的重要组成部分……国家审计应在国家治理中发挥重要作用",这一理论观点既是对国家审计功能拓展的理论诠释,也是国家实现善治实践的现实需要。该论述在实务界和理论界引起了高度共鸣,获得了高度重视,之后该领域的研究逐步得到深化和拓展。从体制机制设计和实务工作开展情况来看,作为国家治理的重要组成部分,国家审计理应充分发挥审计功能,服务国家治理。党的十九大以来,党中央立足于新时代,改革审计管理体制,组建中央审计委员会,这凸显了国家审计在国家治理中的重要作用。在新时代的背景下,不论从政治层面看,还是从理论和实践层面看,聚焦主责主业,做好经济体检工作都是做好新时代审计工作的必然要求(彭华彰等,2020)。长期以来,世界各国国家审计在维护国家经济安全、反腐倡廉以及提高政府工作透明度等方面都发挥了重要作用,这正是国家审计服务国家治理的重要表现和途径。

## 3.1　受托经济责任与治理

### 3.1.1　受托经济责任与组织治理

英国审计学者Sherer和Kent(1983)认为,在现代社会中,任何形式的组织,都是由各种基本要素构成的,都是基于某种或某些特定的委托受托责任关系而存在的,而这些或这类委托受托责任关系必定包含委托受托经济责任关系。

在组织中,受托人需承担全面履行受托经济责任的义务。但受托人往往会基于自身利益需求,实施不利于委托人甚至损害委托人利益的行为,导致逆向选择和道德风险等问题产生,导致受托责任无法得到全面有效履行。因此,为了保证和促进受托经济责任的全面有效履行,任何组织都需要治理,都需要理顺委托人与受托人之间委托受托关系中的利益交织点、利益冲突点等,都需要基于委托受托责任关系建立科学合理的治理体系,以解决普遍存在的委托代理问题,防止代理问题导致权力滥用和利益矛盾。任何治理结构的搭建、治理机制的有效应用都离不开审计这一监控机制。

### 3.1.2 公共受托经济责任与国家治理

国家是一种特殊的组织,是一种结构复杂且分工精细的特大型的组织,上至国家安全、下至百姓基本生活保障,均与国家运行息息相关。根据 Sherer 和 Kent (1983)的观点,国家是基于公民与政府之间特殊的委托受托关系,即公共受托责任关系而存在的。在公共受托责任关系中,公共受托经济责任关系占据着重要地位。国家有全面有效履行其承担的公共受托经济责任的义务。为了解决公民与政府之间的委托代理问题,满足公民基本生活需求以及随时代发展而不断变化的物质文化和精神文化需求等,国家需要基于公共受托经济责任关系搭建系统完整、动态的治理体系,包括治理结构、治理制度等。

根据现代治理理论,国家治理的特征表现为治理主体的多元性、治理关系的复杂性、治理权威的独特性。但是在众多的治理主体中,政府因其责任最大、涉及的委托受托关系最广,顺理成章地成为国家治理的核心。因此,为了达到国家治理的目标,促进公共受托经济责任全面有效的履行,政府治理自然地成为现代国家治理的重心。

与一般的组织治理面临的委托代理关系不同的是,国家治理的根本在于公共资源的科学分配,公共资源的优化配置需要公共经济权力的有效运行。因此,国家治理的核心是监控公共经济权力的阳光运行,促进公共资源合理有效配置,妥善处理或均衡各种利益相关方的利益诉求,保证公共受托经济责任的全面有效履行。这就需要建立科学合理的国家治理结构和运用适当的治理机制。现代国家治理的主要机制包括预算管制、权责对称、权力制衡(约束)、利益公平、行为透明、信息披露、奖惩问责以及审计监控等。

第一,预算管制机制。

凡事预则立不预则废,预算是保证组织有效运行的重要手段。实行预算管制既是国家履行公共受托经济责任的内在逻辑要求,也是国家权力运行的外在表现,即政府预算分配是国家权力配置的集中体现,如何建立与国家权力相匹配的责任履行体系,应当成为全社会关注的焦点(李金华,2005)。如果权力运行缺乏有效监督,将导致资源配置失衡,为了防止预算分配过程中可能产生的权力寻租,以及寻租对广大社会公众利益的损害,必须建立预算管制机制。预算包括零基预算、弹性预算、滚动预算、定期预算等多种方式,一种可行的思路是实行零基预算,并由审计部门对公共预算的必要性和科学性进行审核,防止公共预算的无限膨胀。同时,国家审计应强化过程监控,在预算执行过程中,合理把控预算支出进度,确保预算支出时机、规模符合责任履行需要。

第二,权责对称机制。

权责对称是组织治理中必须坚持的一个原则,权力和责任是一个问题的两个方面,两个方面保持高度对称才能有效保证责任的有效履行。权责不对称将难以保证公共受托经济责任的全面有效履行。如果权力大于责任,权力的运用将不受责任束缚,这会导致权力滥用和寻租行为;如果责任大于权力,则权力主体掌握的资源相对有限,与其责任相对应的组织目标将难以实现。因此,组织必须基于权责对称的原则构建科学合理的治理机制,这样既能保证公共受托经济责任的有效履行,又能有效防止权力滥用和腐败。

第三,权力制衡(约束)机制。

根据孟德斯鸠的观点,以权制权是防止权力滥用的有效手段。因此,有效的国家治理机制离不开权力制衡(约束)机制,权力制衡(约束)机制可以防止权力滥用和权力寻租。

第四,利益公平机制。

落实政府责任,关键是落实其有效支配社会资源的责任。政府的责任有很多,但有效支配社会资源是核心(李金华,2005)。公共权力的运行和公共资源的分配与利用必然会对利益相关者产生影响,利益集团可能会通过各种手段游说政府部门及官员,影响公共权力的运行和公共资源的分配。因此,我国必须建立和谐公平的利益分享机制,对公共资源的分配权进行制约,合理协调各方利益矛盾和冲突。

第五,行为透明机制。

逆向选择和道德风险等委托代理问题产生的根源在于信息的不对称性和不透明性。因此,为了更好地解决因委托代理关系产生的代理问题,保证和促进政府对公共受托经济责任的全面有效履行,政府应该及时公开公共权力的运行情况及公共资源的使用情况,增强政务透明度,让权力在阳光下运行。

第六,信息披露机制。

信息披露机制是行为透明机制的配套机制,是保障和促进权力主体行为公开透明的重要举措。政府只有开展内容充分、披露及时、渠道通畅的信息披露,民众才能更好地了解和监督政府等公共部门的受托经济责任履行情况。

第七,奖惩问责机制。

激励相容机制是解决委托代理问题的有效途径。因此,有效的国家治理机制离不开一套科学合理的奖惩问责机制:对忠于职守、成绩卓著者予以奖励;对擅离职守、碌碌无为者予以问责和惩罚。

第八,审计监控机制。

如果国家希望上述治理机制发挥作用,还需要提供强有力的监控机制作为其后盾。国家审计作为一种特殊的监控机制,通过监督、鉴证和评价等功能,为上述治理机制的有效运行提供坚强的后盾,以保证和促进政府公共受托经济责任的全面有效履行。

### 3.1.3 国家审计与国家治理之间的关系

与公共受托经济责任相对应的监控机制为国家审计。依据马克思主义国家学说,国家审计是国家治理的工具,是国家政治制度的重要组成部分。本卷认为,国家审计与国家治理之间是相伴相生、相互依存、相互促进的关系,这种相互关系可以在以下四个层面[①]得到佐证。在历史层面,国家审计与国家治理渊源深厚,在世界各国历史进程中的各个阶段,国家审计均参与国家治理,在维护不同时期国家的稳定发展中发挥了重要作用。在理论层面,公共受托经济责任是两者产生、发展的逻辑起点和重要理论基础,为国家审计服务国家治理提供基本理论依据。在法律层面,宪法为审计机关开展审计工作提供了法律基础,各级政府、审计机关出台的条例、意见等,为审计机关开展审计工作提供了基本准绳,具体表现为,审计机关依法建立、依法参与国家治理。在实践层面,审计机关开展具体业务,发布国家审计结果公告等,并与其他监督机制协同,均为国家审计服务国家治理的具体实践,即国家审计的功能体现为国家治理体制机制的持续改善。

1. 历史分析

自奴隶制政权建立起,统治者就在政治上自觉或不自觉地利用国家审计来巩固其统治地位,从而将国家审计的威慑力量与国家政权的巩固联系起来(文硕,1990)。杨时展教授的名言"天下未乱计先乱,天下欲治计乃治"在总结历史经验的基础上,对国家审计与国家治理的相互关系作了高度概括。

从中国审计史来看,西周时期由宰夫执行的实地稽查审计,可以视为中国国家

---

① 理论与实践层面的佐证贯穿本卷,此处不再论述。

审计的萌芽。据《周记·天官·宰夫》记载,"宰夫之职,掌治朝之法,以正王及三公、六卿、大夫群吏之位。掌其禁令,叙群吏之治"。就是说,宰夫负责政治监察,掌理治理之法,监视官吏严格遵守和执行朝法。这从侧面说明,国家审计在萌芽时就已成为国家治理的重要组成部分,发挥监控作用。三国两晋南北朝时期,各个政权为自身的生存发展,进一步改进、充实和丰富了审计制度,主要标志是出现了专职审计机构——比部。比部当时的基本职能是财务审计,它的出现标志着国家审计作为独立机构开始参与国家治理。

古罗马于公元前443年设立了监督官,负责对一些兴建的公共设施及城市会计账目进行就地审计。统治者根据审计结果,处理了一批管理不力的城市长官,并撤销了一些财政管理混乱城市的自治权,使之归并于省政府。在2 000多年前,雅典城邦就开始对将要卸任官吏的经济责任进行审查,即官吏的离任经济责任审计。在古代雅典,无论是谁,不管其官有多高,权有多大,只要被发现有徇私舞弊行为,都会受到严厉制裁。雅典的审计监控制度,使其整个政府运行更加高效、权力运行更加规范、经济资源利用更加合理、责任履行更加有效,雅典政治比那些贿赂、裙带风公行,贪污盗窃泛滥成灾的寡头城邦(如斯巴达之类)政治要廉洁得多,奴隶制经济发展的节奏也快得多。法国于1320年设立审计厅,旨在加强对政府部门经济责任的监控,使各级政府机构和官员接受审计,厘清各政府部门经济责任界限,监控政府经济权力运行,保障公共经济权力的有效运行。

以上审计发展史实表明,国家审计自产生之日起就已成为国家治理的重要组成部分。不论是早期的巩固政权,还是今日的维护国家经济社会发展等,都是时代赋予国家审计的不同使命。归根结底,国家审计都是作为国家治理的重要组成部分在发挥着审计功能。

2. 法理分析

从世界上其他国家出台的法律制度来看,在大多数国家,国家审计的制度安排都是依据国家宪法或专门法律法令确立的。因此,国家审计是国家治理的重要组成部分,均有法律依据。

1) 国家审计与国家治理的法理分析

法国早在1807年就通过法令建立了国家审计院,从体制架构上看,国家审计院的体制架构与法国最高法院相似,在地位上仅次于最高法院,权力与最高法院相同,具有终审权,这些安排有效解决了国家审计机关专业有余而权威不足的问题。拿破仑说过,"我要通过积极的监督,使不忠于职守的行为得到制止,使公共资金的合法利用得到保障",这充分体现了当时的国家领导人对国家审计机关参与国家治理的倚重。法国是司法模式国家审计的开拓者,其国家审计院也堪称司法模式国家审计机构的杰出典范。

1866年,英国议会通过《国库和审计部法案》,这标志着现代英国国家审计制度的建立,也宣告了世界上第一个现代立法模式国家审计制度的诞生。该法案规定,政府的一切收支应由代表议会并独立于政府的主计审计长实施审查。主计审计长代表议会开展审计工作,在审查过程中,与下议院决算审查委员会保持密切的联系。该委员会的调查工作基本上都以主计审计长的审计报告为基础,体现了主计审计长的权威性,同时也反映了审计报告的具体用途。立法模式国家审计的另一典型代表为美国,它于1921年颁布了著名的《预算和会计法案》,根据该法案,美国在国会之下设置独立的国家审计机构——会计总署(General Accounting Office,GAO)。1937年,会计总署改名为审计总署(General Auditing Office,GAO),2004年又更名为政府问责署①(Government Accountability Office,GAO),该机构名称的变化,充分体现了审计机关职责定位、功能以及权责配比的动态变迁。据统计,美国政府问责署的大部分工作是对联邦政府进行业绩审核、项目评估、政策分析等,旨在提高政府工作绩效,保证联邦政府尽到对国会和美国公众应尽的责任,其财政财务收支审计等相关审计功能相对弱化。与此相对应,美国政府问责署提出的超过80%的建议基本都被相关机构采纳,GAO在美国国家治理中扮演者重要角色。

孙中山先生在《国民政府建国大纲》中提出五权宪法,主张在中央政府设立五院,即立法院、行政院、司法院、考试院和监察院,以试行五权之治。监察院下设审计部,掌理审核全国财政,并分区设立监察使。我国"八二宪法"②规定,国务院下设审计机关,审计机关在总理领导下,依照法律规定独立行使审计监督权。1983年9月,我国审计署正式成立。我国国家审计坚持"依法审计、服务大局、围绕中心、突出重点、求真务实"的审计工作方针,切实有效地履行审计监督的法定职责。宪法和法律明确了国家审计机关的法定职责和监督范围,为国家审计机关常态化开展审计工作提供了便利。长期以来,我国国家审计机关在维护市场经济秩序,促进扩大改革开放,强化经济权力制约,推动民主法治等方面发挥了积极作用。

---

① 习惯上,学术界仍习惯称其为美国审计总署或美国审计署。
② 《中华人民共和国宪法》(1982年)。

2) 《中华人民共和国审计法(修正草案)》修改建议与国家治理

1994年8月31日,第八届全国人民代表大会常务委员会第九次会议通过了《中华人民共和国审计法》。之后,我国根据2006年2月28日第十届全国人民代表大会常务委员会第二十次会议《关于修改〈中华人民共和国审计法〉的决定》对审计法进行了修正。审计法的总目标是加强国家的审计监督,维护国家财政经济秩序,提高财政资金使用效益,促进廉政建设,保障国民经济和社会健康发展。为了适应新时代审计管理体制改革以及国家治理能力和治理水平现代化的要求,2021年5月6日,国务院总理李克强主持召开国务院常务会议,通过了《中华人民共和国审计法(修正草案)》(简称修正草案)。2021年7月8日,全国人大常委会法工委委托中国法学会在北京召开了审计法(修正草案)专家咨询会,杨肃昌教授、胡耘通教授在会上提出了关于相应条款的修改意见。

(1) 杨肃昌教授有关修正草案的具体修改建议如下。

第一,建议把第二条中的"坚持中国共产党对审计工作的领导,构建集中统一、全面覆盖、权威高效的审计监督体系"这一表述作为审计法立法宗旨或指导思想放在第一条。这是党的十九大以来党对加强和完善审计监督体系和审计工作的根本方针和战略部署,核心是构建以党的集中统一领导为本质特征的新的审计管理体制,这不是作为行政法和部门法的审计法能够(或需要)直接规范的内容。事实上,修正草案其他的条款和内容也并没有对这一条加以细化与落实。

第二,建议取消第四条中的"必要时,人民代表大会常务委员会可以对审计工作报告作出决议"这一表述。因为人民代表大会常务委员会[①]及其工作不是审计法所能规范的范畴,或者说审计法不能也不便于直接规范最高权力机关常设机关的工作。

第三,建议取消第十二条中的"审计机关应当建设信念坚定、业务精通、作风务实、清正廉洁的高素质专业化审计干部队伍"这一表述。这些有关审计人员思想作风、道德素养、行为规范等方面的内容,不适合用法的形式加以规范。一则这些内容的表述与评价过于抽象,二则这些语句的边界与内容张性过大。根据这一逻辑,再加入"遵纪守法、恪守原则、保持独立、工作踏实"等词语也未尝不可。法的表述或规范应该意思准确、边界清楚、用词严谨、宁少勿多。如果要通过审计法加以肯定与强调这些方面的内容,那也是这样表述为宜:"审计机关应当制定有关审计人员必须遵循的切实可行、全面有效的工作守则、纪律规范、行为标准。"

---

① 此处的人民代表大会常务委员会应该是指全国人民代表大会常务委员会。

第四,完善第十三条中的"审计机关根据工作需要,可以聘请具有与审计事项相关专业知识的人员参与审计工作"这一表述。审计机关能否聘请相关专业机构协助审计人员工作呢?事实上,目前审计机关聘请外部人员参与部分审计工作的情况时有发生。鉴于此,可改为:"审计机关根据工作需要,可以聘请与审计事项相关的专业机构或专业人员协助审计人员工作。"

第五,完善第二十二条中的"为维护国家经济安全和公共利益,经国务院批准,审计署可以对其他金融机构进行专项审计调查或者审计监督"这一表述。地方审计机关能否对地方"其他金融机构"进行审计?如果可以,由谁批准?另外,这里不便用"审计监督"一词,因为第二条中有关审计监督对象的描述或界定中并没有"其他金融机构"。事实上,专项审计调查与审计监督的词义和内容有联系但也有区别,不能将两者混淆。

第六,建议取消修正草案第三十条中的"被审计单位应当加强对内部审计工作的领导,按照国家有关规定建立健全内部审计制度"这一表述。原因如下:第一,审计监督的本质特征是独立性,审计机关不承担企事业单位管理职能,被审计单位是否设立自己的内部审计机构以及如何领导内部审计工作,是被审计单位及其上级单位的职责范围,审计机关不能代替;第二,除了内部审计制度,被审计单位的其他相关制度也与审计事项和审计结果紧密相连,是否也应加进去?第三,在审计中,审计机关自然会对涉及审计对象和审计事项的所有方面(包括相关部门和相关制度)进行直接与间接的审计检查与评价,提出建设性的改进建议,但这不仅仅是针对内部审计制度和工作;第四,内部审计组织建设归根结底属于被审计单位治理结构的范畴,审计监督的意义在于促进被审计单位完善内部治理结构。所以,不建议在审计法中特列内部审计组织建设问题。

第七,建议完善第三十一条。原文"社会审计机构审计的单位依法属于被审计单位的,审计机关按照国务院的规定,有权对该社会审计机构出具的相关审计报告进行核查"的表述与现实经济社会似有脱节。"审计报告"是社会审计机构出具的工作成果报告或委托报告的总称,是一种广义的概念。现实中被审计单位的委托事项除了财务审计还有其他方面的委托事项,比如,资产评估或财政资金绩效评价(财政资金绩效评价报告在一定程度上或许会影响被审计单位次年的预算安排)。如果把广义的审计报告及其出具者——社会审计机构的工作列为核查对象的话,那么许多同样从事委托事项的非社会审计机构的工作是否需要审查?也就是说,目前许多非财务审计委托事项是许多非社会审计机构在做(比如,评估公司、造价公司、管理咨询公司等),这些机构目前与社会审计机构属于不同的行业并接受行业监管。非社会审计机构与社会审计机构可统称为"社会中介机构"。社会审计机构按照注册会计师法的界定,为"会计师事务所"。鉴于此,为了各个相关法律之间的一致性,也为了突出社会审计的地位以及"审计全覆盖",建议原文改为:"会计师事务所以及其他社会中介机构受托服务的单位依法属于被审计单位的,审计机关按照国务院的规定,有权对该会计师事务所或其他社会中介机构出具的相关委托报告进行核查。"也可改为:"社会中介机构受托服务的单位依法属于被审计单位的,审计机关按照国务院的规定,有权对该社会中介机构出具的相关委托报告进行核查。"

第八,建议取消第五十二条中的"审计结果以及整改情况应当作为考核、任免、奖惩领导干部的重要参考"这一表述。对审计结果,不同的使用部门会根据自身工作的需要作出具体的安排。比如,被审计单位的上级部门、组织人事部门可根据具体情况和履职需要把审计结果作为或不作为奖惩依据,这是这些部门自己的事,不宜在审计法中加以规范。第五十二条的重点在于"整改",如果把这一段表述去掉,第五十二条的前后表述就刚好一致,既前后联系又重点突出。

(2)胡耘通教授关于修正草案的几点思考。

第一,关于"审计全覆盖"问题。修正草案贯彻了中共中央办公厅、国务院办公厅《关于完善审计制度若干重大问题的框架意见》中"审计全覆盖"的具体要求,在扩充审计范围的同时,也应当将审计范围保持在"公共资金、国有资产、国有资源"限度之内。修正草案第二十三条要求"对其他关系国家利益和公共利益的重大公共工程项目的资金管理使用和建设运营情况,进行审计监督",该内容虽然涉及"国家利益和公共利益的重大公共工程项目",但如重大公共工程项目的资金来源为非公共资金,则其不属于国家审计的监督范围。同理,第二十二条第二款"为维护国家经济安全和公共利益,经国务院批准,审计署可以对其他金融机构进行专项审计调查或者审计监督",审计"其他金融机构"也存在任意扩大监督范围之嫌疑。党中央一再明确"使市场在资源配置中起决定性作用",因此,对于上述被审计单位和内容可以充分发挥社会审计的"经济警察"作用,由社会审计对其加强监督,以便国家审计能够"更好发挥政府作用"。故建议修正草案删除以上两项内容。

第二,关于国家审计管理体制问题。我国目前的审计管理体制是基于宪法第九十一条而设立的。国务院各部门受国务院的领导,通常表现为由副总理分管,但审计署有所不同,它直接受国务院总理的领导,此乃保持审计独立性、使其不受干预的重要举措。虽然中央政府突出了审计署"受总理领导、向总理报告"的地位,但在地方,并没有明确的行政首长对审计机关的法定领导体制。例如,修正草案第十条第一款仅明确"经本级人民政府批准,可以在其审计管辖范围内设立派出机构",这就将地方政府行政首长的法定领导简化为"人民政府批准"。地方政府行政首长与人民政府并非一个概念,人民政府的范畴也大于行政首长。因此,按照"受谁领导、向谁负责"基本理念,建议将第九条修改为"地方各级审计机关对本级人民政府行政首长和上一级审计机关负责并报告工作",第十条修改为"审计机关根据工作需要,经本级人民政府行政首长批准,可以在其审计管辖范围内设立派出机构"。

第三,关于审计整改问题。审计整改作为国家审计活动的最后一个环节,肩负着打通实现审计目标的"最后一公里"的重要使命。审计整改不仅是促进审计机关依法行政的客观要求,而且是治理一些单位"屡审屡犯"的必要手段。第五十二条是新增内容,本条对审计整改工作进行了明确,强化了各级人民政府和有关主管机关、单位督促整改的职责,以及审计整改的具体效力。但第五十二条第三款"拒不整改审计发现的问题的,或者整改审计发现的问题时弄虚作假的,依法追究责任","依法追究责任"的"法"是什么层级的法律?是法律文件抑或是党内法规?缺乏明确规定会导致实践操作模糊,甚至造成"大事化了、小事化无",从而影响国家审计的权威性。因此,建议立法部门参考《江苏省审计条例》等规定,将"依法追究责任"予以细化和明确,使之更具有可操作性,故建议第五十二条第三款修改为"拒不整改审计发现的问题的,或者整改审计发现的问题时弄虚作假的,审计机关可以通知有关主管部门依法核减拨款,申请人民法院强制执行,向有关部门、单位提出给予处理、处分的建议"。

第四,关于国家审计救济问题。无救济则无权利。任何权益受到侵害,必须有相应的救济渠道。国家审计监督在本质上属于行政执法活动,对于被审计单位——审计行政相对人来说,有可能出现国家审计行为侵害其权益的情况。例如,非法调取审计证据的问题。修正草案关于审计救济的内容仍沿用了2006版审计法的思路,即:对财务收支的审计决定不服,可以申请行政复议或提起行政诉讼;对财政收支的审计决定不服,只能申请政府决定。实际上,财政收支属于预算性质的收支,被审计单位对财政收支的审计决定不服,属于政府系统的内部问题。内部问题宜内部解决,不宜采取复议、诉讼等"对簿公堂"方式解决。某些事业单位既有财政拨款又有财务收入,其收支活动往往混在一起,难以严格区分清楚。如果我们认可财政收支及其审计决定属于政府系统的内部问题,那么按照被审计单位身份特征来考虑其是否具有复议、诉讼的权利,则更加科学、合理。立法部门可参考《财政违法行为处罚处分条例》第三十二条"单位和个人对处理、处罚不服的,依照《中华人民共和国行政复议法》、《中华人民共和国行政诉讼法》的规定申请复议或者提起诉讼。国家公务员对行政处分不服的,依照《中华人民共和国行政监察法》、《中华人民共和国公务员法》等法律、行政法规的规定提出申诉"。建议修正草案第五十三条修改为:"国务院各部门、地方各级人民政府及其各部门、领导干部认为审计监督行为侵犯其合法权益的,可以提请审计机关的本级人民政府裁决,本级人民政府的裁决为最终决定。其他单位和个人认为审计监督行为侵犯其合法权益的,可以依法申请行政复议或者提起行政诉讼。"

第五,关于国家审计监督依据问题。审计署发布的《"十四五"国家审计工作发展规划》,要求"坚持依法审计、客观公正。依法全面履行审计监督职责,始终做到法定职责必须为、法无授权不可为,聚焦主责主业,依照法定职责、权限和程序行使审计监督权"。"依法审计"的"法"应当是什么层次的法?国家审计是一种行政执法活动,但其有自身特殊之处,审计机关实施审计的依据包括审计法、审计法实施条例、国家审计准则以及其他规定。审计机关作出审计结论、决定的依据,则包括会计法、预算法以及其他规定。实践中国家审计监督的依据是多样化、多层次的。就修正草案来说,并没有处理好审计监督的法定依据适用问题。例如,第二条第三款"国务院各部门和地方各级人民政府及其各部门的财政收支,国有的金融机构和企业事业组织的财务收支,以及其他依照本法规定应当接受审计的财政收支、财务收支,依照本法规定接受审计监督",本款要求的"应当接受审计的财政收支、财务收支"是依照"本法"规定,即法律依据限定在法律层次;第三条中的"审计机关依据有关财政收支、财务收支的法律、法规和国家其他有关规定进行审计评价",将审计评价的依据明确为"法律、法规和国家其他有关规定","法规"包括行政法规和地方性法规。第二十七条中的"除本法规定的审计事项外,审计机关对其他法律、行政法规规定应当由审计机关进行审计的事项,依照本法和有关法律、行政法规的规定进行审计监督",意味着监督依据是"本法和有关法律、行政法规的规定"。关于审计监督的法定依据,除了审计法和其他法律外,修正草案在不同条款进行了授权性规定,既包括行政法规、地方性法规,也包括国家有关规定,显然授权的层次并不一致。为了保持国家审计实施的一致性,建议将国家审计的法定依据的层次定位为"国家有关规定"以上,即第二条第三款修改为"国务院各部门、地方各级人民政府及其各部门的财政收支,国有的金融机构和企业事业组织的财务收支,以及其他依照法律、行政法规和国家有关规定应当接受审计的财政收支、财务收支,依法接受审计监督";第三条有关表述修改为"审计机关依据有关财政收支、财务收支的法律、行政法规和国家有关规定进行审计评价";第二十七条有关表述修改为"除本法规定的审计事项外,审计机关对其他法律、行政法规和国家有关规定应当由审计机关进行审计的事项,依法进行审计监督"。

### 3. 实践分析

国家审计在国家治理中发挥着重要的作用,从世界各国国家审计机关审计工作开展的情况来看,主要表现有四个方面。一是腐败治理。我国审计机关每年开展领导干部经济责任审计,包括在任经济责任审计、离任经济责任审计、公共经济权力监控,这对加强党风廉政建设、推进民主政治改革产生了积极的影响,同时有助于促进政府机关合理使用经济权力,促使国有企业优化经营决策,提高经济资源利用的效率和效果。二是维护经济安全。GAO从1990年开始,每两年发布一次高风险领域清单,以提请政府关注影响政府有效治理的特殊高风险领域。在我国,银行是审计机关审计的主要对象,审计机关对银行开展审计,发现潜在风险,挖掘潜在隐患,在控制区域金融风险和系统性金融风险方面发挥着重要作用,为防止微观层面风险聚集并衍化为经济风险,维护宏观经济安全作出了重要贡献。三是提高政府透明度。2004年,由巴西总审计长办公室发起设立的"透明门户"反腐败工具,不但帮助政府改善不合理的支出结构,而且成为社会有效监督政府的工具。我国审计署审计长每年代表国务院总理向全国人大报告中央预算执行及其他财政收支的审计工作报告。审计署发布各类型审计结果公告和解读、各级审计机关发布审计结果公告等,均体现了国家审计在提高政府透明度方面发挥的重要作用。四是协助应对危机。针对突发公共危机事件,审计机关派出审计团队,监控政府部门应对突发公共危机事件的措施是否有效、物资是否使用到位、效果是否与预期相符等,协助政府部门共同应对突发公共危机事件。在此,本卷以国家审计协助应对公共危机说明国家审计对国家治理的作用。

GAO对美国政府2005年发放的"卡特里娜"和"丽塔"飓风灾害赈灾款进行审计后发现,高达14亿美元的赈灾款被人通过各种障眼法冒领,如购买橄榄球赛门票、支付度假费用等。GAO认为,预防是恢复重建中减少舞弊、浪费和资源滥用的关键,比事后监管成本更低、更有效,并提出应建立预防控制体系。

2008年金融危机爆发后,美国国家审计在应对金融危机中发挥了重要的作用。具体表现为:一是对救市计划的审计。例如,GAO对美国7 000亿美元"问题资产纾困计划"实施了2个月的审计,认为保尔森的花钱手段完全不合格,为确保救市计划的完整性、权责明晰和透明度,财政部需要采取更多行动。GAO保障了救市计划的顺利推进。二是对救市计划中公共资金运用的跟踪审计。GAO每2个月对联邦和地方政府进行一次审查,并对复苏与再投资法案计划的资金使用情况进行报告。此外,GAO对增加联邦医疗援助、公路基础设施建设以及国家财政稳定基金都开展了跟踪审计,确保救市资金的利用效率和效果。三是对救市计划进行绩效评价。例如,日本会计检查院在对国税厅及其下属的11个国税局和冲绳国税事务所2008年度的国税退税、退款和对出口企业消费税的退税等情况进行审计后发现,退款天数的延长会使最终支付的退款金额大大高于实际确定的退款金额。会计检查院在分析原因后,对国税厅提出了相应的改进意见。四是对救市计划中专门项目的审计。对专门项目的审计包括对国家基础建设项目、企业扶植项目以及公共事业部门相关项目的审计等。五是促进金融监管体制不断完善与强化。例如,欧盟审计院就有关存款担保和资金需求问题提出了建议,并开展了针对衍生品、对冲基金和私人股本在内的资本市场监管和风险管理等工作,为防范金融风险传染发挥了监控作用。

2008年汶川地震后,我国国家审计部门对救灾资金、物资及灾后重建工作进行了跟踪审计。截至2010年年底,根据审计意见和建议,国家审计促进了2 900多个项目加快了建设进度,节约重建资金或挽回损失59.17亿元。在两年多时间里,各级审计机关已向有关司法和纪检部门移送案件线索31起,涉案金额有2 900多万元,涉案人员有52名。以上案例说明国家审计是减少欺诈、资源浪费和滥用的最有效手段,是揭示腐败的重要利器,是保障公共经济资源得以有效利用的重要机制,是国家审计服务国家治理的重要途径。

2020年,面对突如其来的新冠疫情这一突发重大公共危机事件,防控疫情是头等大事,事关人民群众生命安全和身体健康,事关经济社会发展大局。为贯彻落实习近平总书记关于疫情防控的重要讲话精神和党中央决策部署,增强政治责任感和历史使命感,根据国务院常务会议要求,审计署印发《关于做好新型冠状病毒感染肺炎疫情防控财政资金和捐赠款物审计监督工作的通知(审财发〔2020〕3号)》,聚焦党中央关于疫情防控相关政策和决策部署的落实情况,相关税费减免政策、财政贴息政策、贷款优惠政策等精准到位情况,中央和各级财政安排的疫情防控资金总体情况、拨付情况、管理使用情况,社会捐赠款物的总体情况、分配和使用情况等开展审计监督,促进疫情防控资金、物资规范和高效使用。

国家审计在实践中对国家治理发挥效应的重要依据是法律法规,相关法律法规同时也是国家审计服务国家治理的法理依据。国家审计参与每一项国家治理工作都有审计署颁布相应的文件作为依据。2013—2021年审计署颁布的政策法规制度如表3-1所示。2013—2021年全国各省(自治区、直辖市)发布的审计政策法规制度汇总表如附录二所示。

表3-1　　　　　2013—2021年审计署颁布的审计政策法规制度

| 序号 | 发布时间 | 文件发布字号 | 政策法规制度名称 |
| --- | --- | --- | --- |
| 1 | 2013.1.17 | 审办发〔2013〕1号 | 《地方审计机关开展审计业务工作指导意见》 |
| 2 | 2014.1.8 | 审办发〔2014〕8号 | 《审计署关于2014年地方审计机关开展审计业务工作的指导意见》 |
| 3 | 2014.7.27 | 审经责发〔2014〕102号 | 《党政主要领导干部和国有企业领导人员经济责任审计规定实施细则》 |
| 4 | 2014.10.27 | 审办发〔2014〕48号 | 《国务院关于加强审计工作的意见》 |
| 5 | 2011.3.29 | 审办发〔2011〕33号 | 《审计署关于加强审计监督促进"十二五"规划顺利实施的意见》 |
| 6 | 2016.5.28 | 审农办发〔2016〕68号 | 《关于进一步加强扶贫审计促进精准扶贫精准脱贫政策落实的意见》 |
| 7 | 2018.8.31 | 审办发〔2018〕28号 | 《审计署关于进一步加强减税降费政策措施落实情况审计监督的意见》 |
| 8 | 2015.9.18 | 审政研办发〔2015〕58号 | 《进一步加大审计力度促进稳增长等政策措施落实意见》 |
| 9 | 2015.12.8 | — | 《关于完善审计制度若干重大问题的框架意见》 |
| 10 | 2015.12.8 | — | 《关于实行审计全覆盖的实施意见》 |
| 11 | 2016.2.5 | 审政研办发〔2016〕20号 | 《审计署关于适应新常态践行新理念更好地履行审计监督职责的意见》 |
| 12 | 2016.6.17 | — | 《审计署关于印发2016年地方审计机关重点抓好的十项工作的通知》 |
| 13 | 2016.6.30 | 审办发〔2016〕61号 | 《审计署关于审计工作更好地服务于创新型国家和世界科技强国建设的意见》 |

(续表)

| 序号 | 发布时间 | 文件发布字号 | 政策法规制度名称 |
| --- | --- | --- | --- |
| 14 | 2017.1.6 | — | 《审计署关于地方审计机关2017年度应重点抓好的工作任务的通知》 |
| 15 | 2016.6.1 | — | 《"十三五"国家审计工作发展规划》 |
| 16 | 2017.12.29 | 审投发〔2017〕30号 | 《审计署关于进一步完善和规范投资审计工作的意见》 |
| 17 | 2018.8.30 | 审农办发〔2018〕27号 | 《审计署关于在乡村振兴战略实施中加强审计监督的意见》 |
| 18 | 2018.1.12 | 审办发〔2018〕11号 | 《审计署关于内部审计工作的规定》 |
| 19 | 2020.2.7 | 审财发〔2020〕3号 | 《关于做好新型冠状病毒感染肺炎疫情防控财政资金和捐赠款物审计监督工作的通知》 |
| 20 | 2021.6.28 | — | 《"十四五"国家审计工作发展规划》 |

## 3.2 基于服务国家治理的国家审计理论研究

### 3.2.1 受托经济责任与审计

受托经济责任是指受托人按照特定要求或原则经营管理受托经济资源并报告其责任履行状况的义务。审计基本理论认为,受托经济责任关系的存在是审计产生的重要条件或首要前提。理查德·布朗(Richard Brown)认为,审计的起源可以追溯到与会计起源相距不远的时代……当文明的发展使人类产生需要某人受托管理他人财产这一需求的时候,显然委托方就需要对受托方的诚实性进行某种检查。汤姆·李教授(Tom Lee)认为:要求人们的行为对他人负责是人类活动的一个共同特征,正是这一特征构成从古至今审计功能之基础;在此意义上,审计正是作为强化受托经济责任履行过程之手段而被运用的。戴维·费林特教授(David Flint)的观点更为明确,他认为,"作为一种几乎普遍的真理,凡存在审计的地方,就一定存在一方关系人对另一方或其他关系人负有履行受托经济责任的义务这样一种责任义务关系,此种责任义务关系的存在是审计的重要前提,可能还是最重要的前提"。按上述观点,审计产生的基本前提是受托经济责任关系的确立,受托经济责任是审计产生和发展的基本动因。

杨时展教授认为,审计因受托经济责任的产生而产生,又因受托经济责任的发展而发展。根据受托经济责任观,审计的本质目标是保障和促进受托经济责任的全面有效履行。受托经济责任内容的与时俱进是审计不断创新发展的内在依据。随着受托经济责任内容的不断拓展,审计的目标和功能也不断拓展。审计的功能只有不断拓展,才能确保拓展的受托经济责任得以全面有效地履行。这是审计与受托经济责任之间辩证关系的体现。

### 3.2.2 公共受托经济责任与国家审计

公共受托经济责任是受托经济责任的一种重要类型。关于公共受托经济责任的含义,最高审计机关亚洲组织(Asian Organisation of Supreme Audit Institutions, ASOSAI)在《东京宣言》里提到,公共受托经济责任是指管理公共资源的个人或当局报告资源管理情况和说明其履行所承担的财务、经营和计划责任的义务。GAO认为公共受托经济责任是指受托管理并有权使用公共资源的政府和机构向公众说明他们的全部活动情况的义务。美国政府会计准则委员会(GASB)在第1号概念公告《财务报告的目标》中将受托经济责任解释为"有责任解释某人的行为,以证实其所做的事情是合理的"。受托经济责任要求政府回应公民,以证实公共资源的取得及其使用目的是正当的。本卷认为,上述定义并不全面和完整。如果按照受托经济责任的定义,公共受托经济责任也应强调行为责任与报告责任两大方面,即公共受托经济责任是指特定的主体按照特定要求或原则运用公共权力去经营管理公共资源或资金并报告其经管状况的义务。随着政府支出规模的扩大、公民政治参与愿望的增强以及资源配置要求的提高等,公共受托经济责任中的行为责任按照经济性、效率性、效果性、社会性、环境性、控制性和宏观性等要求不断拓展;相应地,报告责任也在不断拓展,从而与行为责任相匹配。

国家审计产生于公共受托经济责任关系,其本质目标在于保障和促进公共受托经济责任的全面有效履行。国家审计功能的拓展是建立在公共受托经济责任内容拓展基础上的。例如,随着公共受托经济责任内容的拓展,国家审计的功能向政府绩效审计、社会责任审计、环境审计、宏观审计等方面拓展。因此,当服务国家治理已然成为公共受托经济责任的重要内容时,国家审计的目标就应包含服务国家治理。

### 3.2.3 公共受托经济责任与国家治理结构的建立

"治理"一词可以追溯到古典拉丁语和希腊语中的"操舵"一词,原意是控制、指导和操纵。受托经济责任与组织治理具有内在一致性,具体表现为三点:其一,受托经济责任是组织治理的基础。不论是公司治理、公共治理抑或国家治理,都旨在保证各种受托经济责任能够得以有效履行。其二,受托经济责任与组织治理的目标是一致的。受托经济责任的目标存在于委托人对受托人提出的要求之中,它代表着委托人对受托人理想行为所持的期望,反映的是社会的客观需要,在本质上与组织治理的目标是相同的。从经济学的角度来看,国家治理的最终目的就是通过政府、市场与社会的相互协调,管理和促进资源的有效配置,推动社会经济持续、全面、均衡发展,从而满足社会成员的需求。其三,受托经济责任的有效履行依赖于组织治理的完善。组织治理是一系列法律、文化和制度的安排,对其进行完善可以促进受托经济责任关系良好运转并延续和发展下去。因此,本卷认为,针对特定形式的组织,建立相应的治理结构是受托经济责任内容拓展的必然要求,建立国家治理结构则是公共受托经济责任的重要内容。

### 3.2.4 国家审计服务国家治理的理论分析

国家审计产生于公共受托经济责任关系,其本质目标是保障和促进公共受托经济责任的全面有效履行。建立国家治理结构是公共受托经济责任的重要内容。一方面,公共受托经济责任是国家审计与国家治理共同的理论基础之一,保证和促进公共受托经济责任全面有效履行是国家审计与国家治理的共同目标;另一方面,国家审计与国家治理之间也联系紧密并相互影响。国家审计、国家治理与公共受托经济责任之间的关系逻辑如图3-1所示。

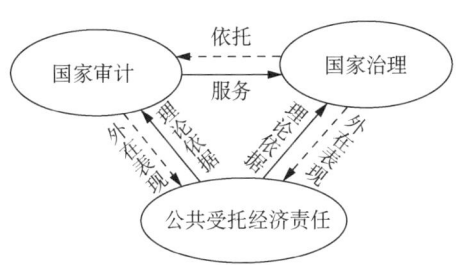

图3-1 国家审计、国家治理与公共受托经济责任之间的关系逻辑

任何组织都需要治理,都需要建立适当的治理结构,运用适当的治理机制,解决委托-代理问题。治理结构的建立与完善、治理机制的运行与应用都离不开审计。组织治理实践的发展趋势要求作为组织利益相关者结构体系中重要一环的审计参与治理。美国安然、世通事件发生后,世界范围内掀起了一股公司治理改革的浪潮。美国将外部审计作为维持上市公司治理结构稳定的三个重要支柱之一。国际内部审计师协会(Institute of Internal Auditors,IIA)将外部审计、内部审计作为健全的公司治理

的"基本主体"。众多研究表明,一方面,审计具有改善公司治理的功能;另一方面,公司治理会对审计活动产生重要影响。国家审计作为一种特殊的经济控制,是国家治理的重要组成部分,其通过发挥其监督、评价、鉴证功能,促进国家治理的完善,推进民主政治建设。

### 3.2.5 基于服务国家治理的国家审计理论创新研究框架

国家审计是国家治理的重要组成部分,如何更好地发挥国家审计的功能以服务国家治理、提高国家治理的质量与水平,有着重大的理论意义和现实意义。实践的深入发展离不开科学理论的指导,科学理论既要领先于实践,又要服务于实践。国家审计理论的创新研究长期以来滞后于其他学科的研究,创新并发展国家审计理论是审计界学者们义不容辞的责任,已刻不容缓。因此,基于国家治理的视角,本卷提出了国家审计理论研究的基本思路,搭建了基于服务国家治理的国家审计理论创新研究框架,如图3-2所示。

社会经济环境的发展变化必然推动受托经济责任的内涵与时俱进、同步拓展。受托经济责任内涵的拓展是推动审计理论创新发展的内在依据。各领域对习近平新时代中国特色社会主义思想的践行与实施必然转化为各领域中不同组织受托经济责任或公共受托经济责任的新要求,并成为国家治理的重要内容。作为国家治理的重要组成部分,国家审计的本质目标是保障和促进公共受托经济责任的全面有效履行,从而促进国家实现善政良治。当服务国家治理成为公共受托经济责任的重要内容时,国家审计的目标就应包括服务国家治理。在新时代,公共受托经济责任内涵的拓展必然推动国家审计行为活动、方式方法的创新发展,进而推动国家审计理论创新发展。

本卷认为,国家审计理论研究应当以习近平新时代中国特色社会主义思想为指导,以"五位一体"总体布局、"四个全面"战略布局、"创新、协调、绿色、开放、共享"五大发展理念为背景,以受托经济责任或公共受托经济责任的内涵拓展为内在依据,构建中国特色审计理论创新研究体系,重点拓展以下几个重要研究领域。

1. 国家审计对国家治理的影响研究

该领域重点研究方向包括:①改革与创新国家审计模式(体制);②创新国家审计方式方法;③拓展与创新国家审计目标。

2. 国家治理对国家审计的影响研究

该领域重点研究方向包括:①国家治理的产权属性对国家审计的影响;②国家治理结构的基本特征对国家审计的影响;③国家治理结构的其他特征对国家审计的影响;④国家治理机制的完善对国家审计的影响。

3. 国家审计与依法治国研究

该领域重点研究方向包括：①遵循性审计研究；②公共经济权力审计研究；③民生审计研究；④制度合理性审计研究；⑤政策执行效果审计研究。

4. 国家审计与经济高质量发展

该领域重点研究方向包括：①国家审计与经济高质量发展研究；②国家审计与环境治理研究；③国家审计与重大风险防控研究。

5. 国家审计与国企高质量发展

该领域重点研究方向包括：①国企高质量发展的内涵界定；②国企高质量发展的测度；③国家审计与国企高质发展的理论分析与实证研究。

## 3.3 本章小结

本章从组织治理出发，论证国家审计服务国家治理的内在机理和作用路径。本章内容主要包括受托经济责任与治理和基于审计服务国家治理的国家审计理论研究。本章构建了基于服务国家治理的国家审计理论创新研究框架(图3-2)。

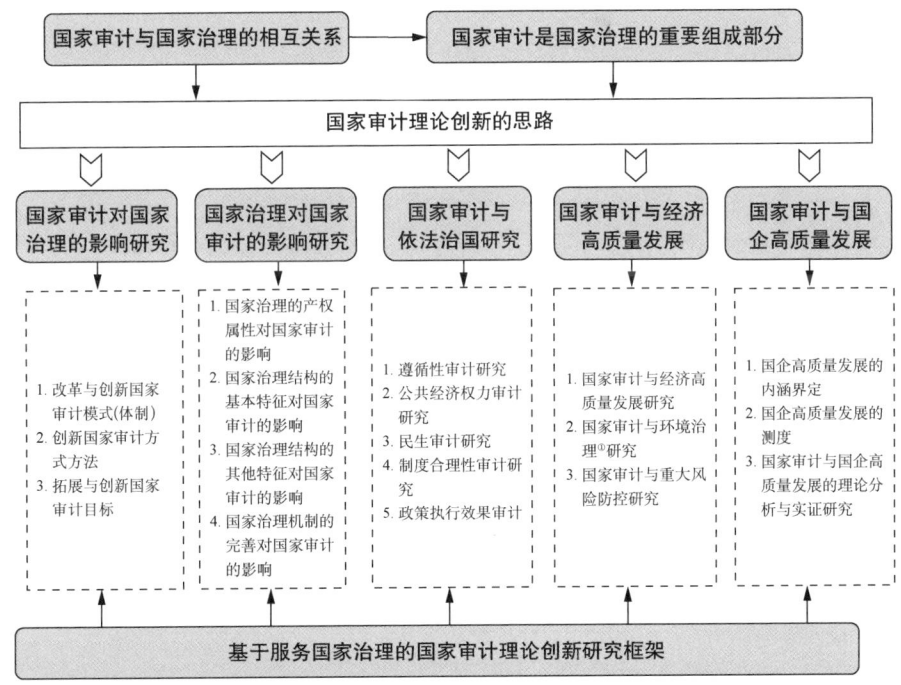

图 3-2　基于服务国家治理的国家审计理论创新研究框架

---

① 由于生态文明建设的重要性，本卷将国家审计与环境治理单独作一章进行论述。

# 4 国家审计与政府社会责任履行

公共受托经济责任是国家作为受托人履行的公共受托责任的一个重要方面,政府全面有效履行社会责任是政府履行公共受托经济责任的重要体现。公共受托经济责任的内容随经济社会的发展而不断拓展,我国实现国家治理现代化的需求对政府履行社会责任提出了新的要求。本卷在公共受托经济责任的内容不断拓展和演进的背景下,从公共受托经济责任履行监控机制——审计监控机制出发,探讨了政府社会责任的履行(包括行为责任和报告责任)、表征形式以及国家审计在促进政府履行社会责任中的重要作用等,旨在进一步推动政府全面有效履行社会责任。

## 4.1 政府社会责任的内涵

### 4.1.1 基于经济学的观点

经济学鼻祖亚当·斯密有句名言是"政府的角色是'守夜人',职责是保护国家安全与维护社会公正"。1976年诺贝尔经济学奖获得者、美国经济学家弗里德曼在《自由选择》一书中说道,在现代市场经济下政府不仅要当好"守夜人",而且还应成为"仆人",政府的主要社会责任有四项:保护国家安全、维护社会公正、提供公共品以及照顾穷人,这四个方面充分说明政府除了要推动经济社会发展,还需要履行具体的社会责任。因为市场会失灵,市场的行为主体是企业,而企业作为一个经济实体,确实无力担当保护国家安全的重任。企业以追求利润为目标,存在自身利益追求,也不可能将主要精力用于维护社会公正。由于公共品消费具有不排他性,存在收费困难;而扶贫又难以取得收益,企业往往不会投资公共品。因此,企业履行社会责任的动力不足。

### 4.1.2 基于受托责任观的观点

政府作为一种特定组织,兼具阶级性和社会性两项属性。阶级性表现为政府通过暴力手段和非暴力工具,消灭、清除敌对阶级和势力,以达到建立、巩固和保卫国家政权的目的,这是政府政治责任的体现,反映的是政府的阶级属性。社会性表现为政府通过完善组织架构、规范制度、强制措施等方式,对各项社会公共事务进行管理,协调政府组织、社会公众间的相互关系,兼顾各方利益,重视经济资源使用的效率以及收益分配的公平,反映的是政府的社会属性。政府的社会属性,意味着政府有责任或者有义务对社会公共事务进行管理。基于公共受托责任观的视角,政府接受广大社会公众的委托,负责对公共经济资源进行管理、使用和分配等。政府在管理、使用和分配公共资源过程中,与社会性相关的事务与其受托责任的履行紧密相连。政府的社会责任随政府的产生而产生,因政府的存在而长期存在。

### 4.1.3 观点综述

基于经济学的观点和基于公共受托责任观的观点,本卷认为,政府履行社会责任是指政府对公共经济资源进行管理、使用和分配,通过维护社会秩序、管理社会公共事务和环境治理,回应广大公众的各种诉求,实现社会公平正义,使公民获得满意,使环境实现可持续发展。政府社会责任包含以下几层含义:一是履行社会责任是政府治理的一项重要内容。政府履行社会责任本质上是为了促进实现政府善治,政府社会责任是一种变化的责任,随着社会变迁,这一概念的内容和范围也会发生变化。二是政府社会责任的理论基础是政府理论和公共受托责任观。政府的社会属性是政府理论视角下政府社会责任的存在基础。政府的公共受托社会责任间接体现了政府社会责任的核心内容。三是政府社会责任是政府责任的范畴,政府社会责任本质上还是政府责任。

## 4.2 政府社会责任的主要内容

社会责任是一个组织在经营管理过程中为寻求健康可持续发展而承担的超出其自身经营目标范围的社会义务,其本质是一个组织对社会应负的责任。组织社会责任超越法律和经济对组织要求的范畴,更多体现为道德层面的自发行为,完全出于组织内驱动力,是组织的自愿行为。

从范围看,政府社会责任可分为内部社会责任和外部社会责任。其中,内部社会责任指政府在管辖范围内承担的非强制性责任,如促进就业、减少贫困、保护环境等;外部社会责任主要体现为为维护地区稳定、地区形象、地区经济等,向本地区外的政府组织、社会团体和个人提供的帮扶举措,包括对外捐赠、低息贷款、无偿援助等。政府组织之间为寻求进一步可持续发展,共同履行的社会责任,如保护环境(碳排放、流域污染等)、维持地区稳定等,也应纳入政府外部社会责任的范畴。

从期限看,政府社会责任可分为短期社会责任和长期社会责任。社会对政府履行短期社会责任的需求相对更为急迫,短期社会责任的履行难度相对较小,能较快取得成效。在长期社会责任方面,由于相关社会问题长期存在,解决问题的方式方法有限,通常还需要多方合作才能实现,包括环境污染治理、碳达峰碳中和目标的实现,以及维护区域稳定等,长期社会责任的实现过程较久。

从履行方式上看,政府社会责任可划分为直接社会责任和间接社会责任。直接社会责任由政府直接履行,如政府通过对外捐赠救助贫困地区居民、派出维和部队维护地区和平稳定、调整政府公共支出规模等。间接社会责任则是由政府主导,由其他社会组织如企业、非营利组织等参与履行,如政府通过吸引外资、加大对特定地区投入、设立工厂,在推动特定地区经济增长的同时,缓解当地就业压力等,为提高居民生活水平作出积极贡献,这些可视为政府间接履行社会责任的重要体现。另外,政府还可以通过调整产业政策,如提供财政补贴、税收优惠政策等,引导企业调整经营管理行为,从而在人员雇用、继续教育培训以及对外捐赠等方面履行社会责任。

基于本卷研究内容,本章将研究对象政府社会责任限定于内部社会责任、直接社会责任。

## 4.3 政府社会责任审计探析

当前,世界各国均未明确提出政府社会责任审计这一概念,但从实践工作来看,各国政府审计机关都早已开展类似于政府社会责任审计的相关工作。本卷认为有必要厘清政府社会责任审计的内涵、职责定位、审计内容、审计流程、审计方法及其与其他审计类型的差异等,以为国家审计充分发挥政府社会责任审计功能奠定坚实基础。

通常,社会责任承担主体可分为企业和政府两类。相应地,社会责任审计活动也可分为企业社会责任审计与政府社会责任审计两类。政府审计对政府责任履行情况予以监督、控制和评价,是政府责任监督体系中的重要机制(刘力云,2005)。政府审计作为独立监督机制,对政府和企业承担社会责任具有一定的促进作用(张楠,2019)。本卷认为,政府社会责任审计是一种控制机制,其在政府治理过程中,监督、鉴证、评价政府是否有效履行社会责任,持续推进政府社会责任的全面有效履行。政府社会责任审计的主体是政府审计机关,也就是说,从审计类型的角度看,政府社会责任审计属于政府审计范畴。政府社会责任审计的客体是政府社会责任,即政府社会责任是审计对象,政府社会责任涉及的具体内容就是审计范围包含的内容。政府社会责任审计是一种信任或信息增信工具,政府审计通过独立客观开展审计工作,得出审计结论,发表鉴证意见,并对外发布审计结果公告,使政府履行社会责任情况被持续监督和评价。

参照蔡春(2001)对审计目标的讨论,关于政府社会责任审计的本质目标和具体目标。本章认为,政府社会责任审计的本质目标是基于公共受托社会责任产生的,旨在确保该责任的有效履行;政府社会责任审计的具体目标是依托政府公共受托社会责任而产生的分类目标,即本质目标的直接化、实践化,它包括但不限于提高公民满意度(如提高社会公众对政府治理的参与度)、实现社会公平正义(如脱贫攻坚,实现共同富裕),以及实现可持续发展(如推动碳中和碳达峰)。

政府审计具有揭示、预防、预警、纠偏功能,均属于监控功能。政府审计的评价功能属于揭示功能。因此,从政府审计评价功能的角度来看,政府社会责任审计的主要内容是评价政府社会责任履行情况:一是对政府履行社会责任的实际情况进行评价,包括与公民有关的各项利益和诉求,与社会价值有关的社会性事务,以及与自然环境有关的环境治理的实质举措;二是对政府履行社会责任过程中涉及的财政财务收支进行审计,围绕政府履行社会责任过程中相关经济资源的投入、管理、使用、绩效等进行监控,并评价政府在履行社会责任过程中使用相关资源的效率和效果。

## 4.4 政府社会责任审计的国际经验

政府社会责任审计这一概念在世界各国并没有被明确,但各国国家审计实践都涉及政府社会责任审计的相关内容。本节将梳理美国、加拿大、英国等国家的国家审计实践,为国家审计促进政府社会责任履行提供国际经验证据,为构建中国特色社会主义政府社会责任审计监控机制提供借鉴。

### 4.4.1 美国审计署的审计经验

美国审计署网站显示,GAO的重要审计事项涉及社会性、利益相关者、环境性三个维度,共计30项重点内容。在三个维度范围内,审计均以民生事项为主,具体包括农业与食品、教育、员工、平等机会、健康医疗、住房、人力资本、公平与法律执行、退休保障、退伍军人、工人与家庭救济等方面。无论是农业与食品事项、教育事项,还是退伍军人事项审计,都是GAO在常见的绩效审计范围之外所开展的审计活动。GAO 在每份审计报告上均会说明为何进行此项审计活动,而上述事项也会在特定时间被 GAO 根据现实需求列为高风险领域,或者由国会委托 GAO 进行审计。上述事项与公民自身、社会环境密切相关,GAO 对这些事项的审计具有明确的审计目的。因此,可以看到美国的政府审计将监督政府履行社会责任作为政府问责署的工作内容。更具说服力的是,GAO 的工作内容介绍明确指出 GAO 会将更富效率的、更道德的、公平的以及回应性的方法和措施建议给国会和主管机构。其中更道德的、公平的以及回应性的方法和措施,无疑是进一步促进政府有效履责的重要表现。美国将平等机会作为重要事项进行审计,该事项强调公民权利平等,尤其是年龄、肤色、残疾、性别、国家起源、种族和宗教方面的平等。这些审计事项,与常规的针对政府部门的绩效审计具有明显区别,从审计内容来看,每一项审计事项可能是一项具体的保障计划,或者是针对特定的人群开展的审计,都与政府是否有效履行社会责任相关。从审计对象来看,重要事项的审计并不是以经济活动形成的财务资料为基础的,而是对经济活动以外的公民权利保障状况和环境可持续发展状况进行审计,这种审计类型的可量化性相对不足,评价指标体系的构建难度较大,对国家审计工作的要求更高。从公共受托责任角度来看,这些审计事项强调的是一种政府社会责任,而非常见的经济责任、政治责任等,这种责任具有更广泛的利益相关者,特别是相对弱势的利益相关群体。

#### 4.4.2 加拿大审计署的审计经验

加拿大审计署(Office of the Auditor General,OAG)[①]官网共列示了 38 项重要审计事项,主要涉及政府活动和环境事务两个方面,但涉及环境事务的审计事项并不一定是直接与环境相关的审计事项。加拿大审计署也组织开展特殊检查,特殊检查主要包括不能采取统一标准量化评价的审计工作,与政府社会责任履行相关的审计工作属于这一类。从审计对象和审计内容来看,涉及政府社会责任的事项,共计 15 项,具体涉及道德、环境治理、公平正义、公民民生保障以及社会文化等领域,其中,环境治理领域的有 6 项,道德领域的有 1 项,公平正义领域的有 1 项,公民民生保障领域的有 6 项,社会文化领域的有 1 项,充分体现了国家审计在推动政府履行社会责任方面发挥的重要作用。

#### 4.4.3 英国审计署的审计经验

英国审计署(National Audit Office,NAO)公布的审计事项主要包括 22 项,其中涉及政府社会责任的审计事项有 8 项,包括儿童家庭、教育与技术、雇员工作

---

① 也称审计长公署、审计长办公室。

与职业、环境能源与可持续性、健康与社会医疗、住房、公共秩序与公正权利、福利保障。可以看出,这些审计事项所关注的是公民权利保障和公民诉求,以及维持社会秩序和稳定。虽然英国审计署未单独列出政府社会责任的范畴,但是与其他的审计事项相比,这些事项具有满足公众需求和诉求的特征,符合政府社会责任发展的现实。

从英国审计署审计事项的设定来看,审计对象多为弱势群体和特殊群体的社会保障和福利,审计内容主要是保护弱势群体的资金投入产出效果,审计过程主要依托某一项目或计划的资金投入及使用情况。

### 4.4.4 美国、英国和加拿大政府社会责任审计实践对比

本卷从各国(美国、英国、加拿大)审计署发布的审计报告中选择与政府社会责任履行有关的主题,进行分析。从审计对象来看,美国审计署以人权、公民知情权等的保障部门为审计对象,充分保障社会公众基本权益。加拿大审计署的重点审计对象为环境与可持续发展委员会,加拿大审计署以推动环境治理为依托,促进经济社会可持续发展,为社会公众打造人与自然和谐相处的环境。英国审计署则以环境保护部门、社会保障部门为审计对象,在环境治理、社会公众福利等方面发挥监控作用。从审计内容来看,各国审计署都不是以经济活动形成的财务资料为基础进行审计,而是对经济活动以外的公民权利保障状况和环境可持续发展状况进行审计,重在围绕环境治理、公民平等等领域开展工作。从审计方式来看,各国审计署除采用传统审计方法,还采用访谈方式进一步了解社会保障部门的责任履行效果,如了解被调查对象的心理感知,包括人权、性别是否平等。同时,各国审计署对政府社会责任审计评价体系的构建也有别于其他审计类型,政府社会责任涵盖的内容丰富,各国审计署的评价指标选取方式、评价标准不一。从审计结果公告来看,各国审计署均采取公告形式对外公布政府社会责任审计结果,但审计结果公告的频率、公告内容、公告途径存在差别。

## 4.5 政府社会责任审计监控机制构建

政府社会责任的履行离不开监督机制作为保障,审计作为第三方独立监督机制,在推动政府履行社会责任,构建责任政府中扮演着重要角色。基于此,本卷认为有必要建立以责任政府构建为中心的国家审计监控机制,推动政府全面有效履行社会责任。基于已有研究成果,政府社会责任包括行为责任和报告责任。因此,本卷认为,应以行为责任和报告责任履行为逻辑起点,建立政府社会责任审计监控

机制。

### 4.5.1 行为责任审计监控机制

参照各国审计机关的审计实践可知,政府社会责任审计主要包括审计目标、审计对象、审计内容、审计流程以及审计方法等要素。基于我国政府社会责任,本卷认为行为责任的审计目标主要是防范公共经济权力异化,及时识别、防范和有效化解经济领域系统与非系统性风险,以扶贫为抓手缩小贫富差距,推动国有企业履行社会责任,以及推进国家治理现代化等。行为责任的审计对象为政府组织中各级权力机关。本节主要从审计内容、审计流程、审计方法等三方面探讨政府社会责任审计监控机制的主要内容。

1) 审计内容

政府基于委托受托关系,履行其社会责任,国家审计监督其责任履行情况。政府接受社会公众委托,代表广大人民大众的利益,其履行受托经济责任的领域决定了国家审计的主要内容。一切政府履行社会责任的领域,审计机关都应该开展政府社会责任审计;如果政府履行社会责任的领域发生变化,国家审计也应对政府社会责任审计的领域作出相应变更。政府社会责任审计与传统的以财政资金为审计对象的财政财务收支审计存在本质区别。政府履行社会责任主要体现为对公共事务的管理,是一种基于公民感知和社会价值创造的政府行为,旨在处理社会个体产生的外部效应、提高社会公众公平感。对政府社会责任审计的内容可以从两个方面来理解:一是从政府角度出发,涉及公民利益保障以及社会价值实现的政府行为和决策,都应当纳入审计范围;二是从公民角度出发,公民从社会公平正义和价值维护角度提出的诉求,对政府责任履行的监督要求,也是对审计机关审计工作的要求。因此,综合看来,但凡政府的行为和决策产生了与公民、社会环境有关的社会后果,政府的组织机构,社会团体,政府的决策制定、执行部门以及相关人员,所涉及的各项社会责任事项,都有必要接受政府社会责任审计,这既是政府明确责任履行情况的自我需求,也是社会公众获取政府社会责任履行情况可靠信息的现实需求。

2) 审计流程

审计流程是对审计过程的重要规范,可以描述审计实践具体过程。现有的社会审计流程都是在风险导向的基础上开展审计活动,可划分为"计划—执行—报告"三个阶段。政府审计的审计流程同样可划分为"计划—执行—报告"三个阶段,现有的社会审计和政府审计流程贯穿着风险导向的思维,也就是通过风险评估、风险应对来开展审计活动。传统审计思想对以资金为主线条的传统审计活动较为合适,但是对于本卷所讨论的政府社会责任审计缺乏适用性。这是因为政府社会责任的评价标准尚不健全,无法完全照搬传统审计流程。但是政府社会责任审计流程的设计思路可以借鉴已有的审计思路,即主要的流程包括审计计划、审计执行、审计报告。各个阶段的具体审计思路则有所差异,如在审计计划阶段,政府社会责任审计尚没有适用的审计准则及制度规范,因此,对审计目标的界定尚处于探索阶段,在审计目标因具体审计对象、审计内容不同而存在较大差异的情况下,审计流程也无法统一。社会责任的履行不同于经济责任的履行,审计对经济责任的履行情况有具体的度量评价体系,审计对政府社会责任履行的评价重在判断政府是否履行了社会责任以及履行的效果,缺乏具体的量化标准。本卷认为,政府社会责任审计的全过程应当包括以下几个方面。

在制订审计计划阶段,一方面,审计人员需要确定审计对象,明确审计目标和标准。因政府社会责任审计目标较为宽泛,审计人员需进一步细化审计目标,提高政府社会责任审计的针对性、可操作性。另一方面,审计人员要对与审计对象有关的利益相关者进行梳理,了解利益相关者的诉求、感知和期望。确定审计对象,关键是要区分以资金活动为审计对象和以责任履行为审计对象。多数的责任履行行为必然伴随资金管理行为,但是政府履行社会责任既可能涉及资金管理,也有可能不涉及资金管理,只涉及权力的行使。明确审计对象后,政府社会责任审计需要了解责任涉及的利益相关者诉求、感知和期望。这是政府社会责任审计区别于其他政府审计的重要内容,并且利益相关者分析将贯穿整个审计过程。获取利益相关者对政府社会责任履行状况的意见,既有助于审计人员明确审计重点,发现新问题和寻找新证据,也有助于其了解利益相关者对政府履行社会责任的具体要求,并以此为基础,制定合理的审计目标。制订完审计计划,审计工作便进入审计执行阶段,即结合审计范围、审计对象,考虑审计难度,配备具有相应专业技能的审计人员,采用合适的审计方法搜集审计证据,进行审计分析和讨论,得出初步的审计结论。

在政府社会责任审计的执行阶段,审计人员主要是通过绩效审计和政策执行审计两种审计方式展开审计工作。其中,绩效审计以资金使用和管理的绩效为主线,考察政府对用于履行社会责任相关经济资源的使用效率和效果。政策执行审计以评价责任履行的效果为目标,旨在监督与政府履行社会责任相关的政策措施的执行,确保政策措施落地实施,并达到预期效果。审计执行阶段的最后一步就是综合从政府履职部门获取的证据和从利益相关者处获取的审计证据,汇总审计证据,进行讨论并形成初步的审计意见。审计执行阶段结束后,审计工作进入审计报告阶段,审计人员将汇总审计证据和讨论情况,撰写审计报告。政府社会责任审计报告不同于传统的审计报告,二者的需求者有很大区别,后者的需求者主要是纳税人,前者的需求者以利益相关者为主,此时的利益相关者或许包括纳税人,但又远远不止纳税人。利益相关者作为政府社会责任定义维度中最基本的概念,是政府社会责任的作用对象和影响对象。因此,审计人员确定政府社会责任审计报告对象需结合审计对象、审计内容、审计用途等。

在编制审计报告阶段,主要有以下几点内容需要明确:一是向谁报告,审计人员需明确审计报告的需求者有哪些,以准确界定审计结果报告对象;二是报告内容是什么,审计人员需回归政府社会责任审计的目标,根据报告对象需求,确定政府社会责任审计报告内容;三是如何报告,审计人员采用合适的报告渠道和方式可以实现利益相关者与政府之间的良性互动,具体涉及报告的频率、报告的层次、报告的形式(纸质版/电子版)以及报告的时间和渠道等。随着国家治理现代化进程的持续推进,审计报告的方式和内容也逐渐向现代化的方向发展,审计报告内容的广度、深度、报告形式创新也为政府和公众之间的沟通创造了机会。

3) 审计方法

经济社会发展模式的深刻变化,促进经济活动向多样化、信息化方向发展,国家审计功能也得以相应拓展,国家审计的对象日趋多元化、审计内容日益宽泛、审计方法明显增多。现代国家审计早已跳出以资金活动、资金利用效率为考察对象的框架,以非财务指标的鉴证业务为主。在审计方法方面,除采用传统审计方法外,国家审计也借鉴现代技术,针对不同的审计对象、审计内容,采取不同的审计方法。例如,以财政财务收支为主要审计对象的业务,在采用传统审计方法的基础上,积极开展大数据审计,加强现场审计与非现场审计的结合,充分利用 AI 技术,自动获取资金往来数据、账务处理数据等并进行核对校验,自动筛选超过重要性水平的业务事项。在此基础上,专业人员进行职业判断并开展进一步论证,提高数据分析的深度和精准度,摸清情况、发现疑点、精确定位,集中力量有针对性地组织现场核查。国家审计人员在加强信息交流、共享资源的同时,应严格管理数据,确保数据安全,有效地运用非现场大数据审计方式,减少人员投入,提高审计效率。国家审计人员可以充分利用现代信息技术开展政府社会责任审计。例如,在审计信息系统中,录入政府社会责任相关基础要素,如审计内容、标准等,通过人工智能等技术,考察政府公共权力配置、运行的有效性,结合公民对政府社会责任履行情况的满意度,分析政府社会责任履行情况与公民期望状态之间的差异,以此为依据,汇总审计结果,得出审计结论,出具审计意见,对外发布审计结果公告。

与社会审计一致,访谈交流也是重要的政府社会责任审计方式,审计人员可通过与直接或间接利益相关者(潜在利益相关者)进行交流,了解政府履行社会责任相关的政策、举措及其落地范围、落地效果,并与社会责任履行机关的社会责任履行报告比较,评价政府社会责任履行情况。在审计过程中,国家审计人员应广开言路,接受群众信访、举报,将信访、举报获取的信息作为重要审计工作底稿资料,用以同责任履行机关回应情况进行比较,从而得出审计结论并发表审计意见。

### 4.5.2 报告责任审计监控机制

周微(2017)认为,当前关于社会责任的审计活动缺乏有效的沟通机制。因此,在解决社会责任审计外部信息沟通问题前,各方应将推动编制政府社会责任审计报告作为重要工作。审计报告是一种直接沟通载体,政府社会责任审计报告是实现政府与利益相关者之间良好沟通的基础,是公众了解政府社会责任履行情况的桥梁。因此,理论与实务界均具有创新政府社会责任审计报告的责任。编制政府社会责任审计报告需明确三点:一是向谁报告;二是报告内容是什么;三是如何报告。基于此,政府社会责任审计报告才具有明确的审计载体。因此,报告责任审计需围绕这三方面展开。除《中华人民共和国国家审计准则》中要求列示的审计报告内容,政府社会责任审计报告还需重点要列示以下几方面的内容:①政府如何开展相应的责任履行工作;②履行责任的进程与负责人;③在履行责任过程中遇到的问题与解决办法;④与利益相关者的沟通过程;⑤被审计单位是否解决利益相关者关心的问题,是如何解决的。政府社会责任审计应充分考虑政府社会责任履行报告的利益相关者,评价政府社会责任履行报告的披露时机是否合理,报告的对象是否覆盖了所有利益相关者,报告的内容是否为利益相关者关心的重大事项,是否真实反映了政府相关社会责任履行情况。

## 4.6 案例分析

在改革开放后的几十年里,我国经济飞速增长,我国一跃成为全球第二大经济体。然而,在经济高速发展的同时,贫富差距逐步拉大,在中国特色社会主义的经济体制下,共同富裕是社会主义的本质要求,实现共同富裕也是政府社会责任的一项重要内容。在贫富差距扩大的背景下,政府采取了一系列措施,着力缩小贫富差距,不断履行政府社会责任。基于此,本部分内容拟通过案例的形式,论证政府审计在保障和促进政府履行社会责任方面的重要作用。表 4-1 列示了 2016—2018 年审计署关于保障性安居工程审计结果公告的部分内容。

表 4-1　政府社会责任审计案例——保障性安居工程审计结果公告

| | 2018 年第 47 号公告 |
|---|---|
| 整体情况 | 2017 年,全国各级财政共筹集安居工程资金 7 841.88 亿元,项目单位筹集安居工程资金 21 739.02 亿元。棚户区改造开工 609.34 万套、基本建成 604.18 万套,公共租赁住房基本建成 81.56 万套,农村危房改造开工 190.59 万户 |
| 审计情况 | 审计安居工程项目 1.77 万个,共涉及项目投资 2.52 万亿元,对 13.03 万户涉及农村危房改造的家庭做了入户调查 |
| 发现问题 | 276 个单位或个人套取挪用或骗取侵占安居工程资金 25.67 亿元,将其用于其他非公共项目支出等。<br>91 个单位违规扩大保障范围或提高补偿标准,多支付拆迁补偿款 2.85 亿元。<br>3.68 万户不符合条件的家庭违规享受城镇住房保障货币补贴 8 639.90 万元、住房 2.66 万套。<br>1.84 万户不符合条件的家庭违规享受农村危房改造补助资金 1.46 亿元;3.53 万户家庭的条件发生变化,不再符合保障条件但未按规定及时退出,仍享受住房 2.75 万套、货币补贴 1 384.43 万元。<br>683 个项目未依法履行招投标程序,涉及合同金额 696.43 亿元。<br>294 个项目未取得建设用地批准而占地 1 440.54 公顷进行建设。<br>883 个已开工在建项目未取得建筑工程施工许可证等基本建设审批手续 |
| 整体情况 | 2016 年,全国各级财政共筹集安居工程资金 7 550 亿元,项目单位筹集资金 20 265 亿元;全国棚户区改造开工 606.09 万套、农村危房改造开工 386.65 万户,棚户区改造和公共租赁住房基本建成 658.58 万套 |
| 审计情况 | 审计安居工程项目 1.72 万个,对 15.39 万户农村危房改造家庭做了入户调查 |
| 发现问题 | 10.31 亿元安居工程资金被违规用于其他项目。<br>4.21 亿元安居工程资金被套取、骗取或侵占。<br>13.67 亿元住房公积金增值收益未按规定用于安居工程。<br>12.87 万套基本建成的住房的配套基础设施建设滞后。<br>744 个项目未严格执行设计、施工等招投标规定。<br>333 个项目存在屋顶渗漏、墙面开裂等质量缺陷 |
| | 2016 年第 9 号公告 |
| 整体情况 | 2015 年,全国各级财政共筹集安居工程资金 6 633.29 亿元,项目单位筹集资金 13 725.35 亿元。2015 年全国保障性住房开工 184.92 万套,棚户区改造开工 612.28 万套,保障性住房和棚户区改造安置住房基本建成 715.89 万套,农村危房改造开工 440.1 万户 |

(续表)

| | 2016 年第 9 号公告 |
|---|---|
| 审计情况 | 审计安居工程项目 1.48 万个,对 18.77 万户农村危房改造实施情况进行了入户调查 |
| 发现问题 | 187 户补偿对象通过编造虚假产权资料等方式骗取征地拆迁补偿 9 617.88 万元。<br>102 个单位以多报改造户数、重复申报、编造农户花名册等手段套取 4.55 亿元。<br>142 个单位挪用安居工程财政资金 4.86 亿元。<br>1 272 个项目未依法履行工程招投标程序。<br>809 个项目未取得建设用地批准而违规用地 2 309.27 公顷。<br>2 663 个项目存在使用功能或质量缺陷等问题。<br>75 个项目建设和管理单位拖欠承建单位工程款 22.03 亿元。<br>14 个城镇安居工程项目因规划失误、管理不善等造成损失浪费或额外支出 1.04 亿元 |

从表 4-1 列示的情况可以看出:一是政府部门在安居工程、农村危房改造等方面履行了社会责任,即政府部门履行了民生方面的社会责任;二是国家审计围绕保障性安居工程等项目,开展了审计工作,即国家审计在保障政府履行社会责任方面发挥了作用;三是政府在履行民生方面社会责任的过程中存在一些问题,如在资金使用、工程质量、工程进度等方面存在明显不足,国家审计需发挥纠偏作用,加强问题揭示并监督整改工作,提高政府履行社会责任的有效性。

## 4.7 实证研究设计

企业社会责任(Corporate Social Responsibility,CSR)概念最早由英国学者欧利文·谢尔顿于 1923 年提出。相较于企业,政府作为一个实体更要承担相应的社会责任,实现对社会秩序的维护、对社会公共事务的管理、环境治理、社会公平正义、公民满意度的提升、环境可持续发展。本卷尝试对国家审计促进政府履行社会责任的效应、国家审计促进政府履行社会责任的路径进行实证研究设计①。

### 4.7.1 国家审计促进政府履行社会责任的效应研究

1) 研究假设

研究假设 H1:国家审计能有效提升政府社会责任履行水平。

研究假设 H2:地区腐败程度越高,国家审计提升政府社会责任履行水平的效果越明显。

研究假设 H3:政府官员晋升动机越强,国家审计提升政府社会责任履行水平

---

① 本卷仅为相关实证研究提供一种研究思路。

的效果越明显。

国家审计促进政府履行社会责任的逻辑如图 4-1 所示。

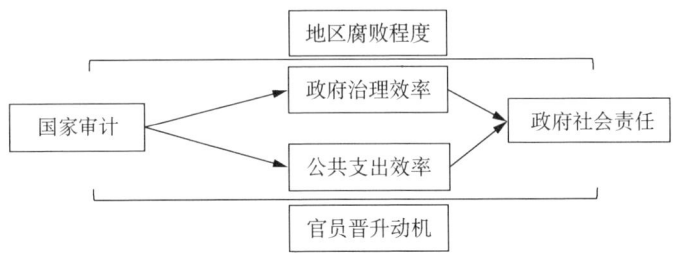

图 4-1　国家审计促进政府履行社会责任的逻辑

2) 研究样本数据来源

本卷选取省级层面研究样本,研究样本来源于各种类型的国家审计结果公告和各省(自治区、直辖市)统计局编写的统计年鉴,衡量地区腐败程度的样本来源于《中国检察年鉴》、各省司法机关和纪委监委调查案件。政府社会责任的样本来自各省(自治区、直辖市)统计局编写的统计年鉴和相关宏观数据库。

3) 变量设计与定义

(1) 政府社会责任的评价体系。本卷从社会秩序、社会公共事务、社会公平正义、公民满意度的提升、环境治理和环境可持续发展等维度,借鉴已有研究中 ESG(Environment, Social and Governance, ESG)评价指标中 S 方面的评价理念,选取社区关系和谐、人民生活幸福指数、地区医疗保健水平、社会公民及慈善、地区社会养老保障覆盖率、人均治安人员数量、地区义务教育覆盖水平、基础设施完善程度、脱贫攻坚目标完成程度、政府环保基金投入力度、高质量空气保持天数等具体指标。具体评价体系如表 4-2 所示。

表 4-2　政府社会责任的评价体系

| 一级指标 | 二级指标 | 三级指标 |
| --- | --- | --- |
| 政府社会责任 | 社会秩序 | 人均治安人员数量 |
| | | 社区关系和谐度 |
| | 社会公共事务 | 地区义务教育覆盖水平 |
| | | 地区医疗保健水平 |
| | | 基础设施完善程度 |

(续表)

| 一级指标 | 二级指标 | 三级指标 |
| --- | --- | --- |
| 政府社会责任 | 社会公平正义 | 社会公民及慈善 |
| | | 脱贫攻坚目标完成度 |
| | 公民满意度的提升 | 地区社会养老保障覆盖率 |
| | | 人民生活幸福指数 |
| | 环境治理 | 政府环保基金投入力度 |
| | | 高质量空气保持天数 |
| | 环境可持续发展 | 环境可持续发展体系 |
| 综合指数 | | 熵指数 |

（2）国家审计指标。全心全意为人民服务是党的宗旨。国家审计作为党和国家治理的重要组成部分，其本质也是为人民服务。因此，国家审计对民生问题的关注最直接的体现是对政府履行社会责任的监督。选取国家审计在安居工程、脱贫攻坚、基础设施建设等方面的审计项目数、审计查处的问题金额数和审计整改的金额数进行衡量。

（3）地区腐败程度。国家审计通过规范和治理政府行为实现目标，反腐败治理是国家审计常态化"经济体检"重点关注的方面。本卷借鉴企业外部治理方面的相关文献，一方面根据是否为反腐败治理高压地区测度地方的腐败程度（$Corruption1$），另一方面用纪委监委调查案件数除以各省（自治区、直辖市）司法案件数衡量腐败程度（$Corruption2$）。

（4）政府官员晋升动机。各省（自治区、直辖市）每五年召开一次的党代会是当地重大人事调整的重要会议。本卷借鉴已有研究文献，选取"党代会召开前两年"作为观测政府官员政治晋升激励机制的时间窗口，设置年份哑变量衡量政府官员晋升动机（$Promotion1$）。同时选取"各省省长在担任省长一职时年龄低于65周岁"[①]衡量政府官员晋升动机（$Promotion2$）。

（5）控制变量。影响政府履行社会责任的因素包括省政府财政收入水平（$Finance$）、人均GDP（$Ave\_GDP$）、固定资本投资（$Matinv$）、人力资本投资（$Huminv$）、金融发展（$Find$）、贸易开放度（$Open$）、市场化程度（$Marketi$）、创新能力（$RD$）、城镇化水平（$Urb$）等。

---

① 对直辖市市长或自治区政府主席同样适用。

4) 多元线性回归模型构建

为了验证研究假设 H1、研究假设 H2 和研究假设 H3,本卷构建多元线性回归模型(4-1)和(4-2)进行检验。多元线性回归模型(4-1)加入交乘项构成多元线性回归模型(4-2)。

$$Responsibility = \beta_0 + \beta_1 Audit + \beta_2 Control + \varepsilon \qquad (4-1)$$

$$Responsibility = \beta_0 + \beta_1 Audit + \beta_2 Audit \times Z + \beta_3 Z + \beta_4 Control + \varepsilon \qquad (4-2)$$

其中,$Responsibility$ 表示政府社会责任;$Audit$ 表示国家审计在安居工程、脱贫攻坚、基础设施建设等方面的审计项目数、审计查处的问题金额数和审计整改的金额数;$Z$ 表示地区腐败程度变量($Z_1$)或政府官员晋升动机($Z_2$);$Control$ 表示控制变量,包括年份和省级地区层面的控制变量;$\varepsilon$ 表示随机扰动项。

### 4.7.2 国家审计促进政府履行社会责任的路径检验分析

评价政府治理应考虑效率、成本、效益、提供服务的质量和公正性,以及财政稳定性和政策一致性的契合度,最终目的是最大限度地促进社会公平。公共支出是政府为了满足社会公共需求,维护经济社会和谐发展,增进社会福利水平而发生的重要支出。提升政府治理效率和公共支出效率都是国家审计促进政府履行社会责任的重要路径。

在新时代,国家审计以全方位、常态化、渗透式的"经济体检",整体推进我国的制度优势转化为国家治理效能。政府是社会责任的履行主体,国家审计通过规范和治理政府行为实现目标,提高政府治理效率和政府公共支出效率是国家审计常态化"经济体检"重点关注的方面。国家审计促进政府履行社会责任的路径主要是提高政府治理效率和政府公共支出效率,为了检验国家审计促进政府履行社会责任的路径,本卷运用中介效应模型构建多元线性回归模型(4-3)和模型(4-4)进行检验。

$$Responsibility\_channel = \beta_0 + \beta_1 Audit + \beta_2 Control + \varepsilon \qquad (4-3)$$

$$Responsibility = \beta_0 + \beta_1 Audit + \beta_2 Audit \times Responsibility\_channel \\ + \beta_3 Responsibility\_channel + \beta_4 Control + \varepsilon \qquad (4-4)$$

其中,$Responsibility\_channel$ 表示国家审计促进政府履行社会责任的路径。本卷运用世界银行全球治理指数中的政府效率测评指标的得分衡量政府治理效率和政府公共支出效率。运用随机前沿模型从教育、医疗卫生、文化、邮电通信、绿化、水电煤气、环保环卫和城市交通共八个方面测度政府公共支出效率水平。

变量 $Responsibility$ 表示政府社会责任；$Audit$ 表示国家审计在安居工程、脱贫攻坚、基础设施建设等方面的审计项目数、审计查处的问题金额数和审计整改的金额数；$Control$ 表示控制变量，包括年份和省级地区层面的控制变量；$\varepsilon$ 表示随机扰动项。我们预期多元线性回归模型(4-3)的回归系数 $\beta_1$ 显著为正，多元线性回归模型(4-4)的回归系数 $\beta_1$ 和 $\beta_2$ 同时显著为正。

本章实证研究的变量情况如表4-3所示。

表4-3　　　　　　　　　　　变量情况

| 变量名称 | 变量符号 | 变量测度 |
| --- | --- | --- |
| 政府社会责任 | $Responsibility$ | 详见表4-2 |
| 国家审计 | $AUDIT1$ | 审计项目数 |
| | $AUDIT2$ | 审计查处的问题金额数 |
| | $AUDIT3$ | 审计整改的金额数 |
| 地区腐败程度 | $Corruption1$ | 是否为反腐败治理高压地区 |
| | $Corruption2$ | 纪委监委调查案件数/各省(自治区、直辖市)司法案件数 |
| 政府官员晋升动机 | $Promotion1$ | 党代会召开前两年赋值为1，其余年份赋值为0 |
| | $Promotion2$ | 省长在各省担任省长一职时年龄低于65周岁时赋值为1，否则赋值为0 |
| 政府公共支出效率 | $Expenseeff$ | 运用随机前沿模型从教育、医疗卫生、文化、邮电通信、绿化、水电煤气、环保环卫和城市交通共八个方面测度 |
| 政府治理效率 | $Goveff$ | 世界银行全球治理指数中的政府效率 |
| 省政府财政收入 | $Finance$ | 当年财政部门披露的财政收入的自然对数 |
| 人均GDP | $Ave\_GDP$ | 地区GDP总额/常住人口数 |
| 固定资本投资 | $Matinv$ | 政府固定资本投资额/财政支出 |
| 人力资本投资 | $Huminv$ | 政府人才引进政策扶持资金额度/当年度财政收入 |
| 金融发展 | $Find$ | 地区金融机构密度 |
| 贸易开放度 | $Open$ | 地区招商引资项目数的自然对数 |
| 市场化程度 | $Marketi$ | 2020年版樊纲、王小鲁编制的市场化指数 |
| 创新能力 | $RD$ | 政府投入创新额度/当年度财政收入 |
| 城镇化水平增长率 | $Urb$ | 城镇化人口自然增长率 |

### 4.7.3 国家审计促进政府履行社会责任的异质性分析

国家审计促进政府履行社会责任的效果是否因不同情境而有所不同？不同地区文化各异、资源禀赋差异较大，对政府履行社会责任的要求也有所不同，因此，国家审计与政府社会责任履行之间的关系可能因地区差异而存在显著区别。同时，政府履行社会责任的方向、内容和强度取决于政府决策，政府决策往往在地方政府官员主导下作出。地方政府官员任期越长，政策稳定性越好，政府履行社会责任的持续性和效果越好。基于此，本部分内容试图考察地区差异、地方官员变更是否影响国家审计与政府社会责任履行之间的关系。通过构建多元线性回归模型(4-5)进行检验。

$$Responsibility = \beta_0 + \beta_1 Audit + \beta_2 Audit \times Medi + \beta_3 Medi + \beta_4 Control + \varepsilon$$

(4-5)

其中，$Medi$ 为调节变量，一方面代表地区特征，若国家审计开展政府社会责任相关审计工作的地区属于经济发达地区(如北京、上海、江苏、浙江、福建、广东、山东、天津、山东)，则赋值为1，否则为0；另一方面代表地方政府官员任职情况，若国家审计开展政府社会责任相关审计工作当年，该省(自治区、直辖市)行政长官发生变更，则赋值为1，否则为0。其余变量与前文保持一致。

## 4.8 本章小结

政府社会责任的有效履行有赖于责任政府的建设，国家审计通过开展相关审计工作，促进政府履行社会责任，在政府高效履行社会责任的过程中推动责任政府建设。本章探讨了政府社会责任的内涵、政府社会责任的主要内容及分类，在此基础上，探析了政府社会责任审计的目标、内容、方法、程序等；梳理了美国、英国和加拿大社会责任审计工作开展情况，并进行了对比分析；在明确政府社会责任审计内涵和外延的基础上，借鉴国内外审计实践经验，提出构建政府社会责任审计的监控机制，主要包括行为责任审计监控机制和报告责任审计监控机制，以促进责任政府的建设；最后，通过案例、实证研究的方式检验国家审计促进政府履行社会责任的有效性，为人们理解国家审计与政府社会责任履行之间的关系提供研究思路。

# 5 国家审计与政策措施执行

党的十八届四中全会提出要完善审计制度,对公共资金、国有资产、国有资源和领导干部履行经济责任的情况实行审计全覆盖,从依法治国的高度对审计工作作出了部署。2021年新修订的《中华人民共和国审计法》(自2022年1月1日起施行)第二十六条提出,根据经批准的审计项目计划安排,审计机关可以对被审计单位贯彻落实国家重大经济社会政策措施情况进行审计监督。党的决策和国家立法明确规定了国家审计拥有政策执行效果审计的功能,凸显出国家审计在保障政策措施有效执行,促进国家治理现代化过程中发挥着重要作用。

## 5.1 政策执行效果审计的含义

不同学者对政策执行效果审计的含义有不同的理解。秦荣生(2011)认为,经济政策执行效果审计是一个按照某一特定程序和标准,对经济政策的执行效果作出判断,发现问题,分析原因,提出改进建议的过程。王平波(2013)认为,政策执行效果审计是国家审计机关为保障政策制度得到贯彻落实,国家顺利实现政策制度的预期目标,对与政策制度实施对象相关的经济业务之全过程依法适时或实时开展的审计监督工作。张龙平和熊雪梅(2020)认为,根据最高审计机关国际组织的相关定义,国家审计的业务类型可以分为财务审计、绩效审计与合规审计,其中,绩效审计的对象包括政策、项目、组织和管理等方面,这明确了政策执行效果审计的地位,即政策执行效果审计具有绩效审计与跟踪审计的特点,并且以政策执行效果作为审计对象。我们认为,政策执行效果审计是指审计行为主体对公共经济政策执行过程、执行效果以及政策制定后评估所实施的审计行为活动,旨在通过审计分析与评估,发现政策执行的偏差与问题以及政策的制度性缺陷,提出整改措施,促进政策执行达到预期目的与效果,并最终实现政策措施的制度性完善与改进。

简而言之,政策执行效果审计是审计行为主体基于审计调查对公共经济政策执行效果所做的审计分析与审计评估,是国家审计的一种新发展。公共经济政策是政府合理利用公共经济资源,履行公共受托经济责任,在公共经济领域实现治理现代化的主要形式。国家审计是公共受托经济责任得以有效履行的重要保障。为促使公共经济政策不断完善、得到有效执行并实现预期目标,国家审计理应发挥作用。在公共经济政策执行过程中,国家审计通过发挥其作用,找出阻碍公共经济政策顺利执行的因素,确保公共经济政策的有效执行。公共经济政策实施后,国家审计将政策实施的结果与预期目标进行比较,判断其相符程度,针对所出现的问题,提出整改建议;国家审计在政府制定出公共经济政策并实施后,对政策本身的科学性、合理性、合法性以及协调性进行分析评估,提出改进建议,促进公共经济政策在制度层面上进一步完善。可以看出,政策执行效果审计是审计机关以科学评价政府出台的政策,预防或减少政策执行偏差,强化政策的贯彻落实,并对政策的实施结果进行鉴证和评价为目的,根据政策的具体发展进程适时介入,开展分析和评估的一种审计形式。

绩效审计是对公共经济资源和资金的配置管理和使用过程的经济性、效率性以及效果性等展开分析和评估的一种审计类型。政府公共经济政策的贯彻落实需要通过对公共经济资源的合理配置、管理和使用来完成。政策执行效果审计主要对政策执行过程中公共经济资源的配置、管理和使用情况(包括经济性、效率性和效果性等)进行审计分析与评价,是政府绩效审计的一种新形式。在我国,审计机关具有政治机关的性质,需要在政治上与党中央保持高度一致(董大胜,2018),这决定了国家审计具有监督党中央政策具体执行情况的职责。

## 5.2 政策执行效果审计理论基础分析

### 5.2.1 基于受托经济责任观的分析

从普遍适用的审计动因理论——受托责任理论来看,国家审计产生和发展的前提是公共受托经济责任关系的确立。制定科学合理的公共经济政策,促进公共经济政策的有效执行,并使之达到预期目标已成为现代政府公共受托经济责任的重要内容,是政府履行公共受托经济责任的重要方式。政策执行效果审计正是作为保证这种公共受托经济责任全面有效履行的一种特殊经济控制手段或机制而存在的。我们认为,公共受托经济责任理论可以合理解释政策执行效果审计产生的根本动因。制定和执行公共经济政策并保障其实施达到预期效果是政府履行公共受托经济责任的重要方式,为确保公共经济资源得到合理的配置、管理和使用,国家审计机关需要开展政策执行效果审计。

保障和促进政府全面有效履行公共受托经济责任乃现代国家审计的本质目标，政策执行效果审计在保障和促进政府全面有效履行公共受托经济责任过程中扮演着重要角色。

### 5.2.2 基于现代国家审计功能拓展需求的分析

随着社会经济环境的不断变化，公共受托经济责任的内容也在与时俱进地发展变化，推动着现代国家审计功能的不断拓展。

开展政策执行效果审计，分析评估政策执行效果已成为国家审计机关的主要工作职责与目标任务之一，而且它已几乎成为一种国际惯例和潮流。多数发达国家的审计机关都开展政策执行效果审计或类似的审计活动。美国1993年颁布了《政府绩效与结果法案》，授权GAO向国会报告对公共政策执行效果进行审计的情况。2004年，美国审计署名称由General Accounting Office改为Government Accountability Office（更强调问责），其审计开始更加强调公共受托经济责任，更加注重公共政策执行效果审计。从GAO公布的工作范围来看，其工作至少在两个方面与政策执行效果审计的内容高度相关：一是评估政府的方案和政策能否实现既定目标；二是进行政策分析并为国会提供解决方案。法国在2008年修订的宪法中进一步明确并扩大了审计法院的职权范围，包括协助议会监督政府活动、协助议会和政府监督《财政法》和《社会保障法》的实施与执行以及开展公共政策评估。2011年，法国又通过多项法令来强化审计法院在评估公共政策方面的作用和影响。加拿大审计署、澳大利亚审计署以及欧洲审计院都开展了政策执行效果审计。最高审计机关国际组织在1977年通过的《利马宣言》中也提到了审计的目的在于尽早揭示违反公认标准、原则和法令制度以及违背资源管理经济、效率和效果原则的现象，及时提出改进措施，杜绝类似现象发生。

### 5.2.3 基于国家审计服务国家治理需求的分析

公共经济政策是国家治理的重要工具。政府及其部门通过公共经济政策的制定与执行，合理配置、管理和使用公共经济资源，促进产业结构调整，实现经济社会平稳较快发展。国家审计作为国家治理的重要组成部分，服务于国家治理，其通过实施政策执行效果审计作用于公共经济政策的执行与完善，充分发挥其经济控制机制的作用，促进政府科学、合法、合理地制定政策。国家审计机关加强政策执行效果审计，确保公共经济政策这一重要的国家治理工具发挥其应有的作用，提高国家治理水平。因此，开展政策执行效果审计是国家审计服务国家治理的现实需求。

## 5.3 政策执行效果审计的目标、内容与重点

### 5.3.1 审计目标

从本质目标来看,政策执行效果审计的目标是在政策执行层面保障和促进公共受托经济责任的全面有效履行。委托人(社会公众)将公共经济资源托付于受托人(政府),受托人承担起有效利用公共经济资源并报告利用情况的责任。政府作为公共经济资源的受托人,为履行公共受托经济责任,需要制定一系列的政策措施来保证公共经济资源的合理利用。政策执行效果审计正是国家审计为了不断完善政府制定的政策措施、促进公共经济政策有效执行以实现其预期目标,最终保障和促进政府公共受托经济责任的有效履行而开展的一项审计工作。因此,从政策执行层面保障和促进公共受托经济责任的全面有效履行是政策执行效果审计的本质目标。

从具体目标来看,政策执行效果审计既不同于传统财政财务收支合规性审计,也不同于考察公共经济资源配置、管理和使用的经济性、效率性与效果性的绩效审计。政策执行效果审计以完善政策措施,促进国家政策措施有效执行并实现其预期效果为主要目标,通过分析评估公共经济政策制定的合法性、合理性,判断政策执行过程中各方对相关要求的遵循状况以及识别影响政策有效执行的因素,发现偏差与缺陷,并提出相应的整改措施,促进政策措施的完善,最终确定公共经济政策实施的效果与政策目标的相符程度。

### 5.3.2 审计内容

政策执行效果审计的主要内容包括五个方面:一是政策措施执行机制与执行过程的审计,即国家审计对政策措施执行机制与执行过程展开分析评估,主要考察执行机制的适用性、可操作性以及执行过程的有效性等。二是与政策措施执行紧密相关的公共资金和公共资源配置的审计,即国家审计考察政策措施执行所涉及的公共资金、公共资源的配置情况。三是政策性资金与资源管理有效性审计,即国家审计考察与政策措施执行相关的公共资金、公共资源的管理情况。四是政策执行结果审计,即国家审计开展政策措施执行成本效益分析,评价政策目标的实现程度,同时关注每个政策措施与其他经济领域政策措施的衔接配合情况。五是政策制定后评估,即在政策措施实施后,审计机关对政策措施本身的科学性、合理性、合法性以及协调性等进行分析评估。

### 5.3.3 审计重点

政策执行效果审计重点关注政策措施制定、执行过程中潜在的重大风险领域，识别关键风险点，及时防范、纠正出现的重大偏差。在评估分析政策措施时，政策执行效果审计重点排查政策在科学性、合法性、合理性等方面是否存问题。在政策措施执行过程中，应将政策措施的执行机制构建和影响政策措施执行行为（包括作为与不作为）作为审计重点。

2015年，审计署办公厅发布《国家重大政策措施和宏观调控部署落实情况跟踪审计实施意见（试行）》（审办财发〔2015〕30号），标志着国家重大政策措施落实情况跟踪审计拉开帷幕。审计署通过审计公告披露每一年度重大政策措施落实情况的审计结果。2015—2021年，审计署共发布重大政策措施落实跟踪审计结果公告及解读56份，如附录1所示。

2015—2020年重大政策措施落实跟踪审计详情如表5-1至表5-6所示，审计抽查的单位和涉及单位项目的数量逐年增加，审查的重点范围也在逐渐扩大，涉及金额逐年增加，表明重大政策措施落实跟踪审计的执行力度、审计全覆盖的广度和审计深度逐步完善，有效服务于宏观经济高质量发展。

表5-1　　　　　　　2015年重大政策措施落实跟踪审计详情统计表

| 类别 | 6月① | 7月 | 8月 | 9月 | 10月 | 11月 | 12月 |
|---|---|---|---|---|---|---|---|
| 审计侧重 | 水利、交通、棚户区改造等重大基础设施审批建设情况，财政资金盘活和使用情况，"一带一路"倡议推进落实情况，以及政策落实中相关法规、制度障碍等方面的情况 | 财政存量资金及闲置土地盘活、重大工程项目推进、中小企业融资政策落实及简政放权等方面的情况 | 保障性安居工程、精准扶贫、养老服务业的民生政策和大众创业、万众创新政策的落实情况，以及重大建设项目推进、中央部门财政存量资金等情况 | 落实稳增长、促改革、调结构、惠民生、防风险政策措施情况，存量资金盘活、民生政策执行等方面的情况 | 重大项目建设、生态环境保护及治理项目推进、简政放权等政策落实、部分资金管理等情况 | 铁路、水利、保障性安居工程等重大项目推进，简政放权、重大政策落实以及部分资金管理等情况 | 民生、环保、交通等领域项目推进及简政放权、创业创新等政策措施落实情况 |

（续表）

| 类别 | 6月① | 7月 | 8月 | 9月 | 10月 | 11月 | 12月 |
|---|---|---|---|---|---|---|---|
| 涉及地区、单位 | 29个省（自治区、直辖市）、29个中央部门、7个中央企业 | | | 31个省（自治区、直辖市）、29个中央部门、7个中央企业 | | | |
| 抽查单位（个） | 362 | 451 | 498 | 758 | 615 | — | 5 286（累计） |
| 涉及项目（个） | 258 | 229 | 815 | 595 | 492 | 516 | 5 510（累计） |
| 涉及金额（亿元） | 7 149.06 | 981.83 | 7 080.14 | 1 011.7 | 1 131.55 | 中央资金 553.3 | — |

① 根据审计署官网发布的2015年重大政策措施落实跟踪审计结果相关公告整理所得，该类公告自2015年6月开始发布。

表5-2　　2016年重大政策措施落实跟踪审计详情统计表

| 类别 | 第一季度 | 第二季度 | 第三季度 | 第四季度 |
|---|---|---|---|---|
| 审计侧重 | 国家重大政策措施贯彻落实，推动深化"放管服"改革，保障经济平稳健康发展，促进经济结构转型升级，围绕推进供给侧结构性改革和"三去一降一补"（去产能、去库存、去杠杆、降成本、补短板）五大任务落实 | 财政资金统筹使用、扶贫任务落实、"放管服"改革、重大项目建设以及"营改增"试点推进等情况 | 推进供给侧结构性改革和"三去一降一补"（去产能、去库存、去杠杆、降成本、补短板）五大任务落实 | 国家重大政策措施贯彻落实，推动深化"放管服"改革，保障经济平稳健康发展，促进经济结构转型升级，围绕推进供给侧结构性改革 |
| 涉及地区、单位 | 31个省（自治区、直辖市）、29个中央部门、7个中央企业 | | | |
| 抽查单位（个） | 829 | 1 077 | 886 | 3 863（累计） |
| 涉及项目（个） | 1 796 | 1 633 | 1 142 | 4 491（累计） |
| 涉及金额（亿元） | — | 中央资金 2 036.54 | 3 423.58 | — |

资料来源：根据审计署官网发布的2016年重大政策措施落实跟踪审计结果相关公告整理所得。

表 5-3　　2017 年重大政策措施落实跟踪审计详情统计表

| 类别 | 第一季度 | 第二季度 | 第三季度 | 第四季度 |
|---|---|---|---|---|
| 审计侧重 | 脱贫攻坚工作推进、"三去一降一补"（去产能、去库存、去杠杆、降成本、补短板）五大任务落实、"放管服"改革深化等方面的政策落实情况 | 脱贫攻坚工作推进、"三去一降一补"（去产能、去库存、去杠杆、降成本、补短板）五大任务落实、"放管服"改革深化、推动"一带一路"建设等方面的政策落实情况 | 防范化解重大风险、精准脱贫、污染防治"三大攻坚战"的政策落实情况，"三去一降一补"（去产能、去库存、去杠杆、降成本、补短板）五大任务落实、"放管服"改革深化等方面的内容 | 统筹推进稳增长、促改革、调结构、惠民生、防风险各项工作，聚焦防范化解重大风险、精准脱贫、污染防治"三大攻坚战"相关政策落实情况，以资金、项目政策和重大改革任务推进情况为重点，持续关注"三去一降一补"（去产能、去库存、去杠杆、降成本、补短板）五大任务落实、"放管服"改革深化等方面情况 |
| 涉及地区、单位 | 31 个省（自治区、直辖市）、29 个中央部门、10 个中央企业 | | 31 个省（自治区、直辖市）、30 个中央部门、10 个中央企业 | |
| 抽查单位（个） | 1 172 | 953 | 1 343 | 1 952 |
| 涉及项目（个） | 2 322 | 1 203 | 1 914 | 3 813 |
| 涉及金额（亿元） | 2 378.12 | 2 890.63 | 4 421.59 | 4 916.51 |

资料来源：根据审计署官网发布的 2017 年重大政策措施落实跟踪审计结果相关公告整理所得。

表 5-4　　2018 年重大政策措施落实跟踪审计详情统计表

| 类别 | 第一季度 | 第二季度 | 第三季度 | 第四季度 |
|---|---|---|---|---|
| 审计侧重 | 聚焦防范化解重大风险、精准脱贫、污染防治"三大攻坚战"相关政策措施落实情况，持续关注"三去一降一补"（去产能、去库存、去杠杆、降成本、补短板）五大任务落实、"放管服"改革深化、重大项目建设推进等方面情况 | "十三五"规划重大工程项目建设，防范化解重大风险、精准脱贫、污染防治"三大攻坚战"推进，"一带一路"倡议落实，"放管服"改革深化等方面情况 | 聚焦防范化解重大风险、精准脱贫、污染防治"三大攻坚战"推进、减税降费政策落实、"放管服"改革深化、重大工程项目建设等情况 | 推动经济高质量发展和供给侧结构性改革，聚焦减税降费政策实施，防范化解重大风险、精准脱贫、污染防治"三大攻坚战"推进以及稳就业、稳金融、稳外贸、稳外资、稳投资、稳预期等政策贯彻落实 |

(续表)

| 类别 | 第一季度 | 第二季度 | 第三季度 | 第四季度 |
| --- | --- | --- | --- | --- |
| 涉及地区、单位 | 31个省（自治区、直辖市）、新疆生产建设兵团、41个中央部门、10个中央企业 | 31个省（自治区、直辖市）、新疆生产建设兵团、37个中央部门、10个中央企业 | 31个省（自治区、直辖市）、新疆生产建设兵团、38个中央部门、10个中央企业 | |
| 抽查单位（个） | 1 907 | 1 540 | 1 510 | 1 627 |
| 涉及项目（个） | 2 178 | 2 439 | 3 018 | 3 086 |
| 涉及金额（亿元） | 3 493.46 | 4 187.45 | 4 185.69 | 4 987.03 |

资料来源：根据审计署官网发布的2018年重大政策措施落实跟踪审计结果相关公告整理所得。

表5-5　　　　　　　2019年重大政策落实跟踪审计详情统计表

| 类别 | 第一季度 | 第二季度 | 第三季度 | 第四季度 |
| --- | --- | --- | --- | --- |
| 审计侧重 | 推动经济高质量发展和供给侧结构性改革，减税降费，防范化解重大风险，精准脱贫，污染防治"三大攻坚战"推进，以及稳就业、稳金融、稳外贸、稳外资、稳投资、稳预期等政策落实情况 | | 推动经济高质量发展和供给侧结构性改革，减税降费，防范化解重大风险，精准脱贫，污染防治"三大攻坚战"推进，乡村振兴战略，稳就业、稳金融、稳外贸、稳外资、稳投资、稳预期等重大政策落实情况 | |
| 涉及地区、单位 | 31个省（自治区、直辖市）、新疆生产建设兵团、35个中央部门、15家中央金融机构、10个中央企业 | 31个省（自治区、直辖市）、新疆生产建设兵团、35个中央部门、15家中央金融机构、36个中央企业 | 31个省（自治区、直辖市）、新疆生产建设兵团、35个中央部门、15家金融机构、35个中央企业 | 31个省（自治区、直辖市）、新疆生产建设兵团、35个中央部门、15家金融机构、41个中央企业 |
| 抽查单位（个） | 1 728 | 3 390 | 3 249 | 1 621 |
| 涉及项目（个） | 3 643 | 4 448 | 2 762 | 2 742 |
| 涉及金额（亿元） | 4 449.15 | 6 880.59 | 5 700.09 | 4 389.5 |

资料来源：根据审计署官网发布的2019年重大政策措施落实跟踪审计结果相关公告整理所得。

表 5-6　　　　　　　　2020 年重大政策落实跟踪审计详情统计表

| 类别 | 第一季度 | 第二季度 | 第三季度 | 第四季度 |
| --- | --- | --- | --- | --- |
| 审计侧重 | 减税降费、清理拖欠民营企业中小企业账款、政府过"紧日子"、基层"三保"(保基本民生、保工资、保运转)、深化"放管服"改革、脱贫攻坚、乡村振兴、污染防治等方面政策落实情况 | 减税降费、清理拖欠民营企业中小企业账款、深化"放管服"改革、乡村振兴、财政资金提质增效等方面政策落实情况 | 清理拖欠民营企业中小企业账款、减税降费、清理规范行业协会收费、乡村振兴等方面政策落实情况 | 创新直达实体经济的货币政策工具、下达城乡义务教育补助经费等方面政策落实情况 |
| 涉及地区、单位 | 31 个省(自治区、直辖市)、新疆生产建设兵团、35 个中央部门、15 家金融机构、51 个中央企业 | 31 个省(自治区、直辖市)、新疆生产建设兵团、12 个中央部门、15 家金融机构 | 31 个省(自治区、直辖市)、新疆生产建设兵团、30 个中央部门、7 家金融机构 | 31 个省(自治区、直辖市)、新疆生产建设兵团、5 个中央部门、85 个中央企业 |
| 抽查单位(个) | 1 853 | 1 140 | 980 | 645 |
| 涉及项目(个) | 2 319 | 2 800 | 2 505 | — |
| 涉及金额(亿元) | 4 934.7 | 3 317.99 | 1 585.2 | 128 879 |

资料来源:根据审计署官网发布的 2020 年重大政策措施落实跟踪审计结果相关公告整理所得。

## 5.4　政策执行效果审计评价

从政策制定、执行的一般过程来看,政策执行效果审计可以从政策执行过程、政策实施结果以及政策制定的后评估(即关注政策本身)等 3 个方面展开分析评价,如表 5-7 所示。

表 5-7　　　　　　　　　政策执行效果审计评价表

| 评价对象 | 评价内容 |
| --- | --- |
| 政策执行过程 | 执行机制,包括适用性与可操作性;执行过程,包括真实性与完整性、一致性与公平性等 |

(续表)

| 评价对象 | 评价内容 |
| --- | --- |
| 政策实施结果 | 经济性、效率性、效果性(包括经济效益、社会效益和政治效益)、风险性与安全性、可持续性、相关性与协调性 |
| 政策制定的后评估 | 即评估政策本身的科学性、合理性、合法性以及协调性等 |

### 5.4.1 政策执行过程的评价

政策执行过程中可能出现政策无法得到执行、政策执行不到位、不正确执行政策以及政策执行不畅等情况，主要涉及政策执行机制和政策执行过程两个方面。因此，对政策执行过程的评价主要是对政策执行机制和执行过程的分析评估。在政策执行机制的分析评估方面，政策执行效果审计主要评价政策执行机制的适用性和可操作性。适用性是指政策实施方案既要与政策初衷保持一致，又要与实施政策的具体环境相适应；可操作性即政策的具体实施方案应当便于操作，有利于政策的顺利执行。政策执行效果审计重点关注政府在政策执行过程中所搜集的信息和资料的真实性与完整性，同时注重政策执行的一致性与公平性，即评估政策是否得到一贯执行并兼顾社会公平。

### 5.4.2 政策实施结果的评价

作为政府绩效审计的一种新形式，政策执行效果审计理应对政策实施结果的经济性、效率性和效果性进行分析评估。具体而言，重点关注政策实施的效果，即政策实施结果与预期目标的相符程度，兼顾政策实施的经济性和效率性；特别关注政策推行给当地发展带来的经济效益、政策执行对当地环境质量和人民生活水平产生的社会效益，以及当地实现政策执行人员团队建设与政策目标的政治效益。就政治效益而言，评估政策执行人员团队建设情况时应从党员队伍建设与团队纪律的角度分析；评估政策目标应关注政策与国家战略、国情变化的适应性，以及是否有利于传达国家治理理念。同时，政策执行效果审计通过分析评估，揭示政策执行过程中存在的风险隐患、政策执行的可持续性以及各项政策之间的相关性与协调性。

### 5.4.3 政策制定的后评估

政策制定的后评估是指审计机关在政策制定完成并得以实施后，对政策本身的科学性、合理性、合法性以及其与其他政策之间的协调性等进行分析评估。科学性即公共经济政策的内容必须符合客观事物的发展规律，公共经济政策只有具备科学理性才有可能得到顺利执行并取得预期效果。合理性是指每一项公共经济政策的出台都必须以适应当时的经济形势为前提,尽可能地规避或减少阻碍政策有效执行的各种因素,促进经济的健康稳定发展。同时,公共经济政策还应具有一定的弹性,以便执行者根据经济形势的发展进行动态适时调整。合法性是指公共经济政策的制定程序、内容和执行程序符合法律规定。协调性是指同一领域公共经济政策应保持连贯性和持续性,并与其他领域的公共经济政策相协调,产生协同效应。政策执行效果审计能够揭示政策制定后出现的各类问题,有助于促进国家审计更好地实现审计监督全覆盖,促进国家机关实现治理效率和治理能力现代化。

## 5.5　政策执行效果审计的审计流程

政策执行效果审计与一般的审计有所不同,两者的审计流程也存在一定的差异。从政策制定、执行的过程来看,政策执行效果审计的流程主要包括:收集政策执行情况报告;确认政策目标与意图;了解政策执行机制与执行过程;测试、评价政策执行过程;形成政策执行评价报告[①];识别政策执行重大风险,确定政策执行审计重点;实施审计调查,收集审计证据;形成审计判断(提出政策执行效果审计评价意见,得出审计结论);编制审计报告(提出审计意见);促进政策整改的落实与完善。图 5-1 列示了政策执行效果审计的流程。

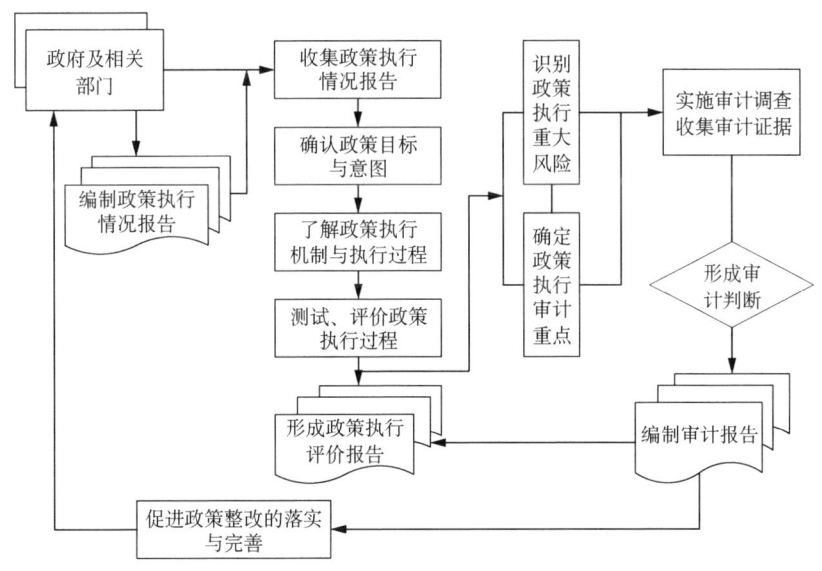

**图 5-1　政策执行效果审计的流程**

---

①　在测试、评价政策执行过程中,审计机关会初步形成政策执行评价报告;在编制审计报告后,审计机关会形成确定的政策执行评估报告。

### 5.5.1 收集政策执行情况报告

基于受托经济责任观,编制行为责任履行报告用以解释说明公共受托经济资源经管状况是受托人履行公共受托经济责任的一个重要组成部分。因此,政府及相关部门作为政策制定和执行的主体负有编制政策执行情况报告的责任。

政策执行情况报告不仅可以全面反映政策执行过程中公共资金、公共资源的配置、管理以及使用情况,同时也为开展政策执行效果审计提供了直接的信息载体。开展政策执行效果审计的第一步需要收集政府及相关部门所编制的政策执行情况报告。

### 5.5.2 确认政策目标与意图

政策目标与意图,就是政策规划主体希望政策所要达到的最终效果。确认政策目标与意图是进行政策规划的起点。它不仅是政策设计和政策择优的基础,也为政策执行和评估提供了标准。政策目标与意图来源于现实问题,现实问题产生之后,政策规划人员运用各种研究方法对问题性质、特点和范围作出全面的分析,找出产生问题的原因,并采取一定的形式把问题的症结表达出来。政策对于政策目标与意图的确认发挥着根本性的作用。政策目标与意图就是为了消除产生问题的根本原因。

### 5.5.3 了解政策执行机制与执行过程

公共经济政策的制定和实施是国家治理的重要方式,公共经济政策要顺利执行并取得预期效果,需要一套与之相适应的科学合理的执行机制,至少应该包括反馈机制、保障机制、问责机制、纠偏机制以及监控机制等五个方面。国家审计机关作为一个相对独立的第三方,在进行政策执行效果审计时应该对保障政策措施有效实施的执行机制与执行过程进行充分的了解。

了解政策执行机制,具体来看,一是了解反馈机制是否合理,即能否将政策执行过程中的相关信息、资料及时地传递给政府决策层;二是了解保障机制的完善程度,即能否为政策措施的有效执行提供必要的条件;三是了解问责机制是否科学,即责任追究制度能否落到实处,能否提升政策措施执行的刚性;四是了解纠偏机制的有效性,即针对政策措施执行过程中出现公共资金、公共资源的配置、管理和使用存在不合理的现象时能否及时予以纠正;五是了解监控机制是否有效,即监控机制能否保障上述各种机制有效运行。

了解政策执行过程,要弄清楚政策措施的制定主体和执行主体。在我国,政府处于公共经济权力的中心,政府既是公共经济政策的制定者,也主导公共经济政策的执行。但从公共受托经济责任观来看,政府是一个庞大的公共受托经济责任组织载体,政府各部门之间职责分配差异较大,要清楚地了解政策执行过程,必须先弄清楚政策措施具体的制定主体和执行主体。

了解政策措施的覆盖面,包括政策适用和惠及群体,如政策措施所针对的特定行业、地区以及人群等。国家的政策是一个综合体系,涉及经济社会发展的不同领域,在每一领域又有多层次的具体政策。因此,需要理解某一特定政策措施的覆盖面。了解政策措施的具体实施方案,熟悉政策执行过程中的各个重要环节。了解政策措施的预期目标,为后期分析与评估执行效果做准备。

### 5.5.4 测试、评价政策执行过程

测试、评价政策执行过程是政策动态运行的重要环节。一项政策从产生到终止,必然要经过评估阶段,没有测试评价结果,必然缺少政策修正或终止的实践依据。在政策动态运行过程中,政策测试、评价关乎政策执行和政策修正或政策终止,从而成为政策动态运行的重要环节。政策测试、评价是检验政策执行效果的必要手段。问题的认定、政策规划、政策的合法化、政策执行、政策评估、政策终止等环节缺一不可,构成政策动态运行的整体过程。

### 5.5.5 识别政策执行重大风险,确定政策执行审计重点

政策执行效果审计旨在保障公共经济政策得到有效执行,其立足点应当定位于评估政策执行的经济性、效率性以及效果性等。因此,在政策执行过程中,应当将执行的经济性、效率性或效果性存在重大不确定性的环节视为政策执行的重大风险领域,确定为审计重点。审计重点的确定可以帮助审计人员制订具体审计计划、分派审计资源等。

### 5.5.6 实施审计调查,收集审计证据

进入基本审计程序后,对政策执行情况展开审计调查,对所确定的重大风险领域、重要的政策执行环节等进行更严格的审计测试,收集、整理审计资料,形成审计证据,确认政策执行过程中存在的各种问题。同时,根据审计工作实际情况确定是否需要追加审计投入和审计程序。

### 5.5.7 形成审计判断

在分析审计证据的基础上,审计人员会形成大体的审计判断。

### 5.5.8 编制审计报告

审计人员通过分析评估政策执行过程的经济性、效率性,比较政策实施结果的效果性即实施结果与预期目标的相符程度以及评价政策措施在执行过程中与其他经济政策之间的协调性,形成政策执行效果审计的评价意见,得出审计结论。在此基础上,形成书面的审计报告。

### 5.5.9 促进政策整改的落实与完善

审计人员根据审计结论,提出改进建议,促进政策措施的进一步完善。一般情

况下,审计机关根据政策执行效果审计的审计结论,对政策措施的完善程度、合理性、科学性以及协调性提出相应的改进建议,进一步促进政策措施的完善。

## 5.6 国家审计促进政策措施有效执行的案例分析

### 5.6.1 案例一

当国家遭遇巨大灾难或面临严重困难时,政府一般会及时启动应急管理,在保障民生安全、灾后重建等方面出台一系列举措,确保国家、人民顺利渡过难关。在国家应对自然灾害、突发事件的过程中保障国家相关政策得到有效执行、充分发挥作用,是国家审计的重要作用之一。重大灾难的救援、灾后修复与重建,需要一段时期,往往长达数年甚至十数年,政策执行过程延续时间较长,执行效果也需要较长时间才能得以显现。因此,政策执行效果审计对审计机关提出了更高要求,国家审计工作面临更大困难。我们以审计机关在汶川地震灾后重建中所实施的政策执行效果审计为案例,分析国家审计在推动政策执行等方面的重要作用,分析存在的不足,并提出相应改进建议。

1. 背景介绍

2008 年 5 月 12 日,四川汶川县发生 8.0 级地震,其破坏性强、波及范围广,广大民众人身和财产安全受到严重威胁。地震发生后,党中央、国务院及时部署抗震救灾工作,采取了一系列救助措施,竭力挽回生命、减少损失。同年 9 月,国务院发布《国务院关于印发汶川地震灾后恢复重建总体规划的通知》,主要内容是:未来 3 年,投资 1 万亿元用于灾后重建工作,使广大灾区基本生活条件和经济社会发展水平达到或超过震前水平。为保障国家灾后重建相关政策措施有效落地,审计署开展了政策执行效果审计。

2. 政策执行效果审计基本情况

1) 政策执行效果审计的目的

从本质目标看,此次政策执行效果审计的目的是保障和巩固政府与人民之间的公共受托经济责任关系,即审计机关对政府责任履行情况进行鉴证、评判,确保相关责任得以有效履行。从直接目标看,审计机关通过鉴证政府对政策的落实情况,发现并揭示灾后重建政策执行过程中物资利用方面存在的问题,识别政策执行过程中存在的薄弱环节或漏洞、违法违纪行为等,提出纠偏意见建议,保障政策的执行取得预期效果。

2) 政策执行效果审计的主要内容

政策鉴证。针对灾后重建相关优惠、扶持政策,审计机关考察政策的制定是否符合相关规定,包括鉴证政策制定提请流程、决议流程、审批流程等要素是否齐全,流程是否符合既定要求。考察政策起草、决议、发布、执行的时间期限,判断是否存在低效无效环节影响抗震救灾政策执行的及时性。分析评价政策的科学性、合理性以及针对性等。例如,政策是否充分考虑潜在影响因素;是否综合平衡短期、中期、长期效果,局部利益与整体利益的关系;是否能够充分调动社会各界力量,支持抗震救灾工作。

监控抗震救灾资金流向。审计机关以抗震救灾资金的筹集、保管、分配和使用为线索,对资金的管理、使用进行监控,并在此基础上评价抗震救灾政策执行情况。考察资金保管是否符合规定,是否由银行专项账户进行管理,是否存在被挪作他用的风险;考察资金使用是否合规,专项资金使用的申请、审批流程是否与既定要求一致,专项资金用途(理由)是否合理,支用额度(进度)是否明显大于实际需求,以及是否存在账外账(小金库)的情形等;考察专项资金使用效率,监测专项资金是否得到有效利用,是否存在闲置资金等。

监测救灾项目建设情况。审计机关考察赈灾项目规划是否合理,是否综合考虑了项目建成后的短期、中期、长期影响,招投标程序是否与现行相关规定相符;项目进度是否与预期一致,能否满足抗震救灾基本需求;项目开展过程中面临的困难是否得到有效解决,是否对项目进度和项目利用造成不利影响;分析项目开展过程中资金是否得到高效利用,资金能否保障项目完成进度和项目质量等。

在本次抗震救灾中,政策执行效果审计的主要工作内容如表 5-8 所示。

表 5-8 　　　　　　2008 年汶川地震抗震救灾政策执行效果审计内容

| 时间 | 主要内容 | 具体内容 |
| --- | --- | --- |
| 2008 年 5 月 | 抗震救灾资金的保管、使用情况 | (1) 查处滞拨、滞留救灾资金和物资等影响灾民生活和灾后重建的问题,保证救灾资金和物资及时、足额下拨。<br>(2) 救灾资金、物资分配是否体现了公平、公开、公正原则,分配过程中是否存在分配者主观意愿影响较大、厚此薄彼、随意分配的情形。<br>(3) 救灾资金、物资是否专款专用,是否落实到位,是否存在挤占、挪用、贪污、私分、克扣等问题。<br>(4) 救灾物资管理是否规范,采购、保管、支用等是否符合相关规定,管理过程中是否存在浪费、弄虚作假等问题。<br>(5) 社会捐赠管理是否有效,社会捐赠渠道是否畅通,流程是否简洁,捐赠物资使用是否高效,是否存在隐瞒、截留、挪用捐赠资金和倒卖捐赠物资等问题 |

(续表)

| 时间 | 主要内容 | 具体内容 |
| --- | --- | --- |
| 2008年9月 | 灾后重建物资及资金利用情况 | (1) 恢复重建所需物资和资金的筹集、分配、管理、使用情况。在物资和资金筹集方面,物资和资金的筹集渠道是否通畅,是否存在明显违背捐赠者意愿的物资和资金支出安排。在物质和资金分配方面,作出资金分配安排前是否提前进行公告,是否做到公开透明。在物资和资金管理方面,重建所需专项资金的管理是否符合国家专项资金管理有关规定,其管理制度,包括拨付、使用等管理环节的相关制度是否健全。在物资和资金使用方面,物资和资金是否按照规定的渠道进行拨付,是否通过专用银行账户进行管理,专项管理制度是否得到全面有效执行;在实际使用过程中,是否存在挤占、滞留、截留专用资金或将专用资金挪作他用等违法违规行为。<br>(2) 灾后恢复重建政策实施情况。国家出台的援助政策,如经济政策与非经济政策的实施情况。其中,经济政策包括金融、土地、税收等方面的经济政策,结合当地资源禀赋出台的产业政策等;非经济政策包括各地党政机关、事业单位牵头发起的对口支援政策,海内外人士发起的社会募集政策,高危地区人员转移安置政策。各项经济与非经济政策的落地效果情况,灾区各级人民政府、行业主管部门的灾后重建投入情况、实施效果等 |
| 2008年9月 | 灾后重建物资及资金利用情况 | (3) 灾后恢复重建规划落实情况。审计机关按照《汶川地震灾后恢复重建总体规划》中的总体方向、主要原则、重点重建内容、时间进度要求等,一是审计重建工作是否围绕受灾群众基本生活物资需求展开,包括是否体现了以人为本的理念,是否有利于改善灾区基础设施,是否有利于提高受灾群众基本生活水平;是否体现了人与自然协调发展的理念,设计是否科学合理,是否在尊重科学、尊重自然的基础上,统筹协调自然资源承载力与灾后重建需求;是否体现长短期相结合的发展理念,灾后重建工作是否统筹兼顾,既考虑灾区人民当下的物质生活需求如交通、通信、能源以及供水等,也重视灾区经济社会的长远发展,如重点发展农业,同时兼顾灾区工业发展,努力推动并实现灾区城镇化。<br>(4) 恢复重建工程质量情况。基础设施建设是灾后重建工作的重中之重,涉及房屋、交通、通信、电力、学校、医院、商业等多个方面,其建设质量是灾区人民生活的重要保障,也是审计机关重点关注对象。在勘察设计方面,审计机关重点关注勘察设计程序是否合理,是否符合灾区建设相关规范。在建设管理方面,审计机关重点关注施工组织是否有序进行,施工进度是否与预期一致,工程质量监理是否同步进行;设备采购制度是否健全,流程是否合规,材料质量是否满足建设要求;工程质量验收是否严格执行,工程质量是否达到既定要求,是否满足灾区人民基本需求,是否与灾区资源禀赋协调一致 |

3) 政策执行效果审计投入及对象

按照党中央、国务院的要求,2008年以来,审计署组织4个驻地方特派办、3个受灾省和20个对口支援地方的审计机关,先后投入1.17万名审计人员,以"促进灾后恢复重建顺利进行、保障灾后恢复重建不出重大问题"为目标,集中力量对汶川地震灾后恢复重建实施全过程审计。审计机关对投资7 678亿元的共计2.79万个重建项目进行重点审计(包括1.73万个完工项目)。

3. 政策执行效果审计结果

1) 审计发现的问题

抗震救灾时间跨度长、覆盖范围广,对审计机关在审计人员调配、专业技能等方面均提出了更高的要求,增加了政策执行效果审计的难度和效果。从审计署公布的汶川地震救灾审计情况来看,政策执行效果审计取得了一些成效,具体如表5-9所示。

根据审计结果公告和审计署有关部门负责人就汶川地震灾后恢复重建审计情况答记者问的内容来看,此次政策执行效果审计,主要揭示了以下几个方面的问题。

一是重建规划和政策执行方面存在的问题。审计机关在政策执行效果审计过程中发现,部分项目规划与落实存在错位,项目规划未能有效结合实际情况,导致项目落地难度加大。项目规划局限于短期,对中长期的预判不足,导致项目设计、应用在后续一段时间内较难适应、满足实际需要;建设进展不均衡,部分建设项目前期论证存在不足,未充分预计潜在的不确定因素,导致一些重建项目按期完成任务存在困难。金融支持政策不够完善,如城乡居民住房补助、产业重建贷款贴息等政策不够完善,政策落地效果不理想。同时,统一数据统计规则难度较大,导致数据收集、整理的准确度不够,难以充分有效评估政策执行效果。

二是建设资金管理使用方面存在的问题。审计机关通过政策执行效果审计发现,抗震救灾资金筹集不到位,资金筹集渠道不通畅;资金分配不合理,资金使用的针对性不强;资金拨付不及时,存在截留资金现象;资金使用安排不合规,资金被挪作他用;资金管理不规范,未进行统一管理等。

三是项目建设管理方面存在的问题。政策执行效果审计重点考察了项目审批程序(可行性论证)、项目设计、投资控制、工程招投标、材料采购、成本管控、工程质量管理(监理)的各个环节。结果发现,一些项目建设基本程序不合规,项目审批因时间原因存在疏漏;项目管理流程不健全,项目建设流程不规范;投资控制不严格,资金投放管控与预期不符;招投标不合规,招投标环节透明度较低;建设管理不严

表5-9  2008—2012年汶川地震灾后重建政策执行效果审计内容

| 公告时间 | 审计结果公告号 | 审计人员与审计组 | 重点审计项目总数量 | 重点恢复重建项目 | 审计学校项目数量 | 审计居民住房项目数量 | 其他 | 审计发现的问题 |
|---|---|---|---|---|---|---|---|---|
| 2009.09.14 | 第1号公告 | (2009年1月至5月)4 502名审计人员,1 233个审计组 | 76个 | | 4个 | 10个 | 交通项目21个,电力和电网项目20个,水利项目7个,通信项目5个,重点产业项目6个,其他项目3个 | 46个项目不同程度地存在管理不规范、工作不到位的问题 |
| 2010.01.27 | 第2号公告 | (2009年6月至11月)4 549名审计人员,1 289个审计组 | 847个 | 72个 | 753个 | 22个 | | 在72个重点项目和753所学校恢复重建工程中,共有478个项目存在问题 |
| 2010.07.30 | 第3号公告 | (2009年12月至2010年5月)4 371名审计人员,1 343个审计组 | 107个 | | | | | 107个项目不同程度地存在管理不合规、未按规定执行,相关人员工作不到位的问题 |
| 2011.06.17 | 第4号公告 | (2010年6月至11月)6 737名审计人员,2 360个审计组 | 1 404个 | | | | | 36个项目,16个施工单位和11个监理单位不同程度地存在管理不合规的问题 |
| 2012.04.20 | 第5号公告 | (自2008年9月起)11 648名审计人员 | 13 635个(其中,939个由审计署直接审计) | | | | | 在939个施工单位中,63个项目,26个施工单位,4个勘察设计单位,8个监理单位不同程度地存在管理不合规、勘察设计不到位的问题 |
| 2012.04.20 | 第6号公告 | (2008年5月12日至2011年9月底)1 980名审计人员,643个审计组[1] | 审计重点抽查了78.96亿元"特殊党费"援建的17 761个灾后恢复重建项目 | | | | | 存在重大违法违纪和工程质量问题以及个别不够规范的问题 |

[1] 未查询到具体时间。

格,建设资料不完整;工程质量管理水平不及预期等。

四是土地利用和生态环境修复方面存在的问题。土地资源、环境资源是国家经济社会发展中的重要稀缺资源,在抗震救灾中扮演着重要角色。政策执行效果审计对土地、环境资源的使用和维护进行监督评价,包括土地征用审批程序、土地使用管理、环境保护和生态修复项目重建情况等。结果发现,在抗震救灾过程中,存在土地征用手续不规范、土地使用管理不严格、地质灾害治理和生态修复不及时等问题。

2) 本次政策执行效果审计工作中存在的不足

在此次抗震救灾中,审计机关开展政策执行效果审计,揭示了政策执行过程中存在的问题和不足,有力保障当地对救灾物资、资金的高效利用,但从整体来看,还存在以下几方面的不足。

一是政策执行效果审计的体系还没有完全确立。政策执行效果审计是基于国家治理需要应运而生的,尚处起步阶段。在体制机制方面,缺乏专门的政策执行效果审计规范、审计指南,审计人员在执行审计过程中,缺乏重要支持依据,无法将政策执行效果审计与预算审计、绩效审计等有效区分,不利于政策执行效果审计的开展。审计人员经验较少,在对被审计对象实施监督、评价、控制过程中,审计评判尺度与政策、项目验收标准存在一定差异,其合理性尚待验证。

二是审计人员的专业性面临较大挑战。政策执行效果审计是对政策执行情况进行监督、评价,不同领域的政策千差万别,对审计机关和审计人员形成较大挑战。同时,审计项目较多与审计人员不足的矛盾较大,问题较为突出,审计人员充实专业技能的时间相对有限,需进一步借助其他工具和社会审计等中介机构充实力量,或者创造新的审计方法,缓解政策执行效果审计面临的困境。

三是审计资源不足问题突出。与常规审计业务相比,政策执行效果审计贯穿项目发展的全过程,审计周期长、检查内容多,需要大量的人力、财力支撑。以本次抗震救灾为例,政策执行效果审计要对灾后重建过程的各个建设项目进行全方位的记录、追踪,对事前、事中、事后各个阶段的各类信息进行分析整合,需要处理的数据量巨大,内容极其复杂,因此,审计资源显得严重不足,审计机关需要对审计的投入产出效果进行充分论证、评估,并提出合适的解决方案。

3) 改进政策执行效果审计的主要对策

第一,建立健全政策执行效果审计制度规范。国家应出台并完善政策执行效果审计制度规范、指导意见,进一步明确政策执行效果审计的目标、范围、对象、程序、方法等。同时,国家应建立政策执行效果审计质量控制体系,提高政策执行效果审计的可操作性,推动政策执行效果审计工作程序化、规范化、制度化。

第二,改进政策执行效果审计的方式方法。审计机关可以将政策执行效果审计纳入日常审计工作管理,统筹各项审计资源,科学调配审计力量,充分满足政策执行效果审计工作需要。审计机关可以借助信息化工具,充分利用计算机、互联网技术,借助信息系统、仪器设备(如 GPS、全站仪)等,提高数据获取能力,保障审计数据的可得性,提高审计效率。

第三,持续更新审计人员知识结构。政策执行效果审计的审计对象、内容覆盖面较广,审计机关在开展政策执行效果审计时,除配备相关专业人才,还应要求项目负责人、主要业务骨干人员需充分了解相关领域的政策、规定,不断更新知识结构,提高对不同领域的认知水平、专业能力等,保障政策执行效果审计工作得以顺利开展。

第四,强化审计结果应用。有针对性地提出改进建议,发现并揭示政策制定、执行中存在的问题,并提出相应的改进建议,是政策执行效果审计的基本职责。审计人员客观公正地评价政策执行情况,得出审计结论,并根据审计结果有针对性地提出改进建议,这是审计人员通过审计监控的方式使政策制定更加科学合理、政策执行更加高效、政策效果更加显著。另外,审计机关可以通过发布审计结果公告,借助外部力量强化审计结果应用。通过合理安排审计结果公告时机、拓宽审计结果公告途径,审计机关在合法合规的情形下,扩充审计结果公告内容,让社会公众充分理解审计结果,监督被审计单位科学制定政策、强化政策执行,从而提高政策执行的效率和水平。

通过本案例我们可以看出,政策执行效果审计在推动政策执行、优化资源配置方面发挥着重要作用。随着政策执行效果审计机制的不断完善,政策执行效果审计目标更明晰、审计对象更明确、审计内容更聚焦、审计模式更完善、审计人员更专业,政策执行效果审计势必会在国家治理中发挥愈发重要的作用。

### 5.6.2 案例二

**1. 背景介绍**

按照四川省委、省政府关于"8·8"九寨沟地震灾后恢复重建的工作部署,2020 年 4 月至 5 月和 2020 年 10 月至 11 月,四川省审计厅对灾后恢复重建项目推进、资金筹集使用、政策落实、项目竣工投用与结(决)算办理及投资绩效等情况实施了两个阶段的跟踪审计。

**2. 审计内容重点**

(1) 灾后重建项目推进情况。根据阿坝州重建办、平武县重建办提供的资料,截至 2020 年 4 月 30 日,阿坝州本级及下辖受灾县纳入《"8·8"九寨沟地震灾后恢复重建规划项目(中期调整版)》目录的 191 个项目,累计开工 191 个,开工率为 100%;完工 161 个,完工率约为 84.29%;完成投资 73.44 亿元,占规划总投资的

66.57%（以州解捆项目口径计算,项目完工率为84.84%,实际投资完成率为83.45%）。省广播电视局等5个省级部门（单位）已开工项目8个,开工率为100%;完工项目6个,完工率为75%;完成投资0.94亿元,占规划总投资的49.01%。平武县累计开工27个项目,开工率为100%;完工项目27个,完工率为100%;完成投资0.88亿元,占规划总投资的80.9%。

截至2020年11月8日,阿坝州本级及下辖受灾县纳入《"8·8"九寨沟地震灾后恢复重建规划项目（中期调整版）》目录解捆后共244个项目,累计开工244个,开工率为100%;累计完工218个,完工率为89.34%;累计完成实际投资84.91亿元,实际投资完成率为94.27%;累计支付资金56.97亿元,占到位资金的58.67%。

（2）灾后重建资金管理和使用情况。截至2020年4月30日,阿坝州财政局拨付到位的重建资金为790 307.21万元。其中,专项资金589 979.40万元,社会主体筹资25 497万元,项目融资贷款筹资164 790万元,其他方式筹资10 040.81万元。省广播电视局等5个省级部门（单位）的到位资金为17 310.37万元。平武县财政局拨付的到位资金为10 821.00万元。截至2020年4月30日,四川省下达阿坝州财政局"8·8"九寨沟地震灾后恢复重建专项资金及债券资金共729 876.97万元,下达平武县财政局专项资金及债券资金10 821万元。

截至2020年11月8日,阿坝州财政局拨付到位的重建资金为971 064.21万元,下达专项资金及债券资金共859 872.40万元。

2020年4月至5月的第一阶段跟踪审计结果表明,省级相关部门、相关州县人民政府作为灾后恢复重建责任主体和实施主体,认真落实四川省委、省政府对灾后重建的各项决策部署,克服各种不利影响,积极有序组织复工复产,灾后重建推进取得了阶段性成效。部分灾后重建项目竣工投用、结（决）算办理、后期运营等工作也有力有序推进。资金的筹集、管理、分配、使用总体较为规范。但审计也发现:相关单位对专项资金以外资金的筹集工作的统筹力度不够,对部分项目的验收环节把关不严,结（决）算办理不及时,未及时将竣工项目投用;部分项目投资绩效未达规划或可研预期等问题。这些问题需各责任单位高度重视和立即整改。

2020年10月至11月的第二阶段跟踪审计结果表明,相关州县九寨沟地震灾后恢复重建资金管理使用和项目建设管理总体较为规范。但是由于灾后恢复重建涉及面广、项目类型多、部分项目建设模式新以及行业主管部门和发包人管理能力不足等原因,本次跟踪审计也发现重建过程中相关单位还存在对重建资金支付审核把关不严、相关政策措施贯彻落实不到位、部分工程总承包项目招标不规范,以及部分项目存在投资控制风险等问题。

3. 跟踪审计发现的主要问题

（1）九寨沟风景名胜区管理局统筹组织不够到位，灾后重建项目推进相对滞后。截至 2020 年 4 月 30 日，项目完工率为 38%、已完成投资仅占规划总投资的 51%（以州解捆项目口径计算，项目完工率为 45%、实际投资完成率为 63%）。

（2）资金筹集方面存在的问题。一是截至 2020 年 4 月底，阿坝州本级及下辖受灾县尚有 200 154.19 万元筹资任务未完成，占应筹资任务的 49.98%，其中，社会主体筹资部分为 80 521 万元，项目融资贷款部分为 106 326 万元，其他方式筹资部分为 13 307.19 万元。二是省测绘地理信息局尚有 626.18 万元资金未筹集到位。三是九寨沟县现代农业产业融合示范园区项目以既有项目的投入资金抵顶社会筹资任务。四是九寨沟县 2 个社会筹资项目缩减建设规模。五是九寨沟县、松潘县、九寨沟风景名胜区管理局 143 356.01 万元灾后重建资金闲置时间超过 6 个月。

（3）资金使用存在不规范的问题。截至 2020 年 4 月 30 日，第一阶段跟踪审计发现：九寨沟风景名胜区管理局违规跨类调剂使用资金 9 561.05 万元，用于景区恢复和产业发展类项目；九寨沟风景名胜区管理局将专项债券资金用于九寨沟景区诺日朗换乘中心及配套设施工程等 3 个非专项债券项目；松潘县个别农业项目未按要求将资金补助至农户社会保障卡"一卡通"。截至 2020 年 11 月 8 日，第二阶段跟踪审计发现：九寨沟风景名胜区管理局、若尔盖县教育局支付审核把关不严，支付不应支付的服务费用 28.60 万元；九寨沟县自然资源局在项目决算中虚增建设成本，涉及金额 20.65 万元；松潘县水务局履行监管责任不力，未发现其监管范围内个别项目勘察单位涉嫌以虚假地质勘察成果骗取勘察费 10.84 万元。

（4）清理拖欠民营企业账款工作、贯彻落实降费减负和"放管服"改革等政策存在落实不到位的问题。截至 2020 年 4 月 30 日，第一阶段跟踪审计发现：部分单位拖欠 41 家民营企业账款 1 649.78 万元；部分单位超过规定比例预留质量保证金 201.72 万元；部分单位应退未退质量保证金 27.28 万元；个别行业主管部门非行政许可审批事项清理不到位。截至 2020 年 11 月 8 日，第二阶段跟踪审计发现：部分单位未及时清欠，共拖欠 20 家民营企业账款 313.2 万元；个别单位超过规定比例预留质量保证金 19.26 万元；个别项目执行环境保护政策不严格。

（5）工程总承包招标及建设管理存在的问题。一是部分项目在招投标方面存在相关资质设置不规范的行为；二是个别工程总承包项目未妥善保存招投标有关资料。

（6）相关行业主管部门和业主单位验收环节把关不严，导致部分已竣工验收项目还存在验收要件不齐备、验收程序不规范、消防等安全隐患未及时消除等问题。第一阶段跟踪审计抽查了 143 个工程类建设项目、47 个设施设备采购类项目、20个服务采购类项目、9个资金补助类项目的验收情况,涉及67个业主单位,主要问题有两类。一类是工程类项目验收存在的问题。九寨沟县、松潘县、若尔盖县、平武县等共有25个已竣工验收工程类项目要件资料不完整或验收程序不规范;松潘县中藏医院等23个公共建筑类或人员密集场所项目未按规定进行消防验收;九寨沟安乐水厂应设未设防雷防暴设施。另一类是设施设备采购类项目验收存在的问题。九寨沟县、松潘县、若尔盖县等共有25个设施设备采购项目履约验收程序不规范;九寨沟县民族体育馆项目等3个项目的部分设施设备不符合合同要求,存在以次充好、功能不达标、灾后重建资金损失等问题和风险。

(7) 项目竣工投用与结(决)算办理方面存在的问题。一是截至2020年4月底,阿坝州气象监测站网恢复重建等6个已建成项目因配套建设不及时等原因无法按期全面投用;二是有95个项目超过竣工验收期3个月未完成竣工结算或编报竣工决算。

(8) 部分行业主管部门和业主单位未经批准调减规划或可研批复内容、建设规模,造成部分项目投资绩效未达预期。截至2020年4月底,第一阶段跟踪审计抽查发现,南坪林业局林区公路恢复重建项目、黄龙景区停车场改扩建工程、松潘县黄龙乡农村基础设施工程、九寨沟县民族体育馆项目等4个项目未经批准调减重建规划或可研批复内容,未达预期建设目标。另外,跟踪审计还发现上一阶段跟踪审计指出的问题中尚有3个未整改完毕、九寨沟风景名胜区管理局世界自然遗产地保护与恢复先导性科研项目未发挥应有绩效、九寨沟县广播电视台违规退还投标保证金36万元等问题。第二阶段跟踪审计抽查发现,黄龙景区栈道工程、松潘县川主寺镇林区道路恢复重建项目、松潘县川主寺镇基础设施恢复重建项目等3个项目的业主单位未经批准对可研(或实施方案)批复内容作出较大调整。另外,跟踪审计还发现灾后重建工程总承包项目发包人需求管理存在薄弱环节、工程变更管理制度执行不到位、材料询价工作开展不及时,以及相关受灾县40个项目新增建设用地报批手续滞后等问题。

通过本案例我们可以看出,政策执行效果审计的审计模式更完善、审计人员更专业,基本实现了应审尽审,在九寨沟风景名胜区灾后重建的资金配置优化中发挥着重要作用,成为突发危机事件治理的重要组成部分。

### 5.6.3 案例三

1. 背景介绍

根据《中华人民共和国审计法》规定和国务院部署,按照《审计署办公厅关于印发应对新冠肺炎疫情防控资金和捐赠款物专项审计工作方案的通知》(审办社发

〔2020〕11号)要求,2020年2月18日至2020年3月31日,扬州市邗江区审计局对邗江区疫情防控资金和捐赠款物开展了专项审计,重点审计了3 147.88万元财政资金、454.22万元捐赠资金,审计了区红十字会、区慈善总会等慈善组织,区发展和改革委员会、区卫生健康委员会、区教育局、区环保局、双桥街道办事处等10个政府部门和单位,对重要事项进行了必要的延伸和追溯。

2. 审计内容的重点

(1) 财政资金方面。截至2020年3月31日,邗江区各级财政共安排疫情防控经费3 147.88万元,实际使用2 122.62万元,1 025.26万元尚未支出。实际使用的2 122.62万元中,疫情防控人员补助支出为730.06万元,设备和防控物资支出为982.84万元,其他支出为409.72万元。

(2) 捐赠款物方面。截至2020年3月31日,邗江区红十字会、慈善总会以及指定接受社会捐赠的政府部门和单位共收到社会捐赠资金454.22万元,支出441.33元,结余12.89万元。接受捐赠的医用防护服、口罩等各类物资10.42万件(折价374.97万元),安排使用上述物资9.48万件(折价280.52万元),结余0.94万件(折价94.45万元)。

(3) 审计整改的结果①。①各单位及时分配社会捐赠物资4.43万件(折价11.98万元)。区卫健委、区教育局采纳审计建议,加快款物分拨速度。2020年3月28日至2020年3月31日,共分配社会捐赠物资4.43万件。例如,2020年3月28日区教育局结余社会捐赠防疫物资合计3.7万件,到2020年3月31日,物资已全部发放至学校。②捐赠信息更加公开透明。区发改委、区卫健委、区教育局等3个单位采纳审计建议,参照《慈善组织、红十字会依法规范开展疫情防控慈善募捐等活动指引》文件要求,通过在本单位网站公示、张贴公示表等形式,将捐赠物资接收和使用情况及时向社会公开,保障捐赠信息公开透明。

3. 审计评价

自新冠疫情防疫工作开展以来,邗江区政府及时成立疫情防控指挥部,负责全区疫情防控工作协调联络,在资金安排、物资采购、物资分配、捐赠款物管理等方面发挥积极作用。

区财政局及时拨付上级专项资金、落实安排本级财政预算用于疫情防控。区红十字会、区慈善总会以及指定接受社会捐赠的政府部门和单位在接收社会各界物资捐赠方面做到接收行为规范、工作程序严格、建立防疫物资管理台账、分配款

---

① 相关公告并未披露查出的具体问题。

物及时、信息公开等,为全区疫情防控有力有序有效开展提供保障。

通过本案例可以看出,政策执行效果审计机制与时俱进,在应对突发事件时审计目标、审计对象和审计内容直击焦点。可见,政策执行效果审计已成为服务国家治理不可或缺的重要组成部分。政策执行效果审计在保障应对突发重大公共危机的政策与制度的执行、督促落实预算工作、配置和分配应急资源、提高国家治理效率方面发挥着重要作用。

## 5.7 实证研究设计

在对政策执行效果审计作出理论分析的基础上,我们可以进一步通过实证研究探索政策执行效果审计对政策执行的促进作用。目前学术界关于政策执行效果的评价处于初步探索阶段,且尚未形成大家一致认可的评价体系。张龙平和熊雪梅(2020)初步探索设定了相较于目前其他学者而言更完善的政策执行效果评价体系,借鉴他们对政策执行效果评价体系指标的研究,我们可以计算相关指数,用以衡量政策执行效果的质量,进而实证检验政策执行效果审计对政策执行的影响。

### 5.7.1 政策执行效果审计的实证研究问题

政策执行效果审计的评价对象分为政策本身、政策执行过程和政策执行目标。因此,我们基于这三个方面提出实证研究问题,进行实证研究探索。

研究假设 H1:政策执行效果审计能够提升政策本身的可行性。

研究假设 H2:政策执行效果审计能够提升政策执行过程的效率。

研究假设 H3:政策执行效果审计能够促进政策执行目标的完善。

上述关于政策执行效果审计的实证研究思维导图如图 5-2 所示。

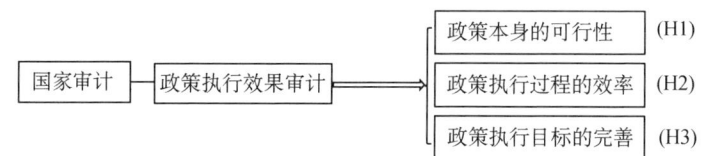

图 5-2 政策执行效果审计实证研究思维导图

### 5.7.2 研究设计

1. 被解释变量

我们借鉴张龙平和熊雪梅(2020)设计的政策执行效果评价指标体系,从政策本身、政策执行过程和政策执行目标三个方面衡量政策执行效果。

(1)政策本身。衡量政策本身是否可行的指标主要是政策制定指标。政策制定指标关注相关部门是否根据国家政策的要求,在所管辖区域内制定具体政策,并为政策实施提供必要的条件。政策制定指标分为两个二级指标,分别是政策制定的规范性与科学性。政策制定的规范性强调政策制定过程是否依据一定程序、形成适当机制、经过恰当评估;政策制定的科学性关注具体政策推行的计划安排是否经过科学论证从而具有可行性,并适当考虑了风险因素。基于此,本卷从政策制定层面构建的政策可行性评价指数如表5-10所示。

表5-10 政策可行性评价指数

| 一级指标 | 二级指标 | 三级指标 |
| --- | --- | --- |
| 政策制定 | 规范性 | 是否由政策负责人审批政策 |
| | | 政策评估机构是否具有客观性与独立性 |
| | 科学性 | 是否形成可行性研究报告 |
| | | 政策推行前是否咨询相关方面的专家 |

(2)政策执行过程。政策执行过程指标包括政策执行、政策监督与政策反馈三个二级指标:①政策执行指标。政策执行指标关注政策推行的具体过程是否按照统一制度安排了适当的人员,并采取合理的方法,它具体分为三个三级指标,分别为机制建立、人员安排与有效履职。机制建立指标关注的是政府是否针对推行的政策安排了专门机构,推行责任制度,并建立项目资金管理的合理流程。人员安排指标主要关注项目小组的人员规模与构成,以及人员流动性等要素。有效履职指标从政策推进的持续性和履职效率角度评估政策执行效果。②政策监督指标。政策监督指标着力衡量政府是否通过相关制度安排保证政策执行的持续性,以及是否取得政策监督实效。该二级指标分为两个三级指标,分别为监督制度与监督效果。监督制度指标从内部控制制度、会议制度与披露制度方面考察政策监督的基础与依据。监督效果指标更为直接地从政策执行过程是否被查出舞弊行为或受到上级部门处罚来判断监督效果。③政策反馈指标。政策反馈指标主要反映政府是否能够及时总结政策落实情况并建立评价机制,提高政策执行效果,同时对政策本身提出有益的建议。政策反馈指标又进一步分为总结评价与政策建议两个三级指标。总结评价指标关注政策落实的评价机制与奖惩机制。政策建议指标则反映政策落实机构是否通过政策实践为将来或其他地区开展类似政策提供可参考的经验。

表 5-11　　　　　　　　　　政策执行过程评价指数

| 一级指标 | 二级指标 | 三级指标 | 四级指标 |
| --- | --- | --- | --- |
| 政策执行过程 | 政策执行 | 机制建立 | 是否针对该项政策设计专门的执行部门与管理部门 |
| | | | 是否建立分级负责机制 |
| | | | 是否建立岗位责任制度 |
| | | 人员安排 | 是否建立政策落实专项负责小组 |
| | | | 与该政策内容相关的专业人员占比 |
| | | 有效履职 | 政策推行工作是否出现间断 |
| | | | 是否定期邀请专家参与政策落实情况考察 |
| | 政策监督 | 监督制度 | 是否建立内部控制制度并有效执行 |
| | | | 是否针对政策落实进程与负责人履职情况组织汇报并由上级负责人听取汇报 |
| | | | 负责单位是否向公众披露政策进展 |
| | | 监督效果 | 相关人员在政策落实过程中是否受到上级部门处罚或被责令整改 |
| | 政策反馈 | 总结评价 | 是否在单位内部形成政策落实评价机制 |
| | | | 是否将政策落实过程中员工绩效纳入其个人年终考评 |
| | | 政策建议 | 是否对政策落实提出改进方案 |
| | | | 政策落实经验是否被主流媒体报道 |

(3) 政策执行目标。张龙平和熊雪梅(2020)定义的政策执行目标主要从政策执行和政策执行对区域的贡献程度两个角度反映政策执行效果,具体归纳为经济效益、社会效益和政治效益三个方面。

经济效益反映的是政策执行是否为当地发展带来经济收益,政策执行过程是否实现成本节约。它又分为政策成本与地区收益两项三级指标。政策成本指标主要包括一系列反映资源使用成本效率的指标,而地区收益指标主要包括与当地经济发展相关的重要指标。

国外政策绩效审计目标从"3E"(economy,efficiency,effectiveness)到"5E"的演变过程中,增加的两项指标均属于社会效益的范畴,分别是环境性(environment)与公平性(equity),主要体现政策执行对当地环境质量和人民生活水平的影响,因此,社会效益指标具体细分为环境性与公平性两项三级指标。环境性指标主要考察政策执行主体致力于环境保护的工作与环境成本花费。公平性指标包括与普通百姓生活质量息息相关的指标,关注政策执行是否造成地区性的破坏事件。

政策执行效果审计与国情和国家政策导向密切相关,除了考量经济效益与社会效益,也关注政策推行后产生的政治效益。政治效益指标分为团队建设与政策方向两个三级指标。团队建设指标从党员建设与团队纪律的角度分析政治效益。政策方向指标则主要关注政策实施与国家战略、国情变化的适应性,以及是否有利于传达国家治理理念。

表 5-12　　　　　　　　　　政策执行目标评价指数

| 一级指标 | 二级指标 | 三级指标 | 四级指标 |
| --- | --- | --- | --- |
| 政策执行目标 | 经济效益 | 政策成本 | 投入产出比 |
| | | | 资金使用效率 |
| | | | 政策支出占当地预算支出的比例 |
| | | 地区收益 | 地区 GDP 增长率 |
| | | | 当地与该政策推行相关的科技成果数量 |
| | | | 金融机构对该政策项目的融资额度 |
| | 社会效益 | 环境性 | 是否进行环境污染评估 |
| | | | 可行性报告是否明确针对环境保护展开论述 |
| | | | 是否建立环境监测部门或明确相关人员负责环境监测 |
| | | 公平性 | 城镇居民可支配收入增长率 |
| | | | 农村居民可支配收入增长率 |
| | | | 是否发生与该政策相关的安全事故或集体性冲突事件 |
| | 政治效益 | 团队建设 | 政策执行人员参加国家重大方针政策学习的次数 |
| | | | 政策负责人员是否存在违纪违法行为并受到纪检部门通报批评或处罚 |
| | | 政策方向 | 政策推行过程中是否适应国情变化对政策进行适当调整 |
| | | | 政策推行过程中是否通过媒体等方式向大众传播国家治理理念 |

2. 解释变量

已有的关于国家审计对政府、国有企业治理作用方面的研究文献主要有两类:一类基于国家审计揭示功能、威慑功能和预警功能,以省级行政区域或者国有企业为单元,以国家审计发现的违纪违法问题线索、作出的处罚和提出的整改建议的总量衡量国家审计;另一类基于中央审计委员会提出的"审计广度、审计力度和审计深度",以审计介入的被审计单位数量、发现的违规问题数量和违规金额度量国家审计,尚未聚焦政策执行效果审计。本卷基于已有研究文献关于国家审计的测度,依据中华人民共和国审计署官网发布的《重大政策落实跟踪审计结果公告》,聚焦政策执行效果审计的广度、力度和深度,将政策执行效果审计所审查的单位数和审查项目数加1后取自然对数,用它衡量政策执行效果审计的广度。对政策执行效果审计的深度,以政策执行审计所审查的金额数占地区GDP的比例进行衡量。对政策执行效果审计的力度,本卷借鉴蔡利等(2015)对审计介入程度的衡量方式,对介入的次数进行赋值:如果重大政策落实跟踪审计系初次介入,则赋值1;如果是持续介入的,用介入的次数累计加总衡量。

3. 控制变量

控制变量包括物质资本投资($Matinv$)、人力资本投资($Huminv$)、金融发展($Find$)、贸易开放度($Open$)、政府效率($Goveff$)、市场化程度($Marketi$)、创新能力($RD$)、城镇化水平($Urb$)等。

4. 回归模型设计

为了验证研究假设H1、研究假设H2和研究假设H3,本章构建多元线性回归模型(5-1)进行检验。

$$Policy = \beta_0 + \beta_1 Audit + \beta_2 Control + \varepsilon \quad (5\text{-}1)$$

其中,$Policy$ 表示政策可行性评价指数、政策执行过程评价指数和政策执行目标评价指数;$Audit$ 表示政策执行审计所审查的单位数、审查项目数和政策执行审计所审查的金额数;$Control$ 表示控制变量(包括年份和省份/地级市固定效应);$\varepsilon$ 为残差。

5. 影响路径分析

政策执行效果跟踪审计主要围绕"地区政策制定""财政资金"和"开展项目"三个维度展开。因此,我们基于这三个维度进行实证研究的路径检验,将各地制定的地区政策数量($Po\_Number$)、财政资金投资额度($F\_Number$)和开展项目完工程度($Pe\_Number$)与政策执行效果审计构建交乘项,设计多元线性回归模型(5-2)进行检验:

$$Policy = \beta_0 + \beta_1 Audit + \beta_2 Audit \times Z + \beta_3 Z + \beta_4 Control + \varepsilon \quad (5\text{-}2)$$

其中,$Policy$ 表示政策可行性评价指数、政策执行过程评价指数和政策执行目标评价指数;$Z$ 表示调节路径变量,即各地制定的地区政策数量($Po\_Number$)、财政资金投资额度($F\_Number$)和开展项目完工程度($Pe\_Number$);$Audit$ 表示政策执行效果审计的广度、深度和力度,度量方式与多元线性回归模型(5-1)相同,此处不再赘述。同时,该模型控制了时间和地区固定效应。我们预计多元回归系数 $\beta_1$ 和 $\beta_2$ 同时显著为正。

### 5.7.3 政策执行效果审计促进制度性交易成本降低的效果研究

本节以中国政府审计研究中心国家社会科学基金重大项目(项目批准号:13&ZD146)的阶段性成果——发表于《审计研究》2021 年 5 期的《政府审计促进制度性交易成本降低的效果研究》(以下简称该文)为例,探讨政策执行效果审计(政策落实跟踪审计)的治理效用。该文以审计署对地方开展政策落实跟踪审计并对简政放权等政策执行问题点名整改为自然实验,构造双重差分模型(DID),以 2013—2019 年我国非金融类上市公司为样本,检验政策落实跟踪审计对企业制度性交易成本的影响,并探析其作用机理。

1. 研究问题

我国经济发展进入新常态后,居高不下的企业成本引起了社会的广泛关注。据统计,2013 年年底中央设立的行政事业性收费项目达到 185 项,其中涉企收费项目高达 106 项。同时,一些政策在市场准入、企业设立、投资等方面为企业设置了不合理的限制,使企业的生存和发展受到制度性交易成本的限制。交易成本是新制度经济学的核心概念,是正常市场运行中价格机制运行产生的成本,主要包括搜集交易相关信息支付的成本,以及签订、履行合约支付的谈判和监督成本等。制度性交易成本作为非市场型交易成本的一种,是企业为了应对政府各种规章制度而产生的成本(卢现祥,2017),主要是由行政体制造成的经济成本、时间成本和机会成本等各种成本,具有种类多、弹性大等特点。制度性交易成本已成为企业降成本的最大阻力。

《国务院办公厅关于印发稳增长促改革调结构惠民生政策措施落实情况跟踪审计工作方案的通知》要求对包括简政放权等政策在内的政策措施落实情况开展审计。实践中,审计机关在推动简政放权等政策的落实方面发挥了重要作用。审计署发布的 2018 年审计工作报告指出,国家审计在全国范围内,推动取消、合并和下放行政审批事项、职业资格等 400 多项,减少或清退收费等 9 亿元。政策落实跟踪审计能否通过推动简政放权等政策的贯彻落实,促进企业的制度性交易成本降低?其作用机理是什么?

2. 研究假设提出

研究假设 H1:政策落实跟踪审计可以显著促进企业的制度性交易成本降低。

研究假设 H2：在财政压力较大的地方，政策落实跟踪审计促进企业制度性交易成本降低的效果更显著。

研究假设 H3：在营商环境较差的地方，政策落实跟踪审计促进企业制度性交易成本降低的效果更显著。

研究假设 H4：相比国有企业，政策落实跟踪审计促进民营企业制度性交易成本降低的效果更显著。

3. 研究设计

（1）样本选择。该文基于审计署发布的国家重大政策措施贯彻落实跟踪审计结果公告获得政策落实跟踪审计的数据，作者通过手工整理在简政放权等政策执行方面被审计机关点名整改的市。样本公司的财务数据来自 CSMAR 数据库。

（2）模型设定与变量定义。该文将简政放权等政策的执行情况是否被审计署审计并点名整改这一外生事件作为自然实验，考察政府审计对企业制度性交易成本的影响。该文构建回归模型(5-3)进行检验。

$$IT\_cost_{it} = \beta_0 + \beta_1 Audit_{it} + \alpha \Sigma Control + 公司固定效应 + 年度固定效应 + \varepsilon_{it} \tag{5-3}$$

政府管制或行政审批带来的制度性交易成本可能包括交易许可带来的成本、企业为持续经营而支付给政府部门的费用以及企业为获得审批而主动承担的成本等。该文借鉴万华林和陈信元(2010)以非生产性支出衡量制度性交易成本的做法，定义 $IT\_cost$ 为调整后的营业管理费用，即"(营业管理费用－高管薪酬－固定资产折旧－无形资产的摊销－长期待摊费用摊销)÷前期总营业成本"。

核心解释变量 $Audit$ 是一个虚拟变量，表示样本公司所在市的简政放权等政策的执行是否被审计点名整改。样本公司所在市在被审计点名之后的年度取值为 1，否则取值为 0。

借鉴万华林和陈信元(2010)、毕青苗等(2018)的研究，该文选择的企业层面的控制变量($Control$)包括企业规模($Size$)、资产负债率($Lev$)、上市年限($Age$)、企业现金流($Cfo$)、资产收益率($Roa$)、两职合一($Duality$)、董事会人数($Board$)、独立董事比例($Indepdir$)和公司产权性质($SOE$)。借鉴万华林和陈信元(2010)、夏杰长和刘诚(2017)的研究，该文选择的地方层面的控制变量包括市场化指数($Market$)和人均 GDP 增长率($Rpgdp$)。

4. 研究结论与启示

政策落实跟踪审计通过"点名纠偏"显著促进了当地企业制度性交易成本的降

低;政策落实跟踪审计促进制度性交易成本降低的效果在财政压力较大和营商环境较差的地方更显著;与国有企业相比,政策落实跟踪审计促进民营企业制度性交易成本降低的效果更显著。该文从微观企业降成本的视角,为证明政策落实跟踪审计的效用提供了经验证据,为政府制定与落实降成本的政策提供了参考。

基于研究发现,该文提出建议:一是加强对简政放权等政策的常态化审计。简政放权是我国推动政府职能转变,激发市场活力的一项长期重要政策。从2015年至今,国家审计发现了较多问题,表明各级政府在简政放权等政策的落实中还存在各种问题,需要持续加强审计监督。二是加强对审计结果的利用,如扩大审计结果公告的影响力,增强审计信息透明度,让公众了解重大政策的执行情况,充分发挥公众监督的合力。三是进一步优化营商环境。营商环境较好的地方能够更好地进行自我管理与监督,从根本上解决企业的制度性交易成本问题,更有利于企业的经营发展。

## 5.8 政策执行效果审计文本分析方法探索

随着计算机科学、大数据和机器学习的发展,文本分析方法成为热门的研究方法。文本分析方法通过对一系列相关文本的文字、语境进行比较分析,挖掘文本潜在的深层意义。它属于定性分析方法,一般是对事实资料作出评述性说明。文本分析方法的主要步骤包括文本查阅、鉴别评价、归类整理与分析。目前,审计领域的文本分析研究主要有三类。一类是关于审计结果公告的文本语调分析研究,如《审计研究》刊发的王海林和张丁(2019)、潘俊等(2020)运用文本分析方法对政府审计公告的研究;另一类是基于文本分拆的分析研究,如《审计与经济研究》刊发的上官泽明和刘力云(2021)的文章,该文基于党的十八大以来全国审计工作会议报告对我国国家审计工作的特征进行分析;还有一类是基于Python提取的关键词对相关审计披露信息所作的整理和分析,如《经营与管理》刊发的何志康和苗连琦(2021)的文章,该文基于2017—2019年审计署发布的《国家重大政策措施落实情况跟踪审计结果公告》中扶贫政策落实情况的审计结果,利用Python提取关键词进行整理和分析。

### 5.8.1 政策执行效果审计文本分析方法综述

我们引用王海林和张丁(2019)、上官泽明和刘力云(2021)、何志康和苗连琦(2021)的代表性研究成果介绍政策跟踪审计方面的文本分析方法。

1. 文本分拆法

早期的文本分析研究是学者们对文本进行阅读,依据相关理论或研究方法论进行主观分析判断并得出研究结果的相关尝试。上官泽明和刘力云(2021)运用关键词研究方法,通过梳理和总结关键性的国家审计概念、话语,分析其背后的客观要素和主观意识,验证我国国家审计工作特征形成机制的理论思辨和逻辑演绎,实现了对国家审计工作特征的理论性揭示与规律性认识。

具体而言,上官泽明和刘力云(2021)基于党的十八大以来审计署历任审计长历年在全国审计工作会议上的报告内容,以重点段落中的主旨句及关键词作为分析对象。他们对段落中的文本进行了深入、有效的阅读,在进行价值判断的前提下,将整个段落中含义接近的关键词也列为分析对象,以减少信息的遗漏和偏差。他们对国家审计的定位和作用、国家审计的总体要求、国家审计的工作目标、国家审计的对象、国家审计的组织方式与管理、国家审计的技术方法、国家审计机关的建设和国家审计干部队伍的建设进行了分析。

此类文本分拆式的研究方法涉及人为判断,学者在国家审计理论与实务以及国情与政治等方面知识的渊博程度、学者自身的人生阅历都会影响其对文本的理解能力与分析方式。

2. 文本语调分析法

随着计算机科学和人工智能的兴起与发展,Python文本分析方法成了社会科学研究的主流方式之一。我们引用王海林和张丁(2019)、何志康和苗连琦(2021)的研究成果介绍Python文本分析方法。

基于审计公告生成的国家审计语调代表审计公告文本中的正面或负面情感倾向。从公告发布者角度看,它是审计公告发布机构立场和观点的情感倾向表达;从公告阅读者角度看,它是公告信息使用者对公告文本中情感倾向信息的提炼、接收和领会。

国内外文献大多采用词汇匹配技术衡量文本语调,即将文本中的词汇与情感词典中的词汇进行匹配,然后统计正面和负面词语数量。这种量化方法具有简单、客观、可复制和透明的特点,其核心是构建适合特定研究文本的情感词典(乐国安等,2013)。王海林和张丁(2019)一文借鉴上述做法,计算国家审计语调相关指标,具体计算过程分以下四个步骤。

(1) 使用Python"jieba"中文分词模块对审计公告进行分词处理,依据公告中的汉语词语形式和公告用词习惯,基于其自带词典和研究者补充的词语构建分词词典,将公告全文分解成一个个词语,对停用词等进行数据清洗,形成国家审计语调词语库。

(2) 考虑到汉语特定的词语形式和用词习惯,以及审计公告文本用语的官方性和特殊性,已有的国内外情感词典无法直接使用。作者以《现代汉语词典》《知网 HowNet 情感词典》等为基础,根据样本期间全部审计公告上下文语境,从国家审计语调词语库中筛选正面和负面情感词语构建国家审计语调情感词典。

(3) 将分解后的每份审计公告与国家审计语调情感词典进行匹配,统计出审计公告中正面词语和负面词语数量,并计算国家审计净语调、国家审计负面语调和国家审计正面语调。计算公式为"$Netone_{i,t} = (Nwords_{i,t} - Pwords_{i,t})/(Nwords_{i,t} + Pwords_{i,t})$,$Ntone_{i,t} = Nwords_{i,t}/Words_{i,t}$,$Ptone_{i,t} = Pwords_{i,t}/Words_{i,t}$"。其中,Nwords 和 Pwords 分别表示审计公告中的负面和正面词语数量。作者计算净语调时分母采用正负面词语之和,计算正面和负面语调时分母采用全文词语数量。Netone 取值在 −1 至 1 之间;Netone 取 1 表示审计公告情感词语中仅有负面词语,国家审计语调为净负面且强度最高;取 −1 表示审计公告情感词语中仅有正面词语,国家审计语调为净正面且强度最高;取 0 表示审计公告情感词语中负面词语和正面词语数量相等,国家审计净语调强度最弱。

(4) 由于审计公告部分负面词语直接描述了企业会计核算和经营活动中导致盈余不真实的行为,这类词语反映的问题与企业非正常经营活动有关。作者将这些词语统称为非真性警示词语,收集公告中非真性警示词语数量(Urwords),利用 $Urwords_{i,t}/Words_{i,t}$ 定义非真性警示语调(Urtone)。

根据审计公告研究分析出的文本语调比人为主观判断更为准确。汉语词汇存在一词多意的情况,即一个词汇在不同的语境中所表达的含义不同。审计公告属于审计署官方正式文件,语言表达以描述客观事实为主,缺乏感情色彩词汇,因此,用文本分析研究国家审计公告的语调也存在出现误差的可能性,误差偏误范围有待进一步研究分析。

3. 文本相似度分析

何志康和苗连琦(2021)的研究依据审计署披露的《国家重大政策措施落实情况跟踪审计结果公告》公布的结果数据,基于审计公告中发现的主要问题一栏下的脱贫攻坚单元,运用 textrank 进行关键词权重统计分析。具体而言,作者用 Python 提取关键词后,先根据 pagerank 原理,用句子代替网页,则任意两个句子的相似性等价于网页转换概率。作者将相似性得分存储在一个方形矩阵中,进入 textrank 提取关键词模式,根据关键词排列进行数据呈现。上述进程的优势在于考虑了词在全局架构上的重要性程度,能对扶贫政策跟踪审计结果进行分析。在得出的结果中删除参考意义不大的数字和不具分析价值的词,如"52 个县""审计"

"扶持"等。作者基于 textrank 进行的关键词权重统计分析结果如表 5-13 所示。

表 5-13　2017—2019 年基于 textrank 的关键词统计分析结果

| 2017 年 | | 2018 年 | | 2019 年 | |
| --- | --- | --- | --- | --- | --- |
| 关键词 | 权重 | 关键词 | 权重 | 关键词 | 权重 |
| 资金 | 0.284 905 | 资金 | 0.532 986 | 资金 | 0.465 192 |
| 违规 | 0.202 888 | 闲置 | 0.397 881 | 规范 | 0.236 711 |
| 贫困户 | 0.195 731 | 政策 | 0.223 386 | 闲置 | 0.213 03 |
| 单位 | 0.194 936 | 易地 | 0.201 1 | 管理 | 0.213 03 |
| 验收 | 0.158 525 | 产业 | 0.162 64 | 政策 | 0.150 733 |
| 闲置 | 0.151 918 | 搬迁 | 0.151 196 | 攻坚 | 0.112 526 |
| 个人 | 0.146 681 | 贫困家庭 | 0.144 154 | 部分 | 0.112 449 |
| 建档立卡 | 0.108 68 | 贫困人口 | 0.122 497 | 产业 | 0.108 365 |
| 形象工程 | 0.106 395 | 连片 | 0.118 913 | 一卡通 | 0.097 757 |
| 以工代赈 | 0.105 437 | 攻坚 | 0.118 219 | 易地 | 0.095 708 |
| 易地 | 0.102 378 | 管理 | 0.111 292 | 搬迁 | 0.071 957 |
| 收入 | 0.096 102 | 小额贷款 | 0.110 78 | 环境 | 0.042 148 |
| 市政建设 | 0.094 312 | 教育 | 0.101 4 | 违规 | 0.042 148 |
| 贫困人口 | 0.093 543 | 违规 | 0.088 693 | 返贫 | 0.037 415 |
| 试点工作 | 0.087 12 | 民生 | 0.085 714 | 贫困家庭 | 0.033 430 3 |
| 搬迁 | 0.076 972 | 建档立卡 | 0.071 159 | 形象工程 | 0.033 154 |
| 教育 | 0.051 088 | 贷款 | 0.067 542 | 教育 | 0.032 172 |
| 统筹 | 0.074 308 | 贫困户 | 0.064 078 | 基层 | 0.031 038 |
| 管理 | 0.042 493 | 弄虚作假 | 0.059 223 | 骗取 | 0.028 087 |
| 政策 | 0.041 142 | 骗取 | 0.058 998 | 建设 | 0.027 833 |

根据表 5-13 内容，纵观 3 年扶贫关键词统计，在关键词权重前三位中，"资金"一直居于首位，充分体现了针对资金进行的审查工作在保障扶贫工作中的重要性。2017—2019 年，分别是"违规""闲置"和"规范"位居第二位，"违规"一词的权重在 3 年内持续下降，表明政策执行效果审计有效发挥了规范扶贫资金使用的作用。"贫困户"一词的权重在 2017 位居第三位，在 2018 年和 2019 年持续下降[①]，表明政策执行效果审计在打赢"脱贫攻坚战"方面发挥了重要作用。

文本相似度分析不局限于关键词分析，而是结合上下文语境对词汇含义进行分

---

① "贫困户"一词在 2019 年排在前 20 名之外。

析,进一步融入了具有智能特色的分析结果,更为准确,是目前文本分析中广泛应用的方法。政策执行效果审计结果公告涉及的审计项目和审计问题较多,且并不是每一句都包含"重大政策落实跟踪审计"字样,因此,文本相似度分析更能根据审计公告上下文的含义有效准确识别关于重大政策落实跟踪审计的描述性表达,值得应用和学习。

### 5.8.2 "放管服"改革政策实施效果

基于以上关于文本分析方法研究成果的综述,我们以"放管服"改革政策实施效果为例,运用"Python 关键词抓取＋相似度分析"的方法进行文本分析探索。

1. 研究样本选择

2015 年,审计署开展稳增长、促改革、调结构、惠民生等国家重大政策落实情况跟踪审计,并以月为单位发布审计结果公告。"放管服"一词自 2015 年 5 月被提出,故从该年 5 月起,审计结果公告才开始披露"放管服"方面的信息。2015 年 5 月至 2020 年 12 月,审计署共发布重大政策措施落实情况跟踪审计结果公告 30 个。其中,2015 年 5 至 12 月中除 9 月份发布的公告未涉及"放管服",其余每月发布一次的审计结果公告都涉及,故 2015 年度审计署共发布了 7 个涉及"放管服"的审计结果公告。审计署自 2016 年开始按季度发布重大政策措施落实情况跟踪审计结果公告,除 2016 年第一季度的公告未涉及"放管服",其余 3 个季度的公告均涉及。截至 2020 年 12 月,审计署发布的"放管服"相关公告共 28 个,我们以此为样本,开展文本分析研究。

2. 文本分析具体步骤

基于 28 个"放管服"改革政策相关审计结果公告进行文本分析的主要步骤如下:

(1) 按审计结果公告发布的时间顺序和公告内容涉及的主要省(自治区、直辖市),将审计公告中披露的问题和与整改较好的事例相关的文字内容分为"褒""贬""中"三类。

(2) 把用违规等负面词语描述的情况归为"贬",把未采用该类词汇描述的情况归为"中",将整改较好的事例均纳入"褒",在此基础上,分别将各种情况归结到"简政放权""放管结合""优化服务"三类中。

(3) 政策执行效果审计兼具绩效审计与跟踪审计的特点,"放管服"改革政策属于国家重大政策,因此,其实施效果审计除关注效率性和效果性外,还应重点关注合规性,具体而言,若审计结果显示某省(自治区、直辖市)存在问题,再按该省(自治区、直辖市)是否违反合规性、效率性、效果性进行细分。

3. 文本分析统计结果

本卷根据国家出台相关政策的时间,将"放管服"改革分为三大阶段:启动阶段

(2015—2016年)、扩大阶段(2017—2018年)和深水区阶段(2019—2020年)。再将改革区域分为东、中、西部三个区域,采用文本分析法对审计报告进行分析,得到 2015—2020 年第二季度全国"放管服"改革的时空分布。表 5-14 列示的是涉及"放管服"改革政策的审计结果公告提及各地的次数。

(1) 启动阶段。从年度分布看,2015 年为该政策提出元年,2015 年全国各省(自治区、直辖市)被提及次数最少,共被提及 25 次。从地区分布看,由于主要的试点在东部地区,故东部地区被提及的次数比中西部地区多。

(2) 扩大阶段。表 5-14 显示,随着"放管服"改革政策的逐步深入,在中部和西部地区也开始推行,东、中、西部地区被提及的次数均增加,2017 年提及次数合计为 97 次。

(3) 深水区阶段。东部的辽宁省从 2015 年被提及 0 次逐年上升到 2019 年的 14 次,其 5 年被提及总次数位列第一。西部地区,除四川省和陕西外,其他 7 个地方被提及较少,这两个省是西部地区经济较发达、市场化程度较高的城市,更有助于"放管服"改革政策有效快速推行。西藏和青海均较晚才被提及。

表 5-14　审计结果公告体现的"放管服"改革的时空分布

| 项目 | | 改革阶段 | | | | | | 合计(次) |
|---|---|---|---|---|---|---|---|---|
| | | 启动阶段 | | 扩大阶段 | | 深水区阶段 | | |
| | | 2015(次) | 2016(次) | 2017(次) | 2018(次) | 2019(次) | 2020(次) | |
| 地区及省份 | 东部 | | | | | | | |
| | 北京 | 0 | 0 | 5 | 1 | 2 | 0 | 8 |
| | 天津 | 1 | 1 | 3 | 1 | 6 | 1 | 13 |
| | 河北 | 0 | 2 | 5 | 0 | 2 | 0 | 9 |
| | 辽宁 | 0 | 3 | 1 | 4 | 14 | 7 | 29 |
| | 上海 | 3 | 0 | 6 | 2 | 6 | 0 | 17 |
| | 江苏 | 2 | 1 | 2 | 0 | 0 | 1 | 6 |
| | 浙江 | 2 | 0 | 6 | 5 | 2 | 1 | 16 |
| | 福建 | 1 | 0 | 6 | 4 | 6 | 0 | 17 |
| | 山东 | 3 | 0 | 2 | 4 | 1 | 1 | 11 |
| | 广东 | 3 | 2 | 3 | 4 | 2 | 0 | 14 |
| | 广西 | 2 | 0 | 3 | 6 | 3 | 0 | 14 |
| | 海南 | 0 | 1 | 0 | 0 | 2 | 0 | 3 |
| | 小计 | 17 | 10 | 42 | 31 | 46 | 11 | 157 |

(续表)

| 项目 | | | 改革阶段 | | | | | 合计 |
|---|---|---|---|---|---|---|---|---|
| | | | 启动阶段 | | 扩大阶段 | | 深水区阶段 | |
| | | | 2015(次) | 2016(次) | 2017(次) | 2018(次) | 2019(次) | 2020(次) | |
| 地区及省份 | 中部 | 山西 | 0 | 0 | 5 | 0 | 6 | 4 | 15 |
| | | 内蒙古 | 1 | 0 | 0 | 0 | 2 | 1 | 4 |
| | | 吉林 | 0 | 3 | 6 | 9 | 3 | 1 | 22 |
| | | 黑龙江 | 0 | 3 | 4 | 6 | 10 | 0 | 23 |
| | | 安徽 | 2 | 1 | 1 | 2 | 0 | 0 | 6 |
| | | 江西 | 0 | 2 | 3 | 8 | 0 | 0 | 13 |
| | | 河南 | 2 | 2 | 1 | 3 | 1 | 0 | 9 |
| | | 湖北 | 1 | 0 | 8 | 6 | 4 | 0 | 19 |
| | | 湖南 | 0 | 1 | 5 | 5 | 3 | 1 | 15 |
| | | 小计 | 6 | 12 | 33 | 39 | 29 | 7 | 126 |
| | 西部 | 重庆 | 0 | 1 | 7 | 8 | 1 | 0 | 17 |
| | | 四川 | 1 | 3 | 6 | 6 | 4 | 0 | 20 |
| | | 贵州 | 0 | 3 | 3 | 0 | 1 | 0 | 7 |
| | | 云南 | 1 | 0 | 2 | 1 | 2 | 0 | 6 |
| | | 西藏 | 0 | 0 | 0 | 0 | 0 | 2 | 2 |
| | | 陕西 | 0 | 0 | 1 | 2 | 6 | 2 | 11 |
| | | 甘肃 | 0 | 0 | 3 | 0 | 3 | 0 | 6 |
| | | 宁夏 | 0 | 0 | 0 | 5 | 3 | 0 | 8 |
| | | 青海 | 0 | 0 | 0 | 0 | 1 | 0 | 1 |
| | | 新疆 | 0 | 0 | 0 | 0 | 2 | 1 | 3 |
| | | 小计 | 2 | 7 | 22 | 22 | 23 | 5 | 81 |
| 合计 | | | 25 | 29 | 97 | 92 | 98 | 23 | 364 |

从描述语气看,从启动阶段到深水区阶段,审计结果公告提及各地"放管服"改革364次,其中贬义的有251次,占比较大,达68.96%;中性的有65次,占17.86%;褒义的有48次,占比最少,仅为13.18%。这也在很大程度上说明,"放管服"改革进程中还存在一定程度的问题和困境。2015—2020年涉及"放管服"的审计结果公告提及各地的次数及不同语气的次数如表5-15所示。

表 5-15　2015—2020 年涉及"放管服"的审计结果公告提及各地的次数及不同语气的分布

| 项目 | | 提及次数 | 贬义 | 中性 | 贬义与中性占比合计 | 褒义 | 贬义占比 |
|---|---|---|---|---|---|---|---|
| 东部 | 北京 | 8 | 6 | 0 | 6 | 2 | 75.00% |
| | 天津 | 13 | 8 | 1 | 9 | 4 | 61.54% |
| | 河北 | 9 | 6 | 1 | 7 | 2 | 66.67% |
| | 辽宁 | 29 | 21 | 7 | 28 | 1 | 72.41% |
| | 上海 | 17 | 12 | 4 | 16 | 1 | 70.59% |
| | 江苏 | 6 | 2 | 3 | 5 | 1 | 33.33% |
| | 浙江 | 16 | 5 | 7 | 12 | 4 | 31.25% |
| | 福建 | 17 | 13 | 0 | 13 | 4 | 76.47% |
| | 山东 | 11 | 6 | 3 | 9 | 2 | 54.55% |
| | 广东 | 14 | 10 | 0 | 10 | 4 | 71.43% |
| | 广西 | 14 | 12 | 1 | 13 | 1 | 85.71% |
| | 海南 | 3 | 2 | 0 | 2 | 1 | 66.67% |
| | 小计 | 157 | 103 | 27 | 130 | 27 | 65.61% |
| 中部 | 山西 | 15 | 9 | 4 | 13 | 2 | 60.00% |
| | 内蒙古 | 4 | 2 | 2 | 4 | 0 | 50.00% |
| | 吉林 | 22 | 17 | 3 | 20 | 2 | 77.27% |
| | 黑龙江 | 23 | 16 | 2 | 18 | 5 | 69.57% |
| | 安徽 | 6 | 3 | 1 | 4 | 2 | 50.00% |
| | 江西 | 13 | 12 | 1 | 13 | 0 | 92.31% |
| | 河南 | 9 | 6 | 1 | 7 | 2 | 66.67% |
| | 湖北 | 19 | 16 | 3 | 19 | 0 | 84.21% |
| | 湖南 | 15 | 14 | 0 | 14 | 1 | 93.33% |
| | 小计 | 126 | 95 | 17 | 112 | 14 | 75.40% |
| 西部 | 重庆 | 17 | 14 | 2 | 16 | 1 | 82.35% |
| | 四川 | 20 | 8 | 8 | 16 | 4 | 40.00% |
| | 贵州 | 7 | 5 | 1 | 6 | 1 | 71.43% |
| | 云南 | 6 | 5 | 1 | 6 | 0 | 83.33% |

(续表)

| 省份 | | 提及次数 | 贬义 | 中性 | 贬义与中性占比合计 | 褒义 | 贬义占比 |
|---|---|---|---|---|---|---|---|
| 西部 | 西藏 | 2 | 0 | 2 | 2 | 0 | 0.00% |
| | 陕西 | 11 | 7 | 4 | 11 | 0 | 63.64% |
| | 甘肃 | 6 | 6 | 0 | 6 | 0 | 100.00% |
| | 宁夏 | 8 | 6 | 1 | 7 | 1 | 75.00% |
| | 青海 | 1 | 1 | 0 | 1 | 0 | 100.0% |
| | 新疆 | 3 | 1 | 2 | 3 | 0 | 33.33% |
| | 小计 | 81 | 53 | 21 | 74 | 7 | 65.43% |
| 合计 | | 364 | 251 | 65 | 316 | 48 | 68.96% |

表 5-16 给出了 2015—2020 年审计结果公告提及的贬义和褒义次数最多的地方。结合表 5-15 和表 5-16 中的相关内容可知，甘肃、青海两省贬义占比高达 100%，湖南省和江西省贬义占比均为 92% 以上。黑龙江省 2016—2017 年连续两年褒义次数最多，被提及 4 次。浙江省在 2015—2020 年被提及的 16 次中，贬义仅占 31.25%，也是 2015 和 2018 年褒义次数最多的省份之一。2015—2020 年我国

表 5-16　2015—2020 年审计结果公告提及的贬义披露和褒义次数最多的省份

| 改革阶段 | 启动阶段 | | 扩大阶段 | | 深水区阶段 | |
|---|---|---|---|---|---|---|
| 年份 | 2015 | 2016 | 2017 | 2018 | 2019 | 2020 |
| 贬义最多次数 | 2 | 3 | 7 | 8 | 9 | 7 |
| 省份 | 广东、广西、山东、上海 | 吉林、辽宁 | 重庆 | 吉林 | 辽宁 | 辽宁 |
| 褒义最多次数 | 1 | 2 | 2 | 1 | 1 | 0 |
| 省份 | 安徽、福建、广东、天津、浙江 | 黑龙江 | 北京、福建、河北、黑龙江、山西 | 安徽、广东、广西、河南、山东、四川、浙江 | 四川、广西、福建、天津、辽宁、黑龙江、宁夏、广东、吉林、海南 | — |

审计结果公告主要披露发现的"放管服"改革问题,较少列举改革成效好的地方,即便是得到审计署褒奖的地方,被提及的贬义次数也居高不下。这表明各地区"放管服"改革政策有待进一步完善和有效落实。

按照"放管服"改革成效较好和改革成效需加强标准将各地分成两类。其中,"放管服"改革成效较好的地方有黑龙江省和浙江省。"放管服"改革成效需加强的地方为辽宁省。将黑龙江省和浙江省与辽宁省存在的典型问题比对后分析得出,黑龙江省和浙江省存在的问题类似,均为在市场化交易中设置区域性壁垒,或者设置其他不合理的限制性条件,以及在政府采购中设置不合理的条件限制、排斥潜在投标人或投标人的指标因素。

## 5.9 本章小结

政策执行效果审计已成为国家推动重大政策措施有效落地的重要监督工具。本章在厘清政策执行效果审计的内涵、外延、基础理论、目标和内容的基础上,提出政策执行效果审计的评价规则、内容,并构建政策执行效果审计评价体系,梳理了政策执行效果审计的审计流程。本章在全面探索政策执行效果审计相关理论的基础上,通过分析国家为应对汶川地震、九寨沟地震以及新冠疫情等重大公共突发事件出台的应急管理政策措施的实施情况,分析政策执行效果审计在推动公共政策执行中的重要作用、存在的问题,以及改进路线。同时,本章通过提出假设,构建模型,设计检验政策执行效果审计作用的实证研究的方式。本章还梳理和分析了近几年来政府审计机关围绕"放管服"等政策措施执行开展的审计工作。

# 6 国家审计与环境治理

## 6.1 我国的环境治理

### 6.1.1 我国环境治理现状

自 1978 年改革开放以来,我国经济保持了 40 多年的强劲增长态势。在这 40 多年中,我国经济总量先后超过俄罗斯、加拿大、意大利、日本等国家,仅次于美国,我国成为世界第二大经济体。伴随着经济的高速发展,我国环境污染加剧,进入 21 世纪以来,在一段时间内,环境污染事故频发,各地 PM2.5 指数频频爆表。环境污染给人民生活、工业生产以及社会安全带来了严重的影响,环境问题引起全社会的高度关注,党和国家也高度重视环境问题。2012 年,党的十八大报告把生态文明建设纳入中国特色社会主义事业"五位一体"总体布局,首次把"美丽中国"作为生态文明建设的宏伟目标。2017 年,党的十九大报告提出要坚决打好防范化解重大风险、精准脱贫、污染防治的"三大攻坚战",进一步把建设"美丽中国"上升到建设怎样的社会主义强国的高度。习近平总书记在党的十九大报告中指出,"必须树立和践行绿水青山就是金山银山的理念,坚持节约资源和保护环境的基本国策"。由此可见,生态文明建设已引起党和国家的高度重视,已成为中国特色社会主义建设的重要目标之一。

### 6.1.2 国家审计参与环境治理的现状

国家治理的目标决定了国家审计的方向(刘家义,2012),在助推国家环境治理的实践方面,审计署陆陆续续开展了环境审计,具体情况如表 6-1 所示。2008 年,审计署开展的"三河三湖"水污染防治绩效审计涉及 13 个省、83 个地级市,拉开了国家层面环境审计的序幕。之后,几乎每年审计署都在不同地方开展环境审计。这些环境审计行动的审计对象既包括中央企业,如 2008 年开展的"41 户中央企业节能减排情况审计";也包括地方政府,如 2012 年 11 月至 2013 年 3 月期间开展的"5 044 个能源节约利用、可再生能源和资源综合利用项目审计"。审计内容既包括环境绩效审计,也包括环保财政专项资金,还包括环保政策的落实情况。审计地域既有东部发达省(自治区、直辖市),也有中西部欠发达省(自治区、直辖市);既有城镇地区,也有农村地区。在审计规模上,既有对几十家企业的小规模审计,也有对数个行业开展的大规模审计。可以说,国家审计已经深入参与环境治理的方方面面,实现了审计的全覆盖。

表 6-1 列示了 2008—2019 年审计署开展的环境审计的情况。

表 6-1　　　　　　　　2008—2019 年审计署开展的环境审计

| 序号 | 审计结果公告名称 | 审计时间 | 审计对象 | 审计内容 |
| --- | --- | --- | --- | --- |
| 1 | 2009 年第 6 号"41 户中央企业节能减排情况审计调查结果" | 2008 年 | 41 户中央企业,是审计署从全国千家重点耗能和国家重点监控污染源企业中随机选取的,这些中央企业分属中国石化等 8 家大型中央企业集团公司 | 企业的能源消耗以及二氧化硫和化学需氧量排放 |
| 2 | 2009 年第 13 号"'三河三湖'水污染防治绩效审计调查结果" | 2008 年 | 北京、内蒙古、吉林、辽宁、江苏、浙江、上海、河北、山东、河南、湖北、安徽、云南等 13 个省(自治区、直辖市) | 水污染防治绩效情况 |
| 3 | 2009 年第 5 号"渤海水污染防治审计调查结果" | 2008.3—2008.9 | 天津、大连、营口、盘锦、锦州、葫芦岛、唐山、秦皇岛、沧州、滨州、东营、潍坊和烟台等 13 个市 | 水污染防治情况 |
| 4 | 2011 年第 38 号"20 个省有关企业节能减排审计调查整改结果" | 2009.10—2010.9 | 河北、山西、内蒙古、辽宁、吉林、黑龙江、江苏、浙江、安徽、福建、山东、河南、湖北、湖南、广东、广西、重庆、四川、贵州、陕西等 20 个省(自治区、直辖市) | 电力、钢铁和水泥等行业节能减排情况 |
| 5 | 2011 年第 36 号"黄河流域水污染防治与水资源保护专项资金审计" | 2010.11—2011.3 | 甘肃、宁夏、内蒙古、陕西、山西、河南、山东等 7 省(自治区)以及水利部黄河水利委员会 | 黄河流域水污染防治与水资源保护专项资金及相关工作情况 |
| 6 | 2011 年第 37 号"9 个省市 2010 年度城镇污水垃圾处理专项资金审计结果" | 2011 年 | 天津、上海、浙江、湖北、广东、重庆、云南、深圳、四川等 9 个省(直辖市)、市 | 城镇污水垃圾处理专项资金(含污水垃圾处理项目建设资金、污水垃圾处理费)的征收、管理和使用情况 |

(续表)

| 序号 | 审计结果公告名称 | 审计时间 | 审计对象 | 审计内容 |
|---|---|---|---|---|
| | 2013年第25号公告"5 044个能源节约利用、可再生能源和资源综合利用项目审计结果" | 2012.11—2013.3 | 天津、河北、辽宁、吉林、黑龙江、上海、江苏、安徽、福建、山东、湖北、湖南、广东、重庆、四川、云南、陕西、甘肃等18个省(直辖市) | 能源节约利用(21110款)、可再生能源(21112款)和资源综合利用(21113款)节能环保类三个款级科目资金 |
| 7 | 2013年第16号公告"10个省1 139个节能减排项目审计结果" | 2012.5—2012.9 | 山西、内蒙古、辽宁、吉林、江苏、浙江、河南、广东、广西、宁夏等10个省(自治区) | 中央和省级财政投入的节能减排专项资金及1 139个节能减排项目 |
| 8 | 2016年第10号公告"审计署关于883个水污染防治项目审计" | 2015.10—2016.1 | 北京、天津、山西、辽宁、吉林、黑龙江、上海、江苏、山东、河南、湖北、湖南、广东、重庆、四川、云南、陕西、甘肃等18个省(直辖市) | 883个水污染防治项目、污染防治相关资金管理使用情况 |
| 9 | 2017年第9号公告"18个省节能环保重点专项资金审计" | 2016.12—2017.3 | 河北、山西、辽宁、吉林、黑龙江、江苏、浙江、山东、湖北、广东、广西、海南、重庆、四川、云南、陕西、甘肃、青海等18个省(自治区、直辖市) | 工业企业结构调整专项奖补资金,用于淘汰落后和化解过剩产能、节能与新能源汽车推广、充电基础设施建设运营、既有建筑节能改造、节能减排财政政策综合示范、园区循环化改造的资金 |
| 10 | 2018年第3号公告"长江经济带生态环境保护审计" | 2017.12—2018.3 | 长江经济带11个省、直辖市(云南、四川、贵州、重庆、湖北、湖南、江西、安徽、江苏、浙江、上海) | 生态环境保护相关政策措施落实和资金管理使用情况 |
| 11 | 2019年第9号公告"环渤海地区生态环境保护审计结果" | 2017年 | 环渤海地区(北京、天津、河北、辽宁和山东) | 渤海生态环境保护资金管理使用情况 |

## 6.2 国家审计服务环境治理的理论基础

### 6.2.1 基于受托经济责任观的分析

根据受托经济责任观,受托经济责任关系的确立是审计产生和发展的前提,现代审计作为一种特殊的经济控制,其本质目标是保障和促进受托经济责任的全面有效履行。受托经济责任内容与时俱进的发展变化是现代审计功能拓展和审计创新的内在依据,受托经济责任内容的发展变化影响着审计的目标和方向。环境污染的加剧会影响工业生产和人民生活,环境恶化与人民群众对美好生活的向往之间的矛盾日益突出,生态环境问题已经成为党和国家高度重视的问题。国家加强环境治理不仅是满足广大人民群众对美好生活追求的必然要求,而且是国家推进生态文明建设、实现"美丽中国"目标的重要内容。由此可见,加强环境治理,改善环境绩效早已成为政府与企业履行受托经济责任的重要内容之一。当环境治理成为受托经济责任的重要内容时,作为保障受托经济责任全面有效履行的重要监督机制,审计的功能就应当向环境审计拓展,审计的目标就应包含服务环境治理,并充分发挥环境绩效审计的功能。因此,审计服务环境治理,是其保障受托经济责任全面有效履行的必要要求,是其目标的应有之义。

### 6.2.2 基于现代国家审计功能拓展的分析

国家审计产生于公共受托经济责任关系的确立,公共受托经济责任的内容决定了国家审计的方向,公共受托经济责任内容与时俱进的发展和变化推动着国家审计的目标和功能不断拓展。广大人民群众在追求美好生活的过程中对良好生态环境的需求愈发强烈,党和国家对生态环境问题也愈发重视,因此,公共受托经济责任的内容也在与时俱进地发展变化,相应地,现代国家审计的功能已拓展到社会责任审计和环境审计方面,加强环境治理和提高环境绩效应当充分发挥国家审计的功能。实践中,环境审计已成为国家审计的主要工作职责与目标任务,也是国家推进环境治理和生态文明建设的重要监督机制。国家审计通过对环保财政资金的合规性进行审计,可以优化财政资金的合理配置,通过开展环境绩效审计可以促进生态环境的改善和环境绩效的提高,通过开展环境保护政策执行效果审计可以有效促进政府对环保政策的贯彻落实。因此,国家审计服务环境治理,是公共受托经济责任的内容向环境治理和环境保护延伸的必然要求,是现代国家审计功能拓展的需要和自然结果。

### 6.2.3 基于国家审计"免疫系统论"的分析

根据国家审计"免疫系统论",国家审计是国家治理的重要组成部分,是国家治理监督控制子系统中的"免疫系统",具有独有的预防、揭示和抵御功能,有利于国家实现良治。具体而言,国家审计通过对环境污染防治绩效和环保专项资金的保全性、合规性、经济性、效果性和控制性进行监督检查,可以发现、反映和揭示地方政府和企业落实环境保护政策过程中的环境资金使用违规、环境治理违规等行为,促进地方政府和企业落实环境保护政策。国家审计的监督权由宪法和法律赋予,经常开展的国家审计将会对地方政府和企业的环境治理行为形成威慑作用,对环境治理中的违规行为能够起到一定的预防和预警作用。同时,国家审计通过及时跟进、密切关注国家环境保护政策的落实情况,能够及时发现苗头性、倾向性问题,及早感知风险;通过提前发出警报,能够防止苗头性问题转化为趋势性问题,防止有关人员的环境违法违规意念转化为环保违法违规行为,有效发挥预防功能。环境审计的开展可以为党和国家提供环境保护政策贯彻落实情况和环境治理实际效果的相关数据信息,可以为党和国家健全环境保护基本制度、完善环境治理法规制度提供依据,从而避免环境治理中的各种制度缺失和体制缺位问题,抵制和抵御地方政府、企业等各方组织的环境污染行为,促进环境治理绩效的提升和环境质量的改善。

## 6.3 国家审计服务环境治理的现实依据

自工业革命以来,人类改造自然的能力和技术得到了飞速发展,这极大提高了人类的物质生活水平和工业生产水平。伴随着经济基于高污染高消耗的粗放型增长,人类面临的环境污染和生态破坏问题日益严重。频繁发生的城市雾霾、臭氧空洞、水污染、重金属污染等环境污染事件给人类带来了惨痛的教训,对人们的健康生活和正常的工业生产的影响越来越大,甚至影响人类社会的可持续发展。加强环境治理,提高环境质量已成为世界各国和地区面对的共同重要议题。国家审计在环境治理中的重要作用已越来越受到世界各国和地区的广泛关注和重视。无论从审计机构设置、法律法规制定,还是从国家审计实践的国际经验来看,国家审计在国家环境治理中都发挥着重要作用。

### 6.3.1 机构设置层面

从机构设置来看,目前世界上多数国家都设置了政府环境审计组织和科层结构,为国家审计工作的开展提供了组织保障。为了保障国家审计工作的有效实施,美国于1978年在审计署设立了自然资源利用与环境保护司、环保资金审计处和环境绩效审计处三个审计部门,这三个专门机构负责执行美国政府环境审计工作。英国环境审计始于1989年,英国审计署负责对中央管辖的环境范围进行审计。1997年,英国成立专门的环境审计机构——环境审计委员会(Environmental Audit Committee,简称EAC),隶属于英国下议院,主要负责公共部门或机构的环境绩效审计。德国从20世纪70年代开始重视环境保护工作,并于1991年在审计院正式成立环境审计处,环境审计处负责开展环境保护合规性审计、环境绩效审计等工作。1995年,加拿大在审计署(OAG)中增设了负责环境审计的专员职位——联邦环境和可持续发展专员,由其专门负责联邦政府的环境审计工作,对联邦政府在环境保护和促进可持续发展方面所做的工作进行客观鉴证、分析与报告。自1999年以来,日本会计检查院将环境保护纳入其基本审计范围,并于2009年在会计检查院设立环境及区域发展审计科,环境及区域发展审计科专门负责环境审计工作。自1983年我国审计署成立以来,环境审计一直都是我国政府审计工作的内容之一。随着国家对环境治理工作的日益重视,我国的政府环境审计组织机构逐步建立并日益完善。1998年,审计署农业审计司改为农业与资源环境保护审计司,该司下设环保审计处,专门负责组织开展环境保护专项资金审计。2003年6月,审计署成立了环境审计协调领导小组,由一位署领导任组长,标志着环境审计正式成为一项全署性的工作。2014年10月31日,审计署正式成立了资源环境审计司,各级地方审计机关也都建立了相应的资源环境审计部门,专门负责自然资源管理、环境污染防治、环境政策跟踪落实、环保资金和环境绩效等的审计工作。

世界上多数国家建立了专门的国家环境审计组织,并规定国家环境审计组织的职责和目标,这为国家环境审计工作的开展提供了良好的组织保障。

### 6.3.2 法律法规层面

我国国家审计准则、审计署审计工作发展规划等均明确规定了国家审计在环境保护和环境治理中的重要作用,为国家审计服务环境治理提供了法制法规依据。我国涉及国家审计与环境治理的相关法规文件如表6-2所示。《中华人民共和国国家审计准则》(2010)规定,"审计机关的主要工作目标是通过监督被审计单位财政收支、财务收支以及有关经济活动的真实性、合法性、效益性,维护国家经济安全,保障国家经济和社会健康发展",并明确指出效益性不仅包括经济效益和社会效益,还包括环境效益。为了加强审计工作,推动国家重大决策部署和有关政策措施的贯彻落实,促进经济社会持续健康发展,国务院颁布了《国务院关于加强审计工作的意见》,规定要加大对经济运行中风险隐患的审计力度,密切关注资源和环境保护等方面存在的风险隐患;在促进改善民生和生态文明建设方面,要加强对大气、水、固体废弃物污染的治理和生态保护情况的审计,推动环保政策落实到位;在维护审计的独立性上,地方各级政府要保障审计机关依法审计、依法查处问题,不受其他行政机关、社会团体和个人的干涉。自2003年以来,审计署环境审计工作

表 6-2　　　　　部分审计法规文件对环境审计工作的规定

| 法规文件 | 发文时间 | 相关内容 |
| --- | --- | --- |
| 《审计署关于印发审计署2003至2007年审计工作发展规划的通知》（审办发〔2003〕38号） | 2003年 | 借鉴国际先进经验,加强规划协调,搞好国家重点区域环境保护投入和重大环境保护项目的审计监督,探索建立中国特色环境审计模式,促进环境保护基本国策的落实 |
| 《审计署关于印发审计署2006至2010年审计工作发展规划的通知》（审办发〔2006〕48号） | 2006年 | 根据经济社会发展的需要,充实和加强转移支付审计、社保审计、资源与环境审计 |
| 《审计署关于贯彻落实中央促进经济发展政策措施的通知》（审办发〔2008〕133号） | 2008年 | 对重大民生项目、重大生态环境项目实行跟踪审计,全程参与,及时发现、预防和抵御各种问题和风险,切实维护国家和人民群众的根本利益 |
| 《审计署关于印发2008至2012年审计工作发展规划的通知》（审办发〔2008〕72号） | 2008年 | 以落实节约资源和保护环境基本国策为目标,维护资源环境安全,发挥审计在促进节能减排措施落实以及在资源管理与环境保护中的积极作用。对水、大气、固体废弃物污染治理和生态保护等方面的审计,重点关注环保资金投入、管理、使用情况和环保政策落实、环保目标实现情况,揭露和查处破坏生态、污染环境、影响人民群众身体健康的重大环境问题,提出提高资金使用效益和完善环保政策措施的建议。对企业执行国家节能减排相关政策及采取具体措施的情况进行专项审计调查,重点了解企业节能减排工作所取得的成效,关注各项措施的落实情况,查找存在的主要问题并分析原因,提出完善节能减排的政策意见及建议,促进企业进一步增强节能减排意识,自觉履行社会责任 |
| 《关于进一步加强审计监督促进经济平稳较快发展的通知》（审办发〔2009〕67号） | 2009年 | 坚持揭示和反映违规建设"两高"和产能过剩项目,以及建设中造成的资源破坏损毁、环境污染、乱占耕地等问题,促进转变经济发展方式 |
| 《中华人民共和国国家审计准则》（审计署令第8号） | 2010年 | 通过监督被审计单位财政收支、财务收支以及有关经济活动的真实性、合法性、效益性,维护国家经济安全,保障国家经济和社会健康发展 |
| 《中华人民共和国国家审计准则》（审计署令第8号） | 2010年 | 效益性是指财政收支、财务收支以及有关经济活动实现的经济效益、社会效益和环境效益 |

(续表)

| 法规文件 | 发文时间 | 相关内容 |
| --- | --- | --- |
| 《审计署关于加强审计监督促进"十二五"规划顺利实施的意见》(审办发〔2011〕33号) | 2011年 | 围绕建设资源节约型和环境友好型社会,加强资源环境审计。按照"十二五"规划纲要关于"绿色发展,建设资源节约型、环境友好型社会"的要求,加强对水、大气、土壤、固体废弃物污染和生态保护等方面的审计,关注经济发展中影响气候变化的问题,揭露和查处不落实防治措施、严重污染环境等涉及人民群众身体健康和环境安全的问题;加强对节能减排资金投入、管理、使用和相关政策法规执行情况的审计,揭露和查处落实节能减排政策不到位、淘汰落后产能进展滞后等问题。同时,关注影响经济可持续发展的资源和环境保护方面的突出矛盾,切实增强经济发展后劲 |
| 《审计署关于印发审计署"十二五"审计工作发展规划的通知》(审办发〔2011〕112号) | 2011年 | 以促进贯彻落实节约资源和保护环境的基本国策为目标,检查国家资源环境政策法规贯彻落实、资金分配管理使用和资源环保工程项目的建设运营情况,维护资源环境安全,发挥审计在资源管理与环境保护中的积极作用,推动生态文明建设。<br>——加强对水、大气、土壤、重金属、固体废弃物、核能利用等污染防治情况的审计,揭露和查处防治不落实规划政策措施,违规处置、排放污染物,防治设施运营不正常,严重污染环境等问题,促进各地加强污染防治,不断改善环境质量。<br>——加强对森林、湿地、草原、生物等重点生态系统保护和防沙治沙、水土保持、防治石漠化等生态治理工程建设实施情况的审计,促进生态保护与修复,加强生态环境建设。<br>——加强对节能减排资金的分配、管理、使用和相关政策法规执行情况的审计,揭露和查处落实节能减排政策法规不到位、淘汰落后产能进展滞后、严重浪费能源资源等问题,促进各地转变经济发展方式,优化产业结构 |
| 《国务院关于加强审计工作的意见》(国发〔2014〕48号) | 2014年 | 加大对经济运行中风险隐患的审计力度,密切关注财政、金融、民生、国有资产、能源、资源和环境保护等方面存在的薄弱环节和风险隐患。促进各地改善民生和生态文明建设。加强对土地、矿产等自然资源保护情况,以及大气、水、固体废弃物污染治理情况的审计,探索实行自然资源资产离任审计,推动惠民和资源环保政策落实到位 |

(续表)

| 法规文件 | 发文时间 | 相关内容 |
| --- | --- | --- |
| 《审计署关于切实发挥审计监督作用促进经济平稳健康运行若干意见》（审办发〔2014〕73号） | 2014年 | 结合国家政策的着力点和资金投向要求，加强对节能环保等重点项目的审计，监督好生态环境保护等方面民生资金的使用。关注资源环境风险，加强对水、矿产、土地等资源以及环境保护情况的审计，揭露和查处破坏、浪费资源，造成国有资源流失和危害资源环境安全等问题 |
| 《关于实行审计全覆盖的实施意见》（中办发〔2015〕58号） | 2015年 | 检查政府在国有资源管理和开发利用过程中遵守国家法律法规的情况，贯彻执行国家重大政策措施和宏观调控部署的情况，国有资源开发利用和生态环境保护的情况，相关资金的征收、管理、分配和使用情况，资源环境保护项目的建设情况和运营效果，以促进资源节约集约利用和生态文明建设。将生态环境保护等情况作为领导干部经济责任审计的重要内容，对领导干部实行自然资源资产离任审计 |
| 《审计署关于印发进一步加大审计力度促进稳增长等政策措施落实意见的通知》（审政研发〔2015〕58号） | 2015年 | 促进重大政策有效落实，重点关注各地、各部门对节能环保等产业的支持力度情况；促进重大建设项目加快推进，加强对生态环保、清洁能源等11类国家重大工程项目的审计；关注资源环境风险，加强对水、矿产、土地等资源以及环境保护情况的审计，防范危害资源环境安全等问题 |
| 《审计署办公厅关于加强审计监督进一步推动财政资金统筹使用的意见》（审办财发〔2015〕122号） | 2015年 | 各级审计机关要认真贯彻国务院部署，按照国务院要求，在财政、资源环境、民生等相关领域审计中，紧紧围绕"整合专项、盘活存量、优化支出、提高效益"目标开展工作，进一步推动各地整合资金、统筹安排财政资金，提高财政资金使用绩效，促进经济平稳健康运行 |
| 《审计署关于2015年地方审计机关开展审计业务工作的指导意见》（审办财发〔2015〕122号） | 2015年 | 因地制宜，大力推进资源环境审计，促进各地、各部门依法有序和有效使用资源，推进生态文明建设。积极推进资源环境审计与其他专业审计相结合，促进各专业审计密切关注资源环境审计内容，形成资源环境审计合力 |
| 《审计署关于适应新常态践行新理念更好地履行审计监督职责的意见》（审政研发〔2016〕20号） | 2016年 | 自觉服务经济社会发展大局，着力促进各地保障、改善民生和保护生态环境，充分发挥审计在国家治理中的基石和重要保障作用。加大资源环境审计力度，各项审计都要关注资源节约集约循环利用和环境保护政策落实情况，促进绿色发展方式和生活方式的形成，推动绿色发展 |

(续表)

| 法规文件 | 发文时间 | 相关内容 |
| --- | --- | --- |
| 《审计署关于印发"十三五"国家审计工作发展规划的通知》（审政研发〔2016〕55号） | 2016年 | 审计要围绕加快推进生态文明建设的重大部署，始终关注资源节约集约循环利用和环境保护政策落实情况，促进绿色发展方式和生活方式的形成，推动绿色发展。<br>以促进全面节约和高效利用资源、加快改善生态环境为目标，依法对土地、矿产、水资源、森林、草原、海洋等国有自然资源，以及环境综合治理和生态保护修复等情况进行审计，加大对资源富集和毁损严重地区的审计力度，对重点国有资源、重大污染防治和生态系统保护项目实行审计全覆盖，推动生态文明建设 |

规划越来越重视环境审计工作。从"落实环境保护基本国策"，到兼顾"建设资源节约型和环境友好型社会"，再到"加快推进生态文明建设，推动绿色发展"，环境审计工作肩负的责任越来越大。国家审计工作的内容越来越丰富，从环境保护投入和重大环境保护项目审计，到水、大气、固体废弃物污染防治绩效审计、企业节能减排审计、环保政策落实情况审计、环境综合治理和生态保护修复审计等。此外，2008年以来，随着我国经济增长方式的转变，为更好地服务国家治理，促进经济平衡、健康、绿色发展，审计署颁布了相应的法规文件，并对国家审计工作提出了不同的要求和规定。

综观国际组织和欧美发达国家，国家审计服务环境治理的职责也被写入了相关法律法规中。美国环境保护局不仅颁布实施了《黄皮书——联邦市政环境执行指南》和环境审计草案，还制定了《暴雨污染防治计划下的环境合规审计指南》《美国国家环保局废水处理管理规定下市政设施的环境合规审计指南》等环境审计指南，为审计人员实施环境审计提供了法制保障和工作指南。加拿大不仅通过了新的《审计长法》，还建立了比较完善的环境管理体系审计标准（ISO19011）和合规性审计标准（CSAZ773-03），为环境审计工作提供了法律依据和技术标准。德国颁布的环保法和预算法成为联邦审计院开展审计工作的主要依据。最高审计机关国际组织长期以来一直关注环境问题，并于1995年发表了《在国际环境协议审计方面进行合作的指南》和《从环境视角进行审计活动指南（草案）》。2004年，最高审计机关国际组织环境审计委员会发布了《环境审计与合规审计》，这为各成员方环境审计实务的开展提供了依据和参考标准。自2005年以来，亚洲审计组织环境审计委员会每隔3年都会发布工作计划（草案），为成员方环境审计标准的制定和开展环境审计实务工作提供参考。

这些审计法规文件对环境审计工作的规定,为国家审计促进环境治理提供了法制保障。当服务环境治理成为国家审计的法定职责时,国家审计理应发挥其功能,促进环境治理,服务绿色经济发展。

### 6.3.3 国际经验层面

从国际环境审计实践经验来看,政府审计在各国环境治理中发挥着重要作用。早在1969年,美国审计署就开展了环境审计工作。大气污染防治审计是美国审计署开展较早的重点环境审计领域。20世纪70年代,随着工业化带来的雾霾污染问题日益严重和环保运动的兴起,美国政府高度重视空气质量问题,并采取了一系列政策措施防治空气污染。美国审计署开始实施大气污染防治审计,出具了247份与空气污染治理相关的审计报告,为监督大气污染防治和保障空气污染治理政策措施的有效执行发挥了重要作用。此后,美国不仅有效治理了雾霾问题,而且形成了一个环保法规、环保机构、环保诉讼与审计监督相互协作的环境保护体系。随着环境审计的不断发展,目前美国审计署环境审计工作的内容不仅包括大气、水、能源、气候变化、化学品等方面,还包括环保法规执行、环境政策执行、环保战略规划等各个方面;审计类型包括环境财务审计、环境绩效审计和环境合规审计。据美国审计署官网披露,1970—2020年,美国审计署发布了307份环境财务效益审计报告、333份环境法规审计报告、866份环境监督审计报告、593份环境政策审计报告、341份环境保护审计报告、536份有害物质审计报告、355份环境污染防治审计报告、629份环境项目管理与评价审计报告。

20世纪七八十年代,加拿大审计署开始开展环境审计,并于1987年对路易斯湖区环境保护项目等开展了15项专项审计。1995年,加拿大在审计署(OAG)中增设了负责环境审计的专员职位——联邦环境和可持续发展专员,由其专门负责联邦政府的环境审计工作。目前加拿大开展的环境审计工作范围广泛,不仅包括传统的环境财务审计、环境合规性审计和环境绩效审计,还包括污染场所审计、有害物质及特殊废弃物审计、环境政策落实情况审计、环境影响评价以及环境管理体系认证等。加拿大开展的环境审计工作对政府和企业产生了重要影响。

英国于1997年成立的环境审计委员会负责公共部门或机构的环境绩效审计。目前英国环境审计委员会的审计领域涉及生态环境、自然资源、废弃物处置、环境政策执行、环境财政支出的合理性和效果性等多个方面。政府环境审计在确保英国地方政府受托环保责任履行、促进地方政府改善环境绩效、推进经济绿色可持续发展中扮演了重要角色。

从发达国家的国家审计实践经验来看,各国越来越重视国家审计在国家环境治理中的重要作用。国家审计参与环境治理已成为一种国际惯例,环境审计也必将成为国家审计未来工作的重要发展方向。

## 6.4 国家审计服务环境治理的作用机制与路径

### 6.4.1 促进绿色投资,引导绿色创新

环境属于典型的公共物品,环境治理具有显著的外部性。有研究认为,政企合谋是影响我国企业环境违法行为的一个重要因素。同样地,环境治理离不开地方政府和企业的共同努力。企业的工业生产会造成环境污染,企业也是政府环保专项资金的主要使用者,企业理应成为环境治理的关键。地方政府是环境治理的主要受托责任人,在落实中央环境保护政策与规范企业环境治理行为之间扮演着"中间人"的角色。国家审计是国家治理的重要监督机制,环境审计是国家加强环境管理的重要手段。国家审计监督权由宪法和法律赋予,审计机关通过开展审计监督检查环保专项资金管理使用情况、节能减排政策落实情况,将会对地方政府和企业环境治理的合规性形成一种直接的威慑作用,而国家审计结果公告又会引起媒体、社会公众的广泛关注,进一步放大国家审计的威慑作用。国家审计的这种威慑作用会督促地方政府和企业增加环保投资水平,改善环境绩效,缓解自身的环保合规性压力。对于环保成本较高的企业,国家审计的威慑作用可能会引导企业通过绿色创新、研发节能环保技术等使环境成本内部化,以满足环境保护的合规性要求,从而实现环境治理。

### 6.4.2 优化环境资源配置,提升环境治理效率

环境具有典型的公共物品属性,环境的有效治理无法单纯依靠"看不见的手"——市场的力量来实现,还需要政府这只"看得见的手"的干预与管理。财政支出是国家宏观调控的重要手段,政府提供环境保护财政支出对解决环境污染治理投资不足的问题具有重要的作用。地方政府是我国环境治理的主要受托责任人,地方政府接受公众的委托,管理、分配和使用环境保护相关的公共资金、公共资源。国家审计通过对环保公共资金(专项资金)和环境公共资源的保全性、合规性、经济性、效果性和控制性进行监督检查,可以发现、反映和纠正地方政府在落实环境保护政策过程中的违规使用环保资金行为,这将会有效地提升环保资金的使用效率,优化公共资源的配置,进而提升环境治理效率,改善环境治理绩效。

### 6.4.3 保障环境保护政策有效执行

环境问题历来都是党和国家高度重视的问题,在推进环境治理上,党和国家制定了一系列的环境保护政策。环境治理要求这些环境保护政策得到有效的贯彻落实。国家审计通过对环境保护政策落实情况实施跟踪审计,可以掌握国家环境保护政策的执行效果,发现和纠正地方政府和企业在实际执行政策的过程中偏离国家环境保护政策的行为,如政企合谋,环保懒作为、慢作为和不作为等,发挥国家审计的揭示功能。此外,环境保护政策落实情况跟踪审计可以提供环境治理实际效果相关的数据信息,为国家健全环境保护基本制度、完善环境治理法规制度提供依据,从而避免环境治理中的各种制度缺失,抵制和抵御地方政府、企业等各方的环境污染行为。因此,国家审计的开展可以保障国家环境保护宏观政策得到有效贯彻落实,促进国家顺利实现环保的预期目标,有效促进环境治理绩效的提升。

## 6.5 实证研究

企业作为环境污染的主要制造者,也是环境治理的具体实施者。地方政府是国家政策措施的贯彻执行者,是国家推进环境治理的直接受托责任人。国家环境治理离不开地方政府和企业的共同参与。因此,我们可以从企业微观层面和地区宏观层面两个环境责任履行主体角度开展环境审计服务国家环境治理的实证研究,探索国家审计服务国家环境治理的效果,具体研究设计思路图如图6-1所示。

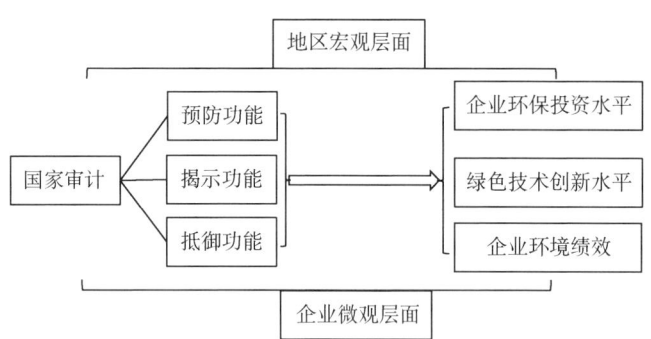

图 6-1 国家审计促进企业环境治理的思路图

### 6.5.1 国家审计促进企业环境治理的实证研究设计

对国家审计促进企业环境治理的实证研究,本卷认为可以从以下几个角度进行:一是国家审计对提高企业环保投资水平的作用;二是国家审计对提高企业绿色技术创新水平的作用;三是国家审计对提高企业环境绩效的作用。

1. 研究假设

研究假设 H6-1：国家审计能够显著提高企业环保投资水平。

研究假设 H6-2：国家审计能够显著提高企业绿色技术创新水平。

研究假设 H6-3：国家审计能够显著提高企业环境绩效。

2. 研究模型设计与变量定义

(1) 研究模型设计。为检验研究假设 H6-1、H6-2 和 H6-3，基于上市公司的数据，以国家审计为解释变量，分别以企业环保投资水平($EPIR$)、企业绿色技术创新水平($LnGPI$)和企业环境绩效($CEP$)为被解释变量，建立模型(6-1)、模型(6-2)和模型(6-3)检验国家审计对企业环境治理行为和企业环境治理效果的影响。

$$EPIR_{i,t} = a_0 + a_1 GAud_{i,t} + a_2 Cvs_{i,t} + a_3 Year_{i,t} + a_4 Indu_{i,t} + e_{i,t} \quad (6-1)$$

$$LnGPI_{i,t} = b_0 + b_1 GAud_{i,t} + b_2 Cvs_{i,t} + b_3 Year_{i,t} + b_4 Indu_{i,t} + e_{i,t} \quad (6-2)$$

$$CEP_{i,t} = c_0 + c_1 GAud_{i,t} + c_2 Cvs_{i,t} + c_3 Year_{i,t} + c_4 Indu_{i,t} + e_{i,t} \quad (6-3)$$

其中，$EPIR$ 表示企业环保投资水平，采用经资产标准化的企业环保投资水平衡量；$LnGPI$ 表示企业绿色技术创新水平，采用企业获得的绿色专利数量衡量；$CEP$ 表示企业环境绩效，采用经年末总资产标准化的排污费衡量。$GAud$ 表示一组国家审计功能变量；$Year$ 和 $Indu$ 分别为年度效应和行业效应；$e$ 表示残差额；$Cvs$ 表示一组控制变量。我们关心的是 $GAud$ 的系数 $a_1$、$b_1$ 和 $c_1$，预期它们显著为正，即国家审计显著促进了企业环境治理。

(2) 变量定义。

① 被解释变量：企业环保投资水平、企业绿色技术创新水平与企业环境绩效。企业环境治理包括环境治理活动和环境治理效果两个方面。企业环境治理活动主要包括企业环保投资和绿色技术创新两个方面。因此，本节以企业环保投资和企业绿色技术创新衡量企业环境治理行为。借鉴相关研究，我们将上市公司年报在建工程科目的明细项中与环境治理直接相关的资本化支出和费用化支出进行加总，从而得到企业当年的新增环保投资额。为了消除公司规模量纲的差异导致的影响，我们将企业当年的新增环保投资额除以企业年末总资产做标准化处理，将处理后的结果作为企业环保投资水平($EPIR$)的代理变量。以上市公司当年获得的绿色专利数量衡量企业绿色技术创新水平($LnGPI$)。

企业环境治理绩效反映了企业环境治理活动的效果。借鉴相关研究，我们通过查阅上市公司管理费用明细，以排污费的多少衡量企业环境治理绩效，排污费越少说明企业的环境治理绩效越好；反之，说明企业的环境治理绩效越差。为了控制公司规模差异的影响,我们采用企业主营业务成本对排污费数额进行标准化处理,将处理后的结果作为企业环境绩效(CEP)的代理变量。

② 解释变量:国家审计。国家审计是国家治理体系中的"免疫系统",具有预防、揭示和抵御功能。本节根据刘家义对国家审计各功能的定义,参考刘雷等(2014)、李明(2014)、池国华等(2018)的做法,对国家审计功能进行衡量。

国家审计预防功能:以移送司法机关、纪检监察机关和有关部门处理的人员数量加1的自然对数($Aud\_LNPT$)衡量,该值越大,表明预防功能发挥得越好。

国家审计揭示功能:以国家审计查出的主要问题金额(违规金额、损失浪费金额和管理不规范金额之和)的自然对数($Aud\_LNFUND$)衡量,该值越大,表明揭示功能发挥得越好。

国家审计抵御功能:以被采纳审计建议数量加1的自然对数($Aud\_LNSUGA$)衡量,该值越大,表明抵御功能发挥得越好。

③ 控制变量。借鉴姜英兵和崔广慧(2019),张琦等(2019),唐国平和李龙会(2013),马文超和唐勇军(2018),王云和李延喜等(2017),孙伟增等(2014),郭峰和石庆玲(2017)等的研究,我们控制了如下变量:公司规模($Cs$),公司业绩($Roa$)、财务杠杆($Lev$)、产权性质($Soe$)、董事会规模($Bd$)、独立董事规模($Id$)、董事长与总经理两职合一($Dual$)、代理成本($Agencost$)、现金持有量($Cashr$)、经营活动现金流($Flow$)。此外,我们还控制了年度效应($Year$)、行业效应($Indu$)。模型中$e$为残差。各变量的说明详见表6-3。

表6-3　　　　　　　　　　变量说明

| 变量类型 | 变量名称 | 变量代码 | 变量定义 |
| --- | --- | --- | --- |
| 被解释变量 | 企业环保投资水平 | $EPIR$ | 企业当年新增的环保投资额×100/总资产 |
| | 企业绿色技术创新水平 | $LnGPI$ | 企业当年获得的绿色专利数量加1的自然对数 |
| | 企业环境绩效 | $CEP$ | 企业排污费/主营业务成本 |
| 解释变量 | 国家审计预防功能 | $Aud\_LNPT$ | 移送司法机关、纪检监察机关和有关部门处理的人员数量加1的自然对数 |
| | 国家审计揭示功能 | $Aud\_LNFUND$ | 国家审计查出的主要问题金额(违规金额、损失浪费金额和管理不规范金额之和)的自然对数 |
| | 国家审计抵御功能 | $Aud\_LNSUGA$ | 被采纳审计建议数量加1的自然对数 |

(续表)

| 变量类型 | 变量名称 | 变量代码 | 变量定义 |
|---|---|---|---|
| 控制变量 | 产权性质 | Soe | 虚拟变量,国有企业取1,民营企业取0 |
| | 公司规模 | Cs | 期末总资产的自然对数 |
| | 公司业绩 | Roa | 净利润/期末总资产 |
| | 财务杠杆 | Lev | 资产负债率 |
| | 董事会规模 | Bd | 董事会成员人数 |
| | 独立董事规模 | Id | 独立董事人数 |
| | 两职合一 | Dual | 虚拟变量,两职分离为1,两职合一为0 |
| | 代理成本 | Agencost | 管理费用/营业总收入 |
| | 现金持有量 | Cashr | 年末货币资金数额与平均总资产的比值 |
| | 经营活动现金流 | Flow | 经营活动现金净流量/期末总资产 |

3. 主要变量的描述性统计结果分析

表 6-4 列示了主要变量的描述性统计结果。

表 6-4　　　　　　　　主要变量的描述性统计结果

| 变量 | 观测值 | 均值 | 中位数 | 最小值 | 最大值 |
|---|---|---|---|---|---|
| $EPIR$ | 24 626 | 0.022 | 0.125 | 0 | 1.001 |
| $LnGPI$ | 24 626 | 0.072 | 0.29 | 0 | 1.792 |
| $CEP$ | 28 060 | 0.009 | 0.05 | 0 | 0.393 |
| $Aud\_LNPT$ | 28 060 | 4.622 | 1.753 | 0.693 | 9.654 |
| $Aud\_LNFUND$ | 28 060 | 5.819 | 2.049 | 1.398 | 9.23 |
| $Aud\_LNSUGA$ | 28 060 | 3.03 | 4.268 | 0 | 10.035 |
| $Cs$ | 28 060 | 3.461 | 1.245 | 0.985 | 7.324 |
| $Roa$ | 28 060 | 0.043 | 0.065 | −0.23 | 0.24 |
| $Lev$ | 28 060 | 0.455 | 0.231 | 0.048 | 0.926 |
| $Soe$ | 28 060 | 0.429 | 0.495 | 0 | 1 |

(续表)

| 变量 | 观测值 | 均值 | 中位数 | 最小值 | 最大值 |
| --- | --- | --- | --- | --- | --- |
| $Dual$ | 28 060 | 0.736 | 0.441 | 0 | 1 |
| $Bd$ | 28 060 | 8.846 | 1.815 | 0 | 19 |
| $Id$ | 28 060 | 3.225 | 0.638 | 0 | 8 |
| $Agencost$ | 28 060 | 0.109 | 0.121 | 0.009 | 0.926 |
| $Cashr$ | 28 060 | 0.19 | 0.147 | 0.007 | 0.718 |
| $Flow$ | 28 060 | 0.043 | 0.077 | −0.206 | 0.262 |

通过表6-4主要变量的描述性统计结果可以看出,变量企业环保投资水平 $EPIR$ 的平均值为0.022,最大值为1.001,说明样本企业环保投资水平整体较低,平均水平不到总资产的1%。企业绿色技术创新水平 $LnGPI$ 的均值和中位数分别为0.072和0.29,说明样本企业绿色技术创新水平较低,每家企业每年平均获得的绿色专利数量不超过1项。企业环境绩效 $GEP$ 的均值和中位数分别为0.009和0.05,说明企业的排污费在主营业务成本中的占比平均不到1%。从国家审计变量来看,变量 $Aud\_LNPT$、变量 $Aud\_LNFUND$ 和变量 $Aud\_LNSUGA$(分别反映了预防、揭示和抵御功能)3个变量的均值和中位数、最小值和最大值相差均较大,说明国家审计功能对样本企业的影响差异较大。其他变量控制变量的取值均在合理范围内,不再赘述。

4. 多元线性回归结果分析

表6-5列示了国家审计与企业环保投资水平的多元线性回归结果。结果显示,国家审计预防功能 $Aud\_LNPT$ 与企业环保投资水平 $EPIR$ 的回归系数为0.002,且在5%的水平上显著;国家审计抵御功能 $Aud\_LNSUGA$ 与企业环保投资水平 $EPIR$ 的回归系数为0.001,且在10%的水平上显著;国家审计揭示功能 $Aud\_LNFUND$ 与企业环保投资水平 $EPIR$ 的回归系数为0.000 1,不显著。这说明国家审计预防功能和国家审计抵御功能均显著促进了企业环保投资水平的提高,而国家审计揭示功能对提高企业环保投资水平未能发挥显著作用。也就是说,国家审计功能整体上促进了企业环保投资水平的提高,但国家审计揭示功能对企业环保投资水平的作用有待进一步强化。

表 6-5　　　　国家审计与企业环保投资水平的多元线性回归结果

| 变量 | EPIR (1) 预防功能 | EPIR (2) 揭示功能 | EPIR (3) 抵御功能 |
| --- | --- | --- | --- |
| $Aud\_LNPT$ | 0.002**(2.57) | | |
| $Aud\_LNFUND$ | | 0.000 1(0.28) | |
| $Aud\_LNSUGA$ | | | 0.001*(1.69) |
| $Cs$ | 0.002(1.38) | 0.001(1.11) | 0.001*(1.78) |
| $Roa$ | −0.001(−0.09) | −0.001(−0.10) | −0.001(−0.07) |
| $Lev$ | −0.004(−0.76) | −0.003(−0.56) | −0.003(−0.82) |
| $Soe$ | 0.001(0.51) | 0.001(0.28) | 0.001(0.40) |
| $Dual$ | −0.003(−1.14) | −0.003(−1.08) | −0.003*(−1.65) |
| $Bd$ | 0.001(0.81) | 0.001(0.92) | 0.001(1.35) |
| $Id$ | −0.005**(−2.14) | −0.006**(−2.15) | −0.005***(−3.16) |
| $Agencost$ | −0.017**(−2.56) | −0.019***(−2.79) | −0.019***(−3.69) |
| $Cashr$ | −0.003(−0.47) | −0.005(−0.62) | −0.005(−0.82) |
| $Flow$ | 0.015(1.26) | 0.016(1.33) | 0.016*(1.70) |
| $\_cons$ | 0.001(0.12) | 0.009(0.79) | 0.010(1.36) |
| $Year$ | Yes | Yes | Yes |
| $Indu$ | Yes | Yes | Yes |
| $N$ | 24 626 | 24 626 | 24 626 |
| $adj.\ R^2$ | 0.047 | 0.046 | 0.046 |

注：*、**、***分别表示10%、5%和1%的显著性水平。

表 6-6 列示了国家审计与企业绿色技术创新水平的多元线性回归结果。结果显示，国家审计揭示功能 $Aud\_LNFUND$ 与企业绿色技术创新水平 LnGPI 的回归系数为 0.009，且在 1% 的水平上显著；国家审计抵御功能 $Aud\_LNSUGA$ 与企业绿色技术创新水平 LnGPI 的回归系数为 0.003，且在 5% 的水平上显著；国家审计预防功能 $Aud\_LNPT$ 与企业绿色技术创新水平 LnGPI 的回归系数为 0.000，不显著。这说明国家审计揭示功能和国家审计抵御功能均对提高企业绿色技术创新水平发挥了显著的促进作用，而国家审计预防功能对提高企业绿色技术创新水平的作用还不显著。由此可见，国家审计整体上促进了企业绿色技术创新水平的

表 6-6　　　国家审计与企业绿色技术创新水平的多元线性回归结果

| 变量 | LnGPI<br>(1)<br>预防功能 | LnGPI<br>(2)<br>揭示功能 | LnGPI<br>(3)<br>抵御功能 |
| --- | --- | --- | --- |
| $Aud\_LNPT$ | $-0.000(-0.08)$ | | |
| $Aud\_LNFUND$ | | $0.009^{***}(3.01)$ | |
| $Aud\_LNSUGA$ | | | $0.003^{**}(2.10)$ |
| $Cs$ | $0.054^{***}(8.80)$ | $0.055^{***}(8.68)$ | $0.054^{***}(8.65)$ |
| $Roa$ | $0.028(0.67)$ | $0.026(0.61)$ | $0.027(0.64)$ |
| $Lev$ | $-0.000(-0.02)$ | $-0.002(-0.12)$ | $-0.001(-0.04)$ |
| $Soe$ | $-0.003(-0.35)$ | $-0.002(-0.24)$ | $-0.003(-0.34)$ |
| $Dual$ | $-0.008(-1.16)$ | $-0.008(-1.16)$ | $-0.008(-1.12)$ |
| $Bd$ | $0.004(1.13)$ | $0.003(1.08)$ | $0.004(1.16)$ |
| $Id$ | $0.006(0.76)$ | $0.006(0.82)$ | $0.005(0.73)$ |
| $Agencost$ | $0.097^{***}(4.67)$ | $0.100^{***}(4.76)$ | $0.097^{***}(4.62)$ |
| $Cashr$ | $0.031(1.38)$ | $0.032(1.44)$ | $0.031(1.39)$ |
| $Flow$ | $0.020(0.68)$ | $0.019(0.63)$ | $0.021(0.69)$ |
| $\_cons$ | $-0.216^{***}(-6.08)$ | $-0.243^{***}(-6.53)$ | $-0.217^{***}(-6.14)$ |
| $Year$ | Yes | Yes | Yes |
| $Indu$ | Yes | Yes | Yes |
| $N$ | 24 626 | 24 626 | 24 626 |
| $adj.R^2$ | 0.100 | 0.101 | 0.100 |

注:*、**、***分别表示10%、5%和1%的显著性水平。

提高,但国家审计预防功能提高企业绿色技术创新水平的作用有待进一步强化。

表 6-7 列示了国家审计与企业环境绩效的多元线性回归结果。结果显示,国家审计的预防功能 $Aud\_LNPT$ 与企业环境绩效 $CEP$ 的回归系数为 0.001,且在 5% 的水平上显著;国家审计揭示功能 $Aud\_LNFUND$ 和国家审计抵御功能 $Aud\_LNSUGA$ 与企业环境绩效 $CEP$ 的回归系数分别为 0.001 和 0.000 3,且均在 10% 的水平上显著。这说明国家审计预防功能、国家审计揭示功能和国家审计抵御功能均对提高企业环境绩效发挥了显著的促进作用,国家审计能够显著提高企业的

环境绩效。

表 6-7 国家审计与企业环境绩效的多元线性回归结果

| 变量 | CEP<br>（1）<br>预防功能 | CEP<br>（2）<br>揭示功能 | CEP<br>（3）<br>抵御功能 |
| --- | --- | --- | --- |
| $Aud\_LNPT$ | 0.001$^{**}$(2.32) | | |
| $Aud\_LNFUND$ | | 0.001$^{*}$(1.79) | |
| $Aud\_LNSUGA$ | | | 0.000 3$^{*}$(1.66) |
| $Cs$ | 0.001(1.17) | 0.001(1.03) | 0.001(1.00) |
| $Roa$ | −0.021$^{***}$(−2.92) | −0.021$^{***}$(−2.96) | −0.021$^{***}$(−2.90) |
| $Lev$ | 0.000(0.13) | 0.001(0.21) | 0.001(0.28) |
| $Soe$ | 0.003(1.54) | 0.002(1.48) | 0.002(1.41) |
| $Dual$ | −0.001(−1.13) | −0.001(−1.08) | −0.001(−1.11) |
| $Bd$ | 0.000(0.12) | 0.000(0.15) | 0.000(0.17) |
| $Id$ | 0.000(0.03) | 0.000(0.04) | 0.000(0.02) |
| $Agencost$ | 0.005(1.21) | 0.005(1.16) | 0.004(1.08) |
| $Cashr$ | −0.013$^{***}$(−4.11) | −0.014$^{***}$(−4.20) | −0.014$^{***}$(−4.23) |
| $Flow$ | 0.016$^{***}$(2.82) | 0.016$^{***}$(2.85) | 0.017$^{***}$(2.88) |
| $\_cons$ | −0.006(−0.80) | −0.006(−0.81) | −0.003(−0.40) |
| $Year$ | Yes | Yes | Yes |
| $Indu$ | Yes | Yes | Yes |
| $N$ | 28 060 | 28 060 | 28 060 |
| $adj.R^2$ | 0.072 | 0.071 | 0.071 |

注：*、**、***分别表示10%、5%和1%的显著性水平。

### 6.5.2 国家审计促进地区环境治理投资的实证研究设计

对国家审计促进地区环境治理的实证研究，本卷认为可以从地区环境治理过程和环境治理结果两个视角进行实证检验：一是国家审计对提高地区环境治理投资水平和绿色技术创新水平的作用；二是国家审计对提高地区环境绩效的作用。

1. 国家审计促进地区环境治理的实证检验

1) 研究假设

研究假设 H6-4:国家审计预防功能能够显著促进地区环境治理投资水平的提高。

研究假设 H6-5:国家审计揭示功能能够显著促进地区环境治理投资水平的提高。

研究假设 H6-6:国家审计抵御功能能够显著促进地区环境治理投资水平的提高。

2) 研究模型设计与变量定义

本节基于省级面板数据,分别以国家审计预防功能、国家审计揭示功能和国家审计抵御功能为解释变量,以地区的环境治理投资水平为被解释变量,建立如下 OLS 模型(6-4)、模型(6-5)和模型(6-6)。

$$GEPI_{i,t+1} = a_0 + a_1 Aud\_LNPT_{i,t} + a_2 Cvs_{i,t} + a_3 Year_{i,t} + a_4 Prov_{i,t} + e_{i,t} \tag{6-4}$$

$$GEPI_{i,t+1} = b_0 + b_1 Aud\_LNFUND_{i,t} + b_2 Cvs_{i,t} + b_3 Year_{i,t} + b_4 Prov_{i,t} + e_{i,t} \tag{6-5}$$

$$GEPI_{i,t+1} = \gamma_0 + \gamma_1 Aud\_LNSUGA_{i,t} + \gamma_2 Cvs_{i,t} + \gamma_3 Year_{i,t} + \gamma_4 Prov_{i,t} + e_{i,t} \tag{6-6}$$

其中,$GEPI$ 表示地区环境治理投资水平,采用各省(自治区、直辖市)环境治理投资总额的自然对数衡量。$Aud\_LNPT$、$Aud\_LNFUND$ 和 $Aud\_LNSUGA$ 分别表示国家审计预防功能、国家审计揭示功能和国家审计抵御功能,分别采用移送司法机关、纪检监察机关和有关部门处理的人员数量加1的自然对数、审计查出的主要问题金额(违规金额、损失浪费金额和管理不规范金额之和)的自然对数和被采纳审计建议数量加1的自然对数衡量。我们关心的是国家审计功能变量前的系数 $a_1$、$b_1$ 和 $\gamma_1$,预期其显著为正,即国家审计显著促进了地方政府环境治理投资的增加。

借鉴孙伟增等(2014)、郭峰和石庆玲(2017)等的研究,我们控制了如下变量:经济发展水平($LnPgdp$)、地区绿色技术创新水平($LnGTI$)、产业结构($Stru$)、贸易开放度($Open$)、公众环保意识($Edulev$)、环境事件总次数($Lnevnt$)、财政分权度($FD$)、年度效应($Year$)和省份效应($Prov$)。模型中 $e$ 为残差。各变量的说明详见表6-8。

表 6-8 变量说明

| 变量类型 | 变量名称 | 变量代码 | 变量定义 |
| --- | --- | --- | --- |
| 被解释变量 | 地区环境治理投资水平 | GEPI | 各省(自治区、直辖市)环境治理投资总额的自然对数 |
| 解释变量 | 国家审计预防功能 | Aud_LNPT | 移送司法机关、纪检监察机关和有关部门处理的人员数量加1的自然对数 |
| | 国家审计揭示功能 | Aud_LNFUND | 国家审计查出的主要问题金额(违规金额、损失浪费金额和管理不规范金额之和)的自然对数 |
| | 国家审计抵御功能 | Aud_LNSUGA | 被采纳审计建议数量加1的自然对数 |
| 控制变量 | 地区绿色技术创新水平 | LnGTI | 各省(自治区、直辖市)当年获得绿色发明数量加1的自然对数 |
| | 经济发展水平 | LnPgdp | 人均GDP的自然对数 |
| | 产业结构 | Stru | 第二产业占GDP的比重 |
| | 贸易开放度 | Open | 各省(自治区、直辖市)进出口总额占GDP的比重 |
| | 公众环保意识 | Edulev | 普通高等学校在校学生人数占总人口的比重 |
| | 环境事件总次数 | Lnevnt | 环境事件总次数的自然对数 |
| | 财政分权度 | FD | (地方财政支出－地方财政收入)/地方财政收入 |

3）主要变量的描述性统计结果分析

表6-9列示了主要变量的描述性统计结果。结果显示,地区环境治理投资水平 $GEPI$ 的均值和中位数分别为 14.036 和 14.271；最小值和最大值分别为 3.605、17.739,说明个别地区环境治理投资水平相差较大。国家审计预防功能 $Aud\_LNPT$ 的均值和中位数分别为 4.278 和 4.127；最小值和最大值分别为 0 和 13.18；标准差为 2.023,说明各地之间国家审计移送司法机关、纪检监察机关和有关部门处理的人员数量相差较大。国家审计揭示功能 $Aud\_LNFUND$ 的均值和中位数分别为 4.922 和 4.749；最小值和最大值分别为 0.409 和 14.075；标准差为 1.915,说明各地之间国家审计查出的主要问题金额相差较大。国家审计抵御功能 $Aud\_LNSUGA$ 的均值和中位数分别为 1.7 和 0；最小值和最大值分别为 0 和 10.225；标准差为 3.52,说明各地之间被采纳审计建议数量相差较大。地区绿色技术创新水平 $LnGTI$ 的均值和中位数分别为 4.953 和 4.98；最小值和最大值分别为 0 和

8.798,说明个别地区之间绿色技术创新水平相差较大。经济发展水平 $LnPgdp$ 的均值和中位数分别为 3.436 和 3.504;最小值和最大值分别为 1.685 和 4.772,说明个别地区之间人均 GDP 相差较大,各地区之间经济发展不平衡。产业结构 $Stru$ 的均值和中位数分别为 0.468 和 0.48,说明我国各地产业结构整体上仍然以工业为主导;最小值和最大值分别为 0.193 和 0.593,说明个别地区之间产业结构相差较大。对外开放度 $Open$ 的均值和中位数分别为 32.005 和 14.054;最小值和最大值分别为 3.21 和 176.458;标准差为 38.997,说明各地区之间对外开放度相差较大。公众环保意识 $Edulev$ 的均值和中位数均为 0.017,说明此变量观测值总体分布较均匀;最小值和最大值分别为 0.006 和 0.036,说明个别地区之间公众环保意识相差较大。财政分权度 $FD$ 的均值和中位数分别为 1.235 和 1.183;最小值和最大值分别为 0.052 和 5.745,说明个别省份之间财政分权度相差较大。环境事件总次数 $Lnevnt$ 的均值和中位数分别为 2.176 和 2.197;最小值和最大值分别为 0 和 5.529,说明个别地区之间发生的环境事件总次数相差较大。

表 6-9 主要变量的描述性统计结果

| 变量 | 观测值 | 均值 | 中位数 | 标准差 | 最小值 | 最大值 |
| --- | --- | --- | --- | --- | --- | --- |
| $GEPI$ | 360 | 14.036 | 14.271 | 1.457 | 3.605 | 17.739 |
| $Aud\_LNPT$ | 360 | 4.278 | 4.127 | 2.023 | 0 | 13.18 |
| $Aud\_LNFUND$ | 360 | 4.922 | 4.749 | 1.915 | 0.409 | 14.075 |
| $Aud\_LNSUGA$ | 360 | 1.7 | 0 | 3.52 | 0 | 10.225 |
| $LnGTI$ | 360 | 4.953 | 4.98 | 1.611 | 0 | 8.798 |
| $LnPgdp$ | 360 | 3.436 | 3.504 | 0.636 | 1.685 | 4.772 |
| $Stru$ | 360 | 0.468 | 0.48 | 0.079 | 0.193 | 0.593 |
| $Open$ | 360 | 32.005 | 14.054 | 38.997 | 3.21 | 176.458 |
| $Edulev$ | 360 | 0.017 | 0.017 | 0.006 | 0.006 | 0.036 |
| $FD$ | 360 | 1.235 | 1.183 | 0.949 | 0.052 | 5.745 |
| $Lnevnt$ | 360 | 2.176 | 2.197 | 1.264 | 0 | 5.529 |

4) 多元线性回归结果分析

表 6-10 列示了国家审计与地区环境治理投资水平的多元线性回归检验结果。

结果显示,国家审计预防功能 $Aud\_LNPT$ 与地区环境治理投资水平 $GEPI$ 的回归系数为 0.089,且在 10% 的水平上显著;国家审计揭示功能 $Aud\_LNFUND$ 与地区环境治理投资水平 $GEPI$ 的回归系数为 0.261,且在 1% 的水平上显著;国家审计抵御功能 $Aud\_LNSUGA$ 与地区环境治理投资水平 $GEPI$ 的回归系数为 0.024,但不显著。这些结果说明国家审计的预防功能和揭示功能均显著促进了地区环境治理投资水平的提高,而国家审计的抵御功能对提高地区环境治理投资水平尚未发挥有效作用。从总体上来看,国家审计促进了地区环境治理投资水平的提高。

表 6-10　国家审计与地区环境治理投资水平的多元线性回归结果

| 变量 | $GEPI$ (1) 预防功能 | $GEPI$ (2) 揭示功能 | $GEPI$ (3) 抵御功能 |
| --- | --- | --- | --- |
| $Aud\_LNPT$ | 0.089*(1.90) | | |
| $Aud\_LNFUND$ | | 0.261***(4.18) | |
| $Aud\_LNSUGA$ | | | 0.024(0.90) |
| $LnGTI$ | 0.342***(5.27) | 0.241***(3.22) | 0.392***(7.42) |
| $LnPgdp$ | 0.557*(1.76) | 0.289(1.02) | 0.397(1.36) |
| $Stru$ | 2.319***(3.19) | 2.322***(3.86) | 2.847***(4.62) |
| $Open$ | −0.003(−1.05) | 0.002(0.63) | −0.003(−1.21) |
| $Edulev$ | −31.753***(−3.16) | −29.091***(−2.87) | −35.817***(−3.34) |
| $FD$ | −0.361***(−3.59) | −0.312***(−2.85) | −0.408***(−3.62) |
| $Lnevnt$ | −0.093(−1.44) | −0.082(−1.29) | −0.092(−1.40) |
| $\_cons$ | 10.099***(17.21) | 10.445***(19.75) | 10.565***(19.65) |
| Year Effect | Yes | Yes | Yes |
| $N$ | 360 | 360 | 360 |
| $adj. R^2$ | 0.474 | 0.485 | 0.465 |

注:*、**、*** 分别表示 10%、5% 和 1% 的显著性水平。

2. 国家审计促进地区绿色技术创新的实证检验

1) 研究假设

研究假设 H6-7:国家审计预防功能能够显著促进地区绿色技术创新水平的

提高。

研究假设 H6-8:国家审计揭示功能能够显著促进地区绿色技术创新水平的提高。

研究假设 H6-9:国家审计抵御功能能够显著促进地区绿色技术创新水平的提高。

2) 研究模型设计与变量定义

本节基于省级面板数据样本,分别以国家审计预防功能、国家审计揭示功能和国家审计抵御功能为解释变量,以地区绿色技术创新水平为被解释变量,建立如下 OLS 模型(6-7)、模型(6-8)和模型(6-9)。

$$\text{Ln}GTI_{i,t+1} = a_0 + a_1 Aud\_LNPT_{i,t} + a_2 Cvs_{i,t} + a_3 Year_{i,t} + a_4 Prov_{i,t} + e_{i,t} \tag{6-7}$$

$$\text{Ln}GTI_{i,t+1} = b_0 + b_1 Aud\_LNFUND_{i,t} + b_2 Cvs_{i,t} + b_3 Year_{i,t} + b_4 Prov_{i,t} + e_{i,t} \tag{6-8}$$

$$\text{Ln}GTI_{i,t+1} = \gamma_0 + \gamma_1 Aud\_LNSUGA_{i,t} + \gamma_2 Cvs_{i,t} + \gamma_3 Year_{i,t} + \gamma_4 Prov_{i,t} + e_{i,t} \tag{6-9}$$

其中,$\text{Ln}GTI$ 表示地区绿色技术创新水平,采用各省(自治区、直辖市)环境污染治理投资总额的自然对数衡量。$Aud\_LNPT$、$Aud\_LNFUND$ 和 $Aud\_LNSUGA$ 分别表示国家审计预防功能、国家审计揭示功能和国家审计抵御功能,分别采用移送司法机关、纪检监察机关和有关部门处理的人员数量加1的自然对数、审计查出的主要问题金额(违规金额、损失浪费金额和管理不规范金额之和)的自然对数和被采纳审计建议数量加1的自然对数衡量。我们关心的是国家审计功能变量前的系数 $a_1$、$b_1$ 和 $\gamma_1$,预期其显著为正,即国家审计显著促进了地区绿色技术创新水平的提高。

借鉴郭进(2019)、陶锋和赵锦瑜(2021)的研究,我们控制了如下变量:地区环境治理投资水平($GEPI$)、经济发展水平($\text{Ln}Pgdp$)、产业结构($Stru$)、贸易开放度($Open$)、环境事件总次数($Lnevnt$)、财政分权度($FD$)、年度效应($Year$)和省份效应($Prov$)。模型中 $e$ 为残差。各变量的说明详见表 6-11。

3) 主要变量的描述性统计结果分析

表 6-12 列示了主要变量的描述性统计结果。结果显示,被解释变量地区绿色技术创新水平 $\text{Ln}GTI$ 的均值和中位数分别为 4.953 和 4.98,说明此变量观测值总体分布较均匀;最小值和最大值分别为 0 和 8.798,说明个别地区之间绿色技术

表 6-11　　　　　　　　　　　变量的说明

| 变量类型 | 变量名称 | 变量代码 | 变量定义 |
| --- | --- | --- | --- |
| 被解释变量 | 地区绿色技术创新水平 | LnGTI | 各省(自治区、直辖市)当年获得绿色发明数量加1的自然对数 |
| 解释变量 | 国家审计预防功能 | Aud_LNPT | 移送司法机关、纪检监察机关和有关部门处理的人员数量加1的自然对数 |
| | 国家审计揭示功能 | Aud_LNFUND | 国家审计查出的主要问题金额(违规金额、损失浪费金额和管理不规范金额之和)的自然对数 |
| | 国家审计抵御功能 | Aud_LNSUGA | 被采纳审计建议数量加1的自然对数 |
| 控制变量 | 地区环境治理投资水平 | GEPI | 各省(自治区、直辖市)环境污染治理投资总额的自然对数 |
| | 经济发展水平 | LnPgdp | 人均GDP的自然对数 |
| | 产业结构 | Stru | 第二产业占GDP的比重 |
| | 贸易开放度 | Open | 各省进出口总额占GDP的比重 |
| | 环境事件总次数 | Lnevnt | 环境事件总次数的自然对数 |
| | 财政分权度 | FD | (地方财政支出－地方财政收入)/地方财政收入 |

创新水平相差较大。从解释变量来看,国家审计预防功能 Aud_LNPT 的均值和中位数分别为 4.278 和 4.127;最小值和最大值分别为 0 和 13.18;标准差为 2.023,说明各地区之间国家审计移送司法机关、纪检监察机关和有关部门处理的人员数量相差较大。国家审计揭示功能 Aud_LNFUND 的均值和中位数分别为 4.922 和 4.749;最小值和最大值分别为 0.409 和 14.075,说明各地区之间国家审计查出的主要问题金额相差较大;标准差为 1.915。国家审计抵御功能 Aud_LNSUGA 的均值和中位数分别为 1.7 和 0;最小值和最大值分别为 0 和 10.225;标准差为 3.52。说明各地区之间被采纳审计建议数量相差较大。从控制变量来看,地区环境治理投资水平 GEPI 的均值和中位数分别为 14.036 和 14.271;最小值和最大值分别为 3.605 和 17.739,表明个别地区环境治理投资水平相差较大。经济发展水平 LnPgdp 的均值和中位数分别为 3.436 和 3.504;最小值和最大值分别为 1.685 和 4.772,说明个别地区之间人均 GDP 相差较大,各地区之间经济发展水平不平衡。产业结构 Stru 的均值和中位数分别为 0.468 和 0.48,说明我国各地区的产业结构在整体上仍然以工业为主导;最小值和最大值分别为 0.193 和 0.593,说

明个别地区之间产业结构相差较大。对外开放度 $Open$ 的均值和中位数分别为32.005和14.054；最小值和最大值分别为3.21和176.458；标准差为38.997。说明各地区之间对外开放度相差较大。财政分权度 $FD$ 的均值和中位数分别为1.235和1.183，说明此变量观测值总体分布较均匀；最小值和最大值分别为0.052和5.745，说明个别地区之间财政分权度相差较大。环境事件总次数 $Lnevnt$ 的均值和中位数分别为2.176和2.197，说明此变量观测值总体上分布较均匀；最小值和最大值分别为0和5.529，说明个别地区之间发生的环境事件总次数相差较大。

表6-12　　　　　　　　　　主要变量的描述性统计结果

| 变量 | 观测值 | 均值 | 中位数 | 标准差 | 最小值 | 最大值 |
| --- | --- | --- | --- | --- | --- | --- |
| $LnGTI$ | 360 | 4.953 | 4.98 | 1.611 | 0 | 8.798 |
| $Aud\_LNPT$ | 360 | 4.278 | 4.127 | 2.023 | 0 | 13.18 |
| $Aud\_LNFUND$ | 360 | 4.922 | 4.749 | 1.915 | 0.409 | 14.075 |
| $Aud\_LNSUGA$ | 360 | 1.7 | 0 | 3.52 | 0 | 10.225 |
| $GEPI$ | 360 | 14.036 | 14.271 | 1.457 | 3.605 | 17.739 |
| $LnPgdp$ | 360 | 3.436 | 3.504 | 0.636 | 1.685 | 4.772 |
| $Stru$ | 360 | 0.468 | 0.48 | 0.079 | 0.193 | 0.593 |
| $Open$ | 360 | 32.005 | 14.054 | 38.997 | 3.21 | 176.458 |
| $FD$ | 360 | 1.235 | 1.183 | 0.949 | 0.052 | 5.745 |
| $Lnevnt$ | 360 | 2.176 | 2.197 | 1.264 | 0 | 5.529 |

4）多元线性回归结果分析

表6-13列示了国家审计与地区绿色技术创新水平的多元线性回归结果。结果显示，国家审计预防功能 $Aud\_LNPT$ 与地区绿色技术创新水平 $LnGTI$ 的回归系数为0.018，且在10%的水平上显著。国家审计揭示功能 $Aud\_LNFUND$ 与绿色技术创新水平 $LnGTI$ 的回归系数为0.359，且在1%的水平上显著。国家审计抵御功能 $Aud\_LNSUGA$ 与绿色技术创新水平 $LnGTI$ 的回归系数为0.018，且在1%的水平上显著。回归结果说明国家审计的预防功能、揭示功能和抵御功能均显著促进了地区绿色技术创新水平的提高。

3. 国家审计促进地区环境绩效提高的实证检验

1）研究假设

研究假设H6-10：国家审计预防功能能够显著促进地区环境绩效的提高。

研究假设 H6-11:国家审计揭示功能能够显著促进地区环境绩效的提高。
研究假设 H6-12:国家审计抵御功能能够显著促进地区环境绩效的提高。

表 6-13　　国家审计与地区绿色技术创新水平的多元线性回归结果

| 变量 | LnGTI<br>(1)<br>预防功能 | LnGTI<br>(2)<br>揭示功能 | LnGTI<br>(3)<br>抵御功能 |
| --- | --- | --- | --- |
| $Aud\_LNPT$ | 0.018*(1.78) | | |
| $Aud\_LNFUND$ | | 0.359***(3.98) | |
| $Aud\_LNSUGA$ | | | 0.018***(2.80) |
| $GEPI$ | 0.002(0.13) | 0.085**(2.20) | 0.011(0.64) |
| $LnPgdp$ | 0.095(0.48) | −0.221(−1.24) | 1.854***(32.51) |
| $Stru$ | 1.427**(2.31) | 0.154(0.24) | −1.315**(−2.20) |
| $Open$ | 0.003(1.63) | 0.017***(7.54) | −0.004**(−2.27) |
| $FD$ | −0.113(−1.41) | −0.446***(−5.89) | 0.012(0.14) |
| $Lnevnt$ | 0.008(0.51) | 0.143***(4.08) | 0.015(0.91) |
| $\_cons$ | 4.006***(7.05) | 1.672***(2.81) | −0.364(−0.87) |
| Year Effect | Yes | Yes | No |
| Prov Effect | Yes | No | Yes |
| N | 360 | 360 | 360 |
| $adj.R^2$ | 0.975 | 0.828 | 0.966 |

注:*、**、***分别表示 10%、5%和 1%的显著性水平。

2) 研究模型设计与变量定义

本节基于省级面板数据样本,分别以国家审计预防功能、揭示功能和抵御功能为解释变量,以地区环境绩效为被解释变量,建立 OLS 模型(6-10)、模型(6-11)和模型(6-12)。

$$GEP\_score_{i,t+1} = a_0 + a_1 Aud\_LNPT_{i,t} + a_2 Cvs_{i,t} + a_3 Year_{i,t} + a_4 Prov_{i,t} + e_{i,t} \tag{6-10}$$

$$GEP\_score_{i,t+1} = b_0 + b_1 Aud\_LNFUND_{i,t} + b_2 Cvs_{i,t} + b_3 Year_{i,t} + b_4 Prov_{i,t} + e_{i,t} \tag{6-11}$$

$$GEP\_score_{i,t+1} = \gamma_0 + \gamma_1 Aud\_LNSUGA_{i,t} + \gamma_2 Cvs_{i,t} + \gamma_3 Year_{i,t} + \gamma_4 Prov_{i,t} + e_{i,t}$$

(6-12)

其中，$GEP\_score$ 表示地区环境绩效，可以采用单一指标进行衡量，如各地区单位 GDP 二氧化硫、单位 GDP 二氧化碳排放量、单位 GDP 废水排放量、单位 GDP 氮氧化物排放量、单位 GDP 氨氮排放量、单位 GDP 化学需氧量排放量、空气质量（空气质量的自然对数 $LnNAQ$ 和空气中年均 PM2.5 含量的自然对数 $LnPM2.5$），也可以采用综合指标进行衡量，如表 6-14 所示。$Aud\_LNPT$、$Aud\_LNFUND$ 和 $Aud\_LNSUGA$ 分别表示国家审计预防功能、国家审计揭示功能和国家审计抵御功能，分别采用移送司法机关、纪检监察机关和有关部门处理的人员数量加 1 的自然对数、国家审计查出的主要问题金额（违规金额、损失浪费金额和管理不规范金额之和）的自然对数和被采纳审计建议数量加 1 的自然对数衡量。我们关心的是国家审计功能变量前的系数 $a_1$、$b_1$ 和 $\gamma_1$，预期其显著为正，即国家审计能够显著促进地区环境绩效的提高。环境绩效指标说明见表 6-14，其他变量说明见表 6-15。

表 6-14　　　　　　　　　　环境绩效指标说明

| 变量类型 | 变量名称 | 变量代码 | 变量定义 |
| --- | --- | --- | --- |
| 单一指标 | 单位 GDP 二氧化硫排放量 | $SO_2\_gdp$ | 各地区二氧化硫排放量/GDP |
| | 单位 GDP 废水排放量 | $Wwater\_gdp$ | 各地区废水排放量/GDP |
| | 单位 GDP 二氧化碳排放量 | $CO_2\_gdp$ | 各地区二氧化碳排放量/GDP |
| | 单位 GDP 氮氧化物排放量 | $NOX\_gdp$ | 各地区氮氧化物排放量/GDP |
| | 单位 GDP 氨氮排放量 | $NH\_gdp$ | 各地区氨氮排放量/GDP |
| | 单位 GDP 化学需氧量排放量 | $COD\_gdp$ | 各地区化学需氧量排放量/GDP |
| | 单位 GDP 工业固体废弃物排放量 | $Solidw\_gdp$ | 各地区工业固体废弃物排放量/GDP |
| | 空气质量 | $LnNAQ$ | 各地区空气质量优良平均天数的自然对数 |
| | | $LnPM2.5$ | 各地区空气中年均 PM2.5 含量的自然对数 |
| 综合指标 | 环境综合绩效 | $EP\_Score$ | 采用熵值法综合多个环境指标计算而得 |

表 6-15　　变量的说明

| 变量类型 | 变量名称 | 变量代码 | 变量定义 |
| --- | --- | --- | --- |
| 被解释变量 | 地区环境绩效 | $GEP\_score$ | 采用熵值法计算的(自治区、直辖市)环境绩效综合得分 |
| 解释变量 | 国家审计预防功能 | $Aud\_LNPT$ | 移送司法机关、纪检监察机关和有关部门处理的人员数量加 1 的自然对数 |
| 解释变量 | 国家审计揭示功能 | $Aud\_LNFUND$ | 国家审计查出的主要问题金额(违规金额、损失浪费金额和管理不规范金额之和)的自然对数 |
| 解释变量 | 国家审计抵御功能 | $Aud\_LNSUGA$ | 被采纳审计建议数量的自然对数 |
| 控制变量 | 地区绿色技术创新水平 | $LnGTI$ | 各省(自治区、直辖市)当年获得的绿色发明数量加 1 的自然对数 |
| 控制变量 | 地区环境治理投资水平 | $GEPI$ | 各省(自治区、直辖市)环境污染治理投资总额的自然对数 |
| 控制变量 | 经济发展水平 | $LnPgdp$ | 人均 GDP 的自然对数 |
| 控制变量 | 产业结构 | $Stru$ | 第二产业占 GDP 的比重 |
| 控制变量 | 贸易开放度 | $Open$ | 各省(自治区、直辖市)进出口总额占 GDP 的比重 |
| 控制变量 | 公众环保意识 | $Edulev$ | 普通高等学校在校学生人数占总人口的比重 |
| 控制变量 | 环境事件总次数 | $Lnevnt$ | 环境事件总次数的自然对数 |
| 控制变量 | 财政分权度 | $FD$ | (地方财政支出－地方财政收入)/地方财政收入 |

3) 主要变量的描述性统计结果分析

表 6-16 列示了主要变量的描述性统计结果。结果显示,各地区环境绩效 $GEP\_score$ 的均值和中位数分别为 0.615 和 0.619,说明此变量观测值总体上分布较均匀;最小值和最大值分别为 0.292 和 0.983,说明个别地区之间环境绩效相差较大。国家审计预防功能 $Aud\_LNPT$ 的均值和中位数分别为 4.278 和 4.127;最小值和最大值分别为 0 和 13.18;标准差为 2.023,说明各地区之间国家审计移送司法机关、纪检监察机关和有关部门处理的人员数量相差较大。国家审计揭示功能 $Aud\_LNFUND$ 的均值和中位数分别为 4.922 和 4.749;最小值和最大值分别为 0.409 和 14.075;标准差为 1.915,说明各地区之间国家审计查出的主要问题金额相差较大。国家审计抵御功能 $Aud\_LNSUGA$ 的均值和中位数分别为

表 6-16　　　　　　　　主要变量的描述性统计结果

| 变量 | 观测值 | 均值 | 中位数 | 标准差 | 最小值 | 最大值 |
| --- | --- | --- | --- | --- | --- | --- |
| $GEP\_score$ | 330 | 0.615 | 0.619 | 0.137 | 0.292 | 0.983 |
| $Aud\_LNPT$ | 360 | 4.278 | 4.127 | 2.023 | 0 | 13.18 |
| $Aud\_LNFUND$ | 360 | 4.922 | 4.749 | 1.915 | 0.409 | 14.075 |
| $Aud\_LNSUGA$ | 360 | 1.7 | 0 | 3.52 | 0 | 10.225 |
| $LnGTI$ | 360 | 4.953 | 4.98 | 1.611 | 0 | 8.798 |
| $GEPI$ | 360 | 14.036 | 14.271 | 1.457 | 3.605 | 17.739 |
| $LnPgdp$ | 360 | 3.436 | 3.504 | 0.636 | 1.685 | 4.772 |
| $Stru$ | 360 | 0.468 | 0.48 | 0.079 | 0.193 | 0.593 |
| $Open$ | 360 | 32.005 | 14.054 | 38.997 | 3.21 | 176.458 |
| $Edulev$ | 360 | 0.017 | 0.017 | 0.006 | 0.006 | 0.036 |
| $FD$ | 360 | 1.235 | 1.183 | 0.949 | 0.052 | 5.745 |
| $Lnevnt$ | 360 | 2.176 | 2.197 | 1.264 | 0 | 5.529 |

1.7 和 0;最小值和最大值分别为 0 和 10.225;标准差为 3.52,说明各地区之间被采纳审计建议数量相差较大。从控制变量来看,地区绿色技术创新水平 $LnGTI$ 的均值和中位数分别为 4.953 和 4.98,说明此变量观测值总体分布较均匀;最小值和最大值分别为 0 和 8.798,说明个别省份之间绿色技术创新水平相差较大。地区环境治理投资水平 $GEPI$ 的均值和中位数分别为 14.036 和 14.271;最小值和最大值分别为 3.605 和 17.739,说明个别地区环境治理投资水平相差较大。经济发展水平 $LnPgdp$ 的均值和中位数分别为 3.436 和 3.504;最小值和最大值分别为 1.685 和 4.772,说明个别地区之间人均 GDP 相差较大,各地区之间经济发展不平衡。产业结构 $Stru$ 的均值和中位数分别为 0.468 和 0.48,说明我国各地区的产业结构在整体上仍然以工业为主导;最小值和最大值分别为 0.193 和 0.593,说明个别地区之间产业结构相差较大。对外开放度 $Open$ 的均值和中位数分别为 32.005 和 14.054;最小值和最大值分别为 3.21 和 176.458;标准差为 38.997,说明各地区之间对外开放度相差较大。公众环保意识 $Edulev$ 的均值和中位数均为 0.017,说明此变量观测值总体分布较均匀;最小值和最大值分别为 0.006 和 0.036,说明个别地区之间公众环保意识相差较大。财政分权度 $FD$ 的均值和中位数分别为 1.235 和 1.183,说明此变量观测值总体分布较均匀;最小值和最大值分别为 0.052 和 5.745,说明个别地区之间财政分权度相差较大。环境事件总次数 $Lnevnt$ 的均值

和中位数分别为 2.176 和 2.197,说明此变量观测值总体上分布较均匀;最小值和最大值分别为 0 和 5.529,说明个别地区之间发生的环境事件总次数相差较大。

4) 多元线性回归结果分析

表 6-17 列示了国家审计与地区环境绩效的多元线性回归检验结果。结果显示,国家审计预防功能 $Aud\_LNPT$ 与地区环境绩效 $GEP\_score$ 的回归系数为 0.005,且在 5% 的水平上显著;国家审计揭示功能 $Aud\_LNFUND$ 与地区环境绩效 $GEP\_score$ 的回归系数为 0.003,不显著;国家审计抵御功能 $Aud\_LNSUGA$ 与地区环境绩效 $GEP\_score$ 的回归系数为 0.007,且在 1% 的水平上显著。这些结果说明国家审计的预防功能和抵御功能均显著促进了地区环境绩效的提高,而国家审计的揭示功能对地区环境绩效尚未发挥有效作用。从总体上来看,国家审计促进了地区环境绩效的提高。

表 6-17　国家审计与地区环境绩效的多元线性回归结果

| 变量 | $GEP\_score$ (1) 预防功能 | $GEP\_score$ (2) 揭示功能 | $GEP\_score$ (3) 抵御功能 |
| --- | --- | --- | --- |
| $Aud\_LNPT$ | 0.005** (2.43) | | |
| $Aud\_LNFUND$ | | 0.003(0.59) | |
| $Aud\_LNSUGA$ | | | 0.007*** (5.07) |
| $GEPI$ | −0.011*** (−4.75) | −0.010*** (−4.37) | −0.008*** (−3.26) |
| $LnGTI$ | −0.000(−0.00) | −0.002(−0.10) | −0.007(−0.45) |
| $LnPgdp$ | −0.022(−0.78) | −0.025(−0.86) | −0.030(−1.09) |
| $Stru$ | −0.022(−0.14) | −0.007(−0.05) | 0.324* (2.04) |
| $Open$ | 0.001(1.07) | 0.000(0.95) | 0.000(0.87) |
| $Edulev$ | 0.600(0.16) | 1.275(0.32) | −0.868(−0.23) |
| $FD$ | −0.015(−0.78) | −0.010(−0.48) | −0.014(−0.73) |
| $Lnevnt$ | 0.004(1.01) | 0.005(1.11) | 0.005(1.28) |
| $\_cons$ | 0.816*** (9.77) | 0.807*** (9.53) | 0.709*** (8.35) |
| $N$ | 330 | 330 | 330 |
| $adj.R^2$ | 0.086 | 0.073 | 0.170 |

注:*、**、*** 分别表示 10%、5% 和 1% 的显著性水平。

### 6.5.3 国家审计促进地区绿色全要素生产率提升的实证研究设计

本节在传统全要素生产核算体系中引入能源消耗和污染排放,分别作为一项投入要素和非期望产出,在此基础上计算出的全要素生产率被称为绿色全要素生产率。它是对社会经济发展环境效率的考量,反映的是考虑了环境影响的社会经济增长的综合水平,而非对经济数量的简单评价。一般来说,绿色全要素生产率可以进一步分解为绿色效率改进效应和绿色技术进步效应。因此,本卷认为可以从地区绿色全要素生产率的视角实证检验国家审计对地区绿色发展的促进作用,同时从效率改进和技术进步的视角检验国家审计促进地区绿色发展的机制。

1. 国家审计促进地区绿色全要素生产率提升的实证检验

1)研究假设

研究假设 H6-13:国家审计预防功能能够显著促进地区绿色全要素生产率的提高。

研究假设 H6-14:国家审计揭示功能能够显著促进地区绿色全要素生产率的提高。

研究假设 H6-15:国家审计抵御功能能够显著促进地区绿色全要素生产率的提高。

2)研究模型设计与变量定义

本节基于省级面板数据样本,分别以国家审计预防功能、国家审计抵御功能和国家审计揭示功能为解释变量,以地区绿色全要素生产率指数 Malmquist 为被解释变量,建立 OLS 模型(6-13)、模型(6-14)和模型(6-15)。

$$GTFP_{i,t} = a_0 + a_1 Aud\_LNPT_{i,t} + a_2 CV_{i,t} + a_3 Year_{i,t} + a_4 Prov_{i,t} + e_{i,t} \tag{6-13}$$

$$GTFP_{i,t} = b_0 + b_1 Aud\_LNFUND_{i,t} + b_2 CV_{i,t} + b_3 Year_{i,t} + b_4 Prov_{i,t} + e_{i,t} \tag{6-14}$$

$$GTFP_{i,t} = \gamma_0 + \gamma_1 Aud\_LNSUGA_{i,t} + \gamma_2 CV_{i,t} + \gamma_3 Year_{i,t} + \gamma_4 Prov_{i,t} + e_{i,t} \tag{6-15}$$

其中,$GTFP$ 表示地区绿色全要素生产率指数,采用 Malmquist-DEA 方法测算的各地区 Malmquist 指数衡量。$GAUD\_LNPT$ 表示国家审计预防功能,采用移送司法机关、纪检监察机关和有关部门处理的人员数量加 1 的自然对数衡量;$GAUD\_LNFUND$ 表示国家审计揭示功能,采用国家审计查出的主要问题金额(违规金额、损失浪费金额和管理不规范金额之和)的自然对数衡量;$GAUD\_LNSUGA$ 表示国家审计抵御功能,采用被采纳审计建议数量加 1 的自然对数衡量。我们关心的是国家审计功能变量前的系数 $a_1$,$b_1$ 和 $\gamma_1$,预期其显著为正,即国家审计预防功能、国家审计揭示功能和国家审计抵御功能显著促进了地区绿色全要素生产率指数的提高。

$CV$ 表示控制变量,包括经济发展水平($LnPgdp$)、产业结构($Stru$)、贸易开放度($Open$)、公众环保意识($Edulev$)、环境事件总次数($Lnevnt$)、财政分权度($FD$)等。同时,模型控制了年度($Year$)和省份($Prov$)效应。模型中 $e$ 为残差。各变量的说明详见表 6-18。

表 6-18 变量的说明

| 变量类型 | 变量名称 | 变量代码 | 变量定义 |
| --- | --- | --- | --- |
| 被解释变量 | 地区绿色全要素生产率指数 | GTFP | 采用 Malmquist-DEA 方法测算的各省(自治区、直辖市)绿色全要素生产率 Malmquist 指数 |
| 解释变量 | 国家审计预防功能 | $Aud\_LNPT$ | 移送司法机关、纪检监察机关和有关部门处理的人员数量加 1 的自然对数 |
| | 国家审计揭示功能 | $Aud\_LNFUND$ | 国家审计查出的主要问题金额(违规金额、损失浪费金额和管理不规范金额之和)的自然对数 |
| | 国家审计抵御功能 | $Aud\_LNSUGA$ | 被采纳审计建议数量的自然对数 |
| 控制变量 | 地区绿色技术创新水平 | $LnGTI$ | 各省(自治区、直辖市)当年获得绿色发明数量加 1 的自然对数 |
| | 经济发展水平 | $LnPgdp$ | 人均 GDP 的自然对数 |
| | 产业结构 | $Stru$ | 第二产业占 GDP 的比重 |
| | 贸易开放度 | $Open$ | 各省(自治区、直辖市)进出口总额占 GDP 的比重 |
| | 公众环保意识 | $Edulev$ | 普通高等学校在校学生人数占总人口的比重 |
| | 环境事件总次数 | $Lnevnt$ | 环境事件总次数的自然对数 |
| | 财政分权度 | $FD$ | (地方财政支出-地方财政收入)/地方财政收入 |

3) 主要变量的描述性统计结果分析

表 6-19 列示了主要变量的描述性统计结果。地区绿色全要素生产率 $GTFP$ 的均值为 0.999,中位数为 0.998,说明此变量观测值分布是均匀的;最小值和最大

表 6-19　　　　　　　　主要变量的描述性统计结果

| 变量 | 观测值 | 均值 | 中位数 | 标准差 | 最小值 | 最大值 |
| --- | --- | --- | --- | --- | --- | --- |
| $GTFP$ | 270 | 0.999 | 0.998 | 0.006 | 0.982 | 1.031 |
| $Aud\_LNPT$ | 270 | 4.475 | 4.46 | 2.122 | 0 | 13.18 |
| $Aud\_LNFUND$ | 270 | 5.399 | 5.352 | 1.903 | 0.647 | 14.075 |
| $Aud\_LNSUGA$ | 270 | 2.267 | 0 | 3.904 | 0 | 10.225 |
| $LnGTI$ | 270 | 5.359 | 5.495 | 1.491 | 0.693 | 8.798 |
| $LnPgdp$ | 270 | 3.639 | 3.617 | 0.519 | 2.288 | 4.772 |
| $Stru$ | 270 | 0.466 | 0.48 | 0.081 | 0.193 | 0.593 |
| $Open$ | 270 | 29.779 | 13.82 | 35.201 | 3.21 | 165.637 |
| $Edulev$ | 270 | 0.018 | 0.017 | 0.005 | 0.007 | 0.035 |
| $FD$ | 270 | 1.264 | 1.2 | 0.982 | 0.066 | 5.745 |
| $Lnevnt$ | 270 | 2.075 | 2.079 | 1.169 | 0 | 5.529 |

值分别为 0.982 和 1.031，说明个别地区绿色全要素生产率 $GTFP$ 之间有较大差异。国家审计预防功能 $Aud\_LNPT$ 的均值和中位数分别为 4.475 和 4.46；最小值和最大值分别为 0 和 13.18；标准差为 2.122，说明各地区之间国家审计移送司法机关、纪检监察机关和有关部门处理的人员数量相差较大。国家审计揭示功能 $Aud\_LNFUND$ 的均值和中位数分别为 5.399 和 5.352；最小值和最大值分别为 0.647 和 14.075，标准差为 1.903，说明各地区之间国家审计查出主要问题金额相差较大。国家审计抵御功能 $Aud\_LNSUGA$ 的均值和中位数分别为 2.267 和 0；最小值和最大值分别为 0 和 10.225；标准差为 3.904，说明各地区之间被采纳审计建议数量相差较大。地区绿色技术创新水平 $LnGTI$ 的均值和中位数分别为 5.359 和 5.495，说明此变量观测值总体分布较均匀；最小值和最大值分别为 0.693 和 8.798，说明个别地区之间绿色技术创新水平相差较大。经济发展水平 $LnPgdp$ 的均值和中位数分别为 3.639 和 3.617；最小值和最大值分别为 2.288 和 4.772，说明个别地区之间人均 GDP 相差较大，各地区之间经济发展不平衡。产业结构 $Stru$ 的均值和中位数分别为 0.466 和 0.48，说明我国各地区的产业结构在整体上仍然以工业为主导；最小值和最大值分别为 0.193 和 0.593，说明个别地区之间产业结构相差较大。对外开放度 $Open$ 的均值和中位数分别为 29.779 和 13.82；最小值和最大值分别为 3.21 和 165.637，标准差为 3.21，说明各地区之间对外开放度相差较大。公众环保意识 $Edulev$ 的均值和中位数分别为 0.018 和 0.017，说明此变量观测值总体分布较均匀；最小值和最大值分别为 0.007 和 0.035，说明个别地区之间公众环保意识相差较

大。财政分权度 $FD$ 的均值和中位数分别为 1.264 和 1.2,说明此变量观测值总体分布较均匀;最小值和最大值分别为 0.066 和 5.745,说明个别地区之间财政分权度相差较大。环境事件总次数 $Lnevnt$ 的均值和中位数分别为 2.075 和 2.079,说明此变量观测值总体上分布较均匀;最小值和最大值分别为 0 和 5.529,说明个别地区之间发生的环境事件总次数相差较大。

4) 多元线性回归结果分析

表 6-20 列示了国家审计与地区绿色全要素生产率的多元线性回归结果。结果显示,国家审计预防功能 $Aud\_LNPT$ 与地区绿色全要素生产率 $GTFP$ 之间的回归系数为 0.000 4,且在 10% 的水平上显著;国家审计揭示功能 $Aud\_LNFUND$ 与地区绿色全要素生产率 $GTFP$ 的回归系数为 0.001,且在 5% 的水平上显著;国家审计抵御功能 $Aud\_LNSUGA$ 与地区绿色全要素生产率 $GTFP$ 的回归系数为 0.000 4,且在 1% 的水平上显著。这些结果说明国家审计的预防功能、揭示功能和抵御功能均显著促进了地区绿色全要素生产率的提高。由此可见,国家审计促进了地区绿色发展。

表 6-20　国家审计与地区绿色全要素生产率的多元线性回归结果

| 变量 | $GTFP$ (1) 预防功能 | $GTFP$ (2) 揭示功能 | $GTFP$ (3) 抵御功能 |
| --- | --- | --- | --- |
| $Aud\_LNPT$ | 0.000 4*(1.72) | | |
| $Aud\_LNFUND$ | | 0.001**(2.31) | |
| $Aud\_LNSUGA$ | | | 0.000 4***(3.07) |
| $LnGTI$ | 0.001(1.58) | 0.000(0.35) | 0.001(1.50) |
| $LnPgdp$ | 0.003***(2.72) | 0.001(0.53) | 0.001(0.82) |
| $Stru$ | −0.030***(−5.71) | −0.026***(−5.67) | −0.023***(−4.02) |
| $Open$ | −0.000(−1.28) | 0.000(0.73) | −0.000(−0.19) |
| $Edulev$ | 0.136*(1.73) | 0.173**(2.17) | 0.125(1.61) |
| $FD$ | 0.001***(2.69) | 0.002***(2.91) | 0.001*(1.71) |
| $Lnevnt$ | −0.001(−1.61) | −0.001(−1.60) | −0.001(−1.59) |
| $\_cons$ | 0.994***(257.75) | 0.998***(256.11) | 1.000***(248.04) |
| $N$ | 270 | 270 | 270 |
| $adj.\ R^2$ | 0.246 | 0.267 | 0.274 |

注:*、**、*** 分别表示 10%、5% 和 1% 的显著性水平。

## 2. 国家审计促进绿色发展的机制检验

绿色全要素生产率 Malmquist 指数可以进一步分解为效率改进效应指数(MLEC)和技术进步效应指数(MLTC),即 Malmquist 指数(ML)=效率改善效应指数(MLEC)×技术进步效应指数(MLTC)。从 Malmquist 指数的经济学内涵角度来说,效率改进效应是指各地通过生产过程中的制度创新、管理变革优化资源配置,从而获得的绿色全要素生产率的提升。技术进步效应是指各地在生产过程中通过采用绿色发明技术、清洁生产工艺等技术创新手段,从而获得的绿色全要素生产率的提升。效率改进和技术进步是各地提升绿色全要素生产率的两大因素。因此,我们可以进一步实证检验分析国家审计促进绿色发展的机制。如果政府环境审计显著提高了效率改进效应指数,我们可以认为国家审计通过效率改进效应促进了地区绿色发展。如果政府环境审计显著提高了技术进步效应指数,我们可以认为国家审计通过技术进步效应促进了地区绿色发展。本节分别以效率改进效应指数(MLEC)和技术进步效应指数(MLTC)为被解释变量,以国家审计为解释变量,对模型(6-13)、模型(6-14)和模型(6-15)重新进行回归,结果见表 6-21。

表 6-21 中所列(1)—(3)的估计结果显示,从政府环境审计对效率改善效应的影响来看,国家审计预防功能 $Aud\_LNPT$ 与效率改善效应指数 $MLEC$ 的回归系数没有通过显著性检验;国家审计揭示功能 $Aud\_LNFUND$ 与效率改善效应指数 $MLEC$ 之间的回归系数为 0.001,且在 5% 的水平上显著;国家审计抵御功能 $Aud\_LNSUGA$ 与效率改善效应指数 $MLEC$ 之间的回归系数为 0.000 2,且在 5% 的水平上显著。这些结果说明国家审计的揭示功能和抵御功能均显著促进了地区效率改善效应的提高,但国家审计预防功能对提高地区效率改善效应的作用还没有发挥出来。由此可见,整体来说,国家审计对地区效率改善效应产生了显著影响,即国家审计通过促进制度创新和组织变革等方式显著提高了地区资源配置效率、增加了地区绿色产出。

表 6-21 中所列(4)—(6)的估计结果显示,从国家审计对技术进步效应的影响来看,国家审计预防功能 $Aud\_LNPT$ 与技术进步效应指数 $MLTC$ 之间的回归系数为 0.000 3,且在 10% 的水平上通过了显著性检验;国家审计揭示功能 $Aud\_LNFUND$ 与技术进步效应指数 $MLTC$ 之间的回归系数为 0.001,且在 5% 的水平上显著;国家审计抵御功能 $Aud\_LNSUGA$ 与技术进步效应指数 $MLTC$ 之间的回归系数为 0.000 2,且在 5% 的水平上显著。这些结果说明国家审计预防功能、国家审计揭示功能和国家审计抵御功能均显著促进了地区技术进步效应的提高。由

此可见,国家审计对地区技术进步效应产生了显著影响,即国家审计通过促进绿色技术进步和科技创新方式提高了地区的资源配置效率、增加了地区的绿色产出。

表 6-21　　国家审计促进绿色发展的机制检验结果

| 变量 | 效率改善效应指数 MLEC | | | 技术进步效应指数 MLTC | | |
| --- | --- | --- | --- | --- | --- | --- |
| | (1) | (2) | (3) | (4) | (5) | (6) |
| | 预防功能 | 揭示功能 | 抵御功能 | 预防功能 | 揭示功能 | 抵御功能 |
| $Aud\_LNPT$ | 0.000 (0.02) | | | 0.000 3* (1.86) | | |
| $Aud\_LNFUND$ | | 0.001** (2.03) | | | 0.001** (2.21) | |
| $Aud\_LNSUGA$ | | | 0.000 2** (2.28) | | | 0.000 2** (2.04) |
| $LnGTI$ | −0.001 (−0.89) | −0.001 (−1.20) | −0.001 (−0.97) | 0.001 (1.29) | 0.000 (0.57) | 0.001 (1.47) |
| $LnPgdp$ | −0.002 (−0.78) | −0.003 (−1.22) | −0.002 (−1.03) | 0.004*** (4.79) | 0.003*** (2.79) | 0.003*** (3.18) |
| $Stru$ | −0.025*** (−2.60) | −0.021** (−2.08) | −0.013 (−1.22) | −0.027*** (−5.82) | −0.025*** (−5.89) | −0.023*** (−4.41) |
| $Open$ | −0.000 (−0.53) | −0.000 (−0.00) | −0.000 (−0.34) | −0.000 (−1.59) | −0.000 (−0.03) | −0.000 (−1.13) |
| $Edulev$ | 0.142 (0.55) | 0.122 (0.48) | 0.014 (0.05) | 0.118* (1.87) | 0.137** (2.14) | 0.106* (1.77) |
| $FD$ | −0.001 (−0.59) | −0.001 (−0.36) | −0.001 (−0.81) | 0.002*** (3.85) | 0.002*** (3.87) | 0.001*** (2.92) |
| $Lnevnt$ | −0.000 (−1.51) | −0.000 (−1.42) | −0.000 (−1.50) | −0.000 (−0.52) | −0.000 (−0.45) | −0.000 (−0.41) |
| $\_cons$ | 1.023*** (132.13) | 1.023*** (133.30) | 1.022*** (133.22) | 0.989*** (306.36) | 0.992*** (308.16) | 0.993*** (305.12) |
| $N$ | 270 | 270 | 270 | 270 | 270 | 270 |
| $adj. R^2$ | −0.082 | −0.063 | −0.059 | 0.326 | 0.333 | 0.333 |

注:*、**、***分别表示10%、5%和1%的显著性水平。

综上可知,政府环境审计通过效率改善效应和技术进步效应两种机制促进地区绿色发展。

## 6.6 本章小结

环境问题已成为世界各国在经济社会发展过程中关注的重要问题。在我国，党中央、国务院以及国务院下属各部委、各级政府均出台了相关政策文件，推动环境治理，践行五大发展理念，实现绿色发展，推动国家治理能力和治理体系现代化。本章围绕国家审计与环境治理的关系展开研究，介绍了我国环境治理的现状，并对国家审计参与环境治理的现状进行了梳理。在此基础上，本章运用受托经济责任观、国家审计功能拓展论和国家审计"免疫系统论"对国家审计服务环境治理的理论基础进行了分析，从机构设置、法律法规和国际经验三个层面分析了国家审计服务环境治理的现实依据，并提出了国家审计服务环境治理的路径。本章运用实证研究方法，采用上市公司的微观样本，从企业环保投资水平、地区绿色技术创新水平和环境绩效的视角实证检验了国家审计对企业环境治理的影响。研究结果表明，国家审计促进了企业环保投资水平的提高，促进了企业绿色技术创新水平的提高和企业环境绩效的改善。本章的研究结果对国家审计的微观环境治理效应给出了直接的经验证据。本章采用全国省级数据样本，从地区环境治理投资、地区绿色技术创新和环境绩效的视角实证检验了国家审计对地区环境治理的影响。研究结果表明，国家审计不仅显著促进了地区环境治理投资水平的提高和地区绿色技术创新水平的提高，而且显著促进了地区环境绩效的改善。本章采用全国省级数据样本，从绿色全要素生产率的视角实证检验了国家审计对地区绿色发展的影响。研究结果表明，国家审计显著促进了地区绿色全要素生产率的提高，促进了地区绿色发展，且国家审计通过效率改善效应和技术进步效应两种机制促进了地区绿色发展。以上研究结论对国家审计的宏观环境治理效应给出了直接的经验证据。

# 7 国家审计与经济高质量发展

## 7.1 经济高质量发展的内涵要义

改革开放以来,我国经济经历了40多年的快速发展。2010年,我国经济总量达到40.15万亿元人民币,首次超过日本,我国因此成为仅次于美国的世界第二大经济体。2019年,我国经济总量达到14.4万亿美元(按汇率换算,约为99.1万亿元人民币),即将突破100万亿元人民币,占美国经济总量的2/3。2020年,突如其来的重大公共卫生事件新冠疫情给全球产业链和经济增长带来了严重的冲击,各国经济严重萧条,呈现负增长趋势。2020年,我国在世界主要经济体中率先实现正增长,经济复苏好于原有预期,是世界所有经济体中表现最好的。伴随着经济的高速增长,生态环境恶化、区域发展不平衡、城乡差距扩大等问题日益明显。生态环境的恶化会严重影响工业生产和人民生活,传统的高能耗、高污染的经济增长方式不具有可持续性。城乡差距拉大、东中西部之间发展不平衡使全国人民无法充分共享改革开放带来的成果。2017年,党的十九大报告指出,我国社会主要矛盾已经转化为人民日益增长的美好生活需要和不平衡不充分的发展之间的矛盾。党的十九大作出了中国特色社会主义进入了新时代的重大判断。2018年,中央经济工作会议强调:"推动高质量发展是当前和今后一个时期确定发展思路、制定经济政策、实施宏观调控的根本要求。"2021年3月,十三届全国人大四次会议表决通过了《中华人民共和国国民经济和社会发展第十四个五年规划和2035年远景目标纲要》,指出高质量发展是"十四五"乃至更长时期我国经济社会发展的主题,关系我国社会主义现代化建设全局。由此可见,新时代我国经济发展进入了新的阶段——由高速增长转向高质量发展,高质量发展已成为新时代中国特色社会主义经济发展的新目标。

高质量发展内涵很丰富,且在实践中不断拓展,不同学者对高质量发展的认识各不相同,目前并没有形成统一的定义。现有文献对高质量发展内涵的讨论主要有四类。

第一类讨论区分狭义和广义的高质量发展内涵,或者从微观和宏观的视角界定高质量发展,认为狭义的高质量发展是微观层面单一维度的发展主要强调经济增长效率,而广义的高质量发展是指一个实体(或者组织)在一定的时期内利用科技科学、高效配置各种资源要素从而促进经济增长。汪同三(2018)分别从微观和宏观两个层面对高质量发展的内涵进行了阐释,认为微观层面的高质量发展是指一个实体确保其产品和服务满足消费者的质量需求;宏观层面的高质量发展应当满足以下几个条件:一是发展要贯彻落实"五大发展理念",二是发展应当提高总体经济的投入产出效率,三是发展要进一步增强对各类经济风险的预判和识别,四是发展要进一步增强应对重大突发公共事件的能力。

第二类讨论以"五大发展理念"和社会主要矛盾为视角。何立峰(2018)、杨伟民(2018)、刘志彪(2018)基于"五大发展理念"的视角,认为高质量发展应当体现"五大发展理念",发展应当以创新作为第一动力,以协调为内生特点,以绿色为普遍形态,以开放作为必由之路,以共享作为根本目的。任保平(2018)结合"五大发展理念"与我国当前的社会主要矛盾之间的内在关系阐释了高质量发展的内涵,认为高质量发展是发展质量的高水平状态,包括经济发展、改革开放、城乡发展和生态环境的高质量,是"创新、协调、绿色、开放、共享"五大新发展理念的体现,创新发展解决的是高质量发展中的动力问题,协调发展解决的是高质量发展中的不平衡问题,绿色发展解决的是高质量发展中的人与自然和谐问题,共享发展解决的是高质量发展中的公平正义问题。高培勇(2019)基于社会主要矛盾的视角阐述了高质量发展的内涵,认为社会主要矛盾变化是高质量发展的逻辑起点,高质量发展应当以很好地满足人民日益增长的美好生活需要为根本目标,高质量发展应当坚持"创新、协调、绿色、开放、共享"的发展理念。

第三类讨论以经济高质量发展为视角。张军扩(2018)认为,高质量发展应当是更高水平、更有效率、更加公平和更可持续的发展,发展应当完成两个转变:一是从规模的"量"到结构的"质"的转变和从"有没有"到"好不好"的转变,二是强调从高速度到高质量的转变。吕薇(2018)认为,提升全要素生产率(TFP),改善民生和社会福利保障水平,保持经济低风险、可持续和平稳运行是实现高质量发展目标的三大关键路径。林兆木(2018)认为,经济高质量发展就是商品和服务质量普遍持续提高,投入产出效率和经济效益不断提高,创新成为第一动力,绿色成为普遍形态,坚持深化改革开放,共享成为根本目的。朱启贵(2018)认为,贯彻新发展理念是高质量发展的要求,质量第一、效益优先是高质量发展的追求,供给侧结构性改革是高质量发展的主线,"供给体系与产业结构升级"和"增强国民经济创新力与竞争力"是高质量发展的路径,满足人民日益增长的美好生活需要是高质量发展的目标。我国著名经济学家李义平(2018)教授认为经济高质量发展应当符合六个标准:①资源配置高效,资本边际效率相等,平均利润率相等;②实体经济,尤其是制造业得到高质量的发展;③产业和产品上升到产业链的中高端;④创新能力强,掌握关键领域的核心技术;⑤经济、社会、自然各方面均衡协调,实现可持续发展;⑥能满足人民群众对美好生活的需要,经济体制充满活力。中国人民大学重阳金融研究院贾晋京教授提出①:经济高质量发展要实现质量变革、效率变革和动力变革,其中,'质量'中的'质'表示内在属性,我们对产品和服务有内在属性、内在品质提升的要求,这是质量变革的一个内在要求;我们实现目标的方式和手段跟过去相比有了很大变化,效率变革需要评价标准随之改变——要通过质量标准,而不是数量标准来定义效率;效率变革的出发点是快速满足人民日益增长的美好生活需要;发展形势、发展环境、发展使命不一样了,因此,我们需要进行动力升级,实现动力变革。

第四类讨论以《中华人民共和国国民经济和社会发展第十四个五年规划和2035年远景目标纲要》为视角。《经济参考报》报道了"第29届中外管理官产学恳谈会"上清华大学中国经济思想与实践研究院院长李稻葵的发言,李稻葵教授将《中华人民共和国国民经济和社会发展第十四个五年规划和2035年远景目标纲要》引领中国经济高质量发展的内涵归纳为如下六个亮点:一是强调创新发展,把创新摆到经济发展中最高的位置;二是强调加快现代产业体系转型升级,产业体系未来需要补上短板和漏洞;三是强调优化区域布局,特别是要给予人口流入地区更多的财政支持,让城市具有人口吸纳能力;四是强调统筹发展和安全,把安全发展贯穿国家发展各领域和全过程,特别是能源安全和粮食安全;五是强调绿色、低碳发展,实现碳中和目标;六是强调民生福祉(李稻葵,2021)。

基于此,我们认为,经济高质量发展是新时代中国特色社会主义经济发展的基本特征,其逻辑起点为我国社会主要矛盾的重大变化,基于"创新、协调、绿色、开放、共享"的理念,其根本目的在于满足人民日益增长的美好生活需要。其内涵应

---

① 中国人民大学重阳金融研究院助理院长贾晋京在智行中国论坛上的主题演讲"经济高质量发展面临的新形势、新使命、新要求",http://www.china.com.cn/opinion/think/2020-08/26/content_76636975.htm。

当涵盖以下几个方面：

（1）高效率发展，是指通过制度创新促进资源的高效配置，通过技术创新促进全要素生产率的提升。

（2）协调发展，不仅包括产业结构协调发展、供需结构协调发展，还包括城乡协调发展和东中西区域协调发展。

（3）绿色发展，是指坚持绿色发展理念，强调资源能源低消耗和生态环境改善，注重人与自然和谐相处，实现可持续发展。

（4）开放发展，是指我国既要"引进来"，又要大步"走出去"，走全方位的开放发展道路，加快与世界各国的合作，促进各国之间的互利互惠、互补互助。

（5）共享发展，是指坚持以人民为中心的发展思想，在高质量发展中实现共同富裕，实现全民共享、城乡共享和东中西部区域共享发展成果。

（6）创新发展，是指大力发展科技产业，优化科技资源配置，培养科技创新人才，提升科技创新能力，加强科技成果转化，实现科技强国。

（7）均衡发展，是指在坚持"效率"的基础上更加注重"公平"发展，实现城乡发展均衡、区域发展均衡。

（8）平稳发展，是指防范和化解发展中经济金融领域的重大风险，保障平稳发展。

## 7.2 国家审计促进经济高质量发展的理论依据

### 7.2.1 基于公共受托经济责任观的视角

公共受托经济责任是受托经济责任在公共经济领域的延伸和拓展，公共受托经济责任的内容决定了国家审计的目标和方向，公共受托经济责任延伸到哪里，国家审计的作用就应该在哪里发挥。国家审计的本质目标在于保障和促进公共受托经济责任的全面有效履行。改革开放以来，我国经济在数量上取得了巨大成就，但传统高污染、高消耗的经济增长方式也带来了很多负面问题，已不利于进一步解放和发展生产力，亦不能充分有效满足人民日益增长的美好生活需要。2007年，党的十七大报告提出转变经济发展方式，实现中国经济又好又快发展，不仅关注经济增长过程，而且注重经济发展成果的分配。2011年以来，中国经济增长速度开始下降，过去经济增长模式的弊端开始显现，需要加快转变经济发展方式，促进经济高质量发展。2017年，习近平总书记在党的十九大报告中指出："我国经济已由高速增长阶段转向高质量发展阶段。"转变经济增长方式，实现经济高质量发展已成为我国政府公共受托经济责任的重要内容,为了保障和促进公共受托经济责任的全面有效履行,国家审计理应参与促进经济高质量增长的实践活动,服务经济发展、推动经济高质量增长。"十四五"规划没有提出明确的经济发展速度要求,强调质量效益,淡化了单一的数量增长要求。因此,在经济高质量发展已然成为公共受托经济责任的重要内容的当前阶段,服务经济高质量发展、注重经济发展的质量效益是现代国家审计实现本质目标的应有之义,国家审计的目标应当自然而然地向服务经济高质量发展延伸。

### 7.2.2 基于国家审计功能拓展的视角

公共受托经济责任关系的确立是国家审计产生的基础,公共受托经济责任内容与时俱进发展变化促使国家审计对象和国家审计内容不断拓展。也就是说,公共受托经济责任延伸到哪里,国家审计的作用就应该在哪里发挥。长期以来,我国社会主义经济建设立足于广大人民群众的根本需求,不断解放和发展生产力,致力于提高人民生活水平和实现共同富裕。改革开放极大地解放了生产力,40多年来,我国经济发展取得了巨大成就,人民的物质生活得到了不断丰富。与此同时,人民对美好生活的需要日益广泛,不仅对物质生活提出了更高要求,而且在民主、法治、公平、正义、安全、环境等方面的要求日益增长。国家审计的功能也应当与时俱进地不断拓展,以服务经济高质量发展为目标,从而保障和促进政府公共受托经济责任的全面有效履行。相应地,国家审计从关注经济发展的速度转向关注经济发展的质量,从关注经济发展快不快转向关注经济发展好不好,从关注经济发展的效率转向关注经济发展的公平,从关注经济发展的规模转向关注经济发展的结构,从关注经济发展的资产型扩张转向关注经济发展的资本型扩张,从关注经济发展的劳动和资源投入转向关注科技创新和全要素生产率的提升。

### 7.2.3 基于国家审计"免疫系统论"的视角

国家治理的需求决定了国家审计的产生,国家治理的目标决定了国家审计的方向。国家审计是国家治理这个大系统内生的具有预防、揭示和抵御功能的"免疫系统",旨在推动国家的民主法治建设,促进国家实现良好治理,促进国家经济社会健康运行和科学发展,从而更好地保障人民的根本利益(刘家义,2012)。2014年世界审计组织发布的《北京宣言——最高审计机关促进良治》指出,国家审计作为国家治理不可分割的组成部分,依法履行其职责,客观公正地进行监督、鉴证、评价和建议,以为国家制定政策和开展规划提供参考,促进国家实现良好治理,从而实现社会、经济和环境的可持续发展。人类社会可持续发展的基础是经济社会的可持续发展方式。转变经济增长方式、促进经济高质量发展已成为当前阶段我国国家治理的重要内容,国家审计的功能就理所应当、合乎逻辑地延伸到服务经济高质量发展。作为国家治理的重要工具,国家审计可以通过其"免疫系统"功能促进经济高质量发展,促进国家实现良好治理。具体而言,国家审计通过经常性地对经济活动开展审计,一方面可以对政府及其部门管辖的经济领域中出现的高污染高消耗、低效率高风险、不协调不平衡等偏离经济高质量发展的行为起到震慑作用;另一方面可以发现潜在的阻碍经济增长方式转变、不利于经济高质量发展的制度或政策措施,从而提出改进建议,预防经济风险的发生,发挥其预警作用。国家审计通过对中央政府发布的关于发展方式转变、经济结构调整和环境保护等政策措施的跟踪审计,能及时发现和纠正地方政府在落实政策措施中的偏离行为,发挥其揭示作用。国家审计通过关注公共资源、公共资金的分配和使用的合规性、经济性、效率性、效果性、社会性、环境性情况,可以为中央政府了解经济发展的实际效果提供相关信息支持,为中央政府完善经济高质量发展政策提供依据,解决推进经济高质量发展中的各种制度缺失问题,整治地方政府落实中央高质量发展政策中的偏离行为,助力经济增长方式转型,促进经济高质量发展。

### 7.2.4 基于国家审计"权力监控论"的视角

《中华人民共和国宪法》规定:"审计机关在国务院总理领导下,依照法律规定独立行使审计监督权,不受其他行政机关、社会团体和个人的干涉。"这种宪法赋予国家审计的监督权,本质上是国家审计监督一切公共经济权力的权力。蔡春和李江涛(2009)认为,审计在本质上是一种特殊的经济控制,其目的是保障和促进受托经济责任得到全面有效的履行。政府全面有效履行公共受托经济责任是以行使公共经济权力为前提的,国家审计这种特殊的经济控制必然要对公共经济权力行使过程进行控制和监督。就权力监控而言,国家审计的鉴证功能意味着就权力行使状况与特定职权规定的一致程度发表意见,国家审计的评价功能意味着对权力运行是否适当进行衡量,国家审计的监督功能意味着对权力异化行为直接或间接加以督促、纠正和控制。

国家审计对公共经济权力的监督、监控主要体现为以下几个方面:一是推动行使公共经济权力的组织不断优化组织架构,在提高其治理水平的基础上实现经济高质量发展,组织架构充分体现公共经济权力的配置,体现公共经济权力服务经济社会发展的主要方向和重点领域。国家审计着力于公共经济权力主体组织架构的动态优化,以推动公共经济权力的合理配置,促进经济高质量发展。二是推动公共经济权力运行机制的持续优化,在促进公共经济权力主体完善组织架构基础上,国家审计通过开展不同类型的审计,如绩效审计、合规审计、政策执行效果审计,促进公共经济权力主体列出权力清单,优化营商环境,从而增强政府资源、社会资源的动态联系,促进不同资源形成合力,促进经济高质量发展。具体来看,国家审计通过规范公共经济权力主体制定政策的权力行为,提高公共经济政策的科学性;国家审计通过防止公共经济权力异化,揭示公共资源配置无效、低效问题;国家审计通过检视各级政府公共经济权力运行情况,有序推进公共经济政策落地实施,推动经济高质量发展。

## 7.3 国家审计促进经济高质量发展的路径分析

### 7.3.1 促进市场经济体制的完善

市场经济体制是一种将市场机制作为配置社会经济资源基本手段的经济体制,市场经济体制的完善程度可以在一定程度上反映一国或地区的经济发展状况。自1992年党的十四大提出改革我国经济体制,充分利用市场的资源配置作用为社会主义经济发展服务以来,我国逐步确立和完善社会主义市场经济体制,政府在经济发展领域的职能由直接转向间接,由微观管理转向了宏观调控。社会主义市场经济持续健康发展离不开与之相适应的、健全的监督体制作为保障。国家审计的基本职能是经济监督,其通过发现、揭露、反映并处理市场经济体制构建和运行过程中所出现的违规、违纪和违法行为,可以确保市场经济活动中各层次的经济主体自觉遵守相关的规定和准则等,使其经营活动合法化、合理化,从而共同维护经济秩序。从信息经济学的视角看,信息失灵可能导致市场失灵,信息充分有利于宏观调控。因此,越复杂的市场经济活动就越离不开信息,利益相关者对审计信息的需求不断增长,不同主体的信息需求促使国家审计的职责范围逐渐扩大,国家审计职责范围的扩大,为市场经济体制的完善提供重要保障。

完善的市场经济体制是经济高质量发展的重要保障,是经济平稳健康发展的基本前提。国家审计作为一种特殊的经济监控机制,作用于市场经济体制构建和运行的全过程,促进市场经济体制的有效运行。在经济体制构建方面,国家审计分析评估相关制度安排的科学合理性,评价其是否与经济发展形势相适应、是否与经济高质量发展和社会主要矛盾转化的现实情况相符合,各项经济制度之间是否具有一定的协调性、是否能够产生协同效应,以推动市场经济的发展。此外,国家审计还关注经济制度的灵活性和适应性。经济制度不可能对经济发展过程中出现的所有问题都进行详细规定,市场经济在发展中可能会遇到始料未及的问题,能否有效解决市场经济发展中所出现的问题是评判经济制度适应性和灵活性的重要依据,国家审计通过分析经济制度的适应性和灵活性,针对经济制度的不足提出改进建议,充分发挥其纠偏修复功能,以提高经济制度的灵活性等。科学合理的市场经济制度只有得到有效的遵从才能发挥其应有的作用,市场经济制度得不到有效遵从的主要原因在于关于公共经济资源受托人的权责机制不健全,权力和责任不对等容易导致公共经济权力的异化,导致权力主体无法有效履行其所承担的受托责任。国家审计作用于公共经济权力的运行,防止公共经济权力异化或被滥用,确保权力主体在规定的范围内正确使用公共经济权力,促使市场经济制度得到有效遵从。国家审计开展的领导干部经济责任审计包括在任经济责任审计和离任经济责任审计,旨在明确领导干部在运用公共经济权力的同时需承担相应的责任,以确保公共经济资源得到高效利用。同时,国家审计功能的发挥还有助于揭示经济制度在运行过程中出现的缺陷或不足,国家审计针对所揭示的问题,提出改进建议,促进其不断完善。

金融市场是社会主义市场经济体系的重要组成部分。金融资本的发展和金融体系的稳定不仅关系到市场经济中资本配置效率的高低,还会影响金融安全甚至整个市场经济体系的安全,进而影响经济增长的效率和稳定性等。国家审计一方面作用于金融监管机构,对金融监管机构出台的国家货币政策、货币制度以及金融市场规则进行分析评估,对不利于金融市场稳定的政策或制度提出整改措施或改进建议,降低市场经济体系的系统性风险;另一方面作用于银行、保险、证券和基金公司等金融机构,通过促进金融创新(董维明和冯根福,2015),完善信贷审批程序和风险管理制度,改善金融机构资产质量,提高金融资产流动性,促进金融机构稳健运行等方式来促进金融资本的合理配置(蔡利和周微,2016),降低金融风险,进而完善社会主义市场经济体制,保障中国经济高质量增长。此外,近年来,一些地方政府为了大力发展经济进行了大规模举债,风险隐患凸显,国家审计加强对地方政府债务的审计,构建地方债务风险管理体系以防范地方政府债务风险,有助于推动经济稳健运行。

### 7.3.2 推进产业结构转型升级

实现经济高质量发展的重点在于推进产业结构转型升级。从过去更多依赖资源投入的粗放型增长模式转变为由创新驱动的集约高效型增长模式是产业结构转型升级的目标。国家审计可以从以下几个方面推进产业结构转型升级,促进经济增长方式的转变,实现经济高质量发展。第一,国家审计通过政策执行效果审计,关注"六稳六保"、供给侧结构性改革、去产能、"放管服"改革、减费降税和优化营商环境等政策措施落实情况,可以抑制地方政府对市场的不当干预行为和对产能落后行业的地方保护行为,纠正地方政府在落实产业结构转型升级政策上的偏差,督促地方政府因地制宜地制定产业结构转型升级财政政策、税收政策等,监督企业主动淘汰过剩产能和落后产能,实施转型转产。第二,国家审计通过对产业结构转型升级配套公共财政资金的分配和使用情况进行监督检查,可以抑制"骗补"行为和权力寻租腐败现象,优化公共财政资金的合理配置,提升公共财政资金的使用效率,使财政资金真正投入智能制造、高端研发、绿色发展等创新型企业和绿色环保企业,从而促进整个社会的产业结构转型升级,促进经济高质量发展。第三,国家审计通过监督地方政府优化营商环境,鼓励外资进入我国并直接投资于国内企业,为国内企业带来国外成熟的管理经验、相对先进的技术等,影响被投资企业的劳动生产率和创新水平,对产业内其他企业形成竞争压力,促使其他企业通过模仿等方式不断提高资源利用效率和创新能力;同时,外资企业可在国内单独成立分公司、研发机构等,这也有助于推动地区产业资源有效配置、创新水平提升,实现产业升级。第四,国家审计推动企业并购重组,助力产业发展,不仅有助于提高企业对现有资源的利用效率和创新水平,还会影响产业竞争格局和竞争强度,引起产业内其他企业参与竞争,使它们通过重整资源、加大创新投入,提升竞争力,进而影响产业发展格局。在深化国有企业改革中,为清理僵尸企业、优化国有资源,国有企业并购较为频繁。卫婧婧(2017)发现,国有企业并购对象不同,对产业升级的影响不同,若其并购对象为民营企业,有利于在资源的获取性、经营的灵活性、管理的有效性等方面形成优势互补,推动产业升级。

### 7.3.3 服务科技创新

科学技术是第一生产力,创新是经济高质量发展的第一动力。实践证明,传统依靠人口红利和资源优势、以牺牲环境为代价的粗放型经济增长方式能实现经济的高速发展,但无法适应新时代经济高质量发展的要求。经济高质量发展以提高全要素生产率为本质要求,科技创新以提升效率为终极目标,是提高全要素生产率的关键,是转变发展方式,优化经济结构,实现经济高质量发展的第一动力。2016年,审计署印发了《关于审计工作更好地服务于创新型国家和世界科技强国建设的意见》,明确提出要发挥国家审计的作用,使其服务于科技创新,助推创新型国家建设。我们认为,国家审计可以通过以下三种途径服务科技创新,促进创新发展。第一,保障科技创新政策有效执行,提高科技创新政策的实施效果。国家审计通过跟踪国家科技创新政策的落实情况,可以反映有关部门和地方贯彻执行中央政策不到位、有关体制机制不完善等问题,促进各项政策落地落实、不断完善和发挥实效。第二,优化科研资金配置。国家审计通过对科研资金和科研项目的检查,可以防范有关主管部门和人员在科研资金分配、使用和管理中的以权谋私、截留侵占、贪污私分、挥霍浪费科研资金等违法违规行为,从而优化科研资金配置,为科技创新提供良好的外部环境,提高科研人员创新的积极性。第三,国家审计助力科技成果转化。国家审计通过对科技项目立项结项制度、科研资金管理使用情况和科技成果的转化情况的全方面、全流程监督检查,可以从体制和制度层面深入分析约束和阻碍科技成果转化的因素,进而为科技政策制定提出合理化的建议,使政府部门尽快调整职能,为企业科技创新提供服务,使科研管理与运行机制得以完善,有效促进科研成果转化为现实生产力,促进创新发展。

### 7.3.4 防范化解经济运行风险

经济平稳健康运行既是经济高质量发展的重要保障,也是经济高质量发展的重要内容。随着国际政治、经济形势的变化,国家经济安全成为国家安全的核心,引起各国高度关注。国家审计作为国家治理体系的重要组成部分,对于维护国家经济安全有着重要的作用。我国国家审计工作自开展以来,就一直履行保护国家经济安全的相关职责。在维护市场经济秩序、保障财政资金安全、防止国有资产流失、强化金融监管以及促进资本市场有效运行等国家经济安全领域发挥了重要的作用。

强化国家审计维护经济安全的作用,有助于促进经济高质量发展,国家审计的监控活动在维护国家经济安全方面可以发挥以下作用:①监测作用。国家审计通过对国家经济活动的监测,可以收集国家经济安全的相关信息。②预防作用。国家审计依法对有关经济活动进行审计,从而对违法经济活动产生事前的震慑作用,预防危害国家经济安全行为的发生。③预警作用。国家审计通过分析审计活动所收集到的经济安全信息,可以及时发现国家经济运行过程中存在的潜在安全威胁,进而对国家经济安全进行预警。④纠偏作用。国家审计利用法律赋予的权力,及时制止审计过程中发现的有关违法违规问题,从而纠正危害国家经济安全的行为。⑤修复作用。国家审计通过对国家经济活动的监控,可以发现国家有关经济制度设计、经济政策制定过程存在的缺陷,为政府修复经济制度、经济政策中的缺陷提供依据。因此,国家审计可以通过监测、预防、预警、纠偏和修复作用维护经济安全运行,促进经济高质量增长。

### 7.3.5 促进绿色发展

绿色是经济高质量发展的底色,绿色发展是高质量发展的应有之义。生产力不仅包括人及其创造力、生产工具,而且包括生态环境。生态环境是人类赖以生存、发展的基础。2013年5月,习近平总书记在中央政治局第六次集体学习时指出:"牢固树立保护生态环境就是保护生产力、改善生态环境就是发展生产力的理念。"2013年9月,习近平总书记在纳扎尔巴耶夫大学谈到环境保护问题时指出:"我们既要绿水青山,也要金山银山。宁要绿水青山,不要金山银山,而且绿水青山就是金山银山。"长期以来,我国粗放式的经济增长模式直接导致一些地方或行业对自然资源特别是能源资源的掠夺式开发和毁灭性破坏,其结果是生态环境的不断恶化,这严重影响了国家对自然资源的合理有效利用和宏观微观经济的可持续发展,也造成我国经济增长质量偏低。实现经济高质量发展,必须加强环境治理,进行生态文明建设,构建生态经济发展新模式,走出一条经济发展与生态文明建设相协调的发展道路。

国家审计可以从以下几个方面促进绿色发展,助推经济高质量发展。国家审计通过对政府环境保护专项资金使用的合规性、效益性开展审计,将会有效地提升资金的使用效率,进而促进经济绿色发展。国家审计开展环境绩效审计,不仅会对政府和企业形成震慑效应,还可以查处环境治理中的违法违规行为,从而督促政府和企业加强环境治理,助推经济绿色发展。国家审计开展环境保护政策落实跟踪审计和领导干部自然资源资产离任审计,有助于监督和制约各级党政机关和主要领导干部的行为,纠正其片面追求经济增长而忽视资源环境保护的行为,从而有助于实现经济绿色健康可持续发展,实现经济发展"既要绿水青山,也要金山银山"。

## 7.4 实证研究设计

在对国家审计与经济高质量发展进行理论分析的基础上,我们可以进一步实证检验国家审计提升经济发展质量的路径及其效果。目前学术界关于经济高质量发展的衡量指标并没有达成一致意见,借鉴相关学者的研究,我们认为,可以通过计算社会全要素生产率指数或者构建经济高质量发展指数衡量经济增长的质量,进而实证检验国家审计促进经济高质量发展的效果。此外,我们也可以从经济高质量发展的各个维度(创新发展、绿色发展、协调发展、平衡发展和共享发展),分别研究国家审计促进经济高质量发展的路径。

### 7.4.1 国家审计促进经济高质量发展的实证研究设计

1. 国家审计促进经济高质量发展的效果检验

1)研究假设

研究假设 H1:国家审计能显著提升经济发展质量。

研究假设 H2:在国有资本规模越大的地区,国家审计对经济发展质量的提升效果越明显。

研究假设 H3:开展政策落实跟踪审计之后,国家审计对经济发展质量的提升效果更明显。

研究思路如图 7-1 所示。

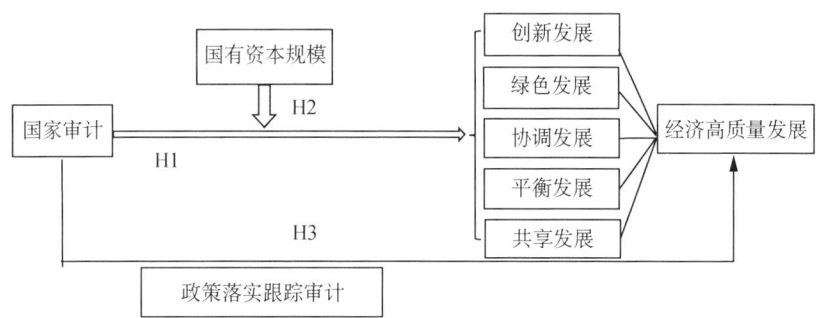

图 7-1 国家审计与经济高质量发展研究思路

2)研究模型设计与变量定义

为检验研究假设 H1,我们可以建立多元线性回归模型(7-1):

$$Y_{i,t} = b_0 + b_1 Audit_{i,t} + b_2 CV_{i,t} + b_3 Year_{i,t} + b_4 Prov_{i,t} + e_{i,t} \quad (7-1)$$

其中,$Y$ 表示经济发展质量,可以采用全要素生产率指数($TFP$)衡量,也可以通过构建经济高质量发展指数($HQE$)衡量。$Audit$ 表示国家审计,分别用移送司法机关、纪检监察机关和有关部门处理的人员数量加1的自然对数、国家审计查出的主要问题金额(违规金额、损失浪费金额和管理不规范金额之和)的自然对数、被采纳的审计建议数量来表示。预期 $Audit$ 的系数显著为正。$CV$ 表示控制变量,包括物质资本投资($Matinv$)、人力资本投资($Huminv$)、贸易开放度($Open$)、政府效率($Goveff$)、市场化程度($Marketi$)、创新能力($RD$)、城镇化水平($Urb$)等。同时控制了年度($Year$)和省份($Prov$)效应,$e_i$ 表示残差。

目前学术界关于经济高质量发展的内容和评价标准没有达成一致意见,我们借鉴李梦欣和任保平(2019)的研究,基于经济高质量发展的各个维度,构建经济高质量发展指数,以衡量经济发展质量,具体构成指标如表 7-1 所示。

表 7-1　　　　　　　　　　经济高质量发展指数指标体系

| 维度 | 分项指标 | 具体指标 | 指标属性 |
| --- | --- | --- | --- |
| 创新发展 | 科技资本 | 科技成果登记数 | 正指标 |
|  |  | 发明专利申请授权数 | 正指标 |
|  |  | 技术合同成交额/GDP | 正指标 |
| 创新发展 | 人力资本 | 毕业研究生人数 | 正指标 |
|  |  | R&D 人员数 | 正指标 |
|  |  | 平均每万名职工中专业技术人员数 | 正指标 |
|  | 创新能力 | 科技拨款占公共财政支出的比重 | 正指标 |
|  |  | R&D 经费支出/GDP | 正指标 |
|  |  | 高技术产业主营业务收入/GDP | 正指标 |
| 绿色发展 | 资源消耗 | 单位 GDP 能源消耗量 | 逆指标 |
|  |  | 单位 GDP 电力消耗量 | 逆指标 |
|  |  | 单位 GDP 石油消耗量 | 逆指标 |
|  | 环境治理能力 | 工业污染治理投资总额/GDP | 正指标 |
|  |  | 城市环境基础设施建设投资总额/GDP | 正指标 |
|  |  | "美丽乡村"建设投资总额/GDP | 正指标 |
|  | 环境绩效 | 废水排放量/GDP | 逆指标 |
|  |  | $CO_2$ & $SO_2$ 排放量/GDP | 逆指标 |
|  |  | 固体废弃物排放量/GDP | 逆指标 |

(续表)

| 维度 | 分项指标 | 具体指标 | 指标属性 |
| --- | --- | --- | --- |
| 协调发展 | 产业协调 | 第一产业比较劳动生产率 | 正指标 |
| | | 第二产业比较劳动生产率 | 正指标 |
| | | 第三产业比较劳动生产率 | 正指标 |
| | 城乡协调 | 二元对比指数 | 正指标 |
| | | 泰尔指数 | 正指标 |
| | | 农村与城镇居民消费水平比 | 正指标 |
| | 区域协调 | 西部与东部地区人均地区生产总值比 | 正指标 |
| | | 西部与东部地区人均收入比 | 正指标 |
| | | 西部与东部地区人均一般公共预算支出比 | 正指标 |
| 平稳发展 | 金融平稳 | 货币供应膨胀率 | 逆指标 |
| | | 外汇依存度 | 逆指标 |
| | | 股票市场波动率 | 逆指标 |
| 平稳发展 | 外汇平稳 | 负债率 | 逆指标 |
| | | 外债利用率 | 逆指标 |
| | | 外债利率结构 | 逆指标 |
| | 经济平稳 | 通货膨胀率 | 逆指标 |
| | | 失业率 | 逆指标 |
| | | 财政赤字率 | 逆指标 |
| 共享发展 | 收入分配 | 劳动报酬/GDP | 正指标 |
| | | 社会保障和就业支出/GDP | 正指标 |
| | | 教育支出/GDP | 正指标 |
| | 福利水平 | 医疗卫生机构数 | 正指标 |
| | | 人均公共图书馆数量 | 正指标 |
| | | 社会服务机构覆盖率 | 正指标 |
| | 脱贫攻坚 | 最低生活保障居民人数占总人口的比重 | 逆指标 |
| | | 社会保险基金收入/GDP | 正指标 |
| | | 扶贫产业收入/GDP | 正指标 |

各变量的说明如表 7-2 所示。

为检验研究假设 H2,用"国有固定资产投资占地区总投资的比重"来表示国有

资本规模($Govc$),用来衡量各地区国有资本规模的大小,并构建模型(7-2):

表 7-2 变量说明

| 变量类型 | 变量名称 | 变量代码 | 变量定义 |
| --- | --- | --- | --- |
| 被解释变量 | 全要素生产率指数 | TFP | 用 Malmquist-DEA 方法估算 |
| | 经济高质量增长指数 | HQE | 通过 5 个维度 45 个具体指标计算的经济高质量增长指数 |
| 解释变量 | 国家审计预防功能 | Aud_LNPT | 移送司法机关、纪检监察机关和有关部门处理的人员数量加 1 的自然对数 |
| | 国家审计揭示功能 | Aud_LNFUND | 国家审计查出的主要问题金额(违规金额、损失浪费金额和管理不规范金额之和)的自然对数 |
| | 国家审计抵御功能 | Aud_LNSUGA | 被采纳的审计建议数量 |
| 调节变量 | 国有资本规模 | Govc | 国有固定资产投资占地区总投资的比重 |
| | 审计署是否开展重大政策措施落实跟踪审计 | Policy | 虚拟变量,2014 年之后取值 1,之前取值 0 |
| | 审计署重大政策措施落实跟踪审计是否介入该地 | Tteat | 政策跟踪审计介入的省份或地级市赋值为 1,否则赋值为 0 |
| 控制变量 | 物质资本投资 | Matinv | 固定资产投资形成总额/实际 GDP |
| | 人力资本投资 | Huminv | 中学以上在校人数/地区总人口 |
| | 贸易开放度 | Open | 进出口总额/实际 GDP |
| | 政府效率 | Goveff | 实际 GDP/地方财政支出 |
| | 创新能力 | RD | 获得专利数量的自然对数 |
| | 城镇化水平 | Urb | 城镇人口/总人口 |
| | 市场化程度 | Marketi | 王小鲁等编写的《中国分省份市场化指数报告(2019)》中披露的各地市场化指数 |

$$Y_{i,t} = b_0 + b_1 Audit_{i,t} + b_2 Govc_{i,t} + b_3 Audit_{i,t} \times Govc_{i,t} + b_4 CV_{i,t}$$
$$+ b_5 Year_{i,t} + b_6 Prov_{i,t} + e_{i,t} \tag{7-2}$$

我们关心的是 $Govc$ 与 $Audit$ 交乘项 $Audit \times Govc$ 的系数,预期其显著为正。

为检验假设 H3,我们以 2014 年为分界线,因为审计署 2014 年开始重大政策措施落实情况跟踪审计。具体地说,在模型中加入虚拟变量 $Policy$ 作为调节变量,以检验审计工作重心调整对经济发展质量的影响,"$Policy = 1$"表示"2014 年

之后","$Policy=0$"表示"2014 年之前",构建模型(7-3):

$$Y_{i,t}=b_0+b_1Audit_{i,t}+b_2Policy_{i,t}+b_3Audit_{i,t}\times Policy_{i,t}+b_4CV_{i,t}$$
$$+b_5Year_{i,t}+b_6Prov_{i,t}+e_{i,t} \tag{7-3}$$

其中,我们关心的是 $Policy$ 与 $Audit$ 交乘项 $Audit\times Policy$ 的系数,预期其显著为正。

为了进一步检验研究假设 H3,我们构建双重差分模型(DID)进行实证研究。具体地说,在模型中引入虚拟变量 $Treat$,将重大政策措施落实情况跟踪审计介入的省(自治区、直辖市)或地级城市赋值为 1,即 $Treat=1$,未介入的省(自治区、直辖市)或城市赋值为 0,即 $Treat=0$。由于审计署对各个省(自治区、直辖市)或地级城市的重大政策措施落实情况跟踪审计的介入不具有连续性,我们借鉴国家审计效果的惯性原理,对重大政策措施落实情况跟踪审计介入后的省(自治区、直辖市)或地级城市全部赋值 1,即 $Treat=1$。构建模型(7-4),检验重大政策措施落实跟踪审计对经济高质量发展的影响效果。

$$Y_{i,t}=b_0+b_1Treat_{i,t}+b_2Policy_{i,t}+b_3Treat_{i,t}\times Policy_{i,t}+b_4CV_{i,t}$$
$$+b_5Year_{i,t}+b_6Prov_{i,t}+e_{i,t} \tag{7-4}$$

其中,我们关心的是 $Treat$ 与 $Policy$ 交乘项 $Treat\times Policy$ 的系数,预期其显著为正。双重差分(DID)模型中 $Y$、$CV$、$Year$ 和 $Prov$ 的含义与多元线性回归模型(7-1)、(7-2)和(7-3)相同,此处不再赘述。

2. 路径分析

经济高质量发展包括创新发展、绿色发展、协调发展、平稳发展和共享发展各个维度的高质量发展,我们借鉴相关第三方数据库平台构建的指数指标,分维度实证考察国家审计促进经济高质量发展的路径,同时构建多元线性回归模型(7-5)和多元线性回归模型(7-6)。

$$Y\_chanel_{i,t}=b_0+b_1Audit_{i,t}+b_2CV_{i,t}+b_3Year_{i,t}+b_4Prov_{i,t}+e_{i,t} \tag{7-5}$$

其中,$Y\_chanel$ 表示经济高质量发展的各个维度,如创新发展指数、绿色发展指数、协调发展指数、平稳发展指数和共享发展指数等变量;$Audit$ 为衡量国家审计功能的一组变量,包括国家审计预防功能、国家审计揭示功能和国家审计抵御功能等;$CV$ 为一组控制变量;$Year$ 和 $Prov$ 表示控制年份和省份地区的固定效应。

$$Y_{i,t}=b_0+b_1Audit_{i,t}+b_2Y\_chanel_{i,t}+b_3CV_{i,t}+b_4Year_{i,t}$$
$$+b_5Prov_{i,t}+e_{i,t} \tag{7-6}$$

其中，$Y$ 表示经济发展质量，$Y\_chanel$、$Audit$、$CV$ 的含义同多元线性回归模型(7-5)，此处不再赘述。相比多元线性回归模型(7-5)，模型(7-6)的被解释变量为 $Y$，模型中加入了 $Y\_chanel$（创新发展指数、绿色发展指数、协调发展指数、平稳发展指数和共享发展指数），结合多元线性回归模型(7-5)和(7-6)，我们预期回归系数 $b_1$ 和 $b_2$ 同时显著为正。具体路径图如图 7-2 所示。

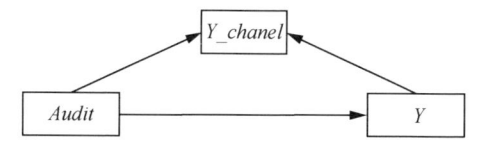

图 7-2 国家审计作用于经济高质量发展的路径

3. 研究结果

不少学者已在此方面展开了深入的研究，研究结果表明，国家审计显著促进了地区经济发展过程质量和结果质量的提升，且在国有资本规模较大的地区更加明显。国家审计能显著促进地区经济的高质量发展，具体是通过提升地区创新水平、绿色发展水平、协调发展水平、平稳发展水平和共享发展水平等路径促进各地经济高质量发展。

### 7.4.2 国家审计促进产业高质量发展的实证研究设计

国家审计对经济高质量发展的影响是宏观层面的。本节从经济高质量发展的宏观视角拓展到中观视角，进一步考察国家审计对产业效率、产业创新的影响。具体包括三个方面：一是国家审计对地方产业效率、产业创新的整体影响，重点关注国家审计在地方产业效率、产业创新能力提升中的作用。二是国家审计影响地方产业效率、产业创新的路径，从僵尸企业出清维度来看，国家审计提高地方资源配置效率，通过效率改进增强地方产业发展效率；从增强创新能力出发，国家审计提高地区创新能力，通过动力变革提高地方产业创新水平。三是考察宏观经济资源、地方财政分权、金融资源禀赋在国家审计与地方产业效率、产业创新关系中的调节作用。

1. 研究假设

研究假设 H1：国家审计有助于提高地方产业效率和产业创新能力。

研究假设 H2-1：国家审计通过促使僵尸企业出清，推动地方产业效率提升。

研究假设 H2-2：国家审计通过促进区域创新，推动地方产业创新能力提升。

研究假设 H3：在财政分权程度越高的地区，国家审计对产业效率、产业创新的促进作用越明显。

研究假设 H4：在金融发展程度越高的地区，国家审计对产业效率、产业创新的促进作用越明显。

国家审计促进产业高质量发展的研究思路如图 7-3 所示。

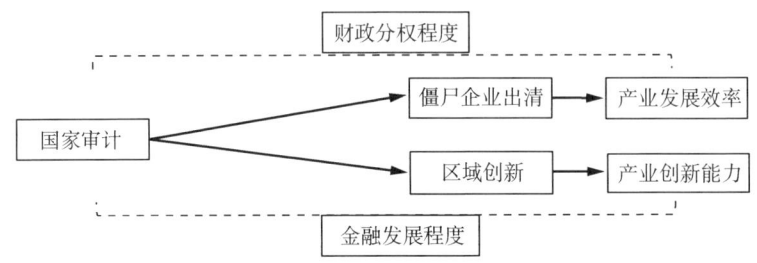

图 7-3 国家审计促进产业高质量发展的研究思路

2. 研究模型设计与变量定义

为验证研究假设 H1，我们构建多元线性回归模型(7-7)和(7-8)进行检验：

$$UPG = \beta_0 + \beta_1 Audit + \beta CV + \mu + \sigma + \pi + \varepsilon \tag{7-7}$$

$$UPG = \beta_0 + \rho \sum w \times UPG + \alpha_1 Audit + \alpha CV + \gamma_1 \sum w \times Audit + \gamma \sum w \times CV + \mu + \sigma + \pi + \varepsilon \tag{7-8}$$

多元线性回归模型(7-7)为控制产业、城市、时间的固定效应模型，多元线性回归模型(7-8)为空间杜宾模型(SDM 模型)。其中，$UPG$ 为被解释变量，表示产业效率、产业创新。我们采用随机前沿分析法(Stochastic Frontier Analysis，SFA)对各地级市的投入产出效率进行度量；用技术复杂度代表产业创新能力，用基于 HS-6 位码出口数据测算产品层面的技术复杂度衡量。

$Audit$ 为解释变量，表示国家审计，具体分为审计投入、审计覆盖面、审计成效和审计建议等几个维度的变量。考虑到国家审计功能的发挥存在一定的滞后性，参照已有研究，我们将滞后一期、两期解释变量带入模型进行回归检验。

$CV$ 为控制变量，包括地方经济发展水平、物质资本投资、人力资本投资、劳动力变化、贸易开放程度、市场化进程、城镇化水平等；$\mu$、$\sigma$、$\pi$ 分别为产业、城市、时间固定效应，$\varepsilon$ 为残差。

3. 中介效应模型和调节效应模型设计

为验证研究假设 2-1 和研究假设 2-2，我们借鉴温忠麟(2016)使用的中介效应检验模型构建多元线性回归模型(7-9)至(7-12)进行检验：

$$MEDI = \beta_0 + \beta_1 Audit + \beta CV + \mu + \sigma + \pi + \varepsilon \tag{7-9}$$

$$UPG = \beta_0 + \beta_1 MEDI + \beta_2 Audit + \beta CV + \mu + \sigma + \pi + \varepsilon \tag{7-10}$$

$$MEDI = \beta_0 + \rho \sum w \times MEDI + \alpha_1 Audit + \alpha CV + \gamma_1 \sum w \\ \times Audit + \gamma \sum w \times CV + \mu + \sigma + \pi + \varepsilon \tag{7-11}$$

$$UPG = \beta_0 + \rho \sum w \times UPG + \alpha_1 Audit + \alpha_2 MEDI + \alpha CV \\ + \gamma_1 \sum w \times Audit + \gamma_2 \sum w \times MEDI + \gamma \sum w \\ \times CV + \mu + \sigma + \pi + \varepsilon \tag{7-12}$$

本节运用僵尸企业家数占地方工业企业家数的比重（ZOMBINE1）（聂辉华等，2016）和僵尸企业规模占地方工业企业规模的比重（ZOMBINE2）度量僵尸企业出清。区域创新分为区域创新投入（RD）和区域创新产出（INNO），用地级市政府的R&D支出数据的自然对数衡量区域创新投入，用地级市授权专利总数的自然对数衡量区域创新产出。

其中，多元线性回归模型（7-9）和（7-10）为控制产业、城市、时间的固定效应模型，模型（7-11）和（7-12）为空间杜宾模型（SDM模型）。MEDI为中介变量，包括僵尸企业出清和区域创新。在僵尸企业出清模型中，除控制前述变量，还控制国有企业规模、就业率等；在区域创新模型中，增加了财政科技支出、外资利用水平、交通便利度等指标。

为验证研究假设3和研究假设4，加入地区金融发展程度、财政分权程度并将其与解释变量国家审计形成交乘项，构建多元线性回归模型（7-13）和（7-14）进行检验。

$$UPG = \beta_0 + \beta_1 MODE + \beta_2 Audit \times MODE + \beta_3 Audit + \beta CV \\ + \pi + \sigma + \pi + \varepsilon \tag{7-13}$$

$$UPG = \beta_0 + \rho \sum w \times UPG + \alpha_1 MODE + \alpha_2 Audit \times MODE + \alpha_3 Audit \\ + \alpha CV + \gamma_1 \sum w \times MODE + \gamma_2 \sum w \times Audit \times MODE \\ + \gamma_3 \sum w \times Audit + \gamma \sum w \times CV + \mu + \sigma + \pi + \varepsilon \tag{7-14}$$

财政分权分为收入分权（FI）和支出分权（FE）。金融发展程度分为金融规模

（FINSC）、金融结构（FINST）、金融效率（FINEF）、金融深化（FINDE）。

其中，多元线性回归模型（7-13）为控制产业、城市、时间的固定效应模型，多元线性回归模型（7-14）为空间杜宾模型（SDM 模型）。$MODE$ 为调节变量，包括财政分权（FD）和金融发展（FIND）。控制变量与多元线性回归模型（7-7）一致，不再赘述。相关变量的说明如表 7-3 所示。

表 7-3　　　　　　　　　　　　变量说明

| 变量 | 变量名 | 定义或度量方式 |
|---|---|---|
| 被解释变量 | 全要素生产率 | |
| | $TFP$ | 采用随机前沿分析法（SFA）对各地级市的投入产出效率进行度量 |
| | 技术复杂度 | |
| | $SOPH$ | 基于 HS-6 位码出口数据测算的产品层面的技术复杂度 |
| 解释变量 | 国家审计 | |
| | $AUDIT\_HN$ | 审计投入：审计机关人数的自然对数 |
| | $AUDIT\_UN$ | 审计覆盖面：审计机关审计家数的自然对数 |
| | $AUDIT\_SUB$ | 审计成效：审计揭示的问题资金规模的自然对数 |
| | $AUDIT\_ADV$ | 审计建议：审计提出的意见或报告数的自然对数 |
| 中介变量 | 僵尸企业出清 | |
| | $ZOMBINE1$ | 僵尸企业家数占地方工业企业家数的比重 |
| | $ZOMBINE2$ | 僵尸企业规模占地方工业企业规模的比重 |
| | 区域创新 | |
| | $RD$ | 区域创新投入：地级市政府的 R&D 支出数据的自然对数 |
| | $INNO$ | 区域创新产出：地级市获得的授权专利总数的自然对数 |
| 调节变量 | 财政分权 | |
| | $FI$ | 收入分权：地方一般预算收入/全国一般预算收入 |
| | $FE$ | 支出分权：地方一般预算支出/全国一般预算支出 |
| | 金融发展 | |
| | $FINSC$ | 金融规模：信贷规模与 GDP 的比值 |
| | $FINST$ | 金融结构：股票市场交易额度与 GDP 的比值 |
| | $FINEF$ | 金融效率：金融机构贷款与存款之比 |
| | $FINDE$ | 金融深化：私营部门的国内信贷占 GDP 的比例 |

## 7.5 本章小结

中国经济已进入高质量发展阶段,国家审计的职责定位和功能也需要改变,以为经济高质量发展服务。现有文献尚未系统深入全面地考察国家审计在经济高质量发展中的重要作用。本章在厘清经济高质量发展内涵要义的基础上,论证国家审计服务经济发展,促进经济高质量发展的理论依据,并探索了国家审计促进经济高质量发展的路径,具体包括促进市场经济体制的完善、推进产业结构转型升级、服务科技创新、防范化解经济运行风险以及促进绿色发展等。本章通过选取变量、构建模型,尝试设计实证研究方法验证国家审计在经济高质量发展中的作用,主要验证了包括国家审计与经济高质量发展、国家审计与产业高质量发展的关系,并分析了国家审计促进经济高质量发展、产业高质量发展的机理机制,旨在为国家审计服务经济高质量发展,推动国家治理能力和治理体系现代化提供经验证据。

# 8 国家审计与国企高质量发展

社会进步促进劳动分工的细化,劳动分工的细化促进岗位的专业性不断增强。财富所有者为寻求更多的价值增值,必须将经济资源交由更具专业技能的人士管理,从而导致了所有权与经营权的分离。所有权与经营权分离成为现代企业的本质特征,基于该特征,经济资源的所有者与管理者利益的分化形成代理问题。代理问题逐渐发展成为学术界、实务界以及监管部门关注的重要问题。在企业组织中,一方面,经济资源的所有者——股东,因不参与或较少参与公司经营管理,与公司管理层之间的信息不对称问题较为严重。为了解管理层经营管理行为是否与实现价值增值的目标相符,同时更准确掌握企业财务状况、经营成果和现金流量情况,股东对第三方鉴证机构产生强烈的需求。另一方面,经济资源的经营管理者——管理层,为向股东证明其在经营管理过程中的勤勉尽责情况,需要第三方鉴证机构对其提供的财务会计信息进行鉴证,达到信息增信的目的,提高股东对其所披露信息的认可度。综上所述,基于所有者和经营管理者的共同需求,会计师事务所作为独立的第三方专业鉴证机构应运而生。已有研究发现,审计在改善公司治理机制、约束管理层投机行为、提高信息披露质量等方面发挥着重要作用。

国有企业异于非国有企业,其股权结构决定了国有企业所有者的缺位。国有企业除负责经营管理国有资产、实现国有资产价值增值外,还承担部分政策性负担。因此,国有企业的经营管理更加复杂。国有企业兼具社会属性和政治属性,从社会属性看,国有企业的利益相关者(包括股东和经营管理者)需要社会审计这一外部监督机制参与公司治理,约束经营管理者异常行为,缓解信息不对称问题。从政治属性看,国有企业因所有者缺位而承担部分政策性负担,其考核评价的体系更为复杂,也更容易出现腐败机会。因此,国有企业需要社会审计对其财务信息进行增信,也是国家审计的重要审计对象,国家审计关注国有企业负责人的经济责任履行情况、国有企业承担的重大项目推进情况、国有企业财务收支情况、国家政策在国有企业中的落实情况等,以保障经济资源得以有效运用、政府政策得到有效实施。因此,国家审计是国有企业一项重要的治理机制,有助于推动国有企业在经营业绩增长和政策落地实施两方面协调发展。

## 8.1 国企高质量发展的内涵要义

在我国,国有企业是资本市场中的重要参与主体,是推动经济社会发展的中坚力量。国有企业整体发展水平决定着中国特色社会主义经济发展质量。基于此,党中央、国务院非常关注国有企业发展,先后出台了相关制度推动国有企业高质量发展,具体如表 8-1 所示。近年来,国家审计在国家治理中的作用愈发重要,习近平总书记在中央审计委员会第一次会议上强调,要加大审计监督力度,拓宽审计监督广度,推动经济高质量发展。微观层面的国有企业高质量发展,有助于推动宏观层面的经济高质量发展。国家审计作用于国有企业,提高国有企业治理水平,实现微观层面的企业高质量发展,微观层面的企业高质量发展可有效支撑宏观层面的经济高质量发展。

表 8-1　　　　关于推动国有企业高质量发展的相关制度

| 制度类型 | 发布时间 | 制度文件名称 |
| --- | --- | --- |
| 基本法律、规范文件 | 2021 年 3 月 | 《中华人民共和国国民经济和社会发展第十四个五年规划和 2035 年远景目标纲要》 |
| | 2020 年 11 月 | 《健全上市公司退市机制实施方案》 |
| | 2020 年 10 月 | 《关于进一步提高上市公司质量的意见》 |
| | 2019 年 12 月 | 《中华人民共和国证券法》(修订) |
| | 2018 年 10 月 | 《中华人民共和国公司法》(修订) |
| 国企改革内容、思路 | 2019 年 11 月 | 《中央企业混合所有制改革操作指引》 |
| | 2019 年 4 月 | 《改革国有资本授权体制方案》 |
| | 2018 年 9 月 | 《关于深化混合所有制改革试点若干政策的意见》 |
| | 2018 年 7 月 | 《关于推进国有资本投资、运营公司改革试点的实施意见》 |
| | 2018 年 5 月 | 《关于改革国有企业工资决定机制的意见》 |
| | 2017 年 5 月 | 《关于进一步完善国有企业法人治理结构的指导意见》 |
| | 2015 年 9 月 | 《关于国有企业发展混合所有制经济的意见》 |
| | 2015 年 8 月 | 《关于深化国有企业改革的指导意见》 |

(续表)

| 制度类型 | 发布时间 | 制度文件名称 |
| --- | --- | --- |
| 国资监管 | 2019年11月 | 《关于以管资本为主加快国有资产监督职能转变的实施意见》 |
| | 2016年6月 | 《企业国有资产交易监督管理办法》 |
| | 2015年10月 | 《关于加强和改进企业国有资产监督防止国有资产流失的意见》 |
| | 2015年6月 | 《关于深化国有企业改革中坚持党的领导加强党的建设的若干意见》 |

国有企业的社会属性和政治属性决定其兼具盈利性和政策性。对国有企业的盈利性，人们可以从经济资源管理利用、价值增值的角度进行评判；对国有企业的政策性，人们可以从政府政策角度进行评判，即评判国有企业对政府政策的落实情况和国有企业落实政策性负担的情况。因此，对国有企业发展质量，我们可以从盈利性和政策性两个方面进行探讨。在盈利性方面，资产质量、经营管理质量、投融资管理水平等均会直接影响国有企业效益。国有企业资产质量越高，预期产生的未来利益越多，发生的损失如资产减值等越少，盈利性越强。国有企业经营管理的质量越高，表明国有企业管理制度越健全、内控水平越高、资产周转效率越高、运营费用率越低、资产结构与业务发展模式契合度越高、产品质量越可靠，国有企业与上下游企业的业务合作越稳定，经营风险越小。国有企业投融资管理水平高，表现在投资管理和融资管理两个方面。在投资管理方面，国有企业内部的固定资产投资决策、研发创新投入契合国有企业经营管理和业务发展需要，对外并购重组决策成功率高，从而保障国有企业盈利的持续性；在融资管理方面，融资管理呈现出融资成本低、融资渠道多样化、融资预判性强、融资安排与企业成长性、生产周期紧密结合，资金成本的降低变相提高了国有企业盈利能力和盈利质量。在政策性方面，国有企业需要高效落实政策，如重大产业项目的落地、冗余人员的合理安排等，同时需要合理配置经济资源、人力资源等，做大国有企业规模，提高盈利能力。

基于此，我们认为国有企业高质量发展是一种状态，是一种将国有企业经济资源、人力资源与政策负担有效结合的良好状态，该状态具有动态性，即国有企业高质量发展也是一个过程，是一个国有企业根据资源要素投入变动、政策负担变化以及外部环境变化动态调整、持续优化的过程。具体来看，国有企业高质量发展主要体现为以下几个方面：一是公司治理处于较高水平，股权结构较为合理、稳定，能为国有企业发展、经营决策提供稳定支持；董事会治理机制健全，在符合相关法律法规基础上,董事会成员经验丰富、专业素养高、管理水平高,兼具管理、咨询、监督职能;管理层人员配备合理,国有企业充分结合公司管理情况、市场竞争情况选聘高管人员,管理层战略执行力强;组织架构适应性强,国有企业在面对激烈的市场竞争时,需要动态调整组织架构,应对瞬息万变的市场环境,因此,组织架构的动态调整能力也是国企治理保持较高水平的重要标志;内部控制处于较高水平,内控制度设计和执行,直接关系到企业内部管理水平的高低,内部控制有效有助于国有企业经营管理水平的提高。二是经营管理处于较高水平,资金管理的前沿性强,融资成本低、渠道多,投资决策机制完善,对内对外资产或股权投资效率持续提升;资产运营效率较高,资产周转速度明显高于同行业水平,资产质量整体较高,未来经济利益流入的可能性较大;精细化管理水平较高,管理部门的流程化、自动化、数字化程度较高,成本管控水平一流。三是社会责任履行充分,承担产业政策、重大项目、人员就业等方面的社会责任;面对自然灾害等重大突发事件时,承担社会责任;面对其他社会公共事务时,如开展扶贫工作时,通过提供产品、服务、经济支持等履行社会责任。

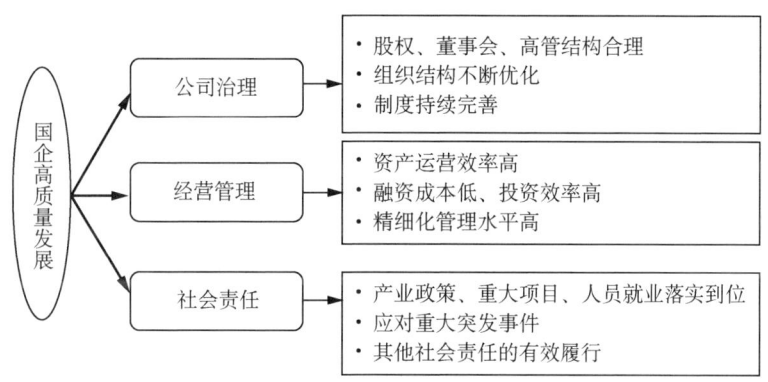

**图 8-1　国企高质量发展的内容构成**

## 8.2　国企发展质量的测量

### 8.2.1　测量方法选择

图 8-1 为国企高质量发展的内容构成。如何度量国企高质量发展?对这一问题的回答建立在对国企高质量发展内涵作出界定的基础上。与现有研究中两种观点相对应,学术界形成了两种测度思路:全要素生产率与综合评价指标体系。从狭义的视角来看,企业高质量取决于资源要素的配置,一些学者倾向于采用全要素生产率来测

度企业高质量发展的程度(吴成颂和程茹枫,2021),全要素生产率的提高往往是技术进步的结果。截至目前,全要素生产率的估算方法主要有代数指数法、索洛残差法、隐性变量法以及潜在产出法,其中潜在产出法可分为两类,即随机前沿分析法与数据包络分析法(Malmquist 指数法)。全要素生产率最初主要应用于产业层面的研究,随着研究的深入,不少学者将全要素生产率引入微观企业层面的研究,在微观企业层面的应用方面,全要素生产率的测算主要包括半参数估计法(LP 法)、数据包络分析法(DEA 法)等(吴成颂和程茹枫,2021)。部分学者认为,采用全要素生产率进行评价,存在一定的局限性,如未考虑时间跨度的问题以及数据问题等(钞小静和惠康,2009)。借鉴经济学理论对全要素生产率的认识,提高经济增长质量的一个核心问题是实现资源的有效配置,而全要素生产率的增长并不意味着资源的有效配置,因此,采用全要素生产率测量国有企业发展质量,存在一定缺陷。

  从广义的视角来看,企业发展质量涵盖的内容更广,不仅限于资源要素的配置,因此,其测度需通过一个综合的评价指标体系来实现。确定评价指标体系具体包括两个方面的问题:一是指标体系维度的确定以及各级分项指标的选取,这与国企高质量发展的内涵界定息息相关,其内涵决定了评价体系维度的确定和指标的选取。二是各项基础指标的合成,即如何将各项指标合成综合性测量指标。指标合成方法主要有熵值法、相对指数法、因子分析法以及主成分分析法,也有部分学者采用 BP 神经网络法(钞小静等,2021)合成综合评价指标。熵值法通过熵值来确定各分类指标的权重,各指标间的相关关系得不到充分体现。相对指数法是将一系列指标变成可比的指数形式,然后进行简单加总或加权加总以作出评价的一种统计方法,它提高了各指标的可比性,但它未考虑各分项指标间的相关性。与前两种测量方法相比,因子分析法将最初的各分类变量分解为公共因子和特殊因子两部分,对新产生的主成分变量(公共因子)和因子变量(特殊因子),通过计算其得分,并将主成分得分或因子得分代替原始变量进行下一步分析,实现降维,它可有效避免各指标高度相关性和权重赋值主观性等问题。主成分析法将原来众多具有一定相关性的指标,重新组合成一组新的互相无关的综合指标来代替原来的指标,综合指标即主成分。因子分析法和主成分分析法都是通过降维的方式,把多个层面具有一定相关性的基础性指标,采用一定规则简化为少数几个综合指标,可以在尽可能保留原有数据所含信息的前提下实现对统计数据的简化,是被广泛应用的指标合成方法。两者也存在一定差异,因子分析法侧重成因清晰性的综合评价,主成分分析法侧重信息贡献力的综合合评价(钞小静等,2009)。基于此,我们在借鉴现有研究的基础上,倾向于采用主成分分析法来合成总指数。

### 8.2.2 指标选取与体系构建

在国企发展质量的内涵界定中,我们将内涵划分为企业治理、经营管理和社会责任等三个维度。因此,我们构建的国有企业发展质量指数包括上述三个方面的内容,如表8-2所示。从企业治理维度测量指标的选择来看,国企治理可以划分为股权维度、董事会维度、高管层维度、组织架构维度和内部控制维度,据此我们从股权治理、董事会治理、高管层治理、组织架构治理以及内部控制治理等五个层面来测度国有企业治理。其中,股权治理层面通常包括大股东持股比例、国有股比例、股权制衡度(大股东与第二至第十大股东持股比例之比);董事会治理层面包括董事会规模、独董规模、独董比例、具有财务经验的独董比例;高管层治理包括董事长是否兼任总经理、高管持股比例、高管薪酬、高管从业经验、高管从业关联度;组织架构层面包括物理架构、知识架构;内部控制层面包括内部控制指数。从国有企业经营管理维度测量指标的选择来看,可以划分为融资、日常管理、投资等维度,其中融资包括无息负债占比、债务融资成本、资产负债率、财务费用率;日常管理包括总资产周转率、存货周转率、应收账款周转率、管理费用率、销售费用率、在职消费占比;投资包括投资规模占比、投资效率、投资收益率、商誉规模、商誉占比。从国有企业社会责任层面测量指标的选择来看,可以划分为政策项目责任、员工责任、企业外部责任。其中,政策项目责任包括国企配套资金占比、项目收益;员工责任包括员工收入、员工安全、员工关怀;企业外部责任包括诚信责任、售后责任、捐赠支出等。

表8-2 国企发展质量指数构成一览表

| 维度方面 | 分项指标 | 基础指标 |
| --- | --- | --- |
| 企业治理 | 股权治理 | 大股东持股比例 |
| | | 国有股比例 |
| | | 股权制衡度 |
| | 董事会治理 | 董事会规模 |
| | | 独董规模 |
| | | 独董比例 |
| | | 具有财务经验的独董比例 |

(续表)

| 维度方面 | 分项指标 | 基础指标 |
|---|---|---|
| 企业治理 | 高管层治理 | 董事长是否兼任总经理 |
| | | 高管持股比例 |
| | | 高管薪酬 |
| | | 高管从业经验 |
| | | 高管从业关联度 |
| | 组织架构 | 物理架构 |
| | | 知识架构 |
| | 内部控制 | 内部控制指数 |
| 经营管理 | 融资 | 无息负债占比 |
| | | 债务融资成本 |
| | | 资产负债率 |
| | | 财务费用率 |
| | 日常管理 | 总资产周转率 |
| | | 存货周转率 |
| | | 应收账款周转率 |
| | | 管理费用率 |
| | | 销售费用率 |
| | | 在职消费占比 |
| | 投资 | 投资规模占比 |
| | | 投资效率 |
| | | 投资收益率 |
| | | 商誉规模 |
| | | 商誉占比 |

(续表)

| 维度方面 | 分项指标 | 基础指标 |
| --- | --- | --- |
| 社会责任 | 政策项目责任 | 国企配套资金占比 |
| | | 项目收益 |
| | 员工责任 | 员工收入 |
| | | 员工安全 |
| | | 员工关怀 |
| | 企业外部责任 | 诚信责任 |
| | | 售后责任 |
| | | 捐赠支出等 |

## 8.3 国家审计促进国企高质量发展的机理与路径分析

国家审计通过政策落实跟踪审计和国有企业领导人经济责任审计促进国有企业治理水平的提高：优化国有企业股权结构，促进国有企业落实产业政策和信贷政策，促进国有企业并购重组，促进国有企业淘汰落后产能，提升企业经营和投资绩效水平，增强国有企业高质量发展的能力。我们从国家审计影响国有企业高质量发展的路径探讨分析国家审计促进国企高质量发展的机理。

### 8.3.1 国有企业混合所有制改革的视角

从1978年到2021年，国有企业改革经历了国营企业放权让利、股份制改革、国有资产管理体制改革和更大程度激发国企经营活力的深化国企改革等4个阶段。当前，国有企业现代化制度基本确立，现阶段国有企业改革的重点是对国有资本进行有进有退的调整，抓大放小，使国有资本向国家必须控制的行业和领域集中。改革国有资本的管理、监督、运营体制，使企业的国家所有权到位又不越位。国有企业的目标是促进国有资产保值增值，实现企业高质量发展。国家审计服务于国家治理的重要方面是监督国有企业的改革执行情况并进行评估反馈，促进国有企业实现高质量发展。目前，国家审计对国有企业改革的监督存在审计范围尚未实现全覆盖、审计成果利用率低下、政策落实跟踪审计评价指标体系不完善等问题，因此，我们从国家审计监督全覆盖、共享审计成果和明晰审计重点三方面路径分析在国有企业混合所有制改革背景下，国家审计促进国企高质量发展的机理。

1. 国家审计监督全覆盖

所谓审计全覆盖就是指审计机关在职责权限范围内，监督公共资金、国有资产、国有资源和领导干部,不留监督盲区和死角,做到对审计对象的全覆盖。从审计法的法律层面看,审计机关有权限对国有企业实施全覆盖性监督,对国有企业管理制度落实情况和国有资金的使用情况进行监督,重点关注企业领导人员"不作为"和"乱作为"现象。《"十四五"国家审计工作发展规划》指出,要着力构建全面覆盖的审计工作格局;统筹各级审计力量,拓展审计监督的广度和深度,消除监督盲区,形成多层次、全方位的审计监督体系,确保党中央重大政策措施部署到哪里、国家利益延伸到哪里、公共资金运用到哪里、公权力行使到哪里,审计监督就跟进到哪里。

在国家要求实现审计全覆盖的时代背景下,审计机关可以借助计算机开展辅助审计,实现审计信息化。卿芳雅(2021)提出了信息化背景下国家审计全覆盖机制设计的几个要点:

其一,确保对信息化手段的充分利用。审计机关要在审计力量不足情况下有效解决审计信息来源与审计时间不足问题,需要充分发挥信息化优势,提高审计效率,以公共管理的数据资料作为重点审计内容,构建国家信息数据库,及时收集与调用数据资料,加大审计频次和加强专项审计,拓展审计监督的广度、深度和力度,为国家审计信息化全覆盖目标的实现提供技术支持。

其二,以国家级信息中心作为国家数据库的管理主体。收集和管理全国范围内相关数据的工作应由隶属于国务院的国家级信息中心负责,在其统一领导下,各级审计机关具体组织实施数据库内容的汇总上传,确保数据库内容的广度与真实度。同时,基于分权制衡考虑,国家需要对国家级信息中心的部分职权予以分散。例如,设置省级信息中心以避免资源配置效率低下和权力腐败等问题,防止权力链条过长造成的信息失真和信息过时情况的发生。

其三,促进信息数据库的内容多元化。在现有审计体制下,为促进各级审计机关更好地履行各自职责,在审计机关开展全覆盖审计时各级地方政府需要以行政区域为基本单位设立数据库,明确各部门之间权责,统筹协调各级机关的工作重点与工作进度。同时,审计机关继续坚持以资金审计为核心,全面考虑主题审计和资源环境审计等内容,将其作为国家审计全覆盖新的触角点。除此之外,国家审计始终以实现国家治理现代化作为国家审计全覆盖的重要目标,坚持政策导向,设计具有动态调整能力的国家信息数据库,服务国家治理需求,充分发挥国家审计的建设性作用。

其四,构建完善的全覆盖保障机制。在组织保障方面,审计机关应提高审计计划的科学性、审计项目组织的合理性、审计项目质量的可靠性。例如,可以信息化技术为手段,运用新兴审计项目组织方式,加强审计现场管理。在法律制度保障方面,需要对相关法律法规予以完善,重点从审计信息化、全覆盖工作机制等方面着手。在人员素质保障方面,加强审计人才队伍建设,加强与其他监管部门的协调,扩编人员、整合审计力量,加大人员准入、培训与考核力度,为信息化环境下国家审计全覆盖的实现提供人力资源支持。

2. 共享审计成果

审计机关应从健全责任追究机制、审查资产评估的程序、利用大数据手段整合资源几个方面入手,按照审计全覆盖目标,对相应指标进行设定,并依据国家治理现代化目标、行政区划和单位形成国家信息数据库(卿芳雅,2021)。通过国家信息数据库中的相关信息,审计机关能够运用理性的思维分析问题,将审计关口前移,实现对被审计单位和个人情况的全程监督,为国家宏观决策提供依据。国有企业在改革中面临发展策略与实际不符、监管体制不健全、法人治理结构不完善、布局结构不合理等系列问题,构建国有企业信息数据库有利于审计机关加强对这些问题的关注,对国有企业实现分配制度改革、完善国有资产管理体制、加大高新技术投入、健全现代企业制度等具有积极的作用。审计机关可以用审计调查报告和审计信息的形式提出深化国有企业改革的审计建议,保障国有资本运行效率。审计机关还可以向改革方案的设计方和国有企业的监管方提出具有宏观性、前瞻性和可操作性的审计建议,将各方对审计建议的落实过程总结成案例素材上交上级审计部门。上级审计部门可将案例素材分享给同行业或同地区其他国有企业,以供它们进行对比分析——从机制体制上分析,确保新一轮国企改革中出台的新政策和新措施健全有效。

3. 明晰审计重点

党的十八届三中全会提出了关于国有企业分层分类改革与监管的论述。根据中央提出的国有企业分类管理的思路,国有企业分为公益性企业、自然垄断性企业和一般竞争性企业三类,审计机关可关注国有企业是否建立产权清晰、权责明确的产权管理模式,保障社会资本发言权和规范职工持股,对功能属性不同的国有企业设定不同的审计重点内容。

国有企业资产负债损益审计应关注国有企业资产负债损益的真实性、合法性、效益性,重点关注国有企业重大投资项目、资产处置以及风险防控等情况,促进国有企业提升财务管理水平和会计信息质量,提高经营管理绩效和实现国有资产保值增值。

国有企业改革审计应关注国企改革"1+N"制度体系和国企改革三年行动方案决策部署,重点关注混合所有制改革和自然垄断行业改革,国有企业法人治理结构和健全市场化经营机制,国有企业科研投入、科技成果转化和核心技术创新攻关等情况,促进国有企业完善中国特色现代企业制度,推动国有企业提升技术创新能力。

国有资本运营审计应重点关注各类国有企业主业的优势,根据其投资情况、风险管控情况、国有资本保值增值情况来判断国有资本运营效率,推动企业治理优化。公益性企业的审计应重点关注公共事业政策、规划落实情况、企业运营的综合绩效、政府资源运用与资源配置情况以及管理体制与运营机制的改革情况。自然垄断性企业的审计应重点关注政府管制、企业经营情况、政企不分现象、企业改制情况、工资性收入情况。一般竞争性企业的审计应重点关注国企改制的程序、国有资本退出情况、国有资产处置情况和国企改革的效率及其目标的实现情况。另外,审计机关可积极推动国企董事会制度建设、促进国企建立职业经理人制度、促进企业薪酬激励制度的完善与执行,深入推进国有企业经营机制改革,防范大面积、大规模、跨行业、低效益的盲目混改行为。

境外投资和境外国有资产审计应重点关注境外投资和境外国有资产安全、规范、高效运营,重点关注国有企业贯彻落实党中央、国务院关于"走出去"和"一带一路"建设决策部署、境外重大投资风险防范和重大项目建设管理、境外国有资产经营绩效和安全完整等情况,促进国有企业提升国际化经营和抗风险能力,帮助企业实现安全、规范、高效走出去,更好服务国家发展大局。

### 8.3.2 僵尸企业出清的视角

僵尸企业是要素配置扭曲的集中反映。国务院要求各地将处置僵尸企业作为淘汰落后产能的重要抓手,列出计划,全面稽查;通过公开转让、清算注销、破产关闭、重组整合等方式分类处置僵尸企业。处置僵尸企业是我国推进供给侧结构性改革的关键之举,也是防范系统性金融风险的重点任务。国家审计在关注僵尸企业整改情况和防范系统性金融风险,促进企业转型升级,实现企业高质量发展方面至关重要。审计机关在对国有企业审计时,摸查僵尸企业,促进整改的路径如下。

1. 认真梳理,摸清底数

审计机关对长期占据生产要素却不产生效益、没有实际生产经营行为,或者长期亏损、靠关联企业资金维持运营的企业进行梳理分类,确定户数,列入清理范围。

2. 区分情况,分类处置

审计机关对已停产但注销手续尚未完成的企业,建议相关部门加快清理和注销力度,依照法定程序及时办理注销登记手续,防范风险;对已搬迁企业原址土地处置完毕后尽快制定处理方案;对历史遗留的无资产、无人员、无业务的"壳企业"建议予以关停;对因为突发性问题陷入困境但资产和资源仍具有一定价值的企业,建议有关方面采取必要的帮扶措施,帮助企业焕发生产活力,实现自我脱困。

3. 严格程序,规范操作,防止国有资产流失

审计机关应重点关注僵尸企业的兼并重组、产权转让等,防止国有资产被私分;关注关联交易,防止有人以关联交易的方式进行不正当交易;关注资产评估等环节,防止国有资产的贬值流失。

### 8.3.3 国家审计监督财务收支的视角

企业的经济活动最终都体现在两资(资金、资产)、两算(预算、核算)上。国家审计对财务收支的审计仍然以传统的审计方式为主,在财务合规性方面,会计核算错误仍然是审计发现的主要问题。国家审计对国有企业存在的会计造假、关联交易、转移资产等行为进行监督治理,从数量、质量、时效、成本、效益等方面,综合衡量政策、项目资金和专项资金使用效果,有助于提升国有企业内部控制质量,抑制国有企业由于"股东缺位"形成的代理问题,防止管理层滥用职权违规操作,造成国有资产流失。这有助于激发国有企业员工的积极性,更有助于保护国有企业利益相关者的社会利益,提高国有企业的管理水平和科技创新水平,推动国有企业全要素生产率的提升,促进国有资产保值增值。国有企业高质量发展的收益最终会用于反馈社会,造福社会,带动同行业效益提升,进一步促进宏观经济高质量发展。

在数据驱动的时代,审计机关完善信息系统,构建跨平台的数据分析中心,强化数据整合、挖掘分析、自动监控等功能,能常态化监管国有企业日常经营状况,为企业发展提供决策参考。

## 8.4 实证研究设计

经济从高速增长阶段转向高质量发展阶段是中国特色社会主义迈入新时代的鲜明特征。宏观是微观个体的集合体,企业是经济发展的主体,推动经济高质量发展必须着眼于微观企业,经济高质量发展最终需要通过企业高质量发展来实现(董志愿和张曾莲,2021)。国家审计通过信息传递、行为威慑与制度纠偏等治理功能促进经济高质量发展(陈骏和周陈全,2021)。审计机关对国有企业开展审计监督也

具有信息传递、行为威慑与制度纠偏的治理功能,因而能有效促进国企高质量发展。因此,国家审计促进国企高质量发展是推动经济高质量发展的重要途径。基于此,我们进一步对国家审计影响国企高质量发展的机理进行实证研究设计。

### 8.4.1 国家审计促进国企高质量发展的效果研究

1. 研究问题

根据党的十九大报告,高质量发展就是能够很好满足人民日益增长的美好生活需要的发展,是体现新发展理念的发展,是创新成为第一动力、协调成为内生特点、绿色成为普遍形态、开放成为必由之路、共享成为根本目的的发展。企业高质量发展的七个核心特征包括:社会价值驱动、资源能力突出、产品服务一流、透明开放运营、管理机制有效、综合绩效卓越和社会声誉良好,这七大特征表明企业高质量发展的本质在于企业价值的高质量。实现企业价值高质量离不开卓越管理和创新竞争,我们借鉴相关研究(董志愿和张曾莲,2021),从企业价值创造能力和价值管理能力两个层面对企业高质量发展展开研究。图8-2展示了国家审计促进经济高质量发展的机制。基于此,我们提出如下研究假设。

研究假设H1:国家审计有助于促进国企提升价值创造能力。

研究假设H2:国家审计有助于促进国企提升价值管理能力。

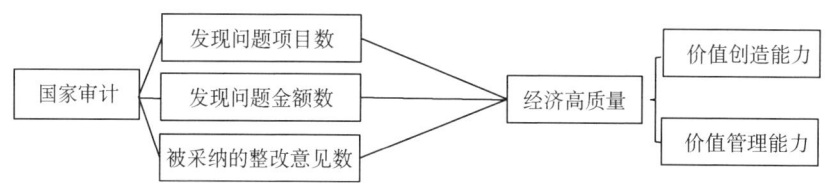

图8-2 国家审计促进经济高质量发展的机制

2. 研究变量设计与定义

1) 企业高质量发展(CQ)

价值创造能力是企业整合研究开发能力、产品生产能力以及员工能力等的核心能力。价值管理能力是企业未来发展和参与竞争的核心优势能力,是保障人力、财务和技术的产出效率最大化的管理能力。董志愿和张曾莲(2021)认为企业的价值创造能力主要包括企业经营能力和企业创新能力两个方面,企业的价值管理能力主要体现在公司治理水平、内部控制水平和可持续发展水平三个方面,在此基础上,他们通过主成分分析法构建了经济高质量发展综合评价指数,如表8-3所示。

表 8-3　　　　　　　　　经济高质量发展综合评价指数

| 一级指标 | 二级指标 | 三级指标 | 指标说明 |
| --- | --- | --- | --- |
| 价值创造能力 | 经营能力 | 资产总额 | 上市公司期末资产总额的自然对数 |
| | | 员工人数 | 上市公司期末员工总数的自然对数 |
| | | 净资产收益率 | 净利润/股东权益余额 |
| | | 营业净利率 | 净利润/营业收入 |
| | | 主营业务利润率 | (营业收入－营业成本)/利润总额 |
| | | 流动资产周转率 | 营业收入/流动资产期末余额 |
| | | 总资产周转率 | 营业收入/资产总额期末余额 |
| | | 总资产增长率 | (资产总额本期期末值－资产总额上年同期期末值)/资产总额上年同期期末值 |
| | | 总资产净利润率 | 净利润/总资产余额 |
| | | 净利润增长率 | (净利润本年本期金额－净利润上年同期金额)/净利润上年同期金额 |
| | 创新能力 | 研发投入比重 | 研发投入占营业收入的比例 |
| | | 无形资产净额 | 公司各项无形资产的原价扣除摊销和减值准备后的净额 |
| | | 无形资产增加率 | 无形资产的本期增加数/期初数 |
| 价值管理能力 | 公司治理水平 | 公司治理指数 | 南开治理指数 |
| | 内部控制水平 | 内部控制指数 | 迪博内部控制指数 |
| | 可持续发展水平 | 可持续增长率 | (净利润/所有者权益合计期末余额)×[1－每股派息税前/(净利润本期值/实收资本本期期末值)] |

2) 国家审计(Audit)

国家审计的衡量方式分为三类：一是哑变量衡量方式。如果上市公司的控股央企集团曾经被审计署介入审计，则赋值为 1，否则为 0，具体地说，审计署介入审计当年和之后年份赋值为 1，审计署介入审计之前年份赋值为 0。二是哑变量累计衡量方式。蔡利等(2014)按照审计署审计国有企业的年数进行累计度量国家审计力度。三是连续变量衡量方式，即运用国家审计在央企审计结果公告中披露的问题项目数、金额数和被采纳的审计整改意见数进行衡量。我们基于哑变量衡量方式构建双重差分模型进行检验；同时，运用连续变量作进一步检验以验证国家审计对企业高质量发展的促进效应。

《"十四五"国家审计工作发展规划》指出,着力构建全面覆盖的审计工作格局。统筹各级审计力量,拓展审计监督的广度和深度,消除监督盲区,形成多层次、全方位的审计监督体系,确保党中央重大政策措施部署到哪里、国家利益延伸到哪里、公共资金运用到哪里、公权力行使到哪里,审计监督就跟进到哪里。实现审计全覆盖纵向与横向相统一、有形与有效相统一、数量与质量相统一。国家审计对国有企业的关注重点:以推动深化国资国企改革、加快国有经济布局优化和结构调整、健全以管资本为主的国有资产监管体制为目标,加强对国有及国有资本占控股或主导地位的国有企业以及国有资本监管部门的审计。经济责任审计以强化干部管理监督、促进干部履职尽责、担当作为为目标,加强对各级党政主要领导干部和国有企事业单位主要领导人员经济责任审计。国有企业审计关注企业的治理与经营活动,经济责任审计关注国有企事业单位主要领导人员的履职情况。鉴于目前国家审计相关可量化信息的披露渠道主要有审计署官网的审计公告和《中国审计年鉴》,我们选择国有企业审计与经济责任审计两个维度设计较为合理的审计度量指标。

《中国审计年鉴》中关于地方审计机关审计国有企业的描述分为以下几种情况:①在"企业审计"专栏中仅涉及文字描述性信息,但这些信息非量化信息;②在"企业审计"专栏中仅涉及审计的国有企业个数,但未披露被审计企业名称;③在"企业审计"专栏中披露被审计的地方国有企业名称;④在"企业审计"专栏中披露审计所发现的主要问题、处理情况、建议、问题整改情况;⑤在"企业审计"专栏中披露被审计企业名称,全省审计所发现的主要问题、处理情况及建议,问题整改情况;⑥未设置"企业审计"专栏进行披露。本章根据《中国审计年鉴》中相关信息披露设置相应的国家审计测度方式,基于地方审计机关视角合理衡量国家审计。

经济责任审计信息在《中国审计年鉴》中以省级或地市级审计机关开展经济责任审计查出的金额和某地区是否开展了经济责任审计的方式进行披露。因此,实证研究常常基于经济责任审计查出的金额和是否开展经济责任审计对经济责任审计进行量化度量。

3) 控制变量(CV)

本章对已有研究文献中关于企业高质量发展的影响因素作了相应控制,具体有企业的规模($Size$)、成立时间($Age$)、盈利能力($Roa$)、偿债能力($Lev$)、股权集中度($Top1$)、董事长与总经理是否二者合一($Dual$)、独立董事比例($Indep$)以及是否被四大会计师事务所审计($Big4$)。同时,本章利用年份虚拟变量($Year$)、行业虚拟变量($Industry$)来控制时间和行业变化对回归模型的影响。

3. 多元线性回归模型

为了验证研究假设 H1 和研究假设 H2,本章分别以审计署当年审计的国有企业和审计署审计之后年份的国有企业作为实验组,审计署未介入审计的国有企业和审计署审计之前年份的国有企业作为控制组,构建双重差分模型进行检验,如模型(8-1)所示。同时,构建多元线性回归模型(8-2)进一步验证研究结论的可靠性。

$$CQ = \beta_0 + \beta_1 Audit\_post + \beta_2 Audit\_post \times Audit\_treat \\ + \beta_3 Audit\_treat + \beta_4 CV + \varepsilon \qquad (8-1)$$

$$CQ = \beta_0 + \beta_1 Audit + \beta_2 CV + \varepsilon \qquad (8-2)$$

其中,在模型(8-1)中,$CQ$ 表示企业高质量发展;$Audit\_post$ 衡量审计署审计前后的情况,审计署审计当年和之后年份赋值为 1,审计署审计之前年份赋值为 0;$Audit\_treat$ 衡量审计署是否介入审计,审计署审计的国企赋值为 1,否则为 0;$CV$ 表示控制变量。

在模型(8-2)中,$CQ$ 表示企业高质量发展,度量方式与模型(8-1)相同;$Audit$ 表示国家审计在央企审计结果公告中披露的问题项目数、金额数和被采纳的审计整改意见数;$CV$ 表示控制变量。

### 8.4.2 国家审计促进国企高质量发展的路径机制研究

经济发展从高速增长阶段转向高质量发展阶段是中国特色社会主义迈入新时代的鲜明特征,而经济高质量发展归根结底需要通过企业高质量发展予以实现。国家政策支持国有企业通过动力转换、战略转型、效率变革、能力再造、管理创新和形象重塑等多种途径高质量发展,具体表现为推动国有企业混合所有制改革、实施国企改革三年行动、实施供给侧结构性改革和"放管服"改革等。国家审计通过重大政策措施落实跟踪审计和国有企业领导人经济责任审计等方式开展监督,有助于提升国有企业价值管理能力,促进企业高质量发展。基于此,我们从重大政策措施落实跟踪审计和国有企业领导人经济责任审计两个路径设计实证研究。

审计署每年度分四个季度开展重大政策措施落实跟踪审计,审计结果公告涉及国有企业高质量发展的审计事项描述,我们以重大政策措施落实跟踪审计结果公告中国有企业的审计事项描述篇幅占全公告篇幅的比例衡量政策落实跟踪审计的审计深度。根据《中国审计年鉴》中公布的信息判断审计署对国有企业领导人经济责任审计的介入情况。

基于此,本章运用样本分组对双重差分模型(8-1)进行路径机制检验,对重大政策措施落实跟踪审计涉及的国有企业高质量发展的审计事项按描述篇幅比例分为高低组,对国有企业领导人经济责任审计按照国家审计是否介入进行分组检验。在多元线性回归模型(8-2)中引入变量重大政策措施落实跟踪审计和国有企业领导人经济责任审计构建交乘项进行检验,检验模型设计如模型(8-3)所示:

$$CQ = \beta_0 + \beta_1 Audit + \beta_2 Audit \times Z + \beta_3 Z + \beta_4 CV + \varepsilon \qquad (8-3)$$

其中,$CQ$ 与 $Audit$ 变量的含义、衡量方式与多元线性回归模型(8-2)相同,此处不再赘述;$Z$ 表示重大政策措施落实跟踪审计的审计深度和国有企业领导人经济责任审计情况(若国家审计开展国有企业领导人经济责任审计,赋值为1;否则,赋值为0);$CV$ 表示控制变量,同时控制了年度和个体效应。

### 8.4.3 国家审计促进国企高质量发展的溢出效应研究

国家审计促进国企高质量发展在宏观层面的后果是促进经济高质量发展。从国家审计的功能来看,审计具有威慑效应,这种威慑效应往往具有传导反应,一种是同属性国有企业个体之间的传导,另一种是向资本市场的传导,还有一种是基于社会服务的传导。

1. 国有企业之间的传导

审计机关对国有企业开展审计的威慑力,对同一地区、同一行业的国有企业具有传染效应,因此,本章运用同一地区和同一行业未被审计的国有企业作为研究样本,设计多元线性回归模型(8-4)对传染效应进行检验。

$$CQ\_N = \beta_0 + \beta_1 Audit + \beta_2 Audit \times Z + \beta_3 Z + \beta_4 CV + \varepsilon \qquad (8-4)$$

其中,$CQ\_N$ 表示同一地区和同一行业未被审计的国有企业的高质量发展水平;$Audit$ 表示国家审计介入的行业和地区所查出的问题项目数、金额数和被采纳的审计整改意见数;$Z$ 表示重大政策措施落实跟踪审计的审计深度和国有企业领导人经济责任审计情况(若国家审计开展国有企业领导人经济责任审计,赋值为1;否则赋值为0);$CV$ 表示未被审计的国有企业中影响经济高质量发展的相关变量,同时控制了年度和个体效应。

2. 资本市场的传导

国家审计服务于微观经济高质量发展主要是服务于国有企业的高质量发展。国有企业作为资本市场的构成单位,其高质量发展水平必然产生传导效应。高质量发展的企业遵守市场规则的自律性较强,它们向市场传递真实有效的信息,对股市的反应更为乐观,其股价同步性效应明显减弱。基于此,我们构建多元线性回归模型

(8-5)和模型(8-6)检验国家审计促进同企高质量发展对资本市场的溢出效应。

$$CQ = \beta_0 + \beta_1 Audit + \beta_2 Cv + \varepsilon \tag{8-5}$$

$$SYN = \beta_0 + \beta_1 Audit + \beta_2 CQ + \beta_3 CV + \varepsilon \tag{8-6}$$

其中,多元线性回归模型(8-5)中 $CQ$ 表示经济高质量发展,$Audit$ 表示国家审计变量,具体衡量方式与模型(8-2)相同;$CV$ 表示控制变量,与模型(8-1)相同,同时控制了年度和个体效应。多元线性回归模型(8-6)中 $SYN$ 表示股价同步性。

关于股价同步性($SYN$)的衡量方式,我们借鉴相关研究文献(钟覃琳和陆正飞,2018)构造测量个股年度 $R^2$ 的回归方程(8-7)。

$$RET_{i,t} = \alpha + \beta_1 MARET_t + \varepsilon_{i,t} \tag{8-7}$$

其中,$RET_{i,t}$ 表示第 $i$ 个公司第 $t$ 周的股票回报率,$MARET_t$ 为第 $t$ 周市场回报率。

由于 $R^2$ 的取值范围是 $[0,1]$,运用式(8-8)对 $R^2$ 取对数,使其结果呈正态分布,计算得到股价同步性的度量指标 $SYN$。

$$SYNi = \mathrm{Ln}[R_i^2/(1-R_i^2)] \tag{8-8}$$

$R_i^2$ 为从回归方程(8-7)中所获得的拟合优度,表示市场收益对个股收益的解释能力。

3. 社会服务的传导

我们国家的主人是人民,国家的一切权力属于人民,国家的国有资产、国有资源、公共资金为人民所有,人民通过各级人民代表大会将其委托授权给各级政府和其他公共经济权力部门经营管理。各级政府和其他公共经济权力部门接受委托后承担公共受托经济责任,包括公共受托行为责任和报告责任,向人民负责。国企履行社会责任是以人民的公共资源回馈社会,履行社会责任属于国有企业公共受托经济责任的范畴。

在中国特色社会主义制度框架下,审计是党和国家监督体系的重要组成部分,国家审计理论体系的构建应当以公共受托经济责任为原点。实践中,国家审计对国有企业履行社会责任情况的监督也是对政府履行公共受托经济责任情况的监督。

我们构建多元线性回归模型(8-9)检验国家审计促进国企高质量发展对社会服务的溢出效应。

$$CSR = \beta_0 + \beta_1 Audit + \beta_2 CV + \varepsilon \tag{8-9}$$

其中,多元线性回归模型(8-9)中 CSR 表示企业社会责任,Audit 表示国家审计变量,具体衡量方式与模型(8-2)相同;CV 表示控制变量,与模型(8-1)相同,同时控制了年度和个体效应。

我们借鉴相关文献(潘孝珍和傅超,2020),使用和讯网披露的企业社会责任评分作为我国上市公司社会责任履行水平的衡量指标。该评分体系将企业社会责任分成股东责任,员工责任,供应商、客户和消费者权益责任,环境责任和社会贡献责任五个部分,根据企业年报披露的上述责任表现对企业进行评分,并通过加权平均最终计算得到企业履行社会责任的总体评分。企业社会责任综合评价体系具体如表 8-4 所示。

表 8-4　　　　　　　　企业社会责任综合评价体系

| 一级 | 二级 | 三级 |
| --- | --- | --- |
| 股东责任(A)<br>(权重:30%) | 盈利(Aa)<br>(10%) | 净资产收益率(2%) |
| | | 总资产收益率(2%) |
| | | 主营业务利润率(2%) |
| | | 成本费用利润率(1%) |
| | | 每股收益(2%) |
| | | 每股未分配利润(1%) |
| | 偿债(Ab)<br>(3%) | 速动比率(0.5%) |
| | | 流动比率(0.5%) |
| | | 现金比率(0.5%) |
| | | 股东权益比率(0.5%) |
| | | 资产负债率(1%) |
| | 回报(Ac)<br>(8%) | 分红融资比(2%) |
| | | 股息率(3%) |
| | | 分红占可分配利润比(3%) |
| | 信批(Ad)<br>(5%) | 交易所对相关责任人处罚次数(5%) |
| | 创新(Ae)<br>(4%) | 产品开发支出(1%) |
| | | 技术创新理念(1%) |
| | | 技术创新项目数(2%) |

(续表)

| 一级 | 二级 | 三级 |
| --- | --- | --- |
| 员工责任(B)<br>权重:15% | 绩效(Ba)<br>(5%) | 职工人均收入(4%) |
| | | 员工培训(1%) |
| | 安全(Bb)<br>(10%) | 安全检查(4%) |
| | | 安全培训(6%) |
| 供应商、客户和消费者权益责任(C)<br>权重:15% | 产品质量(Ca)<br>(7%) | 质量管理意识(3%) |
| | | 质量管理体系证书(4%) |
| | 售后服务(Cb)<br>(3%) | 客户满意度调查(3%) |
| | 诚信互惠(Cc)<br>5% | 供应商平台竞争(3%) |
| | | 反商业贿赂培训(2%) |
| 环境责任(D)<br>权重:20% | 环境治理(Da)<br>(20%) | 环境意识(2%) |
| | | 环境管理体系认证(3%) |
| | | 环境投入金额(7%) |
| | | 排污种类数(7%) |
| 社会责任(E)<br>权重:20% | 贡献价值(Ea)<br>(20%) | 所得税占利润总额比(10%) |
| | | 公益捐赠金额(10%) |

## 8.5 本章小节

本章基于国家审计对微观经济高质量发展的视角开展研究,具体从国企高质量发展的内涵要义、国企发展质量的测量、国家审计促进国企高质量发展的机理与路径分析、国家审计促进国企高质量发展的实证研究设计等方面开展相关探索。其中,实证研究设计部分探讨了国家审计与国有企业价值创造能力和价值管理能力的关系,论证了国家审计在国企高质量发展中的作用;检验了重大政策措施落实跟踪审计、国有企业领导人经济责任审计对国企高质量发展的影响;从其他国有企业、资本市场以及社会服务三个方面探讨了国家审计促进企业高质量发展的溢出效应。本章的研究探索有助于为国家审计促进微观层面经济高质量发展提供理论依据。

# 9 国家审计服务国家治理的其他相关问题探索

## 9.1 舞弊防控审计机制重塑问题

进入21世纪以来,财务舞弊案频发且舞弊金额令人触目惊心。从国际上看,麦道夫丑闻给投资者造成212亿美元损失,安然事件给股东造成740亿美元损失,雷曼兄弟在财务造假中将500亿美元贷款列为销售收入,房地美谎报盈利50亿美元,废品管理公司虚构收入19亿美元,美国国际集团错误记账金额达17亿美元,泰科公司高管偷窃1.2亿美元、虚报收入5亿多美元,世界通讯会计舞弊涉案金额达110亿美元,南方保健会计舞弊涉案金额达27亿美元,萨蒂扬诈骗案涉案金额达10亿美元。国内舞弊事件也频频发生,2019年,康美药业在年报中披露,因财务重大差错,公司300亿元货币资产"一夜蒸发";康得新在2015—2018年虚构利润119亿元;东北大型国有企业抚顺特钢连续8年财务造假,虚增利润20亿元;2020年,瑞幸咖啡自爆2019年22亿元收入涉嫌舞弊。当前我们处于一个舞弊频发的时代,舞弊不仅给投资者带来了巨大损失,还对世界经济造成了极大危害。《2016全球舞弊报告》所调研的2 410个案例涉及的舞弊损失超过63亿美元。《2020年ACFE全球舞弊调查报告》显示,调查的舞弊案例涉及的直接经济损失超过36亿美元。报告同时指出,报告撰写人员调研的案例只是成千上万个案例中的一小部分,调查发现的舞弊金额数字可能只是实际数字的百分之一或千分之一!舞弊频发、舞弊横行,是治理失效、无效或低效的重要表现,舞弊防控已成为全球治理面临的重大课题。"无审计,不治理",审计的目的是保障组织受托经济责任得以全面有效履行,是任何组织治理必不可少的重要机制。我国在推进国家治理体系和治理能力现代化的时代背景下,亟待加强对舞弊审计问题的研究,并将重塑舞弊防控审计机制作为重要的审计目标。

### 9.1.1 审计目标缺少对舞弊防控问题的关注

**1. 从审计目标的历史演变看舞弊防控**

早期的审计目标都把舞弊防控放在重要甚至首要位置。我国西周的官计制度和春秋战国时期的上计制度产生的根本原因是帝王和国家监察各级官吏经济责任履行情况的需要,其目标是保证财产物资的安全与完整,增加收入和节约支出,并检查受托人员是否忠于职守,有无营私舞弊行为。但随着审计目标的演变,自20世纪60年代以来,舞弊防控不再成为审计目标的重点或者首要关注对象。

美国审计学者杰恩·布朗(Gene Brown)在其极具影响力的著作《不断变化的审计目标与技术》中将美国审计目标与技术之演变过程做了概括,如表9-1所示。从表9-1可以看出,在20世纪40年代之前,审计的主要目标就是"揭弊查错",即舞弊防控。随着美国经济的发展,20世纪40年代之后审计目标逐渐转向财务报表的公允表达。

英国审计学家汤姆·李(Tom Lee)总结了英国审计目标的演变过程,具体如表9-2所示。从表9-2可以看出,在英国,"揭弊查错"这一目标的绝对统治地位从19世纪40年代一直持续到20世纪20年代。之后,审计目标逐渐向证实财务报表的可信性转移,但"揭弊查错"仍是审计的重要目标,只是不再处于主要目标的地位。

表 9-1　　　　　　　　美国审计目标与技术之演变

| 时期 | 提出的审计目标 | 验证的范围 | 对内控重要性的认识 |
| --- | --- | --- | --- |
| 古代至 1500 年 | 揭露舞弊欺诈 | 详细检验 | 没有认识 |
| 1501—1850 年 | 揭露舞弊欺诈 | 详细检验 | 没有认识 |
| 1851—1905 年 | 揭示舞弊与检验雇员差错 | 详查与部分抽查 | 没有认识 |
| 1906—1933 年 | 揭示舞弊与检验雇员差错(a)<br>确定财务报表的公允性(b) | 详查与抽测并重 | 初步认识到 |
| 1934—1940 年 | 确定财务报表的公允性与揭弊查错 | 抽测 | 产生兴趣 |
| 1941—1960 年 | 确定财务报表的公允性 | 抽测 | 认为极为重要 |

表 9-2　　　　　　　　英国审计目标之演变过程

| 时间 | 主要目标 | 次要目标 | 背景 |
| --- | --- | --- | --- |
| 1844—1880 年 | 揭弊查错 | — | 不诚实的管理人员与职员的增多 |
| 1881—1900 年 | 揭弊查错 | 验证财会记录的正确性 | 人们认识到会计是一项技术性很强的职业和若干职业会计师团队的成立 |
| 1901—1920 年 | 揭弊查错 | 验证财会记录的正确性与证实财务报表的可靠性 | 财务报表的改进与会计信息使用者的增多 |

(续表)

| 时间 | 主要目标 | 次要目标 | 背景 |
| --- | --- | --- | --- |
| 1921—1940 年 | 揭弊查错、验证财会记录的正确性 | 证实财务报表的可靠性 | 财会实务标准和执行报告的继续改进以及管理层逐渐意识到他们对揭弊查错负有责任 |
| 1941—1960 年 | 验证财会记录的正确性、证实财务报表的可靠性 | 揭弊查错 | 管理层普遍承认揭弊查错的责任以及影响会计与审计的公司法的全面修改 |
| 1961 年至今 | 证实财务报表的可靠性 | 揭弊查错 | 公司法、财务报告、会计准则的进一步完善,关于审计实务的执业规定的完善 |

据我国的《周礼》记载,宰夫①"掌法治,以考百官府郡都县鄙之治,乘其财用之出入"。作为我国高早的官厅审计的表现形式——宰夫,其主要目标就是对地方官吏"财用之出入"进行评判,即防范舞弊。从中华人民共和国成立至 1994 年,结合审计机关审计工作实践,借鉴国际经验,我国制定了《中华人民共和国审计法》,审计法规定我国国家审计准则的目标是加强国家的审计监督,维护国家财政经济秩序,提高财政资金使用效益,促进廉政建设,保障国民经济和社会健康发展。舞弊防范不再成为国家审计的首要目标。

从英美国家的审计目标的演变和我国国家审计的发展可以看出,揭弊查错是早期审计的首要目标,但现在的审计目标对舞弊防控缺少应有关注,风险导向型审计以把审计风险降低至可接受水平作为主要目标,舞弊防控不再是审计的重要目标。

2. 当前会计、审计法规制度及理论中的审计目标对舞弊防控关注的缺失

在国外关于注册会计师审计目标的相关表述中,美国注册会计师审计准则规定:独立审计人员对会计报表的例行审计目标是对会计报表是否遵守一般公认会计原则,公允地表达公司财务状况、经营成果及现金流量表示意见。英国公司法规定:审计的目标就是在审计报告中,对被审计单位的财务报表是否真实与公允和遵守公司法表示意见。国际会计师联合会规定:会计报表审计的目标是使审计人员能够对会计报表是否在所有重要方面按照确定的财务报告框架编制发表意见。美国和英国的注册会计师审计目标更关注财务报表是否公允表达,国际会计师联合会定义的审计目标更关注财务报告的编制是否合规,但都没有关注舞弊防控问题。

国际内部审计协会将审计目标定义为一项独立的客观鉴证和咨询活动,认为

---

① 宰夫,我国周朝官职名,隶属于天官,主管财政经济监察,独立地行使财计监督职权。

内部审计通过系统的、自律的方式评估和促进组织的风险管理、控制和管理活动，以此帮助组织完成目标。根据国际内部审计协会的规定，内部审计的目标在于促进组织增值和组织运营，关注组织的风险管理和内部控制等，但并没有对舞弊防控给予直接的关注。

在我国，注册会计师审计准则规定："财务报表审计的目标是注册会计师通过执行审计工作，对财务报表的下列方面发表审计意见：(1)财务报表是否按照适用的会计准则和相关会计制度的规定编制；(2)财务报表是否在所有重大方面公允反映被审计单位的财务状况、经营成果和现金流量。"我国国家审计准则对审计目标的规定是："审计机关的主要工作目标是通过监督被审计单位财政收支、财务收支以及有关经济活动的真实性、合法性、效益性，维护国家经济安全，推进民主法治，促进廉政建设，保障国家经济和社会健康发展。"2021年《中华人民共和国审计法(修正草案)》中的审计目标与1994年审计法中的相同，而对于"舞弊"一词，仅在审计人员职责要求部分提及。从我国的法律法规来看，无论是由我国财政部制定的注册会计师审计准则还是审计署制定的审计准则，抑或是2006年由全国人民代表大会通过的具有更高法律效力的审计法，以及2021年《中华人民共和国审计法(修正草案)》，都没有对审计目标的舞弊防控功能作出直接而明确的规定。从中可以看出，当前会计、审计法规制度没有把舞弊防控作为重要审计目标或审计目标的重要内容来强调。无论是维护社会经济秩序的注册会计师审计、作为公司治理重要部分的内部审计，还是在国家治理中地位越来越重要的国家审计，在审计目标上都没有对舞弊防控给予直接而明确的关注。

此外，从审计基础理论来看，莫兹和夏拉夫在《审计哲学》一书提出的第三条审计基本假设中排除了舞弊防控，即假设"呈报检查的财务报表和其他信息资料不存在串通舞弊和其他非常错误"。也就是说，审计理论是在假定不存在舞弊的前提下探讨审计理论和方法的。因此，在审计基础理论中，舞弊防控也不是审计目标的重要内容。

当前审计目标对舞弊防控关注的缺失与公司舞弊案件频发有着重要关系，甚至可以说是当前会计、审计理论与审计准则规范的重大缺陷。因此，本卷认为应当拓展审计目标，在审计基本理论和审计准则规范层面重塑舞弊防控在审计目标中的重要地位，并进一步加强对舞弊防控审计方法的研究。

### 9.1.2 将重塑舞弊防控审计机制作为重要审计目标的基本依据

1. 反舞弊是推进全球治理不断完善的重要保障

在推进全球治理的不断完善上，国际社会一直致力于反舞弊，联合国和各国监管机构都在反舞弊方面作出了不懈努力。《联合国反腐败公约》从腐败预防、刑事定罪和执法、国际合作、资产追加和履约监督等方面确定了反腐败五大机制，这是目前唯

——份具有法律约束力的国际性反舞弊法律文件。美国于1977年颁布的《反海外贿赂法案》明确规定,禁止美国企业向外国政府公职人员行贿。美国国会和政府于2002年7月通过的《萨班斯-奥克斯利法案》将对财务舞弊防控的关注从外部审计视角转向企业内部审计,并催生了美国公众公司会计监督委员会和公司内部控制制度的相关规定。英国于2011年颁布了《反贿赂法案》,这部业界公认的最严厉的反腐败法对于舞弊行为有强大的威慑作用,对于舞弊防控和腐败治理具有重要意义。

2. 审计行为活动的产生与舞弊防控的历史渊源

审计是一种保障和促进受托经济责任得以全面有效履行的特殊监控机制。审计对特定责任人行权履责情况进行监督检查,自然包含对差错和舞弊的检查,即查错防弊。审计行为活动的产生与舞弊防控有着深厚的历史渊源。中国的审计文化源于《周礼》,据《周礼》记载,宰夫"掌法治,以考百官府郡都县鄙之治,乘其财用之出入。凡失财用物辟名者,以官刑诏冢宰而诛之,其足用长财善物者,赏之"。《蒙哥马利审计学》在描述早期审计的产生时有这样的说法:公元前4 000年左右,近东的古代文明已开始建立有组织的政府和商业;政府为了确保收支核算和赋税征收,建立了包括审计在内的控制手段以减少因官员不称职或欺诈所造成的错误和舞弊。著名审计史学家理查德·布朗(Richard Brown)在论述审计起源时指出:审计的起源可以追溯到与会计起源相距不远的时代,当文明的发展产生了需要某人受托管理他人财产的时候,显然受托人就需要对前者的诚实性进行某种检查。因此,审计行为活动从其产生之时起,就与查错防弊、舞弊防控结下不解之缘。

3. 审计目标的拓展与舞弊防控

(1) 审计目标的拓展必然涉及舞弊防控。审计的本质目标是保障和促进受托经济责任的全面有效履行。全面有效履行受托经济责任就要求受托人诚实守信地进行经营管理,真实公允地进行信息编报,当然就要求他们不能发生重大差错和舞弊行为。

(2) 公司报告体系的拓展应当考虑舞弊防范报告。目前,在世界范围内,要求改革传统的公司报告体系以丰富报告责任并使之与行为责任相一致、相协调的呼声越来越大。这方面最著名、具有较高权威性的就是基于受托经济责任拓展的新公司报告体系,该新报告体系包括公司年度财务报告、控制结构报告、法纪遵守情况报告、经营活动报告、经营目标报告和舞弊防范报告。

4. 审计组织和审计准则规范对舞弊防控的要求

1998年,最高审计机关国际组织在乌拉圭举行的第十六届大会将"最高审计机关在防止和检查舞弊和腐败中的作用"作为大会讨论主题之一。2002年,最高审计机关亚洲组织制定发布了《亚洲审计组织反舞弊和腐败指南》,该指南指出,舞弊和腐败行为正日益成为世界各国共同关注的问题,审计机关在应对这一问题上应当发挥更大的作用。美国注册会计师审计准则第 99 号要求审计师调查与舞弊相关的风险因素。美国政府审计准则要求,在审计目标框架内,审计师应当评估重大舞弊发生的风险,对舞弊风险的评估应贯穿于整个审计过程。《中国注册会计师审计准则第 1141 号》规定注册会计师的目标是:①识别和评估由于舞弊导致的财务报表重大错报风险;②通过设计和实施恰当的应对措施,针对评估的由于舞弊导致的重大错报风险,获取充分、适当的审计证据。

## 9.2 审计机制嵌入风险防控体系问题

我国推进国家治理体系和治理能力现代化必须构建起科学合理的重大风险防控体系。根据审计经济学的观点,在现代社会,审计是降低信息风险的最佳方式和途径。根据受托经济责任观,审计是基于受托经济责任关系产生的一种保障和促进受托经济责任得以全面有效履行的独特监控机制,它通过监督受托责任人按照保全性、合法性、效率性、效果性和社会性等要求经管受托经济资源以及按照公允性、可信性等要求报告受托经济资源的经管状况,防止和减少受托人在履行受托经济责任过程中产生偏差风险。因此,防控风险是审计机制的本质要求和审计目标的应有之义。国家审计是国家治理风险的控制机制,国家审计功能的发挥有助于防范和化解国家治理中的风险。

党的十九大报告提出,特别要坚决打好防范化解重大风险、精准脱贫、污染防治的攻坚战,使全面建成小康社会得到人民认可、经得起历史检验。防范化解重大风险是全面建成小康社会"三大攻坚战"的首要任务。2017 年中央经济工作会议确定,打好防范化解重大风险攻坚战,重点是防控金融风险。防范化解重大风险要服务于供给侧结构性改革这条主线,促进形成金融和实体经济、金融与房地产、金融体系内部的良性循环,做好重点领域风险防范和处置。同时,会议强调,促进多层次资本市场健康发展,更好地为实体经济服务,守住不发生系统性金融风险的底线。2018 年政府工作报告对重大风险防控提出了明确任务要求,即做好做实重大风险防控的相关工作,推动重大风险防范化解取得明显进展。2019 年,习近平总书记在省部级主要领导坚持底线思维着力防范化解重大风险研讨班开班式上提出要着力防范化解政治、意识形态、经济、科技、社会、外部环境和党的建设等七大领域重大风险。2021 年 1 月 11 日,习近平总书记在省部级主要领导干部学习贯彻党的十九届五中全会精神专题研讨班开班式上指出:随着我国社会主要矛盾变化和国际力量对比深刻调整,必须增强忧患意识、坚持底线思维,随时准备应对更加复杂困难的局面。

可见,经济风险和金融风险防控是重大风险防控的重心与关键,系统性金融风险是重大风险防控的重中之重。我们认为,从审计的角度防范化解重大风险,应重点关注经济领域风险,尤其是金融安全风险,并聚焦于系统性金融风险。完善的风险防控机制离不开国家审计,2021年《中华人民共和国审计法(修正草案)》将"维护国家经济安全和公共利益"列入国家审计的范畴。我们可以而且应该重点探讨如何在风险研判机制和风险协调机制中嵌入审计机制,我们特别建议:

(1) 由审计署牵头构建经济安全与金融风险审计监测与预警中心,探讨构建全国和省级(部省二级)双层经济安全与金融风险审计监测与预警体系。特别是通过金融安全审计,防止出现和发生重大系统性金融风险。

(2) 构建金融风险与系统性风险监测指标体系或指数,以科学监测和预警金融风险与系统性风险。另外,运用大数据分析技术揭示高质量发展过程中的高风险隐患,保障和促进经济高质量发展。

(3) 加强对地方政府债务风险的审计防控,充分认识地方政府债务审计的极端重要性。

为加强舞弊防控审计机制建设,将舞弊防控审计机制作为审计目标,审计理论与实务界需要遵循以下四点:①深入、充分、系统地开展理论探讨与研究。与时俱进地拓展和完善受托经济责任的内容,深刻认识舞弊防控已成为新时代受托经济责任的重要内容,拓展研究和深入理解新时代基于受托经济责任观的现代审计理论,在理论上重新将舞弊防控确立为审计重要目标。②在审计法律制度、基本审计准则层面,把舞弊防控作为重要审计目标;在具体准则和审计实务操作层面,把舞弊防控作为审计关注的重要内容来规定。③加强大数据等新兴技术在舞弊防控中的运用研究,为确立舞弊防控审计目标提供强大技术和路径支撑。④加强舞弊防控审计方法研究。深入研究舞弊的动因与类型、舞弊(盈余操纵、财报粉饰)的惯用手法和特殊手法、舞弊防控审计的程序性方法、舞弊防控审计的法规制度等。

## 9.3 审计管理体制优化问题

### 9.3.1 历史背景

我国原有审计管理体制是依据我国"八二宪法"第九十一条和第一百零九条确定的。我国"八二宪法"第九十一条规定,"国务院设立审计机关,对国务院各部门和地方各级政府的财政收支,对国家的财政金融机构和企业事业组织的财务收支,进行审计监督";第一百零九条规定,"县级以上的地方各级人民政府设立审计机关。地方各级审计机关依照法律规定独立行使审计监督权,对本级人民政府和上一级审计机关负责"。1983年,审计署成立,审计机关在国务院总理领导下,依照法律规定独立行使审计监督权,不受其他行政机关、社会团体和个人的干涉。1994年,我国依据宪法制定了《中华人民共和国审计法》。自1983起,我国原有审计体制模式已运行近40年,在国家整个经济社会发展中,在服务每个阶段党和国家战略目标的实现方面,无疑都发挥了重要作用,作出了重要贡献;在全世界范围内,对现代国家审计的发展提供了很好的、很有价值的中国经验,贡献了中国智慧。

### 9.3.2 党的十九大前审计管理体制存在的问题探讨

从党的十七大开始,党对审计的定位就逐渐提高。党的十七大和十八大都是从推进社会主义民主政治的角度,提出强化对权力运行的监督与制约,强调将经济责任审计作为重要手段。党的十八届三中全会确定的全面推进改革的总目标要求审计更好地服务国家治理,提升国家治理体系与能力现代化的水平。党的十八届四中全会提出审计监督是党和国家监督体系中的八大重要监督之一。党的十九大报告在第十三个部分"坚定不移全面从严治党,不断提高党的执政能力和领导水平"第七节"健全党和国家监督体系"中提出改革审计管理体制的问题,把审计的定位提高到了新的高度,对审计提出了更高的要求。

原有审计管理体制与国家治理对审计新的更高的要求不相适应的问题越来越引起人们的关注,原有审计管理体制的核心问题在于审计的独立性程度不高,审计监督发挥作用的层次不高,进而权威性不高,具体表现在以下几个方面。

第一,不适应"把审计监督作为党和国家监督体系的重要组成部分,在全面从严治党、提升党的执政能力和水平上来发挥作用"这一要求。在原有审计管理体制中,审计署隶属于国务院,地方审计机关隶属于各地方本级人民政府,由本级政府和上级审计机关双重领导,审计业务归上级审计机关领导,审计机关的领导人由本级人民政府任命,经费支出依托于本级政府财政,因此,地方各级审计机关本质是各级政府内设的内部审计监督职能部门。党的十九大指出,坚持党领导一切的原则,优化政府职能。原有的审计管理体制不属于党组织领导下的监督体系,审计权力和范围受限于本级人民政府,审计监督的独立性不足。

第二,不适应"审计在整个国家治理体系中发挥更高层次、更好水平的作用"这一要求。原有审计管理体制下的审计监督服务于本级政府的财政财务收支及预算管理,审计未能发挥服务国家治理体系的功效,审计的政治站位有待提高。

第三,不适应"审计在监控权力运行方面发挥更好、更全面的作用"这一要求。

按照公共受托经济责任观的要求,国家审计的本质目标是保障和促进公共受托经济责任的有效履行,保障公共权力透明化、合规化、合法化。随着社会主义经济的发展,审计越来越重要,成为服务于国家治理的重要组成部分。在新时代,审计范围要实现全覆盖,审计机关可以对被审计单位依法应当接受审计的事项进行全面审计,也可以对其中的特定事项进行专项审计,换言之,人民对委托给政府的公共经济资源的使用有了更高的要求。审计监督是政治之"审",是对权力运行的"例行体检"。原有审计监控权力的运用仅局限于公共经济权力的合规合法性监督,难以适应新时代的审计要求。

第四,不适应"构建党统一指挥、全面覆盖、权威高效的监督体系"这一要求。党的十九大之后,我国改革审计管理体制,组建了中央审计委员会,中央审计委员会主任由习近平总书记担任;中央审计委员会第一次会议提出扩大审计广度和深度,构建全面覆盖的审计监督体系,坚持"应审尽审、凡审必严、审深审透"的审计监督,国家审计应勇担维护制度权威的"卫士"职责使命。

### 9.3.3 党的十九大后审计管理体制改革的内容及优化建议

审计学术界一直以来非常重视审计管理体制改革问题的研究并形成了丰富的成果,对原有审计管理体制的问题与缺陷早已形成共识,呼吁改革审计管理体制的学术呼声非常强烈。20世纪90年代开始的关于审计模式的探讨讨论了立法型审计模式、司法型审计模式、独立型审计模式、行政型审计模式。2000年后,关于对审计体制问题的探讨提出了设立国家审计委员会的设想与建议、设立国家监察委员会的审计体制改革的思考、"国家审计委员会+审计署"的渐进改革模式的设想。

党的十九大明确提出改革审计管理体制的意义特别重大,影响特别深远!党的十九届三中全会确立了审计管理体制改革方案及主要改革内容,主要内容包括如下几个方面。

(1) 组建中央审计委员会。中共中央印发的《深化党和国家机构改革方案》提出,组建中央审计委员会作为党中央决策议事协调机构,中央审计委员会办公室设在审计署。中央审计委员会的主要职责:研究提出并组织实施在审计领域加强党的领导、加强党的建设方针政策,审议审计监督重大政策和改革方案,审议中央预算执行和其他财政财务支出情况审计报告,审议决策审计监督其他重大事项等。

(2) 优化审计署职责权限。为整合审计监督力量,减少职责交叉和分散现象,避免重复检查和监督盲区,增强监督效能,将国家发改委的重大项目稽查、财政部的中央预算执行情况和其他财政收支情况的监督检查、国务院国资委的国有企业领导干部经济责任审计和国有重点大型企业监事会的职能划入审计署,相应对派出审计监督力量进行整合优化,构建统一高效审计监督体系。

(3)省级以下审计机关人财物管理改革。具体内容为:改进领导干部管理制度;完善机构编制和人员管理制度;改进经费和资产管理制度;建立审计项目计划统筹管理机制;完善审计结果报告和公告制度;建立健全审计执法责任制;统筹推进审计信息化建设;加强组织领导。新审计管理体制形成后,在党的组织体系上,审计工作服从党中央的领导,向中央审计委员会报告工作;在行政管理体系上,审计工作服从国务院总理的领导,向国务院总理报告工作。

基于现行"中央审计委员会+审计署"的审计管理体制制度构架基础,我们认为,审计学术界应当进一步加强对改革和完善审计管理体制问题的研究。关于研究如何进一步优化现行审计管理体制,我们提出以下建议。

第一,研究探讨国家审计的职能边界,即区分审计机关的审计职能与非审计职能,科学合理界定国家审计的职责权限,按照实现和实施审计全覆盖的要求,重新界定审计机关的职责权限,进一步界定审计全覆盖的范围内涵和量纲化的相关问题。

第二,研究审计监督与非审计监督(其他经济监督)的关系并研究审计监督的不可替代性。非审计监督通常是附带管理职能的监督。审计监督不能泛化为一般的监督,审计监督是对其他经济监督的再监督。

第三,研究"双垂管"审计管理方式或体制,即审计署对省级审计机关的垂直管理和省级审计机关对省级以下审计机关的垂直管理,以最大限度减少或抑制"审计机关层级越低,审计独立性和有效性越低"的问题。

第四,研究行政型审计模式转向立法型审计模式的改革,推动审计监督由政府监督(行政监督)向国家监督(立法监督)的转型。我国可以尝试改变审计机关的隶属关系与设置模式,探索提升审计机关层级、将其设置于人民代表大会之下的可行路径与实现方式,即审计机关改由人大领导,对人大负责。也可以考虑进一步升级现有审计机关的地位,实现其对政府和整个国家公权力系统更高层次、更全面的审计监督。理论上,审计应是对权力特别是公权力的监控机制,其本身确实不应从属、隶属于行政系统。从世界范围看,无论是叫国家审计,还是叫政府审计,其监督的对象和重心都是政府的履责和行权情况,主要表现为对以国家预算为轴心的公共资金和财政资金使用及相关行为活动的真实性、合法性和效益性的审计,当然还包括对公共政策执行有效性的审计与评价。为此,各界应营造浓郁氛围,鼓励学界对审计管理体制改革问题开展深入的理论研究,尤其是跨学科的交叉研究(特别是审计学与政治学和法学的交叉研究),推动宪法中有关审计机关设置及其职责权限的修订以及审计法的全面修订。

第五,研究构建"以国家审计为主导,国家审计、社会审计和内部审计三位一体"的大审计体系。基于公有产权的主导性,大审计体系应当以国家审计为主,社会审计和内部审计成为其重要的有机的组成部分。国家审计、社会审计和内部审计三位一体,统一于服务党和国家治理。

第六,研究构建由党集中统一领导,服务立法监督、依法治国,对公共受托经济责任履行和公共经济权力运行实现监督全覆盖,独立、权威、高效的中国特色审计体制。基于此,学术界需要加强理论研究,科学合理地确定审计在宪法中的定位。

## 9.4 关于国家审计对政府财务报告审计权的思考

### 9.4.1 政府财务报告制度与政府财务报告审计制度的构建

1. 政府财务报告制度的构建

建设现代化法治国家需要依法治国,依法治国需要依法治财,依法治财要求依法公开政府财务信息。高质量的政府会计和财务报告系统能够为现代国家治理体系和社会主义法治国家的建设提供信息支撑。政府财务报告制度的构建对推进国家治理体系和治理能力现代化、建设社会主义法治国家具有重要意义。2014年年底,国务院发布《国务院关于批转财政部权责发生制政府综合财务报告制度改革方案的通知》(国发〔2014〕63号),根据方案,改革的总体目标是:通过构建统一、科学、规范的政府会计准则体系,建立健全政府财务报告编制办法,适度分离政府财务会计与预算会计、政府财务报告与决算报告功能,全面、清晰反映政府财务信息和预算执行信息,为开展政府信用评级、加强资产负债管理、改进政府绩效监督考核、防范财政风险等提供支持,促进政府财务管理水平提高和财政经济可持续发展。党的十八届三中全会提出:建立权责发生制的政府综合财务报告制度,建立规范合理的中央和地方政府债务管理及风险预警机制。

权责发生制政府综合财务报告制度改革的主要任务要求如下。

(1)建立健全政府会计核算体系。推进财务会计与预算会计适度分离并相互衔接,在完善预算会计功能基础上,增强政府财务会计功能,夯实政府财务报告核算基础,为中长期财政发展、宏观调控和政府信用评级服务。

(2)建立健全政府财务报告体系。政府财务报告主要包括政府部门财务报告和政府综合财务报告。政府部门编制部门财务报告,反映本部门的财务状况和运行情况;财政部门编制政府综合财务报告,反映政府整体的财务状况、运行情况和财政中长期可持续性。

(3)建立健全政府财务报告审计和公开机制。政府综合财务报告和部门财务报告按规定接受审计。审计后的政府综合财务报告与审计报告依法报本级人民代表大会常务委员会备案,并按规定向社会公开。

(4)建立健全政府财务报告分析应用体系。该分析应用体系以政府财务报告反映的信息为基础,采用科学方法,系统分析政府的财务状况、运行成本和财政中长期可持续发展水平。该分析应用体系充分利用政府财务报告反映的信息,识别和管理财政风险,有利于更好地加强政府预算、资产和绩效管理,并将政府财务状况作为评价政府受托责任履行情况的重要指标。

表 9-3 展示了政府部门资产负债表、表 9-4 展示了政府部门收入费用表、表 9-5 展示了政府综合资产负债表、表 9-6 展示了政府综合收入费用表。

表 9-3 政府部门资产负债表

| 项目 | 附注 | 年末数 | 年初数 | 项目 | 附注 | 年末数 | 年初数 |
| --- | --- | --- | --- | --- | --- | --- | --- |
| 流动资产: | | | | 流动负债: | | | |
| 货币资金 | | | | 短期借款 | | | |
| 短期投资 | | | | 应交增值税 | | | |
| 财政应返还额度 | | | | 其他应交税费 | | | |
| 应收票据 | | | | 应缴财政款 | | | |
| 应收账款净额 | | | | 应付职工薪酬 | | | |
| 预付账款 | | | | 应付票据 | | | |
| 应收股利 | | | | 应付账款 | | | |
| 应收利息 | | | | 应付政府补贴款 | | | |
| 其他应收款净额 | | | | 应付利息 | | | |
| 存货 | | | | 预收账款 | | | |
| 待摊费用 | | | | 其他应付款 | | | |
| 一年内到期的非流动资产 | | | | 预提费用 | | | |
| 其他流动资产 | | | | 一年内到期的非流动负债 | | | |
| **流动资产合计** | | | | 其他流动负债 | | | |

(续表)

| 项目 | 附注 | 年末数 | 年初数 | 项目 | 附注 | 年末数 | 年初数 |
|---|---|---|---|---|---|---|---|
| 非流动资产: | | | | **流动负债合计** | | | |
| 长期股权投资 | | | | 非流动负债: | | | |
| 长期债券投资 | | | | 长期借款 | | | |
| 固定资产原值 | | | | 长期应付款 | | | |
| 减:固定资产累计折旧 | | | | 预计负债 | | | |
| 固定资产净值 | | | | 其他非流动负债 | | | |
| 工程物资 | | | | **非流动负债合计** | | | |
| 在建工程 | | | | 受托代理负债 | | | |
| 无形资产原值 | | | | **负债合计** | | | |
| 减:无形资产累计摊销 | | | | 净资产: | | | |
| 无形资产净值 | | | | 累计盈余 | | | |
| 研发支出 | | | | 专用基金 | | | |
| 公共基础设施原值 | | | | 权益法调整 | | | |
| 减:公共基础设施累计折旧(摊销) | | | | **净资产合计** | | | |
| 公共基础设施净值 | | | | **负债及净资产合计** | | | |
| 政府储备物资 | | | | | | | |
| 文物文化资产 | | | | | | | |
| 保障性住房原值 | | | | | | | |
| 减:保障性住房累计折旧 | | | | | | | |
| 保障性住房净值 | | | | | | | |
| 长期待摊费用 | | | | | | | |
| 待处理财产损溢 | | | | | | | |
| 其他非流动资产 | | | | | | | |
| **非流动资产合计** | | | | | | | |
| 受托代理资产 | | | | | | | |
| **资产总计** | | | | | | | |

表 9-4　　　　　　　　　　政府部门收入费用表

| 项目 | 附注 | 本年数 | 上年数 |
| --- | --- | --- | --- |
| 财政拨款收入 | | | |
| 事业收入 | | | |
| 上级补助收入 | | | |
| 附属单位上缴收入 | | | |
| 经营收入 | | | |
| 非同级财政拨款收入 | | | |
| 投资收益 | | | |
| 捐赠收入 | | | |
| 利息收入 | | | |
| 租金收入 | | | |
| 其他收入 | | | |
| **收入合计** | | | |
| 业务活动费用 | | | |
| 单位管理费用 | | | |
| 经营费用 | | | |
| 资产处置费用 | | | |
| 上缴上级费用 | | | |
| 对附属单位补助费用 | | | |
| 所得税费用 | | | |
| 其他费用 | | | |
| **费用合计** | | | |
| **本年盈余** | | | |

表 9-5　　　　　　　　　　　政府综合资产负债表

| 项目 | 附注 | 年末数 | 年初数 | 项目 | 附注 | 年末数 | 年初数 |
|---|---|---|---|---|---|---|---|
| **流动资产** | | | | **流动负债** | | | |
| 货币资金 | | | | 应付短期政府债券 | | | |
| 短期投资 | | | | 短期借款 | | | |
| 应收及预付款项 | | | | 应付职工薪酬 | | | |
| 应收股利 | | | | 应付及预收款项 | | | |
| 应收利息 | | | | 应付政府补贴款 | | | |
| 存货 | | | | 应付利息 | | | |
| 一年内到期的非流动资产 | | | | 一年内到期的非流动负债 | | | |
| 其他流动资产 | | | | 其他流动负债 | | | |
| **非流动资产** | | | | **非流动负债** | | | |
| 长期投资 | | | | 应付长期政府债券 | | | |
| 应收转贷款 | | | | 应付转贷款 | | | |
| 固定资产净值 | | | | 长期借款 | | | |
| 在建工程 | | | | 长期应付款 | | | |
| 无形资产净值 | | | | 其他非流动负债 | | | |
| 研发支出 | | | | **受托代理负债** | | | |
| 公共基础设施净值 | | | | **负债合计** | | | |
| 政府储备物资 | | | | **净资产** | | | |
| 文物文化资产 | | | | **负债及净资产合计** | | | |
| 保障性住房净值 | | | | | | | |
| 其他非流动资产 | | | | | | | |
| **受托代理资产** | | | | | | | |
| **资产合计** | | | | | | | |

表 9-6　　　　　　　　　　　政府综合收入费用表

| 项目 | 附注 | 本年数 | 上年数 |
|---|---|---|---|
| 税收收入 | | | |
| 非税收入 | | | |

(续表)

| 项目 | 附注 | 本年数 | 上年数 |
|---|---|---|---|
| 事业收入 | | | |
| 经营收入 | | | |
| 投资收益 | | | |
| 政府间转移性收入 | | | |
| 其他收入 | | | |
| **收入合计** | | | |
| 工资福利费用 | | | |
| 商品和服务费用 | | | |
| 对个人和家庭的补助 | | | |
| 对企业补助费用 | | | |
| 对社会保障基金补助费用 | | | |
| 政府间转移性支出 | | | |
| 固定资产折旧费用 | | | |
| 无形资产摊销费用 | | | |
| 公共基础设施折旧(摊销)费用 | | | |
| 保障性住房折旧费用 | | | |
| 资产处置费用 | | | |
| 财务费用 | | | |
| 其他费用 | | | |
| **费用合计** | | | |
| **本年盈余** | | | |

2. 政府财务报告审计制度的构建

公共受托责任观认为，受托管理公共资源的公共部门有责任和义务报告其受托责任信息。各级政府由于多重委托代理关系，受托管理公共资源，所以有义务向社会公众和上级政府真实公允地报告公共资源的使用状况。政府财务报告有助于政府披露其满足社会公众需求的公共受托责任信息，但政府财务报告信息真实性和公允性的增强仍需审计机关的审计鉴证。

2020年，审计署财政审计司颁布了《政府财务报告审计办法(试行)》，文件提出了政府财务报告审计的总体目标要求：加强对各级政府及其部门财务状况和运行情况的审计监督。政府财务报告分为政府综合财务报告和政府部门财务报告两部分，因此,政府财务报告审计的目标是保证政府及其部门的资产、负债、收入、费用等情况的真实、合法、有效。政府综合财务报告审计的内容包括:政府财务状况和运行情况、政府综合财务报告编报披露情况、政府财政财务管理情况、相关电子数据及信息系统设计运行情况,以及其他需要审计的内容。政府部门财务报告审计的内容包括:政府部门财务状况和运行情况、政府部门财务报告编报披露情况、政府部门财政财务管理情况、相关电子数据及信息系统设计运行情况,以及其他需要审计的内容。

《政府财务报告审计办法(试行)》第五条规定政府财务报告审计监督范围如图9-1所示:

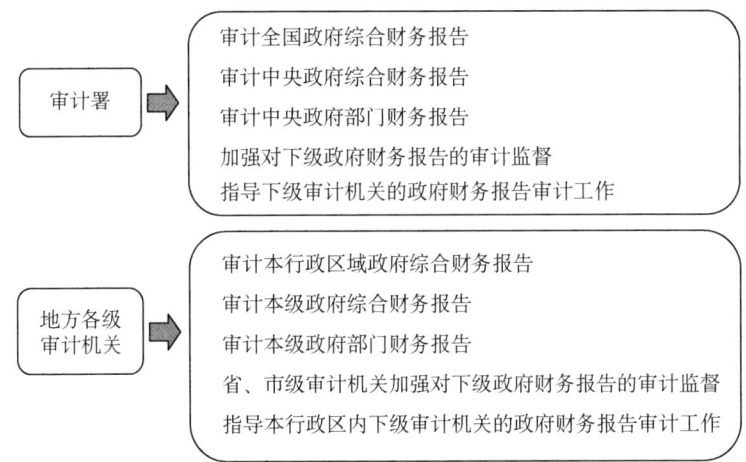

图 9-1　政府财务报告审计监督范围图

由于政府不以营利为目的,执行国家治理职能,政府财务报告与企业财务报表在适用会计准则、编制程序、反映内容等方面具有较大差异(周曙光和陈志斌,2019),必然会影响具体审计方式的选择与运用差异。《政府财务报告审计办法(试行)》中第六条、第八条和第十二条对政府财务报告审计方式的具体要求如下。

(1)政府财务报告审计应当纳入年度审计项目计划管理,既可以单独实施,也可以结合预算执行情况审计、决算草案审计等项目统筹安排实施。(第六条)

(2)审计机关派出审计组实施审计。审计组向派出审计组的审计机关提交审计报告。(第八条)

(3)审计机关可以根据工作需要,聘请具有政府财务报告审计相关专业知识的人员参加政府财务报告审计。(第十二条)

根据公共受托责任观,各级政府及其部门履行报告责任的重要表现是向公共权力委托人及其代表报告政府财务报告审计结果。政府财务报告审计结果如何报送给信息使用者?《政府财务报告审计办法(试行)》第十条和第十一条做了如下具体要求。

(1) 中央政府财务报告审计结果,应当报中央审计委员会和国务院,同时报全国人民代表大会常务委员会备案。(第十条)

(2) 地方政府财务报告审计结果,应当报本级党委审计委员会、本级人民政府和上一级审计机关,同时报本级人民代表大会常务委员会备案。(第十条)

(3) 审计机关应当向社会公布政府财务报告审计结果,但法律、行政法规规定不予公布的内容除外。(第十一条)

政府财务报告审计制度的构建是我国建立统一领导、权威高效、全面覆盖的审计监督体系的需要;是我国推进国家治理体系和能力现代化的需要;是我国促进政府会计体系的建立和完善,提升政府财务质量的需要;是我国推动国家审计方式方法转型与创新的需要。基于《政府财务报告审计办法(试行)》,我们认为,建立政府财务报告审计制度,应重点关注以下方面。

(1) 开展政府部门财务报告审计。政府部门应保证政府部门财务报告信息的真实性、完整性和合规性,并接受审计。政府部门财务报告信息的真实性是指接受审计的政府部门财务报告信息真实可靠,不存在虚构信息及捏造业务等情形。政府部门财务报告信息的完整性是指接受审计的财务报告信息必须是数据未经修改、删除或者隐匿,财务信息链逻辑完整。政府部门财务报告信息的合规性是指接受审计的政府部门财务报告的业务信息必须符合《政府会计准则》要求,符合政府会计业务的相关法规制度要求,符合审计机关相关的政府财务报告审计制度要求,不存在违规甚至触犯法律的情况。

(2) 报送并公开政府部门财务报告。政府部门财务报告及其审计报告应报送本级财政部门,并按规定向社会公开。政府部门财务报告及其审计报告由审计机关报送本级财政部门,由财政部门及时准确地向社会大众公开审计报告结果。

(3) 开展政府综合财务报告审计。政府综合财务报告应保证报告信息的真实性、完整性及合规性,并接受审计。政府综合财务报告信息的真实性是指接受审计的政府综合财务报告信息真实可靠,不存在虚构信息及捏造业务等情形。政府综合财务报告信息的完整性是指接受审计的财务报告信息必须是数据未经修改、删除或者隐匿,财务信息链逻辑完整。政府综合财务报告信息的合规性是指接受审计的政府综合财务报告的业务信息必须符合《政府会计准则》要求,符合政府会计业务的相关法规制度要求,符合审计机关相关的政府财务报告审计制度要求,不存在违规甚至触犯法律底线的情况。

(4) 依法报送本级人大备案,并向社会公开。政府综合财务报告及其审计报告分别由本级财政部门和审计机关提交本级人民代表大会常务委员会备案,由本级人民代表大会及时公开。

(5) 政府综合财务报告中的相关信息可作为考核政府绩效、分析政府财务状况、开展政府信用评级、编制全国和地方资产负债表以及制定财政中长期规划和其他相关规划的重要依据。

(6) 审计机关按规定组织好财务报告审计工作。审计部门要遵循审计法、《政府财务报告审计办法(试行)》以及其他相关规定。

### 9.4.2 国家审计机关对政府财务报告审计权的基本依据

政府财务报告审计制度是提高国家治理体系和治理能力现代化水平必不可少的重要基础制度,因此,我国需要以立法形式赋予国家审计对政府财务报告的审计监督权。

**1. 构建集中统一、全面覆盖、权威高效的审计监督体系的必然要求**

党的十八届三中全会提出"建立健全权责发生制的政府综合财务报告制度,建立规范合理的中央和地方政府债务管理及风险预警机制"的改革任务。党的十九大提出改革审计管理体制,党的十九届三中全会决定组建中央审计委员会。在中央审计委员会第一次会议上,习近平总书记提出了构建集中统一、全面覆盖、权威高效审计监督体系的要求。建立政府财务报告审计制度是构建集中统一、全面覆盖、权威高效审计监督体系的必然要求和必需的重要制度安排。

《国务院关于批转财政部权责发生制政府综合财务报告制度改革方案的通知》(国发〔2014〕63号)提出建立健全政府财务报告审计和公开机制,明确了政府综合财务报告和部门财务报告按规定接受审计的主要改革任务与工作安排,并要求审计部门按规定做好政府财务报告审计工作的组织保障工作。《审计署办公厅关于印发政府财务报告审计办法(试行)的通知》(审办财发〔2020〕74号)也对建立健全政府财务报告审计制度作出了较系统全面的规定。

**2. 政府财务报告的审计权应赋予国家审计机关,由国家审计机关主导政府财务报告的审计**

理论上,政府财务报告是政府公共受托经济责任履行状况的重要载体和集中反映。编制政府财务报告的主要责任是政府及其部门的。对政府财务报告的审计应该由国家审计机关主导,而不是由财政部门主导。这是审计保持独立性的必然要求。基于中国特色的制度构架和国际经验,国家审计机关应拥有对政府财务报告的审计权和审计工作主动权。在我国,以公有制经济为主体的多种所有制经济中公有产权的主导性也决定了中国特色审计制度体系的构建必须以国家审计为主导。

3. 从国际惯例看,政府财务报告的审计权属于国家审计机关

在国际上,大多数国家都建立了政府财务报告审计制度,各国一般都是通过立法的形式把政府财务报告的审计权或主导审计权赋予国家审计机关。政府部门财务报告的审计可以聘请社会审计机构进行,但政府综合财务报告必须由国家审计机关实施审计。美国的国家审计机关(GAO)、英国的国家审计机关(Australian National Audit Office,NAO)和澳大利亚国家审计机关(Australian National Audit Office,ANAO)都是政府财务报告的法定审计机关,负责审计政府财务报告并发表意见。从1997年到2020年,美国联邦政府的财务报告(Financial Report of the United States Government)连续24年被GAO出具无法表示意见(disclaimed opinion)的审计报告。从2010年到2019年,英国政府财务报告(Whole of Government Accounts)连续10年被National Audit Office(NAO)出具保留意见(qualified opinion)的审计报告。从1999年到2006年,澳大利亚政府综合财务报告(Consolidated Financial Statements of the Australian Government)均被ANAO出具保留意见(qualified opinion)的审计报告。从2007年到2020年,除了2015年,其余年份的澳大利亚政府综合财务报告均被ANAO出具标准无保留意见(unqualified opinion)的审计报告。

4. 从维护国家经济信息安全角度,政府财务报告的审计权也应赋予国家审计机关

政府财务报告是对政府整体和政府部门财务状况、运行情况和财政中长期可持续性的集中反映,也是中央和地方政府债务管理及风险预警的重要信息来源,对国家经济安全的维护具有极端重要性和高度敏感性。这些决定了政府财务报告审计权应赋予国家审计机关,只能由国家审计机关主导审计政府财务报告。

### 9.4.3 对我国以立法形式赋予国家审计机关政府财务报告审计权的具体建议

2020年,《政府财务报告审计办法(试行)》的颁布是政府财务报告审计制度建设的正式开端。然而,2021年6月全国人民代表大会宪法和法律委员会发布的《中华人民共和国审计法(修订草案)征求意见稿》(简称征求意见稿)尚未明确政府财务报告审计权。由立法赋予国家审计机关政府财务报告审计权,健全政府财务

报告审计制度,是建立健全政府治理体系,提高国家治理体系和能力现代化水平必不可少的重要基础制度建设。鉴于此,我们对征求意见稿第二条第三款和第四款、第四条第一款、第十三条第二款、第十八条、第十九条第一款和第二款、第五十八条提出进一步修改建议,促进立法部门加强国家审计对政府财务报告审计权的重视,使政府财务报告审计权有法可依。具体建议如表9-7所示。

表9-7 征求意见稿修改建议

| 征求意见稿条款序号 | 征求意见稿原文 | 修改建议 |
| --- | --- | --- |
| 第二条第三款 | 国务院各部门和地方各级人民政府及其各部门的财政收支,国有的金融机构和企业事业组织的财务收支,以及其他依照本法规定应当接受审计的财政收支、财务收支,依照本法规定接受审计监督。 | 国务院及各部门和地方各级人民政府及其部门的财政财务收支和政府财务报告,国有的金融机构和企业事业组织的财务收支,以及其他依照本法规定应当接受审计的财政财务收支,依照本法规定接受审计监督。 |
| 第二条第四款 | 审计机关对前款所列财政收支或者财务收支的真实、合法和效益,依法进行审计监督。 | 审计机关对前款所列财政收支或者财务收支的真实、合法和效益,依法进行审计监督。 |
| 第四条第一款 | 国务院和县级以上地方人民政府应当每年向本级人民代表大会常务委员会提出审计工作报告。审计工作报告应当报告审计机关对预算执行、决算草案以及其他财政收支的审计情况,重点报告对预算执行及其绩效的审计情况,按照有关法律、行政法规的规定报告对国有资源、国有资产的审计情况。必要时,人民代表大会常务委员会可以对审计工作报告作出决议。 | 国务院和县级以上地方人民政府应当向本级人民代表大会常委会提出审计机关对预算执行、决算草案以及其他财政财务收支的审计工作报告和政府财务报告审计报告。审计工作报告应当重点报告对预算执行的审计情况,按照规定报告对国有资源、国有资产的审计情况。政府财务报告审计报告应重点报告政府整体及部门的财政财务状况、运行情况和财政中长期可持续性。 |
| 第十三条第二款 | 审计机关根据工作需要,可以聘请具有与审计事项相关专业知识的人员参加审计工作。 | 审计机关根据工作需要,可以聘请社会审计等中介机构及其专业人员参与审计工作,包括政府财务报告审计工作。 |
| 第十八条 | 审计机关对本级各部门(含直属单位)和下级政府预算的执行情况和决算以及其他财政收支情况,进行审计监督。 | 审计机关对本级各部门(含直属单位)和下级政府预算执行情况和决算以及其他财政财务收支情况和政府财务报告,进行审计监督。 |

(续表)

| 征求意见稿<br>条款序号 | 征求意见稿原文 | 修改建议 |
| --- | --- | --- |
| 第十九条第一款 | 审计署在国务院总理领导下,对中央预算执行情况、决算草案以及其他财政收支情况进行审计监督,向国务院总理提出审计结果报告。 | 审计署在国务院总理领导下,对中央预算执行情况、决算草案以及其他财政财务收支和中央政府及部门政府财务报告进行审计监督,向国务院总理提出审计结果报告。 |
| 第十九条第二款 | 地方各级审计机关分别在省长、自治区主席、市长、州长、县长、区长和上一级审计机关的领导下,对本级预算执行情况、决算草案以及其他财政收支情况进行审计监督,向本级人民政府和上一级审计机关提出审计结果报告。 | 地方各级审计机关分别在省长、自治区主席、市长、州长、县长、区长和上一级审计机关的领导下,对本级预算执行情况、决算草案以及其他财政财务收支情况和政府财务报告进行审计监督,向本级人民政府和上级审计机关提出审计结果报告。 |
| 第五十八条 | 领导干部经济责任审计和自然资源资产离任审计,依照本法和国家有关规定执行。 | 领导干部经济责任审计、自然资源资产离任审计和政府财务报告审计的具体制度办法,依照本法和国家有关规定,由审计署负责制定并实施。 |

### 9.4.4 一部具有里程碑意义的审计法

2021年10月23日,十三届全国人大常委会第三十一次会议表决通过修正后的审计法,是一部具有里程碑意义的审计法,具有重要意义。

(1) 新修订的审计法是习近平新时代中国特色社会主义思想在推进中国特色审计法律制度建设方面的最新成果和最重要成果。它坚持中国共产党对审计工作的领导,旨在构建集中统一、全面覆盖、权威高效的审计监督体系。

(2) 新修订的审计法为中国特色审计制度模式的创立提供了强有力的法律支撑和法理依据。它以习近平新时代中国特色社会主义思想为指导,在中国特色社会主义审计制度建设过程中,创新性地构建了政党治理模式。这是世界上独特的审计模式,与世界上其他审计模式相比,特色鲜明,独具优势。

(3) 新修订的审计法以法律形式拓展了审计的职责范围,为实现审计监督全覆盖提供了法律支撑。它在原审计法规定的相关审计范围的基础上,将国有资源、国有资产,关系国家利益和公共利益的重大公共工程项目,国家重大经济社会政策贯彻落实情况等纳入审计范围,并明确了领导干部自然资源资产离任审计的法律地位。审计职责范围的拓展有利于构建集中统一、全面覆盖、权威高效的审计监督体系,使审计能够在更高层次上更好地服务国家治理体系和治理能力现代化,提升审计服务国家治理的水平。

(4)新修订的审计法以法律形式赋予审计机关更多、更强的权力和权威,有利于极大地提高审计监督效能。它坚持问题导向,一方面赋予国家审计机关履行职责必需的权限,为审计工作顺利开展提供必要的保障;另一方面对加强审计机关自身建设、规范审计权力运行、强化对审计机关和审计人员的监督作出一系列制度安排,构建日臻完善的监督和制衡机制。这些有利于国家审计工作更好地服务党和国家事业发展,更好地服务新发展格局的形成,服务经济高质量发展。

(5)新修订的审计法有助于推进中国特色审计法律制度体系的进一步发展和完善。推动国家审计监督从行政型审计监督向国家监督的转型;推动国家对"八二宪法"中第九十一条和第一百零九条的修订;推动国家以立法形式或专门法律法规形式赋予国家审计对政府财务报告审计权。

(6)新修订的审计法为中国特色审计理论创新研究提供了新的机会和可能,有利于进一步推进中国特色审计理论体系的形成和审计学术的繁荣发展。

## 9.5 双碳目标与双碳审计问题

### 9.5.1 双碳审计的时代背景

碳达峰是指在某一个时点,二氧化碳的排放达到峰值,之后逐步回落。国家、城市、企业等主体的碳排放由升转降过程中的拐点,即碳排放的最高点。目前大部分发达国家已经实现碳达峰,碳排放步入下降通道,我国目前碳排放量增速虽然呈放缓状态,但是仍呈增长趋势,尚未达峰。碳中和是指企业、团体或个人测算其在一定时间内直接或间接产生的温室气体排放总量,通过植树造林、节能减排等形式,抵消自身产生的二氧化碳排放量,实现二氧化碳"零排放"。

1. 国际背景

联合国《2030年可持续发展议程》目标13提出:采取紧急行动应对气候变化及其影响。联合国《巴黎协定》[①]第二条指出,"本协定在加强《公约》[②],包括其目标的执行方面,旨在联系可持续发展和消除贫困的努力,加强对气候变化威胁的全球应对,包括:(a)把全球平均气温升幅控制在工业化前水平以上低于2℃之内,并努力将气温升幅限制在工业化前水平以上1.5℃之内,同时认识到这将大大减少气

---

[①] 此处中译版来源于百度百科。
[②] 即《联合国气候变化框架公约》。

候变化的风险和影响;(b)提高适应气候变化不利影响的能力并以不威胁粮食生产的方式增强气候抗御力和温室气体低排放发展;(c)使资金流动符合温室气体低排放和气候适应型发展的路径"。第四条指出,"为了实现第二条规定的长期气温目标,缔约方旨在尽快达到温室气体排放的全球峰值,同时认识到达峰对发展中国家缔约方来说需要更长的时间;此后利用现有的最佳科学迅速减排,以联系可持续发展和消除贫困,在平等的基础上,在本世纪下半叶实现温室气体源的人为排放与清除之间的平衡"。第六条指出,"兹在作为《巴黎协定》缔约方会议的《公约》缔约方会议的授权和指导下,建立一个机制,供缔约方自愿使用,以促进温室气体排放的减缓,支持可持续发展。它应受作为《巴黎协定》缔约方会议的《公约》缔约方会议指定的一个机构的监督,应旨在:(a)促进减缓温室气体排放,同时促进可持续发展;(b)奖励和便利缔约方授权下的公私实体参与减缓温室气体排放;(c)促进东道缔约方减少排放量,以便从减缓活动导致的减排中受益,这也可以被另一缔约方用来履行其国家自主贡献;(d)实现全球排放的全面减缓"。第十条指出,"缔约方共有一个长期愿景,即必须充分落实技术开发和转让,以改善对气候变化的抗御力和减少温室气体排放"。

2. 中国的立场

2014年2月,习近平主席在会见美国国务卿时提出,应对气候变化是中国可持续发展的内在要求,这不是别人要我们做,而是我们自己要做。2015年,习近平主席在第21届联合国气候变化大会上指出,中国将生态文明建设作为"十三五"规划重要内容,落实创新、协调、绿色、开放、共享的发展理念,通过科技创新和体制机制创新,实施优化产业结构、构建低碳能源体系、发展绿色建筑和低碳交通、建立全国碳排放交易市场等一系列政策措施,形成人和自然和谐发展的现代化建设新格局。2020年9月22日,习近平总书记在第75届联合国大会一般性辩论上向世界宣布了中国的新达峰目标和碳中和愿景:"中国将提高国家自主贡献力度,采取更加有力的政策和措施,二氧化碳排放力争取于2030年前达到峰值,努力争取2060年前实现碳中和。"

2020年10月29日,中国共产党第十九届中央委员会第五次全体会议提出,推动绿色发展,促进人与自然和谐共生。坚持绿水青山就是金山银山理念,坚持尊重自然、顺应自然、保护自然,坚持节约优先、保护优先、自然恢复为主,守住自然生态安全边界。深入实施可持续发展战略,完善生态文明领域统筹协调机制,构建生态文明体系,促进经济社会发展全面绿色转型,建设人与自然和谐共生的现代化。加快推动绿色低碳发展,持续改善环境质量,提升生态系统质量和稳定性,全面提高资源利用效率。全会提出了到2035年基本实现社会主义现代化远景目标,这就是:建成文化强国、教育强国、人才强国、体育强国、健康中国,国民素质和社会文明程度达到新高度,国家文化软实力显著增强;广泛形成绿色生产生活方式,碳排放达峰后稳中有降,生态环境根本好转,美丽中国建设目标基本实现。

《中华人民共和国国民经济和社会发展第十四个五年规划和2035年远景目标纲要》第十一篇"推动绿色发展促进人与自然和谐共生"之第三十八章"持续改善环境质量"的第四节"积极应对气候变化"提出:"落实2030年应对气候变化国家自主贡献目标,制定2030年前碳排放达峰行动方案。完善能源消费总量和强度双控制度,重点控制化石能源消费。实施以碳强度控制为主、碳排放总量控制为辅的制度,支持有条件的地方和重点行业、重点企业率先达到碳排放峰值。推动能源清洁低碳安全高效利用,深入推进工业、建筑、交通等领域低碳转型。加大甲烷、氢氟碳化物、全氟化碳等其他温室气体控制力度。提升生态系统碳汇能力。锚定努力争取2060年前实现碳中和,采取更加有力的政策和措施。"

2021年《审计署"十四五"国家审计工作发展规划》强调在资源环境审计中要重点关注碳达峰碳中和重大任务落实情况。

### 9.5.2 双碳审计的内在机理

双碳审计是指在定义的空间和时间边界内进行碳足迹计算的过程,是审计机构接受政府授权或其他有关机构委托,依据国家政策、法律和有关规章、制度、标准,遵循审计准则,对被审计单位或部门的低碳生产经营、资源利用、财务信息、职责履行等活动进行特殊的审计。

持续优化碳审计顶层设计,建立健全碳审计组织体系,提高碳排放数据的可溯性,拓宽审计结果运用范围是完善双碳审计机制的基础。

基于受托经济责任观和审计控制观的分析,新时代双碳目标的要求成为公共受托经济责任的重要内容,审计的本质目标是保障和促进受托经济责任的全面有效履行,审计必须服务于双碳目标的实现。审计是保障和促进受托经济责任全面有效履行的特殊监控机制,无论是国家审计、内部审计,还是社会审计,都负有促进双碳目标实现的责任和使命。

## 9.6 本章小结

本章从国家审计自身的角度,着重论述几个关键问题,以期为国家审计更好地服务国家治理提供决策支撑,具体包括舞弊防控审计机制重塑问题、审计机制嵌入风险防控体系问题、审计管理体制优化问题、关于国家审计对政府综合财务报告审计权的思考,以及双碳目标与双碳审计问题,论证并提出了相应的观点、依据和优化路径,并就进一步推动国家审计服务国家治理提出建议。

# 10 国外国家审计机关服务国家治理的经验分享

本章以英国和美国审计署为例,分享国外国家审计机关服务国家治理的经验,重点介绍英国审计署服务英国脱欧、美国审计署服务金融监管方面的工作。

## 10.1 英国审计署服务国家治理的经验分享

### 10.1.1 英国审计署的职责与定位

英国 1983 年通过的《国家审计法》(*National Audit Act*)设立了向议会负责的、自成组织体系但又在一定程度上受制于议会的审计署并以它取代财政和审计部,支持主计审计长(Comptroller and Auditor General,C&AG)工作的开展。同时在议会设立公共账目委员会(Parliamentary Public Accounts Committee)。英国审计署是英国独立的公共支出监督机构,其职责是追究政府的责任以支持议会,通过高质量的审计监督政府改善公共服务。具体来说,NAO 对所有政府部门和其他公共机构的账目进行认证,并向议会报告其资助的部门和机构是否有效率、有效果和经济地使用了相关资源。《国家审计法》规定,审计署有权就政府部门和其他公共机构使用公共资源的经济性、效率性和效果性展开检查,而公共账目委员会负责讨论和审议国家财政事务和审查审计长的审计报告。此外,该法还规定主计审计长应当成为议会下院的一名官员,并赋予其自行决定向议会报告政府部门使用公共资源的经济性、效率性和效果性的法定权力。审计署的经费应当由议会提供,其应当按照主计审计长决定的报酬和其他工作条件聘用职员,其审计师应当按照议会公共账目委员会确定的报酬和其他条件任命。

英国 2000 年通过的《政府资源与会计法》(*Government Resources and Accounts Act*)扩大了国家审计权监督的范围,要求所有的政府部门及其他公共团体,都要在权责发生制的基础上编制年度资源会计报表,并接受主计审计长的审查。

### 10.1.2 英国国家审计的工作内容

英国国家审计的工作内容包括两个方面:一是依据《国库和审计部门法》

(Exchequer and Audit Departments Act)①，对中央政府各部门、非政府部门公共机构和位于英格兰的归中央政府直接管辖的其他组织进行财务审计；二是依据《国家审计法》，从财物使用的经济性、效率性、效果性三方面入手，对中央政府各部门、非政府部门公共机构和位于英格兰的归中央政府直接管辖的其他组织进行绩效审计。

英国审计署依法对所有政府部门、执行机构、独立机构、依据法规应该接受或自愿接受审计的公司以及慈善机构进行财务审计。英国审计署的财务审计遵照国际审计准则进行。英国审计署的财务审计会对财务报表的真实公允性和合规性发表意见。其中，真实公允性意见（true and fair opinions）是指对有关财务报表金额和披露能否合理保证财务报表不存在由欺诈或错误引起的重大错报发表的意见。合规性意见（regularity opinion）是指对议会提供的资金是否用于议会预期的计划发表的意见。如果相关资源已按照议会的意图和授权使用，则视为正常、合规使用。2000年通过的《政府资源与会计法》要求主计审计长对政府根据该法案编制的所有资源账户和其他部门会计的合规性发表意见。主计审计长执行的绝大多数涉及公共资金的其他审计也按惯例发表合规性意见。

英国政府绩效审计有着比较长的历史，早在20世纪80年代，英国审计署就出版了旨在指导绩效审计的小册子《绩效审计概要》，其对绩效审计的三个要素——经济性（economy）、效率性（efficiency）和效果性（effectiveness）作了明确的解释。英国1983年颁布的《国家审计法》首次从法律的角度表述了绩效审计的定义。《审计实施规程》是英国绩效审计的主要法律依据，其对审计人员的权力、责任（包括审计单位的责任）规定得很明确，体现了许多现代审计理念。英国绩效审计普遍遵循三个基本原则：独立性、公正性和透明性，这些原则成为审计人员遵循的框架性业务规范。英国审计署绩效审计的内容主要包括六个方面：一是对政府工程建设项目，特别是重大工程的绩效审计，如2012年伦敦奥运会的主体场馆工程审计；二是对政府部门重大支出的绩效审计；三是对公共部门管理情况的绩效审计；四是对社会关注的热点问题（比如脱欧、教育、保健、儿童成长、环境等）的绩效审计；五是对政府自身履行职责情况的绩效审计；六是对环境问题的绩效审计。需要说明的是，英国审计署不对政策本身进行绩效审计。《国家审计法》规定，在绩效审计过程中，

---

① 1866年《国库和审计部门法》（Exchequer and Audit Departments Act）规定设立主计审计长职位以及国库审计部，负责对中央政府各部门和非政府部门公共机构进行审计。根据该法案规定，下议院负责批准财政支出，主计审计长负责审计所有中央政府部门的账目并控制款项的支付，最终由议会专门委员会得出结论，向下议院报告。

主计审计长不能评价政策本身的优劣,这对于维护审计人员的独立性具有重要意义,可以确保审计人员不受政治影响。英国审计署开展的绩效审计工作强调透明性原则,所有绩效审计报告都需主动对外发布。

自从1983年出台的《国家审计法》规定主计审计长可以对政府部门和其他相关组织使用公共资源的经济性、效率性和效果性进行检查后,英国审计署为开展绩效审计,相继颁布了《绩效审计专业原则规范》《绩效审计手册》《绩效审计指南》《绩效审计抽样指南》等准则和指引,对绩效审计的专业胜任能力、公正性、严密性、客观性、独立性、增值性、坚定性及责任性作出了规定,并对审计人员开展绩效审计如何进行审计准备、怎样实施审计和进行跟踪检查、如何进行绩效审计的质量控制给出了指导性的意见。

表10-1比较了英国审计署财务审计与绩效审计。

表 10-1　　　　　　　英国审计署财务审计与绩效审计的对比

| 审计类型 | 财务审计 | 绩效审计 |
| --- | --- | --- |
| 法律依据 | 《国库和审计部门法》(Exchequer and Audit Departments Act) | 《国家审计法》(National Audit Act) |
| 审计准则 | 国际审计准则 | 《绩效审计专业原则规范》《绩效审计手册》《绩效审计指南》《绩效审计抽样指南》等准则和指引 |
| 审计重点 | 真实公允性(true and fair)、合规性(regularity) | 经济性(economy)、效率性(efficiency)和效果性(effectiveness) |
| 审计范围 | 所有政府部门、执行机构、独立机构、根据法规应该接受或自愿接受审计的公司以及慈善机构的财务报表 | 政府工程建设项目、政府部门重大支出、公共部门管理情况、社会关注的热点问题、政府自身履行职责情况、环境问题等六个方面的绩效审计 |
| 审计结果是否公开 | 是 | 是 |

从发表的证词与报告来看,英国审计署目前主要围绕五个方面帮助公共部门了解和应对其面临的关键问题[①]。第一是转变公共服务,主要包括客户管理、数字服务交付、经济增长、环境可持续性、政府战略中心、用户选择和消费者保护等细分主题;第二是本地服务交付,主要包括本地服务交付中的问责制、调试、财务和服务可持续性等细分主题;第三是运营和流程管理,主要包括运营和项目交

---

① 资料来源:https://www.nao.org.uk/publications-on-key-issues/。

付、商业能力和合同管理、管理重大项目、监督服务交付、绩效衡量、监管等细分主题；第四是财务管理，主要包括资产出售和私有化，成本降低和负担能力，欺诈、错报和债务管理，基础设施融资，管理资产和负债等细分主题；第五是国际问题，主要包括新冠疫情、欧盟、脱欧等细分主题。表10-2展示了英国审计署证词与报告的内容分类。

表10-2　英国审计署证词与报告的内容分类

| 内容分类 | 细分主题 |
|---|---|
| 转变公共服务<br>(Transforming Public Services) | 客户管理(Customer Management) |
|  | 数字服务交付(Digital Service Delivery) |
|  | 经济增长(Economic Growth) |
|  | 环境可持续性(Economic Sustainability) |
|  | 政府战略中心(Strategic Centre of Government) |
|  | 用户选择和消费者保护(User Choice and Consumer Protection) |
| 本地服务交付(Local Service Delivery) | 本地服务交付中的问责制(Accountability in Local Service Delivery) |
|  | 调试(Commissioning) |
|  | 财务和服务可持续性(Financial and Service Sustainability) |
| 运营和流程管理<br>(Operations and Process Management) | 运营和项目交付(Operational and Programme Delivery) |
|  | 商业能力和合同管理(Commercial Capability and Contract Management) |
|  | 管理重大项目(Managing Major Projects) |
|  | 监督服务交付(Oversight of Service Delivery) |
|  | 绩效衡量(Performance Measurement) |
|  | 监管(Regulation) |
| 财务管理(Financial Management) | 资产出售和私有化(Asset Sales and Privatisations) |
|  | 成本降低和负担能力(Cost Reduction and Affordability) |
|  | 欺诈、错报和债务管理(Fraud, Error and Debt Management) |
|  | 基础设施融资(Infrastructure Finance) |
|  | 管理资产和负债(Managing Assets and Liabilities) |
| 国际问题<br>(International Issues) | (新冠疫情)COVID-19 |
|  | (欧盟)European Union |
|  | (脱欧)Exiting the EU |

### 10.1.3 英国脱欧审计的工作重点与组织方式

英国历史性地退出欧盟,这一重大地缘政治事件对英国国内政局、英欧关系及欧洲一体化进程都意义非凡。英国审计署在英国脱离欧盟的进程中发挥了重要的鉴证和监督作用,是国家审计服务国家治理的典型。

1. 英国脱欧审计的工作重点

自 2016 年 12 月发布《欧盟-英国财务简报》至 2021 年 12 月发布《贸易谈判进展》,英国审计署在 5 年时间里,持续关注整个脱欧谈判和脱欧进程,总共发布了 32 篇审计报告。在 NAO 网站上,它们被汇编为专辑,成为国家审计服务国家治理和议会决策、服务国家重大政策执行、保障民众信息知晓权的一个热点集锦。主计审计长戴维斯在前言中指出:"在 2016 年脱欧公投之后的这段时间里,各部门为脱欧的多种可能性和结果做准备,包括不断变化的时间表和不确定性。这是 NAO 承担的一项史无前例的任务。NAO 发布的 32 份报告,反映了这项任务的规模和广度。这些报告强调了建立必要的系统、基础设施和资源来应对边境相关的交付风险,明确了确保企业、贸易商和其他边境用户为过渡期结束后的变化以及即将到来的变化做好准备的重要性。此外,NAO 将继续审查政府对边境安排的进一步实施、对英国与欧盟新关系的管理及其新的国内责任,以及由此产生的对贸易、移民、安全和监管等领域的影响。"①32 篇脱欧专题审计报告重点关注英国与欧盟的财务结算结果、审查政府各部门脱欧准备工作和相关政策的实施情况、持续审计英国边境管理所面临的问题与挑战、核算并公布英国政府整体脱欧准备工作的费用总账,从而从专业角度支持议会审核监督政府脱欧计划及其实施,促进政府开展与欧盟的谈判并签署协议,帮助社会公众了解脱欧进展和政策落实情况。

NAO 的 32 篇脱欧审计报告内容广泛,涉及部门众多,时间跨度大,重点也非常突出。从发布时间上看,NAO 2016 年发布了 1 篇、2020 年发布了 4 篇、2021 年发布了 2 篇,其他 25 篇主要集中在 2017—2019 年发布,具体见图 10-1。

表 10-3 列出了 32 篇英国脱欧审计报告。从审计报告的种类看,既有综合性报告、跨部门的专题性报告,也有对某一问题、某一部门持续审计的跟踪系列报告。从审计重点的角度分析,NAO 主要关注以下方面。

(1) 关于英国与欧盟财务结算的审计报告有 4 篇,包括《欧盟-英国财务简报》(2016 年 12 月)、《脱欧:财务结算》(2018 年 4 月)、《脱欧:财务结算——后续报告》(2018 年 11 月)、《脱欧准备工作的成本》(2020 年 3 月)。

---

① 资料来源:https://www.nao.org.uk/exiting-the-eu/。

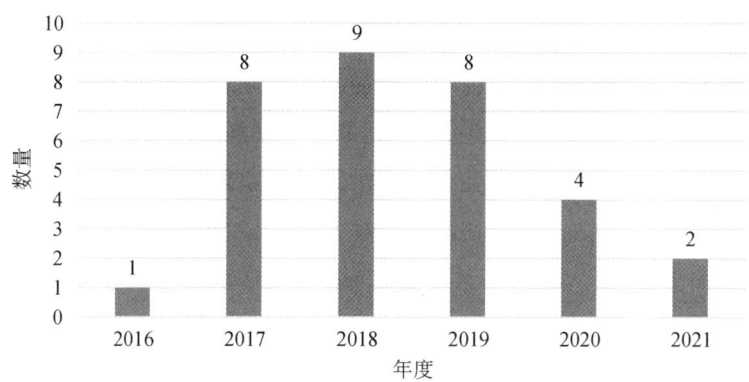

图 10-1　英国审计署发布的英国脱欧审计报告

（2）关于英国边境问题的审计报告 6 篇：《英国边境》（2017 年 10 月）、《英国边境：为脱欧做好准备》（2018 年 10 月）、《英国边境：为脱欧做好准备——更新》（2019 年 2 月）、《英国边境：为 2019 年 10 月脱欧做好准备》（2019 年 10 月）、《英国边境：为过渡期结束做好准备》（2020 年 11 月）、《英国边境：后英国—欧盟过渡期》（2021 年 11 月）。

（3）关于政府部门脱欧实施情况的审计报告 11 篇。分别是针对中央政府的 2 篇（2017 年 11 月①和 2017 年 12 月），针对脱欧部的 1 篇（2017 年 11 月），针对基础设施和项目管理局的 1 篇（2017 年 11 月），针对商业、能源和工业战略部的 1 篇（2017 年 11 月），针对环境、食品和农村事务部的 2 篇（2017 年 12 月和 2018 年 9 月），针对国际贸易部的 1 篇（2018 年 1 月），针对外交和联邦事务部的 1 篇（2018 年 4 月），针对交通部的 1 篇（2018 年 7 月），针对卫生和社会保健部的 1 篇（2019 年 9 月）。

（4）脱欧专项审计报告 12 篇，分别是《海关申报服务》（2017 年 7 月）、《脱欧部指南》（2017 年 11 月）、《海关申报服务：最新进展》（2018 年 6 月）、《脱欧：消费者保护、竞争和国家援助》（2018 年 7 月）、《授予渡轮服务额外货运能力的合同》（2019 年 2 月）、《无协议脱欧的应急准备》（2019 年 3 月）、《与欧洲隧道的庭外和解》（2019 年 5 月）、《贸易谈判准备》（2019 年 5 月）、《各部门在脱欧事务中使用顾问支持》（2019 年 6 月）、《脱欧：为英国脱欧做准备》（2020 年 1 月）、《政府脱欧准备工作总结》（2020 年 9 月）、《贸易谈判进展》（2021 年 12 月）。

---

① 表 10-3 中的第五条既涉及中央政府又涉及脱欧部。

表 10-3　　　　　　　　　　英国脱欧审计报告

| | 标题 | 发布日期 |
|---|---|---|
| 1 | 欧盟-英国财务简报(Briefing on EU-UK finances) | 2016/12/13 |
| 2 | 海关申报服务(The Customs Declaration Service) | 2017/7/13 |
| 3 | 英国边境(The UK Border) | 2017/10/20 |
| 4 | 脱欧部指南(A Short Guide to the Department for Exiting the European Union) | 2017/11/15 |
| 5 | 实施英国脱欧:脱欧部和中央政府(Implementing the UK's Exit from the European Union: The Department for Exiting the European Union and the centre of government) | 2017/11/17 |
| 6 | 实施英国脱欧:基础设施和项目管理局(Implementing the UK's exit from the European Union: Infrastructure and Projects Authority) | 2017/11/24 |
| 7 | 实施英国脱欧:商业、能源和工业战略部(Implementing the UK's Exit from the European Union: The Department for Business, Energy & Industrial Strategy) | 2017/11/30 |
| 8 | 实施英国脱欧——人员与技能:中央政府的作用(Implementing the UK's Exit from the European Union — People and skills: The Role of the Centre of Government) | 2017/12/1 |
| 9 | 实施英国脱欧:环境、食品和农村事务部(Implementing the UK's Exit from the European Union: The Department for Environment, Food & Rural Affairs) | 2017/12/20 |
| 10 | 实施英国脱欧:国际贸易部(Implementing the UK's Exit from the European Union: The Department for International Trade) | 2018/1/25 |
| 11 | 脱欧:财务结算(Exiting the EU: The Financial Settlement) | 2018/4/20 |
| 12 | 实施英国脱欧:外交和联邦事务部(Implementing the UK's Exit from the European Union: The Foreign and Commonwealth Office) | 2018/4/25 |
| 13 | 海关申报服务:最新进展(The Customs Declaration Service: A Progress Update) | 2018/6/28 |
| 14 | 脱欧:消费者保护、竞争和国家援助(Exiting the EU: Consumer Protection, Competition and State Aid) | 2018/7/6 |
| 15 | 实施英国脱欧:交通部(Implementing the UK's Exit from the European Union: Department for Transport) | 2018/7/19 |
| 16 | 环境、食品和农村事务部:实施脱欧的进展(Department for Environment, Food and Rural Affairs: Progress in Implementing EU Exit) | 2018/9/12 |
| 17 | 英国边境:为脱欧做好准备(The UK Border: Preparedness for EU Exit) | 2018/10/24 |

(续表)

| | 标题 | 发布日期 |
|---|---|---|
| 18 | 脱欧：财务结算——后续报告（Exiting the EU：The Financial Settlement — Follow-Up Report） | 2018/11/29 |
| 19 | 授予渡轮服务额外货运能力的合同（The Award of Contracts for Additional Freight Capacity on Ferry Services） | 2019/2/11 |
| 20 | 英国边境：为脱欧做好准备——更新（The UK Border：Preparedness for EU Exit Update） | 2019/2/27 |
| 21 | 无协议脱欧的应急准备（Contingency Preparations for Exiting the EU with no Deal） | 2019/3/12 |
| 22 | 与欧洲隧道的庭外和解（Out-of-Court Settlement with Eurotunnel） | 2019/5/9 |
| 23 | 贸易谈判准备（Preparing for Trade Negotiations） | 2019/5/17 |
| 24 | 各部门在脱欧事务中使用顾问支持（Departments' Use of Consultants to Support Preparations for EU Exit） | 2019/6/7 |
| 25 | 脱欧：为卫生和社会保健部门提供服务（Exiting the EU：Supplying the Health and Social Care Sectors） | 2019/9/27 |
| 26 | 英国边境：为2019年10月脱欧做好准备（The UK Border：Preparedness for EU Exit October 2019） | 2019/10/16 |
| 27 | 脱欧：为英国脱欧做准备（EU Exit：The Get Ready for Brexit Campaign） | 2020/1/28 |
| 28 | 脱欧准备工作的成本（The Cost of EU Exit Preparations） | 2020/3/6 |
| 29 | 政府脱欧准备工作总结（Learning for Government from EU Exit Preparations） | 2020/9/4 |
| 30 | 英国边境：为过渡期结束做好准备（The UK Border：Preparedness for the End of the Transition Period） | 2020/11/6 |
| 31 | 英国边境：后英国-欧盟过渡期（The UK Border：Post UK-EU Transition Period） | 2021/11/5 |
| 32 | 贸易谈判进展（Progress with Trade Negotiations） | 2021/12/8 |

2. 脱欧审计的组织方式

脱欧审计是一个跨年度、跨领域、跨部门的重大跟踪审计项目。根据英国2011年颁布的《预算责任与国家审计法》，NAO实行董事会领导下的法人治理结构，主计审计长和其他6人是董事会12名成员中的执行董事。每个执行董事分管一个审计领域，直接领导审计团队，NAO不设置二级业务司局。其中，马克斯·泰斯负责中央部门审计，瑞贝卡·夏然负责绩效审计与调查，他们领导的团队与脱欧审计事务关系密切。NAO筹建了专门的中央审计团队,该团队直接向主计审计长负责,由相关执行董事具体领导,脱欧审计每年的专门预算为100万英镑。为了整个脱欧审计项目,NAO先后组建了8个审计组①。从各组长所负责的审计范围和重点来看,大致可以分为三大业务板块:一是财务结算与跨部门综合审计类,分别由伊莱斯·刘易斯、彼得·格雷两人担任组长;二是英国边境与海关申报等专项审计类,分别由丽娜·马修、汤姆·马克唐纳两人担任组长;三是各部委脱欧进程与政策执行情况审计,分别由基恩·戴维斯、查尔斯·南卡罗、杰拉尔丁·巴克、希恩·琼斯4人担任组长。脱欧审计的参与人员在70人左右,约占NAO员工总数810人的8.6%。每个审计组一般由5至8人组成,最多的不超过10人(其中组长和2~3名业务骨干基本固定,其余人员的搭配则相对自由)。各个审计组尽管按照领域分工,但工作量和存续时间并不一样。

## 10.2　美国审计署服务国家治理的经验分享

本节以金融监管审计为例,介绍美国审计署服务国家治理的经验分享。

### 10.2.1　美国审计署的职责与定位

美国国会于1921年制定并通过了《预算和会计法》(*Budget and Accounting Act*),该法案设立了一个非政治的、非党派的、隶属于国会的审计机构——会计总署,负责调查与公共资金使用有关的所有事项,报告调查结果并提出提高政府支出经济性和效率的方法与建议。2004年,美国国会通过《会计总署人力资源改革法案》(*GAO Human Capital Reform Act*),决定从2004年7月7日起将会计总署正式更名为"政府问责署"。GAO是一个独立的、无党派机构,其主要职责是帮助国会履行其宪法职责、提高绩效,并保障和促进联邦政府受托经济责任的全面有效履行。具体地说,GAO负责审查政府行政机构如何使用纳税人的钱,并为国会和联邦机构提供客观、无党派倾向、基于事实、无意识形态倾向和平衡的及时信息,以帮助政府节省资金并提高工作效率。GAO的首长为审计长,由国会提名,总统任命,任期15年。GAO总部位于华盛顿,内设国土安全与司法团队、自然资源与环境团队、国际事务与贸易团队等15个由分析师、财务审计师和专家组成的业务团队,具体见表10-4②。GAO倡导问责、公正、可靠的核心价值观③:问责,即

---

① 每一份脱欧审计报告均列示出承担该项目的主审和审计人员名单。通过汇总分析,可以得到脱欧审计项目团队的基本信息和组织方式。
② 资料来源:https://www.gao.gov/about/careers/our-teams。
③ 资料来源:https://www.gao.gov/about/what-gao-does/our-core-values。

帮助国会监督联邦政府行为和政策执行,保障公民的问责权利;公正,即确保审计工作专业、客观、不受党派和意识形态影响;可靠,即提供优质、及时、准确、有用和真实的信息。

表10-4　　　　　　　　　　GAO下设的15个业务团队

| 序号 | 团队名称 |
| --- | --- |
| 1 | 应用研究与方法团队(Applied Research and Methods Team) |
| 2 | 契约与国家安全采购团队(Contracting and National Security Acquisitions Team) |
| 3 | 防御能力与管理团队(Defense Capabilities and Management Team) |
| 4 | 教育、劳动力与收入保障团队(Education,Workforce,and Income Security Team) |
| 5 | 财政管理与保证团队(Financial Management and Assurance Team) |
| 6 | 金融市场和社会投资团队(Financial Markets and Community Investment Team) |
| 7 | 法证审计和调查服务团队(Forensic Audits and Investigative Service Team) |
| 8 | 医疗保健团队(Health Care Team) |
| 9 | 国土安全与司法团队(Homeland Security and Justice Team) |
| 10 | 信息技术与网络安全团队(Information Technology and Cybersecurity Team) |
| 11 | 国际事务与贸易团队(International Affairs and Trade Team) |
| 12 | 自然资源与环境团队(Natural Resources and Environment Team) |
| 13 | 基础设施团队(Physical Infrastructure Team) |
| 14 | 科学、技术评估与分析团队(Science,Technology Assessment,and Analytics Team) |
| 15 | 战略团队(Strategic Issues Team) |

### 10.2.2　美国国家审计的工作内容

根据《预算和会计法》,目前美国政府审计组织主要开展三个方面业务:财务审计、鉴证业务和绩效审计。美国国家审计的三种审计类型对比如表10-5所示。

按照《政府审计准则》(*Government Auditing Standards*)的解释,财务审计主要是对被审计单位的财务报表是否遵循了一般公认会计准则(GAAP),或一般公认会计准则之外的综合会计原则,在所有重大方面公允表达提供合理的保证[①]。

---

① 资料来源:https://www.gao.gov/yellowbook。

表 10-5　　　　　　　美国国家审计三种审计类型对比

| 审计类型 | 财务审计 | 鉴证业务 | 绩效审计 |
|---|---|---|---|
| 法律依据 | 《预算和会计法》(Budget and Accounting Act 1921)，《政府管理改革法案》(The Government Management Reform Act 1994) | 《预算和会计法》(Budget and Accounting Act 1921) | 《预算和会计法》(Budget and Accounting Act 1921)，《政府绩效和结果法案》(Government Performance and Results Act of 1993) |
| 定义 | 对被审计单位的财务报表是否遵循了一般公认会计准则(GAAP)，或一般公认会计准则之外的综合会计原则，在所有重大方面公允表达提供合理的保证 | 对被鉴证事项或者与被鉴证事项有关的陈述进行检查、审核或执行商定程序并报告其结果 | 对照客观标准，客观地、系统地收集和评价证据，对项目的绩效和管理进行独立的评价，对前瞻性的问题进行评估或对有关最佳实务的综合信息或某一深层次问题进行评估 |
| 审计目标 | 对财务报表的特定要素，如账户和项目提供专门报告；对其中的财务信息进行审核；向保险商和某个其他申请方出具证明；对所服务组织的业务处理进行报告；结合财务报表审计，对有关联邦资助支出和其他政府财政援助支出遵循法规的情况进行审计 | 对被审计单位有关财务报告的内部控制制度进行评价；对被审计单位对具体的法律、法规、规章、合同或拨款协议的遵循情况进行评价；对被审计单位在保证遵循某些具体规定方面的内部控制制度的有效性进行评价，如有关拨款、合同的招标、账务处理和报告方面的规定等 | 对项目的效果性、经济性和效率性进行评价，也包括合规性审计目标 |
| 审计准则 | 《政府审计准则》(Government Auditing Standards)，《财务审计手册》(Financial Audit Manual) | 《政府审计准则》(Government Auditing Standards) | 《政府审计准则》(Government Auditing Standards) |

其目标包括：对财务报表的特定要素，如账户和项目提供专门报告；对其中的财务信息进行审核；向保险商和某个其他申请方出具证明；对所服务组织的业务处理进行报告；结合财务报表审计，对有关联邦资助支出和其他政府财政援助支出遵循法规的情况进行审计。

鉴证业务主要是对被鉴证事项或者与被鉴证事项有关的陈述进行检查、审核或执行商定程序并报告其结果，其目标包括：对被审计单位有关财务报告的内部控制制度进行评价；对被审计单位对具体的法律、法规、规章、合同或拨款协议的遵循情况进行评价；对被审计单位在保证遵循某些具体规定方面的内部控制制度的有效性进行评价，如有关拨款、合同的招标、账务处理和报告方面的规定等。

绩效审计是指对照客观标准，客观地、系统地收集和评价证据，对项目的绩效和管理进行独立的评价，对前瞻性的问题进行评估或对有关最佳实务的综合信息或某一深层次问题进行评估。其目标包括对项目的效果性、经济性和效率性进行评价，也包括合规性审计目标，即被审计单位对法律、规章、合同条款、拨款协议和其他有关规定的遵循情况。从绩效审计的范围看，它涵盖了医疗卫生保健、社会保障、自然资源和环保、运输安全、国际利益、反恐怖活动能力、财政赤字、国防安全、信息资源的运用、人口老龄化、波斯湾战争中武器的使用效率、改善全国医疗健康计划、全球化的挑战等诸多领域。

美国审计署发表的证词与报告分为两类：一类是专题，包括网络安全、新型冠状病毒监督、高风险清单、美国财政发展、美国种族问题、科学与技术、浪费与成本节约；另一类是一般话题，包括农业与食品、审计与财务管理、预算与支出、商业管制与消费者保护、经济发展、教育、就业、能源、机会平等、金融市场与机构、GAO的使命与运营、政府运营、医疗保健、国土安全、住房、人力资本、信息管理、信息安全、信息技术、国际事务、司法与执法、国防、自然资源与环境、退休保障、太空、税收政策与管理、电信、交通、退伍军人、工人与家庭援助①。表10-6列示了美国审计署发表的证词与报告的内容。

表 10-6　　　　　　　　美国审计署证词与报告的内容分类

| 分类 | 具体内容 |
| --- | --- |
| 专题<br>(7个) | 网络安全(Cybersecurity) |
| | 新型冠状病毒监督(Coronavirus Oversight) |
| | 高风险清单(High Risk List) |
| | 美国财政发展(America's Fiscal Future) |
| | 美国种族问题(Race in America) |
| | 科学与技术(Science and Technology) |
| | 浪费与成本节约(Duplication and Cost Savings) |
| 一般话题<br>(30个) | 农业与食品(Agriculture and Food) |
| | 审计与财务管理(Auditing and Financial Management) |
| | 预算与支出(Budget and Spending) |

---

① 资料来源：https://www.gao.gov/topics。

(续表)

| 分类 | 具体内容 |
|---|---|
| 一般话题<br>(30个) | 商业管制与消费者保护(Business Regulation and Consumer Protection) |
| | 经济发展(Economic Development) |
| | 教育(Education) |
| | 就业(Employment) |
| | 能源(Energy) |
| | 机会平等(Equal Opportunity) |
| | 金融市场与机构(Financial Markets and Institutions) |
| | GAO的使命与运营(GAO Mission and Operations) |
| | 政府运营(Government Operations) |
| | 医疗保健(Health Care) |
| | 国土安全(Homeland Security) |
| | 住房(Housing) |
| | 人力资本(Human Capital) |
| | 信息管理(Information Management) |
| | 信息安全(Information Security) |
| | 信息技术(Information Technology) |
| | 国际事务(International Affairs) |
| | 司法与执法(Justice and Law Enforcement) |
| | 国防(National Defense) |
| | 自然资源与环境(Natural Resources and Environment) |
| | 退休保障(Retirement Security) |
| | 太空(Space) |
| | 税收政策与管理(Tax Policy and Administration) |
| | 电信(Telecommunications) |
| | 交通(Transportation) |
| | 退伍军人(Veterans) |
| | 工人与家庭援助(Workers and Family Assistance) |

### 10.2.3　美国国家审计服务金融监管的工作重点与审计方式

2020年3月27日,为了帮助美国个人和企业应对疫情带来的经济影响,美国联邦政府通过了《冠状病毒援助、救济和经济安全法案》(Coronavirus Aid, Relief, and Economic Security Act,简称 CARES Act),此法案为美国企业提供了贷款和其他福利,扩大了失业保险,还直接向中等及低收入人群支付现金补助,并为医疗保健和其他优先事项提供了新的拨款。该法案涵盖了4个主要的贷款计划,其中包括薪资保护项目(Paycheck Protection Program,简称 PPP)。美国国会为 PPP 提供了约 8 140亿美元的承诺授权,为小企业提供由小企业管理局(The Small Business Administration,简称 SBA)完全担保的低息贷款。根据《冠状病毒援助、救济和经济安全法案》,GAO 负责监督联邦政府为 COVID-19 大流行提供的资金的使用情况。2020年3月至2021年年底,GAO 一共向国会提交了2份与 PPP 相关的审计报告,具体见表10-7。

表 10-7　美国审计署发布的与薪资保护项目相关的审计报告

| 文件号 | 发布日期 | 标题 |
| --- | --- | --- |
| GAO-21-577 | 2021-07-29 | 小企业管理局增加了项目保障,但是还需要额外的措施 |
| GAO-21-601 | 2021-09-21 | 项目增加了对小微企业和服务不足地区的贷款 |

接下来,本节以编号为 GAO-21-577 的审计报告为例,详细介绍 GAO 的审计目标、审计方式、审计发现和审计建议①。

1. 审计目标

在编号 GAO-21-577 审计报告中,GAO 重点审查了如下内容:①SBA 在 PPP 贷款审批过程中实施的保障措施;②PPP 贷款豁免流程,包括未豁免贷款的流程;③SBA 对 PPP 贷款和贷方的监督。

2. 审计方式

GAO 采访了管理 PPP 的 SBA 资本准入办公室的官员。GAO 还采访了以下 4 个贷款行业协会的代表,以了解他们对 SBA 实施 PPP 的看法:美国银行家协会、全国联邦保险信用合作社协会、全国政府担保贷款人协会和机会金融网络。GAO 选择这些组织,是因为它们代表了提供 PPP 贷款的各种贷方,包括银行、信用合作社和社区金融机构。此外,GAO 采访了财政部的官员,了解他们对 PPP 实施的看法。

---

① 资料来源:https://www.gao.gov/assets/gao-21-577.pdf。

为了获得贷方对 SBA 实施 PPP 的看法,包括 PPP 贷款批准和贷款豁免流程,GAO 对具有代表性的 PPP 贷方样本进行了网络调查,询问了其 PPP 贷款的特点,SBA 指导、参与 PPP 所需的资源水平以及参与计划遇到的挑战。GAO 在 2021 年 2 月至 2021 年 4 月进行了调查,并收集了 2020 年 3 月至 2021 年 4 月这 14 个月间的信息。

为了检查 SBA 在 PPP 贷款批准过程中实施的保障措施,GAO 分析了《冠状病毒援助、救济和经济安全法案》、薪资保护计划和医疗保健增强法案、2021 年综合拨款法案和美国救援计划法案中与 PPP 相关的关键条款。GAO 还解答分析了 SBA 对这些规定的设计和实施。GAO 审查了 SBA 的年度财务报表审计报告、SBA 监察长办公室发布的报告。

为了检查 PPP 贷款豁免过程,包括未豁免贷款的过程,GAO 分析了 PPP 相关立法中的关键法定条款。此外,GAO 采访了 SBA 和财政部的官员、开发 PPP 贷款豁免平台的 SBA 的官员,以及进行 PPP 贷款审查的 SBA 的官员,以了解他们对贷款豁免流程的开发和实施的看法。GAO 将 SBA 的政策和流程与管理和预算办公室通告 A-129 和《冠状病毒援助、救济和经济安全法案》中包含的政府范围内的联邦信贷计划管理和运营指南进行了比较。

GAO 还分析了截至 2021 年 5 月 17 日 SBA 薪资保护平台的贷款豁免数据。GAO 将审查范围限制在 2020 年(第一轮)发放的贷款,因为这些借款人更有可能使用了他们的贷款收益并开始申请贷款豁免。GAO 使用这些数据来汇总统计数据,了解哪些借款人已申请并获得贷款豁免,以及 SBA 对这些申请的审查。GAO 通过审查相关文件、采访知识渊博的官员和进行电子测试,确定这些数据足以描述与 SBA 处理贷款豁免申请相关的特征。

为了检查 SBA 对 PPP 贷款和贷方的监督,GAO 审查了 SBA 为 PPP 借款人和贷方发布的公共规则和指南,以及涵盖 PPP 贷款审查和贷款豁免审查的内部 SBA 政策和程序。GAO 将这些政策和程序与联邦内部控制标准进行了比较。GAO 确定内部控制的控制活动部分对目标很重要,以及管理层应在政策中记录组织的控制责任的基本原则。GAO 审查了贷款资格和豁免审查政策,以确定 SBA 是否记录了所有流程。此外,GAO 采访了进行 PPP 贷款审查的官员和测试 SBA 的 PPP 贷款审查流程以确保质量的官员。GAO 了解了这些官员对贷款审查流程的制定和实施的看法。

3. 审计发现

SBA 于 2020 年 4 月迅速实施了薪资保护计划,以帮助受到 COVID-19 影响的小企业。但 SBA 最初的有限计划保障导致了不当付款和欺诈风险。在 2020 年 6 月和 2021 年 3 月,GAO 建议 SBA 采取更多措施来监督 PPP 并识别和应对欺诈风险。作为回应,SBA 对 2021 年提交的申请实施了合规检查,并表示将进行欺诈风险评估。

如果借款人满足某些条件,PPP 贷款是完全可以免除的(不必偿还)。截至 2021 年 5 月,SBA 已对 330 万份贷款减免申请作出决定,但尚未就减免流程的关键方面发布指南。具体来说,如果贷款未完全免除或当他们有证据表明企业停止运营或宣布破产时,SBA 尚未最终确定贷方如何要求 SBA 担保的程序。如果没有这样的流程,贷方的资金将继续受到束缚,从而限制了他们向小企业提供非 PPP 贷款的能力。此外,SBA 没有实施在贷款人提交有关预期被免除金额的报告后,在贷款免除之前购买贷款的法定要求,也没有寻求例外。

SBA 加强了对 PPP 的监督,如对选定的贷款进行深入审查,但它没有记录某些贷款审查步骤或制定改进与贷方沟通的流程。SBA 尚未最终确定对借款人资格和贷款豁免决定进行高级审查的程序,这增加了贷款风险。尽管 SBA 开发了诸如门户网站之类的工具来与贷方沟通,但它还没有制定流程来确保及时响应贷方。一些回应 GAO 调查的贷方表示,SBA 没有及时或根本没有回应有关贷款豁免申请的询问,这给贷方和借款人造成了混乱和不确定性,使他们难以作出管理决策。

4. 审计建议

GAO 建议 SBA:①完成申请 PPP 贷款的担保程序;②实施在贷款免除之前购买 PPP 贷款的法定要求或寻求法定例外情况;③完成尚未记录的贷款审查步骤;④制定和实施流程以确保与贷方及时沟通。SBA 普遍接受这四项建议。

# 附　录

## 附录1　2015—2021年政策措施落实情况跟踪审计结果公告概况表

| 序号 | 公告时间（公告号） | 公告类型 | 公告简要内容 |
|---|---|---|---|
| 1 | 2015年6月28日（2015年第23号） | 2015年5月稳增长促改革调结构惠民生政策措施贯彻落实情况跟踪审计结果 | 一、24个建设项目推进缓慢。<br>二、21个单位（部门）申报、使用财政性资金不规范。<br>三、18个单位（部门）贯彻落实中央相关政策措施不完全到位。 |
| 2 | 2015年6月28日 | 2015年6月稳增长等政策措施贯彻落实情况跟踪审计结果公告解读 | 一、审计署已连续两个月发布稳增长等政策措施落实情况跟踪审计结果公告。这项工作安排体现了稳增长等政策落实跟踪审计怎样的特点？<br>二、6月的跟踪审计着重反映了重大建设项目推进、财政性资金使用管理、相关政策贯彻落实等三方面的问题，同时也公告了部分取得积极成效的典型事例。将这些内容作为审计反映的重点，主要考虑是什么？<br>三、6月份跟踪审计中发现的主要问题有哪些？<br>四、解决跟踪审计中发现的上述问题有什么针对性建议？ |
| 3 | 2015年7月24日（2015年第26号） | 审计署关于2015年6月稳增长促改革调结构惠民生防风险政策措施贯彻落实情况的跟踪审计结果 | 一、部分建设项目实施进度滞后。<br>二、财政性资金申报使用不规范。<br>三、贯彻落实中央相关政策措施不到位。 |

(续表)

| 序号 | 公告时间（公告号） | 公告类型 | 公告简要内容 |
| --- | --- | --- | --- |
| 4 | 2015 年 8 月 28 日（2015 年第 28 号） | 2015 年 7 月稳增长促改革调结构惠民生防风险政策措施贯彻落实情况跟踪审计结果 | 一、部分中央部门和地区存在资金沉淀和土地闲置问题。<br>二、贯彻落实中央政策措施的部分配套制度不完善、有的政策措施未落实。<br>三、个别部门和地区未按规定落实简政放权要求。<br>四、部分重点项目建设推进缓慢。 |
| 5 | 2015 年 8 月 28 日 | 2015 年 7 月稳增长等政策措施贯彻落实情况跟踪审计结果公告解读 | 一、审计署已连续 3 个月发布稳增长等政策措施落实情况跟踪审计结果公告,与前几期内容相比,7 月份跟踪审计公告着重反映了哪几个方面问题?<br>二、此次公告重点反映了部分地区和部门存量资金和土地闲置、中央政策措施配套制度不完善等问题,请详细谈一下这方面情况。<br>三、对于以往跟踪审计中发现的问题,目前各地各部门整改情况如何?<br>四、针对跟踪审计中发现的问题,下一步将采取哪些措施来确保审计监督效果的实现?<br>一是进一步发挥监督合力。<br>二是进一步加强对审计所发现的问题整改情况的跟踪。<br>三是持续公开跟踪审计结果。 |
| 6 | 2015 年 10 月 8 日 | 2015 年 8 月稳增长等政策措施贯彻落实跟踪审计结果公告解读 | 一、8 月份跟踪审计重点关注了哪些内容?着重反映了哪几方面的问题?<br>二、连续 3 个月的审计结果公告都反映了财政资金统筹使用和清理盘活不到位的问题。为什么持续关注这一问题?<br>三、审计机关是如何推动财政资金统筹使用和清理盘活的?<br>一是坚持依法审计,严肃查处重大违法违规问题,着力维护财政资金安全。<br>二是坚持实事求是,着力推动财政资金的统筹使用。<br>三是坚持客观分析,着力推动消除阻碍财政资金统筹使用的制度障碍。<br>四、此次公告重点反映了一些民生和大众创业、万众创新政策贯彻落实不到位的问题,请详细谈一下这方面情况。<br>五、在下一步跟踪审计中还将关注哪些重点内容? |

(续表)

| 序号 | 公告时间（公告号） | 公告类型 | 公告简要内容 |
|---|---|---|---|
| 7 | 2015年10月8日 | 2015年8月稳增长等政策措施贯彻落实跟踪审计结果公告的典型案例 | 一、上海市政府有关部门取消违规出台文件，停止对保障性安居工程征收城市基础设施配套费(审计促进整改典型)。<br>二、国家高速公路网7个"断头路"项目应开工未开工(问题典型)。<br>三、已建成的扎兰屯至阿荣旗铁路货运专线闲置20个月，11.75亿元投资未发挥效益(问题典型)。<br>四、内蒙古自治区存量资金盘活不到位，7.97亿元财政资金结余在部门(问题典型)。<br>五、广西壮族自治区马山县精准扶贫工作推进不力(问题典型)。<br>六、湖北省住房和城乡建设厅所属单位直接向企业收费或利用行业协会变相收费1 604.92万元，加重企业负担(问题典型)。 |
| 8 | 2015年10月8日(2015年第30号) | 2015年8月稳增长促改革调结构惠民生防风险政策措施贯彻落实跟踪审计结果 | 一、一些民生政策贯彻落实不到位，有关项目推进缓慢。<br>(一)农村危房改造任务开工率较低，部分已建成的安居房闲置或被挪作他用。<br>(二)个别地区落实精准扶贫工作不到位；扶贫资金未及时拨付或违规认定扶贫对象。<br>(三)部分地区未及时出台发展健康服务业和养老服务业的实施方案及配套措施、养老服务设施建设进度滞后，主管部门对落实乡村医生政策缺乏督导。<br>二、大众创业、万众创新政策在有些地区和主管部门落实不到位。<br>(一)小微企业融资贵、融资难问题依然较为普遍。<br>(二)5所高校的国家大学科技园建设偏离政策目标，园区场地使用和入驻企业数量等不符合标准。<br>三、部分重点项目建设推进缓慢。<br>(一)截至2015年8月底，在建的333个铁路项目中，有99个项目年度投资计划完成率低于50%，涉及投资1 737.24亿元，其中20个项目年度投资计划完成率不足10%，1个建成项目闲置19个月，11.75亿元投资未发挥效益。<br>(二)29个省2015年度重大农业节水工程中央投资124.33亿元，截至7月底仅完成7.08亿元，进展缓慢。 |

(续表)

| 序号 | 公告时间（公告号） | 公告类型 | 公告简要内容 |
|---|---|---|---|
| 8 | 2015年10月8日（2015年第30号） | 2015年8月稳增长促改革调结构惠民生防风险政策措施贯彻落实跟踪审计结果 | （三）4个省的7个国家高速公路网"断头路"应开工未开工；2个省部分公路建设项目进展滞后。<br>（四）南方电网和中国移动、中国联通、中国电信等三大电信运营商部分工程项目建设进度滞后。<br>四、个别部门和地区未按规定落实简政放权要求。<br>（一）一些中央部门所属单位或地方单位依托行政资源，违规开展经营活动或无依据收费。<br>（二）部分地区在推进商事制度改革、通关便利化等方面力度不够。<br>五、部分中央部门和地区清理盘活存量资金不彻底、不及时。 |
| 9 | 2015年11月6日（2015年第31号） | 2015年9月稳增长促改革调结构惠民生防风险政策措施贯彻落实跟踪审计结果 | 一、财政资金统筹盘活方面。<br>二、保障性住房建设方面。<br>三、社会保障和就业服务方面。<br>四、环境和生态保护方面。<br>五、涉农方面。 |
| 10 | 2015年11月6日 | 2015年9月稳增长等政策措施贯彻落实跟踪审计结果公告解读 | 一、9月份跟踪审计重点关注了哪些内容？<br>二、此次公告财政存量资金统筹盘活方面审计与以往有何不同？<br>请详细谈一下影响财政资金及时有效利用的主要原因，对这些情况审计有哪些建议？<br>三、此次审计反映了保障性住房建设中存在哪些问题？<br>四、此次审计还反映了哪些民生领域的问题？ |
| 11 | 2015年12月10日（2015年第32号） | 2015年10月稳增长促改革调结构惠民生防风险政策措施贯彻落实跟踪审计结果 | 一、重点项目推进方面。<br>二、生态环境保护及治理方面。<br>三、简政放权等政策落实方面。<br>四、资金管理方面。 |
| 12 | 2015年12月10日 | 2015年10月稳增长促改革调结构惠民生防风险政策措施贯彻落实跟踪审计结果公告解读 | 一、10月份跟踪审计重点关注了哪些内容？<br>二、10月份跟踪审计反映了重大建设项目建设方面的哪些问题？<br>三、10月份跟踪审计反映了生态环境保护及治理方面的哪些问题？<br>四、10月份跟踪审计反映了简政放权、资金管理等方面的哪些问题？ |

（续表）

| 序号 | 公告时间（公告号） | 公告类型 | 公告简要内容 |
|---|---|---|---|
| 13 | 2016年1月12日（2016年第1号） | 2015年11月稳增长促改革调结构惠民生防风险政策措施贯彻落实跟踪审计结果 | 一、重点项目推进方面。<br>二、重大政策落实方面。<br>三、简政放权方面。<br>四、资金管理方面。 |
| 14 | 2016年1月12日 | 2015年11月稳增长促改革调结构惠民生防风险政策措施贯彻落实跟踪审计结果公告解读 | 一、11月份跟踪审计涉及范围和主要内容有哪些？<br>二、此次公告了8个整改取得较好效果的案例。请详细介绍一下相关情况。<br>三、11月份跟踪审计主要反映了哪些问题？<br>四、2016年的政策落实情况跟踪审计有哪些关注的重点？<br>五、2016年政策落实情况跟踪审计的基本要求是什么？ |
| 15 | 2016年2月24日（2016年第3号） | 2015年12月稳增长促改革调结构惠民生防风险政策措施贯彻落实情况跟踪审计结果 | 一、2015年跟踪审计整改情况。<br>（一）促进重大项目加快建设。<br>（二）促进财政资金统筹盘活。<br>（三）推动落实简政放权。<br>（四）促进重大政策措施贯彻落实。<br>（五）促进防范经济领域风险隐患。<br>（六）促进整肃不作为乱作为。<br>二、2015年12月审计发现的主动作为事例①及查出的问题。<br>（一）部分民生保障工作落实不到位。<br>（二）个别项目进展缓慢。<br>（三）部分地区未按时完成节能环保方面工作任务。<br>（四）有些单位依托行政审批或认定事项违规收费。 |
| 16 | 2016年2月24日 | 2015年12月稳增长等政策措施贯彻落实跟踪审计结果公告的解读 | 问：与以前的跟踪审计结果公告相比，此份公告有什么不同？你们是如何考虑的？<br>问：从跟踪核查审计整改情况看，跟踪审计在促进国家重大政策措施贯彻落实方面中发挥了哪些作用？<br>一是促进重大项目加快建设。<br>二是促进财政资金统筹盘活。<br>三是推动落实简政放权。 |

---

① 原公告未详细展开主动作为事例。

(续表)

| 序号 | 公告时间（公告号） | 公告类型 | 公告简要内容 |
|---|---|---|---|
| 16 | 2016年2月24日 | 2015年12月稳增长等政策措施贯彻落实跟踪审计结果公告的解读 | 四是促进重大政策措施贯彻落实。<br>五是促进防范经济领域风险隐患。<br>六是促进整肃不作为乱作为。<br>问：从审计情况看，相关部门和地区积极主动作为的情况有哪些？<br>问：12月跟踪审计主要发现了哪些问题？<br>问：2016年将如何进一步深化国家重大政策措施落实情况跟踪审计？ |
| 17 | 2016年5月17日（2016年第4号） | 2016年第一季度829个单位1 796个项目贯彻落实国家重大政策措施跟踪审计结果 | 一、有关部门和地区采取的推进财政资金统筹使用的主要措施。<br>（一）改进专项资金管理。<br>（二）强化重点资金统筹。<br>（三）重点保障发展急需和民生支出。<br>二、财政资金统筹使用中存在的主要问题。<br>（一）有94.28亿元专项资金未及时安排使用发挥效益。<br>（二）有1.41亿元专项资金统筹后仍未及时使用。<br>（三）财政资金统筹不到位，造成资金短缺和资金闲置并存。 |
| 18 | 2016年5月17日 | 2016年一季度829个单位1 796个项目贯彻落实国家重大政策措施跟踪审计结果公告解读 | 问：请介绍一下2016年第一季度跟踪审计的总体情况。<br>问：为什么在2016年第一季度跟踪审计中重点关注财政资金统筹使用情况？<br>这些年，审计署始终大力推动资金整合，这项工作是落实党中央和国务院要求、推动改革政策措施贯彻落实的重要举措。<br>加强财政资金统筹使用有利于落实积极财政政策，是提高资金绩效、推动经济增长、提升政策效果的需要。<br>盘活存量资金、规范整合专项，涉及部门利益的调整、资金管理方式的改变，通过推开财政资金统筹使用，有助于提高财政管理绩效，进而推动转变政府职能、推动简政放权。<br>问：审计机关开展财政资金统筹整合方面的审计时是如何把握的？<br>问：近年来审计署在促进财政资金盘活方面做了哪些工作？审计的成效如何？<br>问：政策落实跟踪审计把握的原则是什么？<br>一是坚持客观求实。二是坚持依法审计。三是坚持鼓励创新。四是坚持推动改革。 |

(续表)

| 序号 | 公告时间（公告号） | 公告类型 | 公告简要内容 |
|---|---|---|---|
| 19 | 2016年8月3日（2016年第28号） | 2016年第二季度国家重大政策措施贯彻落实情况跟踪审计结果 | 一、有关部门和地方积极推进国家重大政策措施贯彻落实。<br>（一）推进简政放权、放管结合、优化服务改革，降低制度性成本。<br>（二）加强贫困县财政涉农资金统筹整合使用等民生工作，促进经济社会发展短板建设。<br>（三）加大审计发现问题整改力度，及时解决资金闲置、项目推进缓慢、违规收费等问题。<br>二、审计发现的主要问题。<br>（一）部分财政资金统筹盘活不到位或清退不及时。<br>（二）部分地区和单位扶贫工作中存在任务落实不到位、违规使用资金、项目推进慢和效果不佳等问题。<br>（三）"放管服"改革推进中存在的问题。<br>（四）一些重大项目存在建设进度慢、与相关规划或配套工程不衔接等问题。 |
| 20 | 2016年8月3日 | 2016年第二季度国家重大政策措施贯彻落实情况跟踪审计结果公告解读 | 问：2016年第二季度政策落实跟踪审计的主线是什么？<br>审计署以推动供给侧结构性改革为主线<br>问：第二季度政策落实跟踪审计的范围是什么？<br>审计署围绕推进供给侧结构性改革和"三去一降一补"五大任务落实，审计了1 077个单位1 633个项目，涉及中央资金2 036.54亿元。<br>问：有关部门和地方积极推进国家重大政策措施贯彻落实，取得的主要成效有哪些？<br>一是推进简政放权、放管结合、优化服务改革，降低制度性成本。<br>二是加强贫困县财政涉农资金统筹整合使用等民生工作，促进经济社会发展短板建设。<br>三是加大审计发现问题整改力度，及时解决资金闲置、项目推进缓慢、违规收费等问题。<br>问：审计发现了哪些主要问题？<br>一是部分财政资金统筹盘活不到位或清退不及时。<br>二是部分地区和单位扶贫工作中存在任务落实不到位、违规使用资金、项目推进慢和效果不佳等问题。<br>三是"放管服"改革推进中存在的问题。<br>四是一些重大项目存在建设进度慢、与相关规划或配套工程不衔接等问题。 |

（续表）

| 序号 | 公告时间（公告号） | 公告类型 | 公告简要内容 |
|---|---|---|---|
| 20 | 2016年8月3日 | 2016年第二季度国家重大政策措施贯彻落实情况跟踪审计结果公告解读 | 问：审计发现的问题将如何处理？<br>抓紧整改审计发现的问题，坚决纠正简政放权"不愿"、懒政等行为，严查违规收费，减轻企业负担，打破部门利益，整合统筹财政资金，吸引社会资本投入，加快推动重大项目建设，更好地发挥政策效应。<br>问：政策落实跟踪审计下一阶段的重点是什么？<br>审计署将继续贯彻落实党中央、国务院决策部署，围绕推进供给侧结构性改革和"三去一降一补"五大任务落实，认真按照7月27日国务院常务会议要求，持续开展国家重大政策措施贯彻落实情况跟踪审计。 |
| 21 | 2016年11月25日（2016年第29号） | 2016年第三季度国家重大政策措施贯彻落实情况跟踪审计结果 | 一、上半年跟踪审计查出问题整改情况。<br>二、2016年第三季度政策落实跟踪审计情况。<br>（一）财政资金统筹盘活方面。<br>（二）扶贫政策措施落实方面。<br>（三）深化"放管服"改革方面。<br>（四）涉企收费清理规范方面。<br>（五）重大建设项目实施方面。 |
| 22 | 2016年11月25日 | 2016年第三季度国家重大政策措施贯彻落实情况跟踪审计结果公告解读 | 问：请介绍一下2016年第三季度跟踪审计的总体情况。<br>问：本次公告了上半年跟踪审计查出问题的整改情况，整改的具体效果如何？<br>问：本季度跟踪审计中发现了哪些问题？<br>一是积极推进降低企业成本。<br>二是积极推进重点行业领域去产能。<br>三是积极推进弥补扶贫、医疗卫生等短板。<br>问：本季度跟踪审计中发现了哪些问题？<br>一是财政资金统筹盘活方面。<br>二是扶贫政策措施落实方面。<br>三是深化"放管服"改革方面。<br>四是涉企收费清理规范方面。<br>五是重大建设项目实施方面。<br>问：本次公告反映了精准扶贫、精准脱贫政策落实方面存在的一些典型问题。对此，跟踪审计的主要关注点是什么？<br>一直将精准扶贫、精准脱贫相关政策措施落实情况作为国家重大政策措施落实跟踪审计的重点内容，持续关注各地、各部门贯彻落实产业扶贫、生态保护扶贫、金融扶贫、教育扶贫、医疗救助扶贫、 |

（续表）

| 序号 | 公告时间（公告号） | 公告类型 | 公告简要内容 |
|---|---|---|---|
| 22 | 2016年11月25日 | 2016年第三季度国家重大政策措施贯彻落实情况跟踪审计结果公告解读 | 易地搬迁扶贫、社会扶贫、社保兜底扶贫等政策措施的进展和效果，着力揭露和查处责任不落实、机制不完善、方法不恰当，以及不作为、慢作为、假作为等问题，推动整改问责，促进各项政策措施落地生根、不断完善和发挥实效。<br>问：本次公告的重大项目建设方面问题有什么特点？重大项目进展情况始终是跟踪审计的重点。<br>问：政策落实跟踪审计下一阶段的重点是什么？<br>一是关注深化"放管服"改革、重大项目推进、涉企收费清理规范、扶贫政策措施落实、财政资金统筹盘活等情况。<br>二是关注政府工作报告中2016年重点工作及主要任务指标的完成情况。<br>三是持续跟踪检查前3个季度审计查出问题的整改情况，重点关注尚未整改到位的问题，发挥审计的监督和保障作用，推动加大深化改革力度。 |
| 23 | 2017年3月17日（2017年第2号） | 2016年第四季度国家重大政策措施贯彻落实跟踪审计结果 | 一、跟踪审计工作取得的成效。<br>（一）促进钢铁、煤炭等行业化解过剩产能。<br>（二）促进保障性住房及时分配和房地产去库存。<br>（三）促进加强地方政府性债务风险管控。<br>（四）促进深化"放管服"改革、降低企业成本。<br>（五）促进扶贫攻坚政策落实和基础设施项目建设，补强民生领域短板。<br>二、2016年第四季度审计发现的主动作为典型事例及查出的突出问题。<br>（一）推进重点政策落实方面。<br>（二）推进"放管服"改革、降低企业成本方面。<br>（三）推进扶贫政策措施落实方面。<br>（四）推进重点领域项目建设方面。 |
| 24 | 2017年3月17日 | 2016年第四季度国家重大政策措施贯彻落实情况跟踪审计结果公告解读 | 一、2016年第四季度政策落实跟踪审计报告主要反映了哪些情况？<br>二、2016年政策落实跟踪审计取得了哪些成效，发挥了哪些作用？<br>一是在促进钢铁、煤炭等行业化解过剩产能方面。<br>二是在促进保障性住房及时分配和房地产去库存方面。<br>三是在促进加强地方政府性债务风险管控方面。<br>四是在促进深化"放管服"改革、降低企业成本方面。 |

(续表)

| 序号 | 公告时间（公告号） | 公告类型 | 公告简要内容 |
|---|---|---|---|
| 24 | 2017 年 3 月 17 日 | 2016 年第四季度国家重大政策措施贯彻落实情况跟踪审计结果公告解读 | 五是在促进扶贫攻坚政策落实和基础设施项目建设、补强民生领域短板方面。<br>三、从审计情况看,相关部门和地区积极主动作为的情况有哪些?<br>四、第四季度政策落实跟踪审计主要发现了哪些问题?<br>　一是在推进重点政策落实方面。<br>　二是在推进"放管服"改革、降低企业成本方面。<br>　三是在推进扶贫政策措施落实方面。<br>　四是在推进重点领域项目建设方面。<br>五、2017 年的政策落实跟踪审计将如何开展? |
| 25 | 2017 年 5 月 27 日(2017 年第 3 号) | 2017 年第一季度国家重大政策措施贯彻落实情况跟踪审计结果 | 一、有关部门和地方积极推进国家重大政策措施贯彻落实。<br>　(一)推进脱贫攻坚方面。<br>　(二)加强社会救助方面。<br>　(三)推动农业供给侧结构性改革促进农业农村发展方面。<br>　(四)简政放权、放管结合、优化服务方面。<br>二、强化跟踪审计发现问题整改。<br>三、审计发现的主要问题。<br>　(一)推进脱贫攻坚工作方面。<br>　(二)去产能、去杠杆方面。<br>　(三)推进"放管服"改革、降低企业成本方面。<br>　(四)推进重点领域项目建设方面。<br>　(五)3.41 亿元财政存量资金未及时统筹盘活。 |
| 26 | 2017 年 5 月 27 日 | 2017 年第一季度国家重大政策措施贯彻落实情况跟踪审计结果公告解读 | 一、2017 年第一季度政策落实跟踪审计报告主要反映了哪些情况?<br>二、从审计情况看,有关部门和地方积极主动作为、推动改革发展的经验做法有哪些?<br>　一是推进脱贫攻坚方面。<br>　二是加强社会救助方面。<br>　三是推动农业供给侧结构性改革促进农业农村发展方面。<br>　四是简政放权、放管结合、优化服务方面。<br>三、从跟踪审计情况看,各部门各地区对审计发现问题整改情况如何?<br>四、第一季度政策落实跟踪审计主要发现了哪些问题?<br>　一是推进脱贫攻坚工作方面。 |

(续表)

| 序号 | 公告时间（公告号） | 公告类型 | 公告简要内容 |
|---|---|---|---|
| 26 | 2017年5月27日 | 2017年第一季度国家重大政策措施贯彻落实情况跟踪审计结果公告解读 | 二是去产能、去杠杆方面。<br>三是推进"放管服"改革、降低企业成本方面。<br>四是推进重点领域项目建设方面。<br>五是3.41亿元财政存量资金未及时统筹盘活。<br>五、政策落实跟踪审计下一阶段的重点是什么？<br>一是扶贫审计方面。<br>二是民生审计方面。<br>三是重大项目推进方面。<br>四是深化"放管服"改革方面。<br>五是经济运行风险防控方面。 |
| 27 | 2017年8月17日（2017年第31号） | 2017年第二季度国家重大政策措施贯彻落实情况跟踪审计结果 | 一、积极推进国家重大政策措施贯彻落实情况。<br>（一）推进脱贫攻坚方面。<br>（二）深化"放管服"改革方面。<br>（三）推动"三去一降一补"任务落实方面。<br>（四）推动"一带一路"建设方面。<br>二、审计发现问题的整改情况。<br>三、审计发现的主要问题。<br>（一）推进脱贫攻坚工作方面。<br>（二）去产能方面。<br>（三）深化"放管服"改革、降低企业成本方面。<br>（四）推进重点领域项目建设方面。<br>（五）重点政策落实方面。 |
| 28 | 2017年8月17日 | 2017年第二季度国家重大政策措施贯彻落实情况跟踪审计结果公告解读 | 一、2017年第二季度政策落实跟踪审计报告主要反映了哪些情况？<br>二、从审计情况看，有关部门和地区积极主动作为、推动改革发展的经验做法有哪些？<br>一是推进脱贫攻坚方面。<br>二是深化"放管服"改革方面。<br>三是推动"三去一降一补"任务落实方面。<br>四是推动"一带一路"建设方面。<br>三、从跟踪审计情况看，有关部门和地区对审计发现问题整改情况如何？<br>四、第二季度政策落实跟踪审计主要发现了哪些问题？<br>一是推进脱贫攻坚工作方面。<br>二是去产能方面。<br>三是深化"放管服"改革、降低企业成本方面。<br>四是推进重点领域项目建设方面。<br>五是重点政策落实方面。 |

(续表)

| 序号 | 公告时间（公告号） | 公告类型 | 公告简要内容 |
|---|---|---|---|
| 28 | 2017年8月17日 | 2017年第二季度国家重大政策措施贯彻落实情况跟踪审计结果公告解读 | 五、政策落实跟踪审计下一阶段的重点是什么？<br>下一步的政策落实跟踪审计将在持续推动供给侧结构性改革、"三去一降一补"任务落实和"放管服"改革深化的基础上，聚焦习近平总书记提出的"坚决打好防范化解重大风险、精准脱贫、污染防治的攻坚战"相关政策落实情况。 |
| 29 | 2017年12月8日（2017年第32号） | 2017年第三季度国家重大政策措施贯彻落实情况跟踪审计结果 | 一、积极推进国家重大政策措施贯彻落实情况。<br>（一）多措并举，创新脱贫攻坚方式方法。<br>（二）持续推进预算体制改革，着力防范化解重大风险。<br>（三）加大污染防治力度，强化环境污染源头管控。<br>（四）积极落实去产能、去库存、降成本等任务，切实减轻企业负担。<br>（五）不断深化"放管服"改革，大力营造便民亲商良好环境。<br>（六）充分发挥自身优势，加快特色产业发展。<br>二、以往审计发现问题的整改情况。<br>三、审计发现的主要问题。<br>（一）一些地区和个别部门落实脱贫攻坚政策不到位，有的工作环节不够扎实。<br>（二）部分地区违规举债或虚增财力。<br>（三）部分地区污染防治项目存在未按要求建设、缺少环境评价、建设进展缓慢或建成后闲置问题。<br>（四）个别地区化解过剩产能任务未落实。<br>（五）部分地区和单位仍存在违规收费、"放管服"改革措施落实不到位等问题。<br>（六）其他应予纠正的问题。 |
| 30 | 2017年12月8日 | 2017年第三季度国家重大政策措施贯彻落实情况跟踪审计结果公告解读 | 一、2017年第三季度政策措施落实情况跟踪审计主要关注了哪些情况？<br>二、从审计情况看，有关部门和地区积极主动作为、推动改革发展的经验做法有哪些？<br>一是因地制宜，创新脱贫攻坚方式方法。<br>二是加强管理监督，着力防范化解重大风险。<br>三是加大污染防治力度，强化环境污染源头管控。<br>四是切实减轻企业负担，积极落实去产能、去库存、降成本等任务。 |

(续表)

| 序号 | 公告时间（公告号） | 公告类型 | 公告简要内容 |
| --- | --- | --- | --- |
| 30 | 2017年12月8日 | 2017年第三季度国家重大政策措施贯彻落实情况跟踪审计结果公告解读 | 五是不断深化"放管服"改革,大力营造便民亲商良好环境。<br>六是充分发挥自身优势,加快特色产业发展。<br>三、从跟踪审计情况看,有关部门和地区对以往审计发现问题整改情况如何?<br>四、第三季度政策落实跟踪审计主要发现了哪些问题?<br>　　一是部分地区和个别部门落实脱贫攻坚政策不到位,有的环节工作不够扎实。<br>　　二是部分地区违规举债或虚增财力。<br>　　三是部分地区污染防治项目存在未按要求建设、缺少环境评价、建设进展缓慢或建成后闲置问题。<br>　　四是个别地区化解过剩产能任务未落实。<br>　　五是部分地区和单位仍存在违规收费、"放管服"改革措施落实不到位等问题。<br>　　六是其他应予纠正的问题。<br>五、党的十九大对新时代我国社会主义经济建设、政治建设、文化建设、社会建设、生态文明建设作出了全面部署,政策措施落实情况跟踪审计将如何进一步发挥作用、促进党的路线方针政策和重大决策部署贯彻落实? |
| 31 | 2018年4月18日(2018年第2号) | 2017年第四季度国家重大政策措施落实情况跟踪审计结果 | 一、2017年度跟踪审计总体情况。<br>　　(一)促进加强财政金融风险防范,推动统筹盘活财政存量资金。<br>　　(二)促进脱贫攻坚政策落实,推动民生领域补短板。<br>　　(三)促进加强污染防治,推动生态环境保护。<br>　　(四)促进"三去一降一补"任务落实,推动供给侧结构性改革。<br>　　(五)促进深化"放管服"改革,推动优化营商环境。<br>二、第四季度政策措施落实的好做法好经验。<br>　　(一)多方持续发力,推进精准扶贫。<br>　　(二)强化生态环境保护,加大污染防治力度。<br>　　(三)防范化解重大风险,推进预算绩效管理。<br>　　(四)持续深化"放管服"改革,不断优化营商环境。<br>　　(五)着力改革创新,持续推进国家重大战略实施。<br>三、第四季度审计发现的主要问题。<br>　　(一)部分地区违规举债或虚增财力,个别银行不良贷款统计存在风险隐患。 |

(续表)

| 序号 | 公告时间（公告号） | 公告类型 | 公告简要内容 |
|---|---|---|---|
| 31 | 2018年4月18日（2018年第2号） | 2017年第四季度国家重大政策措施落实情况跟踪审计结果 | （二）一些地区扶贫政策落实不到位，项目管理不规范，甚至违规使用扶贫资金。<br>（三）部分地区污染防治目标任务未完成或未严格落实污染物减排政策，有的环保项目建设缓慢或建成后闲置。<br>（四）个别地区违规新增产能或未按规定用途使用奖补资金。<br>（五）部分部门和地区"放管服"改革措施落实不到位，有的仍违规收费。<br>（六）一些项目推进缓慢或建成后未发挥效益，部分施工单位拖欠农民工工资。<br>（七）未及时统筹盘活财政存量资金，部分专项资金分配使用不规范。 |
| 32 | 2018年4月18日 | 2017年第四季度国家重大政策措施贯彻落实情况跟踪审计结果公告解读 | 一、2017年第四季度政策落实跟踪审计报告主要反映了哪些情况？<br>二、2017年政策落实跟踪审计取得了哪些成效，发挥了哪些作用？<br>　一是在促进加强财政金融风险防范，推动统筹盘活财政存量资金方面。<br>　二是在促进脱贫攻坚政策落实，推动民生领域补短板方面。<br>　三是在促进加强污染防治，推动生态环境保护方面。<br>　四是在促进"三去一降一补"任务落实，推动供给侧结构性改革方面。<br>　五是在促进深化"放管服"改革，推动优化营商环境方面。<br>三、从审计情况看，有关部门和地区积极主动作为、推动改革发展的做法有哪些，对以往审计发现问题的整改情况如何？<br>　一是多方持续发力，推进精准扶贫。<br>　二是强化生态环境保护，加大污染防治力度。<br>　三是防范化解重大风险，推进预算绩效管理。<br>　四是持续深化"放管服"改革，不断优化营商环境。<br>　五是着力改革创新，持续推进国家重大战略实施。<br>四、第四季度政策落实跟踪审计主要发现了哪些问题？<br>　一是部分地区违规举债或虚增财力，个别银行不良贷款统计存在风险隐患。<br>　二是一些地区扶贫政策落实不到位，项目管理不规范，甚至违规使用扶贫资金。 |

(续表)

| 序号 | 公告时间（公告号） | 公告类型 | 公告简要内容 |
|---|---|---|---|
| 32 | 2018年4月18日 | 2017年第四季度国家重大政策措施贯彻落实情况跟踪审计结果公告解读 | 三是部分地区污染防治目标任务未完成或执行排污治污政策不到位,有的环保项目建设缓慢或建成后闲置。<br>四是个别地区违规新增产能或未按规定用途使用奖补资金。<br>五是部分部门和地区"放管服"改革措施落实不到位,有的仍违规收费。<br>六是一些项目推进缓慢或建成后未发挥效益,部分施工单位拖欠农民工工资。<br>七是未及时统筹盘活财政存量资金,部分专项资金分配使用不规范。<br>五、2018年的政策落实跟踪审计如何开展?<br>　一是深化供给侧结构性改革方面。<br>　二是加快完善社会主义市场经济方面。<br>　三是防范化解重大风险方面。<br>　四是精准脱贫方面。<br>　五是污染防治方面。<br>　六是坚持创新驱动发展战略方面。<br>　七是实施区域协调发展战略方面。<br>　八是保障和改善民生方面。 |
| 33 | 2018年6月20日（2018年第45号） | 2018年第一季度国家重大政策措施落实情况跟踪审计结果 | 一、落实国家重大政策措施的好做法好经验。<br>　（一）深化财政管理改革,防范化解债务风险。<br>　（二）多方主动作为,助力脱贫攻坚。<br>　（三）加强污染防治,推进生态文明建设。<br>　（四）深化"放管服"改革,构建高效服务体系。<br>　（五）着力改革创新,推动高质量发展。<br>二、以往审计发现问题的整改情况。<br>　一是盘活财政存量资金,归还违规举债。<br>　二是加快扶贫项目建设,纠正有关扶贫政策落实不到位问题。<br>　三是改进相关审批工作,清退违规占压的保证金。<br>　四是加快落实去产能任务。<br>三、2018年第一季度审计发现的主要问题。<br>　（一）防范化解重大风险方面。<br>　（二）推进脱贫攻坚方面。<br>　（三）推进污染防治方面。<br>　（四）去产能方面。<br>　（五）深化"放管服"改革、优化营商环境方面。<br>　（六）创新驱动发展等战略实施方面。<br>　（七）重大项目建设和财政资金统筹盘活方面。 |

(续表)

| 序号 | 公告时间（公告号） | 公告类型 | 公告简要内容 |
|---|---|---|---|
| 34 | 2018年6月20日 | 2018年第一季度国家重大政策措施落实情况跟踪审计结果公告解读 | 一、2018年第一季度政策落实跟踪审计报告主要反映了哪些情况？<br>二、从审计情况看，有关地区和部门积极主动作为、推动改革发展的经验做法有哪些？<br>　一是深化财政管理改革，防范化解债务风险。<br>　二是多方主动作为，助力脱贫攻坚。<br>　三是加强污染防治，推进生态文明建设。<br>　四是深化"放管服"改革，构建高效服务体系。<br>　五是着力改革创新，推动高质量发展。<br>三、从跟踪审计情况看，有关地区和部门对审计发现问题整改情况如何？<br>　一是盘活财政存量资金，归还违规举债。<br>　二是加快扶贫项目建设，纠正有关扶贫政策落实不到位问题。<br>　三是改进相关审批工作，清退违规占压的保证金。<br>　四是加快落实去产能任务。<br>四、第一季度政策落实跟踪审计主要发现了哪些问题？<br>　（一）防范化解重大风险方面。<br>　（二）推进脱贫攻坚方面。<br>　（三）推进污染防治方面。<br>　（四）去产能方面。<br>　（五）深化"放管服"改革、优化营商环境方面。<br>　（六）创新驱动发展等战略实施方面。<br>　（七）重大项目建设和财政资金统筹盘活方面。<br>五、政策落实跟踪审计下一阶段的重点是什么？<br>　下一步政策落实跟踪审计将紧紧围绕建设现代化经济体系，聚焦深化供给侧结构性改革、打好"三大攻坚战"等重点工作。 |
| 35 | 2018年9月25日（2018年第48号） | 2018年第二季度国家重大政策措施落实情况跟踪审计结果 | 一、落实国家重大政策措施的好做法好经验。<br>　（一）规范清理政府和社会资本合作（PPP）项目，推进风险防控机制建设。<br>　（二）结合产业发展、生态保护等落实扶贫政策，加大民生投入。<br>　（三）推进重点区域大气、水环境治理，加强生态修复工程建设。<br>　（四）深化"放管服"改革，降低企业成本。<br>　（五）创新管理模式，推进产业转型升级。<br>　（六）加快推动"一带一路"倡议落实。 |

(续表)

| 序号 | 公告时间（公告号） | 公告类型 | 公告简要内容 |
|---|---|---|---|
| 35 | 2018年9月25日（2018年第48号） | 2018年第二季度国家重大政策措施落实情况跟踪审计结果 | 二、以往审计发现问题的整改情况。<br>（一）化解地方政府隐性债务，盘活存量资金。<br>（二）推动民生项目建设，促进扶贫政策落实。<br>（三）停止、清退违规收费和保证金，规范职业技能鉴定工作，提高行政审批效率。<br>（四）防范环境污染风险，加快落实去产能任务。<br>三、2018年第二季度审计发现的主要问题。<br>（一）部分重大工程项目任务清单不够细化，项目进展缓慢或建成后闲置等。<br>（二）部分地区违规举债、虚增财力或挪用财政专项资金。<br>（三）一些地区扶贫政策落实不到位，部分资金、项目未实现预期效果，甚至违规使用扶贫资金。<br>（四）部分地区未完成污染防治任务，未严格落实生态保护与修复等工作，有的项目建设缓慢或建成后闲置。<br>（五）一些地区和部门"放管服"改革事项落实不到位，有的违规设置地域限制等条件，有的仍违规收费。<br>（六）个别地区创业创新资金分配管理使用不符合相关政策。<br>（七）3个部门承担的2项改革任务未按期完成、1项监管职责履行不到位。<br>（八）部分项目绩效评价不到位或资金未充分发挥效益。 |
| 36 | 2018年9月25日 | 2018年第二季度国家重大政策措施落实情况跟踪审计结果公告解读 | 一、2018年第二季度政策落实跟踪审计报告主要反映了哪些情况？<br>二、从审计情况看，有关地区和部门积极主动作为、推动改革发展的经验做法有哪些？<br>一是规范清理政府和社会资本合作（PPP）项目，推进风险防控机制建设。<br>二是结合产业发展、生态保护等落实扶贫政策，加大民生投入。<br>三是推进重点区域大气、水环境治理，加强生态修复工程建设。<br>四是深化"放管服"改革，降低企业成本。<br>五是创新管理模式，推进产业转型升级。<br>六是加快推动"一带一路"倡议落实。<br>三、从跟踪审计情况看，有关地区和部门对审计发现问题整改情况如何？ |

(续表)

| 序号 | 公告时间（公告号） | 公告类型 | 公告简要内容 |
|---|---|---|---|
| 36 | 2018年9月25日 | 2018年第二季度国家重大政策措施落实情况跟踪审计结果公告解读 | 一是化解地方政府隐性债务,盘活存量资金。<br>二是推动民生项目建设,促进扶贫政策落实。<br>三是停止、清退违规收费和保证金,规范职业技能鉴定工作,提高行政审批效率。<br>四是防范环境污染风险,加快落实去产能任务。<br>四、第二季度政策落实跟踪审计主要发现了哪些问题?<br>一是部分重大工程项目任务清单不够细化,项目进展缓慢或建成后闲置等。<br>二是部分地区违规举债或虚增财力等。<br>三是一些地区扶贫政策落实不到位,部分资金、项目未实现预期效果,甚至违规使用扶贫资金。<br>四是部分地区未完成污染防治任务,未严格落实生态保护与修复等工作,有的项目建设缓慢或建成后闲置。<br>五是一些地区和部门"放管服"改革事项落实不到位,有的违规设置地域限制等条件,有的仍违规收费。<br>六是有关部门积极出台落实方案、细化任务分工、明确时间节点,推动改革任务落实,但发现3个部门承担的2项改革任务未按期完成、1项监管职责履行不到位。<br>七是个别地区创业创新资金分配管理使用不符合相关政策,部分项目绩效评价不到位或资金未充分发挥效益。<br>五、政策落实跟踪审计下一阶段的重点是什么?<br>一是持续关注打好防范化解重大风险、精准脱贫、污染防治"三大攻坚战"的政策措施落实情况。<br>二是重点关注稳就业、稳金融、稳外贸、稳外资、稳投资、稳预期等政策措施落实情况。<br>三是关注减税降费政策措施落实情况。 |
| 37 | 2018年12月10日(2018年第49号) | 2018年第三季度国家重大政策措施落实情况跟踪审计结果 | 一、落实国家重大政策措施的好做法好经验。<br>(一)积极落实健康扶贫、产业扶贫及生态扶贫政策,推进脱贫攻坚。<br>(二)加快新旧动能转换和科技创新,促进实体经济转型升级。<br>(三)深化"放管服"改革,优化营商环境。<br>(四)降低融资成本,减轻企业负担。<br>二、以往审计发现问题的整改情况。<br>三、2018年第三季度审计发现的主要问题<br>(一)部分地区违规举债形成地方政府隐性债务。 |

(续表)

| 序号 | 公告时间（公告号） | 公告类型 | 公告简要内容 |
|---|---|---|---|
| 37 | 2018年12月10日（2018年第49号） | 2018年第三季度国家重大政策措施落实情况跟踪审计结果 | （二）部分地区扶贫政策落实不到位，扶贫资金和项目未实现预期效果。<br>（三）部分地区污染防治目标任务未完成，污水和垃圾未有效处理，环境保护项目建设缓慢或建成后闲置。<br>（四）部分地区和部门落实降低企业负担政策不到位，仍存在违规收费、未及时清退保证金等问题。<br>（五）部分地区和部门简政放权政策执行不到位，营商环境有待进一步优化。<br>（六）部分地区稳就业、稳金融、稳外贸、稳外资、稳投资、稳预期工作有待进一步加强。 |
| 38 | 2018年12月10日 | 2018年第三季度国家重大政策措施落实情况跟踪审计结果公告解读 | 一、2018年第三季度政策落实跟踪审计报告主要反映了哪些情况？<br>二、从审计情况看，有关地区和部门积极主动作为、推动改革发展的经验做法有哪些？<br>　一是积极落实健康扶贫、产业扶贫及生态扶贫政策，推进脱贫攻坚。<br>　二是加快新旧功能转换和科技创新，促进实体经济转型升级。<br>　三是深化"放管服"改革，优化营商环境。<br>　四是降低融资成本，减轻企业负担。<br>三、从跟踪审计情况看，有关地区和部门对审计发现问题整改情况如何？<br>四、第三季度政策落实跟踪审计主要发现了哪些问题？<br>　一是部分地区违规举债形成地方政府隐性债务。<br>　二是部分地区扶贫政策落实不到位，扶贫资金和项目未实现预期效果。<br>　三是部分地区污染防治目标任务未完成，污水和垃圾未有效处理，环境保护项目建设缓慢或建成后闲置。<br>　四是部分地区和部门落实降低企业负担政策不到位，仍存在违规收费、未及时清退保证金等问题。<br>　五是部分地区和部门简政放权政策执行不到位，营商环境有待进一步优化。<br>　六是部分地区稳就业、稳金融、稳外贸、稳外资、稳投资、稳预期工作有待进一步加强。<br>五、政策落实跟踪审计下一阶段的重点是什么？ |

(续表)

| 序号 | 公告时间（公告号） | 公告类型 | 公告简要内容 |
|---|---|---|---|
| 39 | 2019年4月2日（2019年第1号） | 2018年第四季度国家重大政策措施落实情况跟踪审计结果 | 一、部分地区和部门落实降费减负政策不到位,仍存在违规收费等问题。<br>二、部分地区稳就业、稳金融、稳外贸、稳外资、稳投资、稳预期工作有待进一步加强。<br>三、部分地区简政放权政策执行不到位,营商环境有待进一步优化。<br>四、部分地区扶贫政策落实不到位,一些扶贫资金和项目未实现预期效果。<br>五、部分地区污染防治目标任务未完成,重点区域生态保护不到位,污水和垃圾等未有效处理,环境保护项目建设缓慢或建成后闲置。<br>六、部分金融机构风险管控不到位。 |
| 40 | 2019年4月2日 | 2018年第四季度国家重大政策措施落实情况跟踪审计结果公告解读 | 一、2018年第四季度政策落实跟踪审计报告主要反映了哪些情况?<br>二、从跟踪审计情况看,有关地区和部门对审计发现问题整改情况如何?<br>三、第四季度政策落实跟踪审计主要发现了哪些问题?<br>　一是部分地区和部门落实降费减负政策不到位,仍存在违规收费等问题。<br>　二是部分地区稳就业、稳金融、稳外贸、稳外资、稳投资、稳预期工作有待进一步加强。<br>　三是部分地区简政放权政策执行不到位,营商环境有待进一步优化。<br>　四是部分地区扶贫政策落实不到位,一些扶贫资金和项目未实现预期效果。<br>　五是部分地区污染防治目标任务未完成,重点区域生态保护不到位,污水和垃圾等未有效处理,环境保护项目建设缓慢或建成后闲置。<br>　六是部分金融机构风险管控不到位。<br>四、2019年的政策落实跟踪审计如何开展? |
| 41 | 2019年6月26日（2019年第7号） | 2019年第一季度国家重大政策措施落实情况跟踪审计结果 | 一、部分地区和部门降费减负不到位,甚至违规收费。<br>二、部分地区和部门落实"六个稳"相关工作有待进一步加强。<br>三、部分地区和部门简政放权不到位。<br>四、部分县区扶贫政策落实不到位,一些扶贫资金和项目管理能力有待进一步提升。<br>五、部分地区污染防治目标任务未完成,重点区域生态保护不到位。<br>附件:1. 整改效果较好的事例。<br>　　　2. 2019年第一季度跟踪审计发现的主要问题。 |

(续表)

| 序号 | 公告时间（公告号） | 公告类型 | 公告简要内容 |
|---|---|---|---|
| 42 | 2019年6月26日 | 2019年第一季度国家重大政策措施落实情况跟踪审计结果公告解读 | 一、2019年第一季度政策跟踪审计的总体情况如何？<br>二、第一季度政策落实跟踪审计主要发现了哪些问题？<br>　　一是部分地区和部门降费减负不到位，甚至违规收费。<br>　　二是部分地区和部门落实"六个稳"相关工作有待进一步加强。<br>　　三是部分地区和部门简政放权不到位。<br>　　四是部分县区扶贫政策落实不到位，一些扶贫资金和项目管理能力有待进一步提升。<br>　　五是部分地区污染防治目标任务未完成，重点区域生态保护不到位。<br>三、从跟踪审计情况看，有关地区和部门对审计发现问题整改情况如何？<br>四、2019年第二季度的政策落实跟踪审计如何开展？ |
| 43 | 2019年8月23日（2019年第8号） | 2019年第二季度国家重大政策措施落实情况跟踪审计结果 | 一、减税降费政策落实审计情况。<br>二、"六稳"部分政策落实审计情况。<br>三、深化"放管服"改革审计情况。<br>四、脱贫攻坚、乡村振兴审计情况。<br>五、污染防治审计情况。<br>附件：1. 整改效果较好的事例。<br>　　　2. 2019年第二季度跟踪审计发现的主要问题。 |
| 44 | 2019年8月23日 | 2019年第二季度国家重大政策措施落实情况跟踪审计结果公告解读 | 一、2019年第二季度政策跟踪审计的总体情况如何？<br>二、第二季度政策落实跟踪审计主要发现了哪些问题？<br>　　一是减税降费政策落实审计情况。<br>　　二是"六稳"部分政策落实审计情况。<br>　　三是深化"放管服"改革审计情况。<br>　　四是脱贫攻坚、乡村振兴审计情况。<br>　　五是污染防治审计情况。<br>三、从跟踪审计情况看，有关地区和部门对审计发现问题整改情况如何？<br>四、2019年第三季度的政策落实跟踪审计如何开展？<br>　　一是关注减税降费情况。<br>　　二是关注打赢脱贫攻坚战情况。<br>　　三是关注防范化解重大风险情况。<br>　　四是关注污染防治情况。 |

(续表)

| 序号 | 公告时间（公告号） | 公告类型 | 公告简要内容 |
|---|---|---|---|
| 45 | 2019年12月31日（2019年第10号） | 2019年第三季度国家重大政策措施落实情况跟踪审计结果 | 一、减税降费政策措施落实相关审计情况。<br>二、清理拖欠民营企业中小企业账款相关审计情况。<br>三、中央预算内投资项目相关审计情况。<br>四、深化"放管服"改革相关审计情况。<br>五、脱贫攻坚、乡村振兴相关审计情况。<br>六、财政存量资金和政府债券资金相关审计情况。<br>附件：1. 整改效果较好的事例。<br>　　　2. 2019年第三季度跟踪审计发现的主要问题。 |
| 46 | 2019年12月31日 | 2019年第三季度国家重大政策措施落实情况跟踪审计结果公告解读 | 一、2019年第三季度政策跟踪审计的总体情况如何？<br>二、第三季度政策落实跟踪审计主要发现了哪些问题？<br>　一是减税降费政策措施落实相关审计情况。<br>　二是清理拖欠民营企业中小企业账款相关审计情况。<br>　三是中央预算内投资项目相关审计情况。<br>　四是深化"放管服"改革相关审计情况。<br>　五是脱贫攻坚、乡村振兴相关审计情况。<br>　六是财政存量资金和政府债券资金相关审计情况。<br>三、从跟踪审计情况看，有关地区和部门对审计发现问题整改情况如何？<br>四、2019年第四季度的政策落实跟踪审计如何开展？<br>　一是关注稳就业情况。<br>　二是关注稳投资情况。<br>　三是关注《2019年政府工作报告》量化指标任务落实情况。<br>　四是关注减税降费情况。<br>　五是关注清理拖欠民营企业中小企业账款情况。 |
| 47 | 2020年5月9日（2020年第1号） | 2019年第四季度国家重大政策措施落实情况跟踪审计结果（公告稿） | 一、减税降费政策措施落实相关审计情况。<br>二、清理拖欠民营企业中小企业账款相关审计情况。<br>三、过"紧日子"相关政策审计情况。<br>四、"六稳"政策措施落实相关审计情况。<br>五、深化"放管服"改革相关审计情况。<br>六、脱贫攻坚、乡村振兴相关审计情况。<br>七、污染防治相关审计情况。<br>八、初步整改情况。<br>附件：1. 一些地区和部门积极推进国家重大政策措施落实的经验做法。<br>　　　2. 以前发现问题整改事例。<br>　　　3. 2019年第四季度跟踪审计发现的主要问题。 |

(续表)

| 序号 | 公告时间（公告号） | 公告类型 | 公告简要内容 |
| --- | --- | --- | --- |
| 48 | 2020年5月9日 | 2019年第四季度国家重大政策措施落实情况跟踪审计结果公告解读 | 一、2019年第四季度政策跟踪审计的总体情况如何？<br>二、第四季度政策落实跟踪审计主要发现了哪些问题？<br>　一是减税降费政策措施落实相关审计情况。<br>　二是清理拖欠民营企业中小企业账款相关审计情况。<br>　三是过"紧日子"相关政策审计情况。<br>　四是"六稳"政策措施落实相关审计情况。<br>　五是深化"放管服"改革相关审计情况。<br>　六是脱贫攻坚、乡村振兴相关审计情况。<br>　七是污染防治相关审计情况。<br>三、从跟踪审计情况看，有关地区和部门对审计发现问题整改情况如何？<br>四、2020年的政策落实跟踪审计如何开展？ |
| 49 | 2020年7月17日（2020年第4号） | 2020年第一季度国家重大政策措施落实情况跟踪审计结果（公告稿） | 一、清理拖欠民营企业中小企业账款政策落实相关审计情况。<br>二、减税降费等政策落实相关审计情况。<br>三、乡村振兴政策落实相关审计情况。<br>附件：2020年第一季度跟踪审计发现的主要问题清单。 |
| 50 | 2020年7月17日 | 2020年第一季度国家重大政策措施落实情况跟踪审计结果公告解读 | 一、2020年第三季度政策跟踪审计的总体情况如何？<br>二、第三季度政策落实跟踪审计主要发现了哪些问题？<br>　一是清理拖欠民营企业中小企业账款政策落实方面。<br>　二是减税降费等政策落实方面。<br>　三是乡村振兴政策落实方面。<br>三、从跟踪审计情况看，有关地区和部门对审计发现问题整改情况如何？<br>四、下一步政策落实跟踪审计如何持续开展？ |
| 51 | 2020年10月21日（2020年第5号） | 2020年第二季度国家重大政策措施落实情况跟踪审计结果 | 一、减税降费政策措施落实相关审计情况。<br>二、清理拖欠民营企业中小企业账款相关审计情况。<br>三、政府过"紧日子"和基层"三保"相关政策审计情况。<br>四、稳就业、稳投资政策措施落实相关审计情况。<br>五、深化"放管服"改革相关审计情况。<br>六、脱贫攻坚和乡村振兴相关审计情况。<br>七、初步整改情况。<br>附件：2020年第二季度跟踪审计发现的主要问题清单。 |

(续表)

| 序号 | 公告时间（公告号） | 公告类型 | 公告简要内容 |
|---|---|---|---|
| 52 | 2020年10月21日 | 2020年第二季度国家重大政策措施落实情况跟踪审计结果公告解读 | 一、2020年第二季度政策跟踪审计的总体情况如何？<br>二、第二季度政策落实跟踪审计主要发现了哪些问题？<br>　一是营造良好营商环境政策落实相关审计情况。<br>　二是乡村振兴政策落实相关审计情况。<br>　三是财政资金提质增效政策落实相关审计情况。<br>三、从跟踪审计情况看，有关地区和部门对审计发现问题整改情况如何？<br>四、下一步政策落实跟踪审计如何持续开展？ |
| 53 | 2021年1月5日（2021年第1号） | 2020年第三季度国家重大政策措施落实情况跟踪审计结果（公告稿） | 一、清理拖欠民营企业中小企业账款政策落实相关审计情况。<br>二、减税降费等政策落实相关审计情况。<br>三、乡村振兴政策落实相关审计情况。<br>附件：2020年第三季度跟踪审计发现的主要问题清单。 |
| 54 | 2021年1月5日 | 2020年第三季度国家重大政策措施落实情况跟踪审计结果公告解读 | 一、2020年第三季度政策跟踪审计的总体情况如何？<br>二、第三季度政策落实跟踪审计主要发现了哪些问题？<br>　一是清理拖欠民营企业中小企业账款政策落实方面。<br>　二是减税降费等政策落实方面。<br>　三是乡村振兴政策落实方面。<br>三、从跟踪审计情况看，有关地区和部门对审计发现问题整改情况如何？<br>四、下一步政策落实跟踪审计如何持续开展？ |
| 55 | 2021年3月19日（2021年第2号） | 2020年第四季度国家重大政策措施落实情况跟踪审计结果（公告稿） | 一、两项直达货币政策工具相关审计情况。<br>二、城乡义务教育补助经费相关审计情况。<br>附件：2020年第四季度跟踪审计发现的主要问题清单。 |
| 56 | 2021年3月19日 | 2020年第四季度国家重大政策措施落实情况跟踪审计结果公告解读 | 一、第四季度政策落实跟踪审计主要发现了哪些问题？<br>二、从跟踪审计情况看，有关地区和部门对审计发现问题整改情况如何？<br>三、下一步政策落实跟踪审计如何持续开展？ |

# 附录2  2012—2021年全国各省(自治区、直辖市)发布的审计政策法规制度及召开的重要审计工作会议汇总

| 序号 | 年限 | 区域 | 类型 | 文件名称或会议主题 |
| --- | --- | --- | --- | --- |
| 1 | 2016 | 安徽省 | 工作规划 | 安徽省审计厅关于全面实施"五年创新计划"的意见 |
| 2 | 2021 | 安徽省 | 工作会议 | 安徽省召开省委审计委员会第三次会议暨省委巡视整改工作领导小组第三次会议 |
| 3 | 2014 | 安徽省 | 规章制度 | 安徽省审计厅关于印发全省审计机关开展"环境优化工程"实施方案的通知 |
| 4 | 2017 | 安徽省 | 规章制度 | 安徽省审计厅关于印发效能建设"十项制度"的通知 |
| 5 | 2017 | 安徽省 | 规章制度 | 关于印发《安徽省村居主要负责人经济责任审计暂行办法》的通知 |
| 6 | 2018 | 安徽省 | 规章制度 | 安徽省人民政府关于2018年实施33项民生工程的通知 |
| 7 | 2018 | 安徽省 | 规章制度 | 安徽省审计机关审计项目质量检查办法 |
| 8 | 2013 | 安徽省 | 意见 | 安徽省人民政府办公厅关于省本级政府性投资建设项目审计全覆盖的实施意见 |
| 9 | 2016 | 安徽省 | 意见 | 安徽省人民政府办公厅关于健全生态保护补偿机制的实施意见 |
| 10 | 2016 | 安徽省 | 意见 | 安徽省审计厅关于进一步加强政府投资审计工作的指导意见 |
| 11 | 2018 | 安徽省 | 意见 | 中共安徽省委安徽省人民政府关于促进经济高质量发展的若干意见 |
| 12 | 2019 | 安徽省 | 意见 | 安徽省审计厅关于进一步加强民生工程审计监督的指导意见 |
| 13 | 2019 | 安徽省 | 意见 | 安徽省审计厅关于做好审计项目审计组织方式"两统筹"有关工作的实施意见 |
| 14 | 2020 | 安徽省 | 意见 | 关于健全支持中小企业发展制度的若干意见 |

(续表)

| 序号 | 年限 | 区域 | 类型 | 文件名称或会议主题 |
|---|---|---|---|---|
| 15 | 2012 | 北京市 | 工作规划 | 北京市审计局"十二五"审计工作发展规划 |
| 16 | 2012 | 北京市 | 工作规划 | 北京市审计局2012年审计项目计划安排要点 |
| 17 | 2013 | 北京市 | 工作规划 | 北京市审计局2013年审计项目计划安排要点 |
| 18 | 2014 | 北京市 | 工作规划 | 2014年审计项目计划安排要点 |
| 19 | 2015 | 北京市 | 工作规划 | 2015年审计项目计划安排要点 |
| 20 | 2016 | 北京市 | 工作规划 | "十三五"北京审计工作发展规划 |
| 21 | 2016 | 北京市 | 工作规划 | 2016年审计项目计划安排要点 |
| 22 | 2017 | 北京市 | 工作规划 | 2017年审计项目计划安排要点 |
| 23 | 2018 | 北京市 | 工作规划 | 北京市审计局2018年度审计项目计划 |
| 24 | 2019 | 北京市 | 工作规划 | 北京市审计局2019年度审计项目计划 |
| 25 | 2020 | 北京市 | 工作规划 | 北京市审计局2020年度审计项目计划 |
| 26 | 2021 | 北京市 | 工作规划 | "十四五"北京审计工作工作规划 |
| 27 | 2021 | 北京市 | 工作规划 | 北京市审计局2021年度审计项目计划 |
| 28 | 2013 | 北京市 | 规章制度 | 关于印发《北京市市属国有企业内部经济责任审计工作管理办法》的通知 |
| 29 | 2017 | 北京市 | 规章制度 | 关于印发《北京市市属国有企业领导人员经济责任审计工作管理办法》的通知 |
| 30 | 2017 | 北京市 | 规章制度 | 关于印发《北京市市属国有企业内部经济责任审计工作管理办法》的通知 |
| 31 | 2018 | 北京市 | 规章制度 | 关于印发门头沟区区属国有企业负责人经营业绩考核暂行办法的通知 |
| 32 | 2018 | 北京市 | 规章制度 | 审计人员廉洁从政规定 |
| 33 | 2020 | 北京市 | 条例 | 北京市优化营商环境条例 |
| 34 | 2020 | 北京市 | 意见 | 关于加快培育壮大新业态新模式促进北京经济高质量发展的若干意见 |
| 35 | 2020 | 北京市 | 意见 | 关于做好城市运行管理审计工作的指导意见(试行) |
| 36 | 2016 | 甘肃省 | 工作规划 | "十三五"甘肃审计工作发展规划 |
| 37 | 2021 | 甘肃省 | 工作会议 | 以审计促整改推进黄河流域生态保护和高质量发展 |

(续表)

| 序号 | 年限 | 区域 | 类型 | 文件名称或会议主题 |
|---|---|---|---|---|
| 38 | 2020 | 甘肃省 | 规章制度 | 关于加强审计取证等相关工作标准化建设的通知 |
| 39 | 2020 | 甘肃省 | 意见 | 关于进一步推进法治政府建设促进审计工作提质增效的意见 |
| 40 | 2014 | 广东省 | 规章制度 | 广东省人民政府办公厅关于做好迎接国家审计署土地出让金和耕地保护审计准备工作的通知 |
| 41 | 2018 | 广东省 | 规章制度 | 广东省人民政府关于印发《广东省公共工程项目审计监督办法》的通知 |
| 42 | 2016 | 广西壮族自治区 | 工作规划 | 广西壮族自治区审计发展"十三五"规划 |
| 43 | 2021 | 广西壮族自治区 | 工作规划 | 广西壮族自治区审计工作发展"十四五"规划 |
| 44 | 2021 | 广西壮族自治区 | 工作会议 | 广西壮族自治区党委审计委员会第四次会议在南宁召开 |
| 45 | 2018 | 广西壮族自治区 | 规章制度 | 广西壮族自治区审计厅关于印发2018年领导干部自然资源资产离任(任中)审计工作方案的通知 |
| 46 | 2003 | 贵州省 | 规章制度 | 贵州省国家建设项目审计办法 |
| 47 | 2021 | 贵州省 | 规章制度 | 关于印发贵州省支持民营企业加快改革发展与转型升级政策措施的通知 |
| 48 | 2021 | 贵州省 | 规章制度 | 省人民政府办公厅关于印发贵州省2021年深化"放管服"改革优化营商环境工作要点的通知 |
| 49 | 2005 | 贵州省 | 条例 | 贵州省扶贫资金审计条例 |
| 50 | 2016 | 海南省 | 工作规划 | "十三五"海南审计工作发展规划 |
| 51 | 2021 | 海南省 | 工作会议 | 海南省委书记沈晓明强调分类施策抓整改,整改不彻底决不收兵 |
| 52 | 2021 | 河北省 | 工作规划 | 关于印发《"十四五"河北省审计工作工作规划》的通知 |
| 53 | 2021 | 河北省 | 工作会议 | 河北召开省委审计委员会第七次会议 |
| 54 | 2021 | 河北省 | 工作会议 | 河北省委审计委员会第六次会议召开 |
| 55 | 2021 | 河北省 | 规划解读 | 关于"十四五"河北省审计工作工作规划的解读 |
| 56 | 2020 | 河北省 | 规章制度 | 河北省人民政府办公厅印发关于积极扩大内需若干措施的通知 |
| 57 | 2017 | 黑龙江省 | 工作规划 | 黑龙江省审计厅实行审计全覆盖工作规划 |
| 58 | 2021 | 黑龙江省 | 工作会议 | 黑龙江哈尔滨市委审计委员会召开第三次会议 |

(续表)

| 序号 | 年限 | 区域 | 类型 | 文件名称或会议主题 |
|---|---|---|---|---|
| 59 | 2021 | 黑龙江省 | 工作会议 | 黑龙江省委审计委员会召开第三次会议 |
| 60 | 2016 | 湖北省 | 工作规划 | 湖北省审计工作发展"十三五"规划 |
| 61 | 2021 | 湖北省 | 工作会议 | 湖北省委审计委员会召开第五次会议 |
| 62 | 2021 | 湖北省 | 工作会议 | 湖北武汉召开市委审计委员会第四次会议 |
| 63 | 2017 | 湖北省 | 意见 | 湖北省审计厅贯彻落实《关于深化国有企业和国有资本审计监督的若干意见》的实施意见 |
| 64 | 2020 | 湖北省 | 意见 | 湖北省审计厅关于印发《推进全省审计工作融合发展的指导意见》的通知 |
| 65 | 2012 | 湖南省 | 规章制度 | 政府投资项目审计规定 |
| 66 | 2016 | 湖南省 | 规章制度 | 湖南省审计厅关于进一步加强扶贫审计促进精准扶贫精准脱贫政策落实的实施意见 |
| 67 | 2017 | 湖南省 | 规章制度 | 关于印发《湖南省财政专项扶贫资金管理办法》的通知 |
| 68 | 2020 | 湖南省 | 规章制度 | 湖南省审计厅审计项目两统筹有关审计业务管理规定(试行) |
| 69 | 2020 | 湖南省 | 规章制度 | 教育系统内部审计工作规定 |
| 70 | 2017 | 湖南省 | 意见 | 湖南省扶贫开发领导小组关于印发《关于进一步加强行业扶贫工作的意见》的通知 |
| 71 | 2020 | 吉林省 | 规章制度 | 关于印发《会商工作制度》《问题线索联合排查制度》《重要情况通报制度》的通知 |
| 72 | 2017 | 吉林省 | 意见 | 吉林省审计厅关于贯彻落实审计署进一步完善和规范投资审计工作的实施意见 |
| 73 | 2017 | 吉林省 | 意见 | 吉林省审计厅关于实行审计全覆盖的实施意见 |
| 74 | 2020 | 吉林省 | 意见 | 吉林省审计厅关于贯彻落实过"紧日子"要求的实施意见 |
| 75 | 2020 | 吉林省 | 意见 | 吉林省审计厅关于深入推进审计工作"一盘棋"的实施意见 |
| 76 | 2012 | 江苏省 | 工作规划 | 江苏省"十二五"审计工作发展规划纲要 |
| 77 | 2015 | 江苏省 | 工作规划 | 建立健全惩治和预防腐败体系2013—2017年工作规划 |
| 78 | 2016 | 江苏省 | 工作规划 | 关于印发《江苏省"十三五"审计工作发展规划》的通知 |

(续表)

| 序号 | 年限 | 区域 | 类型 | 文件名称或会议主题 |
|---|---|---|---|---|
| 79 | 2017 | 江苏省 | 工作规划 | 关于印发江苏省审计机关2017年度应重点做好的工作的通知 |
| 80 | 2021 | 江苏省 | 工作规划 | 江苏省"十四五"审计事业发展规划 |
| 81 | 2012 | 江苏省 | 规章制度 | 江苏省党政主要领导干部经济责任审计规定 |
| 82 | 2016 | 江苏省 | 规章制度 | 关于印发江苏省互联网金融风险专项整治工作实施方案的通知 |
| 83 | 2017 | 江苏省 | 规章制度 | 关于在省重点帮扶县区开展统筹整合使用财政涉农资金的实施意见 |
| 84 | 2019 | 江苏省 | 规章制度 | 江苏出台领导干部自然资源资产离任审计试点方案 |
| 85 | 2019 | 江苏省 | 规章制度 | 省政府办公厅关于对真抓实干成效明显地方进一步加大配套激励支持力度的通知 |
| 86 | 2019 | 江苏省 | 规章制度 | 省政府关于促进利用外资稳中提质做好招商安商稳商工作的若干意见 |
| 87 | 2020 | 江苏省 | 规章制度 | 江苏省重大行政决策程序实施办法 |
| 88 | 2021 | 江苏省 | 规章制度 | 粤港澳大湾区建设、长江三角洲区域一体化发展中央预算内投资专项管理办法 |
| 89 | 2018 | 江苏省 | 条例 | 江苏省农村集体资产管理条例 |
| 90 | 2017 | 江苏省 | 意见 | 江苏省实行审计全覆盖实施意见 |
| 91 | 2021 | 江西省 | 工作会议 | 江西省委审计委员会召开第六次会议 |
| 92 | 2020 | 辽宁省 | 工作规划 | 辽宁省审计厅2020年审计工作安排 |
| 93 | 2021 | 辽宁省 | 工作规划 | 辽宁省审计厅2021年审计工作安排 |
| 94 | 2021 | 辽宁省 | 工作会议 | 抚顺市审计局抓好财政审计"四个转变"促进财政资金使用提质增效 |
| 95 | 2021 | 辽宁省 | 工作会议 | 锦州市审计局落实重大政策跟踪审计相关工作 |
| 96 | 2021 | 辽宁省 | 工作会议 | 大连市审计局加强银行系统审计监督力度防范金融风险 |
| 97 | 2021 | 辽宁省 | 工作会议 | 辽宁大连市委审计委员会召开第八次会议 |
| 98 | 2021 | 辽宁省 | 工作会议 | 辽宁省委审计委员会召开第十次会议 |
| 99 | 2015 | 辽宁省 | 规章制度 | 辽宁省重大行政决策程序规定 |

(续表)

| 序号 | 年限 | 区域 | 类型 | 文件名称或会议主题 |
| --- | --- | --- | --- | --- |
| 100 | 2017 | 辽宁省 | 条例 | 辽宁省优化营商环境条例 |
| 101 | 2018 | 辽宁省 | 条例 | 辽宁省农业综合开发条例 |
| 102 | 2018 | 辽宁省 | 意见 | 关于加强国有企业资产负债约束的指导意见 |
| 103 | 2019 | 内蒙古自治区 | 工作会议 | 减税政策措施落实情况专项审计探析 |
| 104 | 2014 | 内蒙古自治区 | 规章制度 | 关于印发自治区扶贫资金审计监督办法的通知 |
| 105 | 2014 | 内蒙古自治区 | 规章制度 | 关于印发自治区社会保障资金审计监督办法的通知 |
| 106 | 2015 | 内蒙古自治区 | 规章制度 | 关于印发自治区审计发现问题整改工作办法的通知 |
| 107 | 2014 | 内蒙古自治区 | 意见 | 关于加强审计工作的实施意见 |
| 108 | 2021 | 宁夏回族自治区 | 工作会议 | 宁夏回族自治区党委常委、政府常务副主席赵永清对全区审计工作提出要求 |
| 109 | 2021 | 宁夏回族自治区 | 工作会议 | 宁夏回族自治区党委审计委员会召开第五次会议 |
| 110 | 2010 | 宁夏回族自治区 | 规章制度 | 宁夏回族自治区绩效审计办法(试行) |
| 111 | 2010 | 宁夏回族自治区 | 条例 | 宁夏回族自治区社会保障资金审计监督条例 |
| 112 | 2012 | 山东省 | 工作规划 | 山东省审计厅"十二五"审计工作发展规划 |
| 113 | 2016 | 山东省 | 工作规划 | 山东省审计厅"十三五"山东审计工作发展规划 |
| 114 | 2020 | 山东省 | 工作规划 | 山东省人民政府关于印发落实"六稳""六保"促进高质量发展政策清单(第一批)的通知 |
| 115 | 2021 | 山东省 | 工作规划 | "十四五"山东审计工作发展规划 |
| 116 | 2018 | 山东省 | 意见 | 山东省审计厅关于加强审计监督助力打好污染防治攻坚战的实施意见 |
| 117 | 2018 | 山东省 | 意见 | 山东省审计厅关于加强审计监督助力海洋强省建设的实施意见 |
| 118 | 2018 | 山东省 | 意见 | 山东省审计厅关于加强审计监督助力乡村振兴战略实施的实施意见 |
| 119 | 2018 | 山东省 | 意见 | 山东省审计厅关于进一步加强重大政策措施落实情况跟踪审计的指导意见 |
| 120 | 2019 | 山东省 | 意见 | 山东省审计厅关于加强审计监督助力保障和改善民生工作的实施意见 |

(续表)

| 序号 | 年限 | 区域 | 类型 | 文件名称或会议主题 |
|---|---|---|---|---|
| 121 | 2020 | 山东省 | 意见 | 关于建立省属本科高等院校审计查出问题整改联动机制的意见 |
| 122 | 2019 | 山西省 | 新闻动态 | 太原市审计局积极筹划农业农村审计工作 |
| 123 | 2021 | 山西省 | 新闻动态 | 突出"五个聚焦"扎实开展重大政策落实情况跟踪审计 |
| 124 | 2021 | 山西省 | 新闻动态 | 做好社保审计 兜牢民生底线 |
| 125 | 2019 | 陕西省 | 规章制度 | 陕西省审计查出问题整改办法 |
| 126 | 2019 | 四川省 | 工作规划 | 四川省审计厅2019年度工作计划 |
| 127 | 2020 | 四川省 | 工作规划 | 四川省2020年度统一组织审计项目计划 |
| 128 | 2021 | 四川省 | 工作规划 | 四川省2021年度统一组织审计项目计划 |
| 129 | 2016 | 天津市 | 工作规划 | 关于修订我市"十三五"审计工作工作规划的通知 |
| 130 | 2021 | 天津市 | 工作规划 | 关于印发天津市"十四五"审计工作工作规划的通知 |
| 131 | 2017 | 天津市 | 工作会议 | 关于印发刘健同志在全市财政审计统计工作会议上的讲话的通知 |
| 132 | 2019 | 天津市 | 工作会议 | 关于印发刘健同志在全市审计工作会议上的讲话的通知 |
| 133 | 2015 | 天津市 | 规章制度 | 关于印发《天津市审计机关规范审计处罚自由裁量权实施办法》的通知 |
| 134 | 2015 | 天津市 | 规章制度 | 关于印发《天津市审计局党政领导干部安全生产"党政同责、一岗双责"暂行规定》的通知 |
| 135 | 2021 | 天津市 | 新闻动态 | 我市审计机关积极推进内部审计统计调查工作 |
| 136 | 2021 | 天津市 | 新闻动态 | 我市审计机关加强政策跟踪审计助力企业节能减排 |
| 137 | 2020 | 天津市 | 意见 | 关于深入贯彻落实有关内部审计工作规定和意见的通知(修订) |
| 138 | 2020 | 西藏自治区 | 规章制度 | 西藏自治区审计厅制定"两统筹"实施意见推进审计全覆盖 |
| 139 | 2020 | 西藏自治区 | 规章制度 | 西藏自治区审计厅制定办法加强审计移送管理 |
| 140 | 2012 | 浙江省 | 工作规划 | 浙江审计工作"十二五"发展规划 |
| 141 | 2016 | 浙江省 | 工作规划 | 浙江省审计工作发展"十三五"规划 |

(续表)

| 序号 | 年限 | 区域 | 类型 | 文件名称或会议主题 |
|---|---|---|---|---|
| 142 | 2021 | 浙江省 | 工作规划 | 浙江省审计事业发展"十四五"规划 |
| 143 | 2021 | 浙江省 | 工作会议 | 浙江召开省委审计委员会第六次会议 |
| 144 | 2021 | 浙江省 | 工作会议 | 浙江宁波市委审计委员会第四次会议召开 |
| 145 | 2012 | 浙江省 | 规章制度 | 浙江省地方金融机构审计操作规程(试行) |
| 146 | 2013 | 浙江省 | 规章制度 | 浙江省世界银行贷款项目审计管理办法 |
| 147 | 2018 | 浙江省 | 规章制度 | 浙江省审计厅重大行政决策程序办法(试行) |
| 148 | 2019 | 浙江省 | 规章制度 | 浙江省公共投资项目预算执行审计实施细则等三项制度 |
| 149 | 2021 | 重庆市 | 工作会议 | 重庆召开市委审计委员会第五次会议 |
| 150 | 2021 | 重庆市 | 工作会议 | 重庆召开市委审计委员会第六次会议 |
| 151 | 2019 | 重庆市 | 规章制度 | 重庆市审计机关行政处罚裁量基准 |
| 152 | 2021 | 重庆市 | 规章制度 | 重庆市内部审计工作办法 |

# 附录3 《"十四五"国家审计工作发展规划》

## 第一部分 发展环境和指导方针

做好"十四五"时期的审计工作,必须深刻认识审计工作面临的发展环境,牢牢把握审计工作的指导方针。

### 一、发展环境

党的十八大以来,党中央将审计作为党和国家监督体系的重要组成部分,作出一系列重大决策部署。习近平总书记亲自谋划、亲自部署、亲自推动审计领域重大工作,为审计事业发展指明了前进方向、提供了根本遵循。"十三五"时期,全国审计机关坚持以习近平新时代中国特色社会主义思想为指导,围绕《中华人民共和国国民经济和社会发展第十三个五年规划纲要》的主要目标、任务和重大举措,认真贯彻党中央、国务院重大决策部署,扎实推进审计管理体制改革,稳步推进审计全覆盖,做好常态化"经济体检"工作,累计审计50多万个单位,促进增收节支和挽回损失2.2万多亿元,推动建立健全规章制度3.7万多项,移送重大问题线索3.9万多件,为促进中央令行禁止、维护国家经济安全、推动全面深化改革、促进全面依法治国、推进廉政建设等作出了积极贡献。

"十四五"时期是我国全面建成小康社会、实现第一个百年奋斗目标之后,乘势而上开启全面建设社会主义现代化国家新征程、向第二个百年奋斗目标进军的第一个五年,审计工作面临新的形势、任务和机遇。

——国际国内环境对审计工作提出新挑战。当今世界正经历百年未有之大变局,国际环境的不稳定性不确定性明显增加,经济全球化遭遇逆流。我国已转向高质量发展阶段,同时发展不平衡不充分问题仍然突出,重点领域关键环节改革任务仍然艰巨。审计机关要深刻认识我国社会主要矛盾变化带来的新特征新要求,深刻认识错综复杂的国际环境带来的新矛盾新挑战,增强机遇意识和风险意识,认识和把握发展规律,发扬斗争精神,增强斗争本领,树立底线思维,准确识变、科学应变、主动求变,不断开创审计工作新局面。

——新时代赋予审计工作新职责新使命。审计工作涉及党和国家事业全局,必须在党中央集中统一领导下开展。党的十九大作出改革审计管理体制的决定,党的十九届三中全会决定组建中央审计委员会,要求构建集中统一、全面覆盖、权威高效的审计监督体系,更好发挥审计监督作用。审计机关要深刻认识和准确把握新时代的新特点、新使命、新部署、新要求,自觉在思想上政治上行动上同以习近平同志为核心的党中央保持高度一致,认真落实党中央对审计工作的部署要求,在审计理念、审计手段、审计管理的改革创新上下功夫,不断完善审计制度,使中国特色社会主义审计制度更加成熟、更加定型。

——审计工作还存在一些短板。审计运行体制机制与党中央对审计工作集中统一领导的要求还不完全适应;审计作用发挥与党中央部署要求仍有差距,全国审计工作发展还不平衡;审计全覆盖的质量和水平需要提高,审计成果的质量、层次和水平有待提升;主责主业聚焦不够,审计工作任务重与力量不足的矛盾较突出,干部队伍能力素质不能完全适应审计事业发展需要,审计信息化建设需进一步加强,审计组织方式需进一步优化。审计机关要坚持问题导向,精准施策,力补短板,推动审计工作高质量发展。

## 二、指导思想

审计作为党和国家监督体系的重要组成部分,要坚持以习近平新时代中国特色社会主义思想为指导,深入贯彻党的十九大和十九届二中、三中、四中、五中全会精神,增强"四个意识"、坚定"四个自信"、做到"两个维护",坚持党中央对审计工作的集中统一领导,坚持稳中求进工作总基调,立足新发展阶段,贯彻新发展理念,构建新发展格局,以推动高质量发展为主题,围绕统筹推进"五位一体"总体布局和协调推进"四个全面"战略布局,依法全面履行审计监督职责,深化审计制度改革,加强全国审计工作统筹,加快构建集中统一、全面覆盖、权威高效的审计监督体系,更好发挥审计在推进国家治理体系和治理能力现代化中的作用,为全面建设社会主义现代化国家开好局、起好步提供监督保障。

## 三、基本原则

——坚持党的全面领导。深入学习贯彻习近平总书记关于审计工作的重要讲话和重要指示批示精神,坚持和完善党领导审计工作的制度机制,坚持和完善中国特色社会主义审计制度,全面落实党中央对审计工作集中统一领导的各项要求,不断提高贯彻新发展理念的能力和水平,为构建新发展格局、实现高质量发展发挥好监督保障作用。

——坚持依法审计、客观公正。依法全面履行审计监督职责,始终做到法定职责必须为、法无授权不可为,聚焦主责主业,依照法定职责、权限和程序行使审计监督权。坚持原则、恪尽职守、勤勉尽责,始终做到查真相、说真话、报实情。全面辩证地看待审计发现的问题,按照"三个区分开来"要求,客观审慎作出评价和结论。

——坚持以人民为中心。坚持人民主体地位,站稳人民立场,坚持把促进实现好、维护好、发展好最广大人民根本利益作为审计工作的出发点和落脚点,紧扣我国社会主要矛盾变化,把改善人民生活品质、推动共同富裕作为审计工作的切入点和着力点,推动党中央、国务院各项惠民富民政策落到实处。

——坚持改革创新。与时俱进,推进审计理念、思路、方法、制度、机制创新,及时揭示和反映经济社会各领域的新情况、新问题、新趋势。坚持用改革的视角发现问题,以改革的思路推动解决问题,做到揭示问题与推动解决问题相统一,揭示问题、规范管理、促进改革一体推进。

——坚持系统观念。立足审计工作全国一盘棋,强化党委审计委员会对本地区审计工作的统筹协调、整体推进、督促落实,强化上级审计机关对下级审计机关的领导,强化审计工作的前瞻性、整体性和协同性。增强政治意识,围绕"国之大者"谋划和开展审计工作,善于从政治上看问题,善于把握政治大局,不断提高政治判断力、政治领悟力、政治执行力。

## 四、主要目标

按照国家"十四五"规划纲要确定的经济社会发展目标,结合审计工作实际,确定以下主要目标。

——健全集中统一的审计工作体制机制。把加强党对审计工作的领导落实到审计工作全过程各环节,构建完成覆盖全国、上下贯通、执行有力的组织体系,健全党中央关于审计工作的重大决策部署落实机制、军地联合审计工作机制;健全各级党委审计委员会关于审计领域重大事项请示报告制度,形成审计工作全国一盘棋。

——着力构建全面覆盖的审计工作格局。统筹各级审计力量,拓展审计监督的广度和深度,消除监督盲区,形成多层次、全方位的审计监督体系,确保党中央重大政策措施部署到哪里、国家利益延伸到哪里、公共资金运用到哪里、公权力行使到哪里,审计监督就跟进到哪里。实现审计全覆盖纵向与横向相统一、有形与有效相统一、数量与质量相统一。

——推动形成权威高效的审计工作运行机制。坚持依法审计,用事实和数据说话,维护审计监督的权威性和公信力。坚持党政同责、同责同审,促进权力规范运行。建立健全审计查出问题整改长效机制。着力构建审计计划、组织实施、复核审理、督促整改等既相互分离又相互制约的审计工作机制,不断提升审计管理的制度化、规范化、信息化水平。

## 第二部分　依法全面履行审计监督职责

做好"十四五"时期的审计工作,必须围绕国家经济社会发展主要目标,把党的领导落实到审计工作全过程各环节,依法全面履行审计监督职责,治已病、防未病,发挥好审计机关对推进国家"十四五"规划纲要实施的监督作用。

### 五、政策落实跟踪审计

以贯彻落实党中央、国务院重大决策部署,促进政令畅通为目标,明确政策落实跟踪审计定位,加大对经济社会运行中各类风险隐患揭示力度,及时发出预警;加大对重点民生资金和项目审计力度,维护人民利益。改进项目组织实施方式,做实政策落实跟踪审计项目,按照中央重大决策部署安排审计,一个方面政策落实跟踪审计内容原则上列为一个项目。强化审计成果运用,拓展审计监督的广度和深度。

——构建覆盖中央部门、省本级、市县基层全链条跟踪审计机制。对党中央、国务院确定的重大决策部署,要顺着政策落实的全链条、各环节开展跟踪审计,全面掌握政策落实中各利益攸关方的意见建议,对市县基层落实情况要有一定的抽审面,客观反映政策落实的实际效果。

——建立各专业审计与国家重大政策措施有效对接机制。审计机关各专业审计职能部门应将自身职责与党中央、国务院和地方各级党委、政府制定的重大政策措施有效对接,每年选择若干项关系经济社会发展大局的政策措施,集中力量开展专项审计,发挥专业优势,确保审深审透。

——明确各级审计机关的职责定位。审计署及省级审计机关重在加强政策分析研究,提出政策落实跟踪审计项目库意见建议,研究审计重点事项和审计思路,完成项目组织和自身承担的实施工作,综合汇总政策落实情况的审计结果,反映重要审计情况。审计机关的派出机构和市县审计机关重在抓好审计实施,掌握被审计地区相关政策措施落实情况,揭示政策落实中的突出问题,提出需要上级部门完善政策措施的意见建议。

### 六、财政审计

以增强预算执行和财政收支的真实性、合法性和效益性,推进预算规范管理、建立现代财税体制、优化投资结构为目标,加强对预算执行、重点专项资金和重大公共工程投资等的审计。

——财政预算执行及决算草案审计。围绕财政预算执行过程和结果,每年对各级政府预算执行及决算草案进行审计,重点关注预算收入统筹、预算支出管理和财政支出标准化推进、预算编制的合规性和完整性、预算执行和绩效管理、政府财务报告体系建设及实施等情况,促进加强财政资源统筹,优化财政支出结构,增强国家重大战略任务财力保障。

——部门预算执行及决算草案审计。围绕部门预算的完整性、规范性、真实性,重点关注预算执行、中央八项规定精神落实以及财经法纪执行等情况,对各级党政工作部门、事业单位、人民团体等部门预算执行和决算草案5年内至少审计1次,重点部门和单位每年安排审计,深入揭示预算执行中各类违规和管理不规范问题,促进各预算单位规范管理,增强预算约束。

——重点专项资金审计。围绕重点领域预算绩效管理,重点关注科技、文化、网络安全和信息化等专项资金分配、管理和使用情况,以及相关的政策目标实现情况,推动中央与地方政府事权和支出责任划分改革,促进完善转移支付制度和重点专项资金提质增效。

——政府债务审计。围绕党中央、国务院关于防范化解地方政府债务风险的部署,重点关注地方政府债务风险防控、隐性债务化解和地方政府债券资金使用绩效等情况,推动健全政府债务管理制度,遏制地方政府隐性债务增量、稳妥化解存量,提高政府债券资金使用绩效。

——税收、非税收入和社会保险费征管审计。围绕税务、海关等部门职责履行和权力运行,重点关注税费征管真实性完整性、税费优惠政策落实、口岸通关便利化、进出境货物监管、征管风险防范,以及收入征管制度改革推进等情况,推动健全收入征管制度,提升收入征管质效,完善税务海关执法制度和机制,规范执法行为。

——重大公共工程投资审计。围绕重大公共工程项目预算执行、决算和建设运营,重点关注交通、能源、水利等行业专项规划落实,项目建设管理、资金筹集及管理使用、生态环境保护、建设用地和征地拆迁等情况,持续开展北京冬奥会、川藏铁路等基础设施建设跟踪审计,促进国家"十四五"规划纲要确定的重大工程项目及相关政策落实,提高投资绩效,推动投融资体制改革。

——国外贷援款项目审计。围绕我国政府与国际金融组织和外国政府签订协议约定的职责,在项目执行期内每年开展1次审计,重点关注国外贷援款项目财务收支、项目执行和绩效情况,以及债务管理情况,促进提高项目质量和外资使用效益,推动实现高水平对外开放。

认真履行联合国审计委员会委员工作职责,切实做好联合国审计。

## 七、国有企业审计

以推动深化国资国企改革、加快国有经济布局优化和结构调整、健全管资本为主的国有资产监管体制为目标,加强对国有及国有资本占控股或主导地位的国有企业以及国有资本监管部门的审计。

——国有企业资产负债损益审计。围绕国有企业资产负债损益的真实性、合法性、效益性,重点关注国有企业重大投资项目、资产处置以及风险防控等情况,促进企业提升财务管理水平和会计信息质量,提高经营管理绩效和国有资产(资本)保值增值。

——国有企业改革审计。围绕国企改革"1+N"制度体系和三年行动方案决策部署,重点关注混合所有制改革和自然垄断行业改革、国有企业法人治理结构和健全市场化经营机制,国有企业科研投入、科技成果转化和核心技术创新攻关等情况,促进完善中国特色现代企业制度,推动提升企业技术创新能力。

——国有资本投资、运营和监管审计。围绕"管企业"向"管资本"转变,重点关注国资监管部门履行监管职责、国有资本投资运营情况,推动监管部门职能转变、优化管资本方式,提升国有资本经营预算执行绩效,促进优化国有资本布局、规范国有资本运作、提高国有资本配置和运行效率。

——境外投资和境外国有资产审计。围绕境外投资和境外国有资产安全、规范、高效运营,重点关注国有企业贯彻落实党中央、国务院关于"走出去"和"一带一路"建设决策部署、境外重大投资风险防范和重大项目建设管理、境外国有资产经营绩效和安全完整等情况,促进提升企业国际化经营和抗风险能力,实现安全、规范、高效走出去,更好服务国家发展大局。

## 八、金融审计

以防范化解重大风险、促进金融服务实体经济,推动深化金融供给侧结构性改革、建立安全高效的现代金融体系为目标,加强对金融监管部门、金融机构和金融市场运行的审计。

——防范化解金融风险情况审计。围绕统筹发展与安全、守住不发生系统性风险底线,持续关注重点地区、重点领域、金融机构、金融市场以及跨机构、跨市场的风险状况,促进健全金融风险防控、预警、处置、问责的制度体系,维护金融市场健康平稳运行。

——金融监管部门职能履行情况审计。围绕金融监管部门职能履行,重点关注利率市场化改革和货币政策执行效果,多层次资本市场体系建设,宏观及微观审慎监管的框架、措施和规则的制定和执行,金融基础设施建设完善等情况,促进健全金融监管制度,提升金融监管效能,推动建设现代中央银行制度和完善现代金融监管体系。

——金融机构经营管理情况审计。围绕金融机构资产负债损益的真实性、合法性、效益性,重点关注金融机构资产质量、经营管理、风险防控、公司治理及内部管控等情况,促进金融机构完善公司治理,依法合规经营,增强竞争能力。

——金融服务实体经济情况审计。围绕深化金融供给侧结构性改革和扩大开放,重点关注金融服务实体经济重点领域和薄弱环节的情况,促进信贷结构优化、提高直接融资比重、降低实体经济融资成本、服务创新驱动发展战略、增强金融普惠性,推动构建金融有效支持实体经济的体制机制。

## 九、农业农村审计

以促进提高农业质量效益和竞争力,保障国家粮食安全,推动巩固拓展脱贫攻坚成果和全面推进乡村振兴为目标,聚焦惠农政策落实和涉农资金安全绩效,加强对农业农村相关专项资金、项目和政策落实情况的审计。

——粮食和重要农产品稳产保供相关政策落实情况审计。围绕藏粮于地、藏粮于技任务落实、种质资源和耕地保护,重点关注高标准农田建设、黑土地保护、农业水利设施建设、农业科技和现代种业发展、农业结构调整等情况,推动强化耕地数量保护和质量提升,保护种粮积极性,促进增强农业综合生产能力和深化农业供给侧结构性改革。

——乡村建设行动实施情况审计。围绕乡村建设规划提出的目标任务、重要项目和措施等,重点关注乡村产业发展、农村人居环境整治和农业废弃物综合利用、乡村基础设施建设,以及改善乡村公共服务情况,推动健全城乡融合发展体制机制和建设美丽宜居宜业乡村,促进农民增收。

——农业农村改革任务推进情况审计。围绕深化农业农村改革、加强农业农村发展要素保障等,重点关注农村集体产权制度改革以及完善农业补贴、农业保险等政策落实情况,促进巩固完善农村基本经营制度、健全农业农村投入保障制度。

——巩固拓展脱贫攻坚成果同乡村振兴有效衔接情况审计。围绕扶贫项目资金资产管理使用、农村社会保障和救助、易地扶贫搬迁后续帮扶、脱贫地区特色种养业提升等,重点关注脱贫地区产业可持续发展、农村低收入人口和欠发达地区帮扶政策落实等情况,促进健全防止返贫动态监测和精准帮扶机制,推动巩固拓展脱贫攻坚成果与乡村振兴有效衔接,提升脱贫地区整体发展水平。

## 十、资源环境审计

以加快推动绿色低碳发展,改善生态环境质量,提高资源利用效率,助力美丽中国建设为目标,全面深化领导干部自然资源资产离任审计,加强对生态文明建设领域资金、项目和相关政策落实情况的审计。

——领导干部自然资源资产离任审计。围绕中央关于加强领导干部自然资源资产离任审计的决策部署,重点关注自然资源资产管理、国土空间规划、碳达峰碳中和、污染防治攻坚战等重大任务落实情况,加快建立健全审计评价标准和指标体系,促进领导干部落实生态文明建设责任制。

——资源环境专项资金审计。围绕节能减排、污染防治、生态保护修复、资源开发利用等财政专项资金投入、分配、管理和使用情况,重点关注生态环境保护修复重大工程、环境基础设施、资源循环利用等重点项目的实施效果,保障资金安全,促进政策目标实现。

——生态文明建设政策落实情况审计。围绕国家"十四五"规划纲要中生态文明建设目标任务,重点关注碳排放碳达峰行动推进、绿色发展政策体系构建、"绿色生态"约束性指标完成、生态保护补偿机制建设、生态安全和环境风险防控等情况,促进经济社会发展全面绿色转型。

## 十一、民生审计

以提高保障和改善民生水平,确保兜牢基本民生底线,推动民生领域相关改革任务落实落地,促进健全多层次社会保障体系,维护好最广大人民根本利益为目标,加强对就业、社会保障、住房、教育和卫生健康等重点民生资金、项目和相关政策落实情况的审计。

——就业优先政策落实情况审计。围绕减负、稳岗、扩就业等资金管理使用情况,重点关注职业技能提升行动、创业带动就业、就业帮扶等就业保障政策落实情况,推动落实高校毕业生、退役军人、农民工、灵活就业人员、新业态就业人员等重点群体就业保障,促进提高就业补助资金使用效益,健全就业公共服务体系。

——社会保险基金审计。围绕养老、医疗等社会保险基金和积极应对人口老龄化相关资金管理使用情况,重点关注社会保险基金筹集使用和运行风险,推动实现基本养老保险全国统筹和基本医疗、失业、工伤保险省级统筹等改革任务目标,完善养老服务体系,促进社会保险制度公平和可持续发展。

——社会救助、社会福利等兜底保障政策落实和资金使用情况审计。围绕最低生活保障、特困人员供养、医疗救助、残疾人补贴、优抚安置、彩票公益金等专项资金管理使用情况,重点关注资金申请、审核、分配、使用等环节存在的突出问题,推动特殊困难群体基本生活保障到位,促进完善优化分层分类、城乡统筹的社会救助体系。

——住房保障体系建设和改革推进情况审计。围绕保障性安居工程、住房公积金、住宅专项维修资金等住房保障资金管理情况,重点关注城镇老旧小区改造、保障性租赁住房和共有产权住房建设、住房制度改革等政策落实情况,促进完善住房市场体系和住房保障体系,提高住房保障有效供给,推动城市更新建设,有效解决困难群众和大城市新市民、青年人等重点群体住房困难问题。

——高质量教育体系建设和改革推进情况审计。围绕基础教育、职业教育、普通高等教育等领域专项资金管理使用情况,重点关注学前教育普及普惠优质发展、义务教育均衡发展和城乡一体化、职业教育改革、高校"双一流"建设等政策落实情况,推动教育经费保障机制、教师队伍建设、人才培养等方面深化改革,落实"立德树人"的根本任务,推进一流人才培养和创新能力提升,更好服务经济社会发展。

——卫生健康体系建设和改革推进情况审计。围绕公共卫生体系建设、医疗服务与保障能力提升、国家基本药物制度等资金投入和管理使用情况,重点关注重大疫情防控救治体系、基层公共卫生体系、应对突发公共卫生事件能力和分级诊疗体系等建设,以及医药卫生体制改革推进情况,促进提升公共卫生服务水平和医疗资源有效配置,推动健康中国战略贯彻落实。

## 十二、经济责任审计

以强化干部管理监督,促进干部履职尽责、担当作为为目标,加强对各级党政主要领导干部和国有企事业单位主要领导人员经济责任审计。

——科学确定经济责任审计计划和审计重点。科学制定经济责任审计计划,以任中审计为主,坚持党政同责、同责同审。围绕领导干部权力运行和责任落实,根据不同类别、不同级次、不同地区(部门、单位)领导干部的履职特点,进一步规范经济责任审计重点内容,重点关注贯彻落实党和国家重大经济方针政策和决策部署,地区(部门、单位)重要发展规划制定、执行和效果,重大经济决策,财政财务收支和经济运行风险防范,以及在经济活动中落实党风廉政建设责任和遵守廉洁从政(从业)规定等情况。

——规范经济责任审计评价。以查清的事实为依据,以法律法规和政策制度为准绳,在审计范围内,对被审计领导干部履行经济责任情况进行评价,认真贯彻落实"三个区分开来"要求,考虑历史情况,着眼长远发展,准确界定责任,力求审计结论客观公正、问题处理实事求是,鼓励探索创新,支持担当作为。

——推动深化经济责任审计结果运用。加强与经济责任审计工作联席会议成员单位及有关部门协作配合,发挥监督合力,健全完善联合反馈审计结果、联合督查审计整改等工作机制,及时向被审计领导干部及其所在单位反馈审计情况、提出整改要求、开展整改督查,推动将经济责任审计结果以及整改情况作为考核、任免、奖惩被审计领导干部的重要参考。

## 十三、督促审计查出问题全面整改落实

深入贯彻落实习近平总书记关于审计整改工作的重要指示批示精神,坚持以推动审计查出问题有效整改、巩固和拓展审计整改效果为目标,坚持揭示问题与推动解决问题相统一,推动建立健全审计查出问题整改长效机制,做实审计监督后半篇文章。

——强化审计整改责任落实。各级党委审计委员会要及时研究审计查出重大问题的处理意见,统筹协调并督促落实。审计机关要推动被审计单位压实整改主体责任,强化主管部门对其管辖行业领域的监督管理责任。及时组织对审计整改情况进行跟踪督促检查,以后年度审计中也要重点关注以前年度审计整改情况,重点核实整改结果的真实性和完整性,防止敷衍整改、虚假整改。推进审计监督与人

大预算决算审查监督、国有资产管理情况监督有机结合,形成监督合力。

——健全审计整改工作机制。对审计查出的问题,形成问题清单,逐项分解到有关地区、部门和单位,明确整改责任主体,整改要求要科学合理、分类施策:对于能够立行立改的,提出明确、具体、可操作、标准统一的整改要求;涉及体制机制或相关法规政策不完善的,提出深化改革、完善制度的意见建议,督促有关部门单位研究改进。加强审计整改信息化建设,采取网上追踪和现场检查相结合、对账销号等方式,推动提升整改效果,实现审计整改由治标多治本少向标本兼治转变。

——推动审计整改结果运用。加强与有关部门的沟通联动,推动把审计监督与党管干部、纪律检查、追责问责结合起来,将审计整改情况作为考核、任免、奖惩领导干部的重要参考。推动健全审计整改约谈和责任追究机制,对拒不整改、推诿整改、敷衍整改、虚假整改的,审计机关可提出处理意见建议,按照干部管理权限提请纪检监察机关、组织人事部门或主管部门研究处理。

## 第三部分 落实各项保障措施

做好"十四五"时期的审计工作,必须把坚持党中央对审计工作的集中统一领导细化、实化、制度化,加强审计业务管理、干部队伍建设和信息化建设,不断彰显中国特色社会主义审计的政治优势和制度优势。

### 十四、坚持党中央对审计工作的集中统一领导

进一步巩固和深化审计管理体制改革成果,认真落实党中央对审计工作集中统一领导的各项要求,确保审计工作有序高效,党中央关于审计工作的决策部署及时传导、不折不扣得到落实,切实做到"两个维护"。

——健全各级党委审计委员会工作运行机制。地方各级党委审计委员会要加强对本地区审计工作的领导,立足区域发展战略和本地区实际,增强审计工作的针对性和有效性。上级党委审计委员会要加强对下级党委审计委员会工作的领导。各级党委审计委员会办公室要认真履职尽责,加强研究谋划、沟通协调、服务保障、督察督办,确保各项部署要求落到实处。

——完善推动党中央关于审计工作的重大决策部署落实机制。各级党委审计委员会要及时传达学习党中央关于审计工作的重大决策部署、习近平总书记关于审计工作的重要讲话和重要指示批示精神、中央审计委员会的议定事项,结合实际研究制定贯彻落实的具体措施。各级党委审计委员会办公室要建立健全审计监督

重大事项督察督办制度,建立定期"回头看"和报告、通报、问责制度,加大督察督办力度,确保党中央决策部署有效落实。

——严格执行审计领域重大事项请示报告制度。对重要审计情况、重要审计报告、重大违纪违法问题线索及其处理意见等,审计机关要首先向本级党委审计委员会请示报告,经批准后再按法定程序办理。下级党委审计委员会重大事项要向上级党委审计委员会请示报告,委员会主要负责同志为第一责任人,对请示报告工作负总责。制定审计领域重大事项请示报告清单,实行重大事项请示报告责任追究制度。

——加强对全国审计工作的领导。坚持审计工作全国一盘棋,强化上级审计机关对下级审计机关的领导,上级审计机关要加强审计项目计划的统筹和管理,优化审计组织方式,合理配置审计资源,加强对下级审计机关的考核和干部管理。优化审计机关内部机构设置,增强派出审计机构力量。健全完善军地联合审计工作机制,积极稳妥推进军地联合审计工作。加强对内部审计工作的指导和监督,依法核查社会审计机构出具的审计报告,增强审计监督合力。

## 十五、全面加强审计业务管理

加大审计创新力度,在盘活用好审计资源上下功夫、挖潜力,向统筹要效率,靠创新提效能。

——创新审计理念思路。积极开展研究型审计,系统深入研究和把握党中央、国务院重大经济决策部署的出台背景、战略意图、改革目标等根本性、方向性问题,不断提升审计工作政治性和前瞻性。转变审计思路,既要善于发现问题,更要注重解决问题,发挥审计的建设性作用。根据审计实践需要,强化审计理论研究,推动审计理论、审计实践和审计制度创新。

——创新审计组织方式。根据审计项目性质,综合运用上审下、交叉审、同级审等审计组织方式,对涉及全国的大项目,统一调度兵力打好决战;对急难险重的任务,集中优势兵力打好歼灭战;对党中央临时交办、时效性强的任务,快速集合兵力打好闪击战;对历史遗留问题和体制机制问题,善于坚守阵地,打好持久战,不断提高审计工作质量和效率。

——优化审计流程管理。坚持严谨务实,所有内部流程以保障审计业务顺利开展为前提。加强审计项目计划管理,实现年度计划和五年规划有机衔接,建立中长期审计项目库,原则上每年确定的审计项目应在中长期审计项目库中筛选确定。在开展试审或审前调查的基础上,科学制定审计工作方案、实施方案。厘清各环节质量控制责任,提高复核审理效率,更好服务审计业务开展。加强审计项目过程控制,规范延伸调查行为。

——健全审计质量控制体系。推动审计法及其实施条例修订工作。加强全流程审计质量管控,建立与信息化相适应的审计质量控制体系,切实防范审计风险。编写、修订各专业领域的审计指南、法规向导,加强对审计工作的实务指引,加强对审计法律法规执行情况的检查,严格落实分级质量控制责任。发挥优秀审计项目对审计质量的示范引领作用。

——加强审计结果运用。建立健全各级审计机关之间审计结果和信息共享机制,加强审计结果跨年度、跨地域、跨行业、跨领域的综合分析,提炼普遍性、规律性、倾向性、苗头性问题,提出有针对性的意见建议。加大审计结果公开和审计整改情况公告力度。强化与其他监督部门和主管部门的沟通协调,健全完善重大问题线索移送和重要问题转送机制。

## 十六、加强审计干部队伍建设

全面落实"以审计精神立身、以创新规范立业、以自身建设立信"的总要求,加强审计干部思想淬炼、政治历练、实践锻炼、专业训练,锻造信念坚定、业务精通、作风务实、清正廉洁的高素质专业化审计干部队伍。

——大力弘扬和践行审计精神。深入贯彻习近平总书记关于审计精神的重要论述,教育引导审计干部树立对法律的信仰和对法治的崇尚,保持客观公正的工作立场;践行脚踏实地、扎实苦干、与时俱进、开拓创新的精神,始终保持对审计事业的忠诚和对审计职业的操守,当好国家财产的"看门人"、经济安全的"守护者"。

——加强专业能力建设。建立健全审计职业教育培训体系,针对审计干部特点开展分级分类培训。改进审计实务导师制,通过以审代训等途径强化培训效果。坚持在审计一线锤炼干部过硬本领,提高能查、能说、能写能力。推进干部轮岗交流,完善交流学习机制,提高综合素质。

——健全完善选人用人机制。认真贯彻落实新时代党的组织路线,严格按照新时期好干部标准选人用人,按规定条件、程序开展干部考录、调任、聘任、遴选、选调等工作,严把干部入口关,树立重实干重实绩的用人导向,推动落实能上能下的用人机制。注重在工作一线考察识别干部,落实和完善精准考核、奖惩分明的激励约束机制,保护干部干事创业的积极性。

——持续加强政治机关建设。健全不忘初心、牢记使命长效机制,深入开展党史学习教育,落实意识形态工作责任制,认真履行全面从严治党主体责任和监督责任,推动机关党建与审计业务融合发展。严格落实中央八项规定及其实施细则精神,严格执行审计"四严禁"工作要求和审计"八不准"工作纪律,准确运用监督执纪"四种形态"。加强审计机关内部审计和领导干部经济责任审计,自觉接受纪检监察、人大监督、民主监督、社会监督、舆论监督等各方面监督。

## 十七、坚持科技强审

全面贯彻落实习近平总书记关于科技强审的要求,加强审计技术方法创新,充分运用现代信息技术开展审计,提高审计质量和效率。

——提升信息化支撑业务能力。推动金审工程三期项目建设应用和持续优化,完成国产化技术改造和部署。完善审计业务网络,实现与副省级以上地方审计机关数据分析网联通。建设完善电子数据备份中心。完善网络安全管理制度,建立健全网络安全责任、统一的网络安全防护标准、协调联动的网络安全协作等体系,开展网络安全常态化检查,持续提升网络安全防御和应急处置能力。

——提升数据管理水平。健全数据采集和定期报送机制,推动被审计单位统一数据接口,认真履行国内外标准化组织技术机构秘书处职责,持续推进数据标准化。健全数据集中管理制度规范,保障数据安全。推动提高省级审计数据分中心的数据存储、处理和分析能力,实现署、省两级审计机关集中管理审计业务数据。

——加强数据资源分析利用。坚持以用为本,完善数据管理制度规范。充分利用地方政府数据平台,扎实开展业务数据与财务数据、单位数据与行业数据以及跨行业、跨领域数据的综合比对和关联分析,促进审计工作从现场审计为主向后台数据分析和现场审计并重转变。加强数据和分析模型共享共用。

## 十八、抓好规划实施

各地区各部门要加强对审计工作的领导,积极主动支持配合审计工作。凡是管理分配使用公共资金、公共资产、公共资源的部门和单位,凡是行使公共权力、履行经济责任的领导干部,都要依法自觉接受审计监督,认真做好审计查出问题整改工作,建立健全解决问题的长效机制。

各级审计机关要根据本规划要求,研究制定具体落实措施,加强组织领导,落实规划实施责任,抓好规划实施,确保目标任务顺利完成。审计署要组织开展规划实施情况的监督检查和效果评估,确保各项任务落实到位。

# 参 考 文 献

蔡春,毕铭悦,2014.关于自然资源资产离任审计的理论思考[J].审计研究,(5):3-9.

蔡春,蔡利,朱荣,2011.关于全面推进我国绩效审计创新发展的十大思考[J].审计研究,(4):32-38.

蔡春,2006.环境审计论[M].北京:中国时代经济出版社.

蔡春,李江涛,2009.经济权力审计监控研究——审计理论研究的一个新领域[J].审计与经济研究,24(5):3-8.

蔡春,刘静,黄昊,2018.新时代审计理论研究创新发展的思考[J].审计研究,(5):12-16.

蔡春,2001.审计理论结构研究[M].大连:东北财经大学出版社.

蔡春,唐凯桃,刘玉玉,2016.政策执行效果审计初探[J].审计研究,(4):35-39.

蔡春,田秋蓉,刘雷,2011.经济责任审计与审计理论创新[J].审计研究,(2):9-12.

蔡春,谢柳芳,王彪华,2020.经济责任审计与地方政府治理——以环境污染为视角[J].厦门大学学报(哲学社会科学版),(2):91-104.

蔡春,杨彦婷,2015.法治精神与审计理论创新[J].审计研究,(5):3-7.

蔡春,郑开放,陈晔,王朋,2019.政府环境审计对企业环境责任信息披露的影响研究——基于"三河三湖"环境审计的经验证据[J].审计研究,(6):3-12.

蔡春,朱磊,郑倩雯,2020.省以下地方审计机关人财物统一管理提升审计质量了吗?[J].审计与经济研究,35(6):1-8.

蔡春,朱荣,蔡利,2012.国家审计服务国家治理的理论分析与实现路径探讨——基于受托经济责任观的视角[J].审计研究,(1):6-11.

蔡利,2013.政府审计维护金融安全的作用机理及实现方式研究[D].成都:西南财经大学.

蔡利,周微,2016.政府审计与银行业系统性风险监控研究[J].审计研究,(2):50-57.

钞小静,惠康,2009.中国经济增长质量的测度[J].数量经济技术经济研究,26(6):75-86.

钞小静,刘璐,孙艺鸣,2021.中国装备制造业高质量发展的测度及发展路径[J].统计与信息论坛,36(6):94-103.

陈骏,周陈全,2020.国家审计如何促进经济高质量发展——基于经济增长质量的研究[J].会计论坛,19(1):1-32.

陈凌云,王子宸,陈汉文,2021.高压反腐、国家审计独立性与国家审计质量——基于中国省级面板数据的实证研究[J].北京工商大学学报(社会科学版),36(4):42-53.

陈茹,张金若,王成龙,2020.国家审计改革提高了地方国有企业全要素生产率吗?[J].经济管理,42(11):5-22.

陈献东,2015.传统文化对中国政府审计影响研究[D].南京:南京大学.

陈献东,2015.国家审计在管理区域金融风险中的功能定位及实现机制研究[J].审计研究,(4):33-38.

陈征,刘馨宇,2020.健全党和国家监督体系:审计监督与人大监督的衔接[J].中共中央党校(国家行政学院)学报,24(6):151-160.

程军,刘玉玉,2018.国家审计与地方国有企业创新——基于经济责任审计的视角[J].研究与发展管理,30(2):82-92.

程莹,2015,双重领导管理体制下影响地方政府审计质量的因素分析[J].审计与经济研究,30(4):67-76.

池国华,郭芮佳,王会金,2021.政府审计的内部控制改善功能能够增强制度反腐效果吗——基于中央企业控股上市公司的实证分析[J].会计研究,(1):179-189.

池国华,郭芮佳,王会金,2019.政府审计能促进内部控制制度的完善吗——基于中央企业控股上市公司的实证分析[J].南开管理评论,22(1):31-41.

池国华,杨金,谷峰,2018.媒体关注是否提升了政府审计功能?——基于中国省级面板数据的实证研究[J].会计研究,(1):53-59.

褚剑,陈骏,2021."严监管"下审计监督的个体治理效应——基于地方国有企业高管超额在职消费的研究[J].经济理论与经济管理,41(5):85-99.

褚剑,方军雄,秦璇,2018.政府审计能促进国有企业创新吗?[J].审计与经济研究,33(6):10-21.

褚剑,方军雄,2016.政府审计能够抑制国有企业高管超额在职消费吗?[J].会计研究,(9):82-89.

褚剑,方军雄,2018.政府审计能提升中央企业内部控制有效性吗?[J].会计与经济研究,32(5):18-39.

董大胜,2020.论国家审计产生的基础[J].审计研究,(2):3-6.

董大胜,2018.深化审计基本理论研究 推动审计管理体制改革[J].审计研究,(2):3-6.

董维明,冯根福,2015.国家审计在防范区域金融风险中的作用研究[J].审计研究,(6):13-18.

董志愿,张曾莲,2021.政府审计对企业高质量发展的影响——基于审计署央企审计结果公告的实证分析[J].审计与经济研究,36(1):1-10.

樊士德,2016.国家治理现代化视角下政策审计的功能定位与路径选择[J].中国行政管理,(12):89-93.

高培勇,2019.理解、把握和推动经济高质量发展[J].经济学动态,(8):3-9.

高晓霞,2020.国家治理体系中审计监督的民主政治逻辑研究[J].江海学刊,(6):130-136,255.

郭峰,石庆玲,2017.官员更替、合谋震慑与空气质量的临时性改善[J].经济研究,52(7):155-168.

郭檬楠,郭金花,2020.审计管理体制改革、地方政府干预与国有企业资产保值增值[J].当代财经,(11):138-148.

郭檬楠,郭金花,2021.政府治理效率、审计管理体制改革与全要素生产率增长——来自中国285个城市的经验证据[J].当代财经,(4):137-148.

郭檬楠,宋璐,郭飞,2021.社会审计质量、国家审计监督与国企资产保值增值[J].审计与经济研究,36(2):11-18.

郭鹏飞,2020.领导干部自然资源资产离任审计的重点——基于总体评价视角[J].中国人口·资源与环境,30(10):105-112.

韩峰,胡玉珠,陈祖华,2020.国家审计推进经济高质量发展的作用研究——基于地级城市面板数据的空间计量分析[J].审计与经济研究,35(1):29-40.

郝素利,李梦琪,2019.国家审计监督抑制国企盈余管理行为的演化博弈分析[J].审计与经济研究,34(6):10-18.

何立峰,2018.大力推动高质量发展 积极建设现代化经济体系[J].宏观经济管理,(7):4-6.

何立峰,2018.深入贯彻新发展理念 推动中国经济迈向高质量发展[J].宏观经济管理,(4):4-5,14.

何立峰,2018.深入学习贯彻习近平总书记重要讲话精神 扎实推动长江经济带高质量发展[J].时事报告(党委中心组学习),(6):5-20.

何志康,苗连琦,2021.扶贫政策跟踪审计再研究——基于审计署 2017—2019 年公告的分析[J].经营与管理,(6):146-152.

洪银兴,2010.成为世界经济大国后的经济发展方式转型[J].当代经济研究,(12):25-28.

后小仙,胡雪枝,金叶,2017.简政放权政策落实的博弈困境及审计治理[J].南京审计大学学报,14(4):86-92.

胡南薇,陈汉文,2008.我国政府审计功能的多维立体观——公共治理理论下的解读[J].当代财经,(4):30-34.

胡志颖,余丽,2019.国家审计、高管隐性腐败和公司创新投入——基于国家审计公告的研究[J].审计与经济研究,34(3):1-12.

胡智强,2020.论审计监督在治理体系中的制度定位与功能发挥[J].审计与经济研究,35(1):18-19.

黄溶冰,赵谦,王丽艳,2019.自然资源资产离任审计与空气污染防治:"和谐锦标赛"还是"环保资格赛"[J].中国工业经济,(10):23-41.

霍晓星,王士红,2021.基于寻租理论的环境审计制度研究[J].财会通讯,(13):114-117,127.

姜英兵,崔广慧,2019.环保产业政策对企业环保投资的影响:基于重污染上市公司的经验证据[J].改革,(2):87-101.

蒋明敏,胡泽文,2020.国家治理领域的研究热点演变与科研合作态势分析[J].贵州社会科学,(11):115-126.

蒋秋菊,孙芳城,2019.领导干部自然资源资产离任审计是否影响企业税收规避——基于政府官员晋升机制转变视角的准自然实验研究[J].审计研究,(3):35-43.

金太军,马薇,2019.地方审计管理体制改革的分析框架:国家治理现代化的视角[J].行政论坛,26(6):35-41.

金太军,马薇,2019.地方审计管理体制改革的分析框架:国家治理现代化的视角[J].行政论坛,26(6):35-41.

靳思昌,2020.国家治理现代化中的国家审计公告研究[J].宏观经济研究,(12):142-151.

康梅,2006.投资增长模式下经济增长因素分解与经济增长质量[J].数量经济技术经济研究,(2):153-160.

乐国安,董颖红,陈浩,等,2013.在线文本情感分析技术及应用[J].心理科学进展,21(10):1711-1719.

李博英,尹海涛,2016.领导干部自然资源资产离任审计的理论基础与方法[J].审计研究,(5):32-37.

李稻葵,2021."十四五"规划引领中国经济高质量发展[N].经济参考报,(03-30-006).

李斐,焦跃华,2020.国家审计、政府治理与地方银行风险——基于中介效应理论的分析[J].审计研究,(6):3-9.

李金华,2005.在中国内部审计协会第五次会员代表大会暨全国内部审计"双先"表彰会上讲话[J].中国内部审计,(7):4-8.

李璐,张龙平,2012.WGEA的全球性环境审计调查结果:分析与借鉴[J].审计研究,(1):33-39.

李梦欣,任保平,2019.新时代中国高质量发展指数的构建、测度及综合评价[J].中国经济报告,(5):49-57.

李明,2015.国家审计提升地方政府治理效率的实证研究——兼评地方国家审计机关的双重领导体制[J].经济与管理评论,31(3):60-67.

李明辉,2018.论政府审计的建设性功能[J].现代经济探讨,(10):1-7.

李乾文,范晓央,2018.政府审计人员工作压力调查与管理研究[J].南京审计大学学报,15(4):12-19.

李琬珩,唐滔智,赵光景,2016.环保资金审计研究[J].商业会计,(15):70-73.

李伟,2018.高质量发展要处理好五个关系[N].经济日报,(02-22-014).

李晓冬,2020.公共政策落实跟踪审计三维评价标准构建研究——以精准扶贫政策落实跟踪审计为例[J].会计与经济研究,34(2):43-58.

李晓冬,马元驹,南星恒,等,2020.精准扶贫政策落实跟踪审计:理论基础、实践困境与路径优化——基于审计结果公告文本分析的证据[J].理论月刊,(8):51-63.

李晓冬,张希望,2021.国家审计对促进经济高质量发展的治理效应研究[J].财会通讯,(11):19-22.

李秀珠,刘文军,2020.领导干部自然资源资产离任审计与企业债务融资[J].中央财经大学学报,(6):52-67.

李义平,2018.深入理解我国经济发展进入新时代[N].西安日报,(3-12-011).

林兆木,2018.关于我国经济高质量发展的几点认识[J].人民日报,(1-17-007).

刘国城,黄崑,2019.扶贫政策跟踪审计机制研究[J].审计研究,(3):11-19.

刘家义,2015.国家治理现代化进程中的国家审计:制度保障与实践逻辑[J].中国社会科学,(9):64-83,204-205.

刘家义,2012.论国家治理与国家审计[J].中国社会科学,(6):60-72,206.

刘家义,2012.以党的十八大精神指导审计工作推动完善国家治理和促进小康社会建设[J].行政管理改革,(12):8-12.

刘瑾,谢丽娜,林斌,2021.管理层权力与国企高管腐败——基于政府审计调节效应的研究[J].审计与经济研究,36(2):1-10.

刘雷,崔云,张筱,2014.政府审计维护财政安全的实证研究——基于省级面板数据的经验证据[J].审计研究,(1):35-42,52.

刘力云,2005.政府审计与政府责任机制[J].审计与经济研究,(4):7-9,26.

刘文革,周文召,仲深,李峰,2014.金融发展中的政府干预、资本化进程与经济增长质量[J].经济学家,(3):64-73.

刘玉玉,蔡春,王爱国,2021.国家审计覆盖率与国有企业治理效率——来自地方审计机关的经验证据[J].审计与经济研究,36(4):0-20.

刘志彪,2018.理解高质量发展:基本特征、支撑要素与当前重点问题[J].学术月刊,50(7):39-45,59.

刘志红,李镕伊,2012.开展货币政策执行情况跟踪审计的若干思考[J].审计研究,(6):15-18,28.

吕薇,2018.打造高质量发展的制度和政策环境[N].经济日报,(04-27-014).

马薇,金太军,2019.新时代国家审计体制的基本定位与改革路径选择[J].学习与探索,(12):51-56.

马文超,唐勇军,2018.省域环境竞争、环境污染水平与企业环保投资[J].会计研究,370(8):73-80.

马志娟,2013.腐败治理、政府问责与经济责任审计[J].审计研究,(6):52-56.

聂辉华,江艇,张雨潇,等,2016.我国僵尸企业的现状、原因与对策[J].宏观经济管理,(9):63-68,88.

潘俊,景雪峰,王亮亮,等,2020.国家审计结果公告语调与国有企业社会责任[J].审计研究,(6):26-33.

潘孝珍,傅超,2020.政府审计能使企业社会责任表现更好吗?——来自审计署央企审计的经验证据[J].审计与经济研究,35(3):12-21.

潘孝珍,燕洪国,2018.税收优惠、政府审计与国有企业科技创新——基于央企审计的经验证据[J].审计研究,(6):33-40.

彭华彰,戚振东,刘军,等,2020.审计发挥经济体检作用研究[J].审计研究,(5):3-9.

戚振东,曹小春,2018.国家审计与国家治理体系:一个理论分析框架[J].东南大学学报(哲学社会科学版),20(4):25-32,146.

秦荣生,2011.政府审计新领域:经济政策执行效果审计[J].当代财经,(11):112-118.

卿芳雅,2021.基于信息化的国家审计全覆盖机制研究[J].财会通讯,(15):117-121.

任保平,2018.高质量发展需要正确处理十大关系[N].经济参考报,(11-28-006).

任慧莉,陈希晖,2021.国家审计服务区域高质量发展的机制和路径——以江苏发展实践为例[J].南京社会科学,(6):48-54,69.

上官泽明,刘力云,2021.我国国家审计工作特征研究——基于党的十八大以来全国审计工作会议报告的分析[J].审计与经济研究,36(3):12-20.

审计署金融审计司课题组,吕劲,2015.审计机关在防范系统性区域性金融风险方面发挥作用的机制研究[J].审计研究,(4):22-27.

史吉乾,2016.政策措施落实情况审计的重点和方法探讨[J].审计研究,(1):17-21.

宋夏云,黄佳琦,2020.国家审计功能边界研究[J].财经论丛,(7):73-82.

孙伟增,罗党论,郑思齐,等,2014.环保考核、地方官员晋升与环境治理——基于2004—2009年中国86个重点城市的经验证据[J].清华大学学报(哲学社会科学版),29(4):49-62,171.

孙文远,孙媛媛,2020.资源环境审计对经济高质量发展影响的实证研究——以领导干部自然资源资产离任审计试点为例[J].生态经济,36(1):166-171.

唐大鹏,从阒匀,2020.国家审计结果公告能"精准"提升内部控制质量吗?——基于央企控股上市公司的证据[J].审计与经济研究,35(3):1-11.

唐国平,李龙会,2013.股权结构、产权性质与企业环保投资——来自中国A股上市公司的经验证据[J].财经问题研究,(3):93-100.

唐嘉尉,蔡利,2021.政府审计、非效率投资与产能利用率提升[J].审计研究,(1):19-30.

唐凯桃,2017.国家审计与经济增长质量研究[D].成都:西南财经大学.

唐滔智,李琬珩,2016.加强环保资金审计,促进生态文明建设[C].中国会计学会2016年学术年会论文集,134-141.

陶玉侠,谢志华,2014.自然资源资产离任审计相关问题思考[J].财会通讯,(34):80-83.

汪德华,侯思捷,张彬斌,2021.中国共产党领导的国家审计:百年历程与发展启示[J].财贸经济,42(7):15-31.

汪同三,2018.建设我国现代化经济体系的思考[J].大陆桥视野,(4):27-31.

王彪华,谢莹莹,2020.审计管理体制改革的生态分析:基于国家治理现代化视角[J].会计研究,(1):169-178.

王彪华,2020.新形势下国家审计职能定位研究[J].中国软科学,(11):162-171.

王彪华,2012.政策执行情况跟踪审计研讨会综述[J].审计研究,(6):24-28.

王兵,鲍圣婴,阚京华,2017.国家审计能抑制国有企业过度投资吗?[J].会计研究,(9):83-89.

王光远,郑晓宇,2021.行政审批改革跟踪审计对企业投资效率的影响[J].厦门大学学报(哲学社会科学版),(3):43-55.

王海林,张丁,2019.国家审计对企业真实盈余管理的治理效应——基于审计公告语调的分析[J].审计研究,(5):6-14.

王会金,郑石桥,2019.中国特色审计领导体制的理论逻辑和框架设计[J].安徽师范大学学报(人文社会科学版),47(6):46-51,82.

王积业,2000.关于提高经济增长质量的宏观思考[J].宏观经济研究,(1):11-17.

王家华,周子威,2020.国家审计防范化解重大金融风险的作用机理与路径选择[J].经济问题,(11):124-129.

王家新,郑石桥,尹平,2015.国家审计是国家治理的基石和重要保障:理论框架和实践分析[J].审计研究,(6):3-8.

王雷,刘斌,2016.稳增长等政策执行情况跟踪审计的市场传导效应研究[J].审计研究,(4):3-9.

王平波,2013.我国政策执行跟踪审计基本问题研究[J].财政研究,(2):16-18.

王晓红,2020.新时代国家审计的政治功能研究[J].西安财经大学学报,33(3):53-61.

王彦东,马一先,乔光华,2021.国家审计能促进区域营商环境优化吗?——基于2008~2016年省级面板数据的证据[J].审计研究,(1):31-39.

王湛,刘英,殷林森,等,2021.从自然资源资产负债表编制逻辑到平行报告体系——基于会计学视角的思考[J].会计研究,(2):30-46.

卫婧婧,2017.国有企业并购行为对产业升级的推动——基于目标企业所有制类型的考察[J].企业经济,36(4):40-46.

魏明,席小欢,2017.政策落实跟踪审计评价研究[J].南京审计大学学报,14(6):56-65.

文硕,1990.世界审计史[M].北京:中国审计出版社.

吴成颂,程茹枫,2021.董事网络与制造业企业高质量发展——基于金融发展门槛效应的实证分析[J].安徽大学学报(哲学社会科学版),45(4):144-156.

吴秋生,王婉婷,2020.加计扣除、国家审计与创新效率[J].审计研究,(5):30-40.

吴艳文,2020.政府审计结果公告统计分析与完善路径[J].西安财经大学学报,33(5):52-61.

谢志华,陶玉侠,杜海霞,2016.关于审计机关环境审计定位的思考[J].审计研究,(1):11-16.

邢维全,2017.国家审计治理、晋升激励与经济增长绩效——基于2002—

2013年我国省级面板数据的实证研究[J].江汉学术.36(3):5-13.

徐彰,2018.国家审计在全面推进依法治国中的作用——以习近平新时代中国特色社会主义思想为指导[J].商业研究,(7):12-17.

许亚,陈丙欣,2018.加强对政府出资产业投资基金的审计监督[J].宏观经济管理,(2):38-42.

薛芬,李欣,2016.自然资源资产离任审计实施框架研究——以创新驱动发展为导向[J].审计与经济研究,31(6):20-27.

闫奕帆,2019.审计环境对审计机关审计绩效的影响研究——基于地方审计机关数据的实证检验[J].经营与管理,(6):132-136.

杨华领,宋常,2019.国家审计与央企控股上市公司虚增收入[J].审计与经济研究,34(6):1-9.

杨柔坚,李洋,苏艳阳,2020.基于大数据的政策跟踪审计方法研究——以就业政策跟踪审计为例[J].审计研究,(4):28-34.

杨肃昌,芦海燕,周一虹,2013.区域性环境审计研究:文献综述与建议[J].审计研究,(2):34-39.

杨伟民,2018.贯彻中央经济工作会议精神推动高质量发展[J].宏观经济管理,(2):13-17.

叶陈刚,黄冠华,朱郭一鸣,2021.审计管理体制改革与地方国有企业投资效率——基于地方审计机关人财物试点改革的自然实验[J].审计与经济研究,36(3):1-11.

尹平,2011.基于经济发展方式转变视角的国家审计战略转型——兼述市场失灵与政府失灵下的审计规制[J].审计与经济研究,26(6):20-25.

岳崴,张强,2020.普惠金融政策跟踪审计机制构建研究[J].审计研究,(2):29-35.

张金辉,2014.国家审计促进转变经济发展方式的路径探析[J].审计研究,(3):33-37.

张军扩,2018.高质量发展怎么看、怎么干?[N].经济日报,(02-01-014).

张军扩,2018.加快形成推动高质量发展的制度环境[J].中国发展观察,(1):5-8.

张龙平,李苗苗,陈丽红,2019.国家审计会影响低碳发展吗?——基于中国省级面板数据的实证研究[J].审计与经济研究,34(5):9-21.

张龙平,熊雪梅,2020.我国政策执行效果审计研究——关于政策执行效果评价指标体系的构建[J].厦门大学学报(哲学社会科学版),(2):79-90.

张楠,2019.政府审计对企业社会责任承担的提升作用探析[J].财政监督,(12):73-77.

张琦,谭志东,2019.领导干部自然资源资产离任审计的环境治理效应[J].审计研究,(1):16-23.

张琦,郑瑶,孔东民,2019.地区环境治理压力、高管经历与企业环保投资——一项基于《环境空气质量标准(2012)》的准自然实验[J].经济研究,(6):183-198.

张强,2020.经济责任审计方式对公司股价和经营业绩的影响差异研究——基于中央企业控股上市公司的经验证据[J].审计研究,(6):18-25.

张文祥,2006.强化国家审计在宏观经济管理中作用的对策[J].审计与经济研究,(5):18-21.

张文祥,王羚,马绪忠,2006.国家审计在宏观经济管理中的地位和作用研究[J].审计研究,(6):31-36.

张兴亮,罗红雨,2021.政府审计能提升财政补贴对企业创新的促进作用吗?[J].南京审计大学学报,18(3):1-10.

张曾莲,刘一婷,2019.政府审计能提升企业内部控制有效性吗?——基于审计署央企审计结果公告的PSM-DID实证分析[J].经济体制改革,(3):171-178.

张曾莲,岳菲菲,2021.国家审计维护金融稳定的路径与机制研究[J].金融经济学研究,36(2):34-51.

张曾莲,赵用雯,2019.政府审计能提升国企产能利用率吗?——基于2010—2016年央企控股的上市公司面板数据的实证分析[J].审计与经济研究,34(5):22-31.

张曾莲,2010.政府会计改革的新力量:政府审计的咨询功能[J].厦门大学学报(哲学社会科学版),(4):131-137.

赵春雨,王平,安树伟,2012.生产率增长、要素重置与中国经济增长质量研究文献述评[J].经济问题探索,(11):155-160.

赵广礼,2019.试论审计体制改革:变迁和未来[J].审计研究,(6):44-49.

郑石桥,许玲玲,2020.国家审计促进经济高质量发展的机理研究——基于中国省级面板数据的实证分析新疆财经,(1):39-52.

郑石桥,2014.政府审计嵌入责任政府制度建设路径研究[J].学海,(3):

116-122.

郑伟宏,涂国前,2019.政策执行效果审计与企业创新能力提升[J].审计研究,(5):49-58.

郑小荣,何瑞铧,曹源,2018.基于熵权法的中国政府审计结果公告信息含量研究[J].当代财经,(12):123-132.

郑小荣,何瑞铧,2014.中国省级政府审计结果公告意愿影响因素实证研究[J].审计研究,(5):52-59.

郑小荣,张璐,2019.政府审计结果公开对媒体反腐报道的作用研究——基于认知心理学的理论分析和格兰杰方法的实证检验[J].审计研究,(5):30-40.

《中国特色社会主义审计理论研究》课题组,2013.国家审计功能研究[J].审计研究,(5):3-9.

钟覃琳,陆正飞,2018.资本市场开放能提高股价信息含量吗？——基于"沪港通"效应的实证检验[J].管理世界,34(1):169-179.

周敏李,王会金,李媛媛,2021.国家审计促进地区宏观税负降低机理研究——减税降费的视角[J].审计研究,(1):40-49.

周一虹,张金辉,周曦,2012.国家审计在促进经济发展方式中转变的作用机制与实现条件[J].经济研究参考,(63):14-19.

朱启贵,2018.建立推动高质量发展的指标体系[N].文汇报,02-06.

BOIVIN B, GOSSELIN L, 1991. Going for a green audit[J]. CA Magazine. 1243-61-63.

JOSEPH S, AMARTYA S, JEAN-PAUL F, 2008. The measurement of economic performance and social progress revisited: reflections and overview[R]. Brussels: the European Commission: 233-272.

NATU A V, 1999. Environmental audit: a tool for waste minimization for small and medium scale dyestuff industries. Chemical Business. (9):133-138.

SHERER M, KENT D, 1983. Auditing and Accountability[M]. London: Pitman Books Limited.

THOMSON R P, SIMPSON T E, Grand C H. 1993. Environmental auditing [J]. The Internal Auditor, 50(2):18-22.